张小龙申论

80分绝技

张小龙 编著

清华大学出版社
北京

内 容 简 介

本书详细讲解了申论命题技术、阅卷规则、申论答题标准与方法，并配有大量实例论证。全书共分为五篇：第一篇介绍申论命题技术和阅卷规则；第二篇介绍申论客观题的答题技巧；第三篇介绍申论文章的写作技巧；第四篇介绍申论阅卷规则高频关键词、句；第五篇介绍申论高频考点。

本书把申论理论方法、申论真题练习和答题实例融为一体，淡化理论，侧重技巧，具有很强的可读性和实用性，有助于考生找到80分的钥匙。

本书封面贴有清华大学出版社防伪标签，无标签者不得销售。
版权所有，侵权必究。举报：010-62782989，beiqinquan@tup.tsinghua.edu.cn。

图书在版编目（CIP）数据

张小龙申论80分绝技 / 张小龙编著.—北京：清华大学出版社，2015（2025.1重印）
ISBN 978-7-302-37685-9

Ⅰ.①张… Ⅱ.①张… Ⅲ.①公务员－招聘－考试－中国－自学参考资料 Ⅳ.①D630.3

中国版本图书馆CIP数据核字（2014）第186363号

责任编辑：王金柱
封面设计：王　翔
责任校对：闫秀华
责任印制：杨　艳

出版发行：清华大学出版社
　　　　　网　　址：https://www.tup.com.cn, https://www.wqxuetang.com
　　　　　地　　址：北京清华大学学研大厦A座　　　　邮　编：100084
　　　　　社 总 机：010-83470000　　　　　　　　　　邮　购：010-62786544
　　　　　投稿与读者服务：010-62776969，c-service@tup.tsinghua.edu.cn
　　　　　质量反馈：010-62772015，zhiliang@tup.tsinghua.edu.cn
印 装 者：三河市人民印务有限公司
经　　销：全国新华书店
开　　本：203mm×280mm　　　　印　张：17.5　　　　字　数：532千字
版　　次：2015年1月第1版　　　　　　　　　　　　　印　次：2025年1月第18次印刷
定　　价：79.00元

产品编号：056848-02

序

通往申论80分之路

这套书是我和我的团队潜心打造的80分系列书，包括《张小龙申论80分真题解析》、《张小龙申论80分绝技》、《张小龙申论80分批改》三本书。

1. 《张小龙申论80分真题解析》

《张小龙申论80分真题解析》主要是对最新的申论全套真题进行详细解析。市面上的申论真题解析可谓多如牛毛，我再出一本真题解析好像是多此一举。如果真是这样，我是不会在这里"炒冷饭"的。有过考试经验的考生往往有这种感觉：自己写的答案和一些网站、图书上的"参考答案"差不多，但是却没有及格。因为公务员考试是属于三不公布的考试——不公布真题，不公布参考答案，不公布阅卷标准，目前考生能够看到的"参考答案"都是一些如我一样的民间人士撰写的，仅供参考而已。网络，教辅，培训班……给出的申论答案也是五花八门甚至自相矛盾，考生经常感到左右为难——申论到底有没有标准？如果有，这个标准是什么？《张小龙申论80分真题解析》要解决的就是这个问题——给申论一个标准，给广大考生尤其是低分考生一个说法，让他们"死"也"死"得明明白白。

有考生又会问：凭什么你给的标准就是对的？对于这种有自己独立思考和批判精神的人我一向是欢迎的，这套书中给出的申论答案主要来自以下几个方面：

首先是命题人[1]、阅卷人提供的信息。从事公务员培训行业六年有余，通过直接和间接渠道接触到的命题人和阅卷人也有几十人。有国考的，地方考试的，还有一些事业单位的，我自己也参与过好几个地方公选干的命题。他们提供的信息主要包括部分真题的阅卷规则、阅卷操作流程、命题意图等。根据他们提供的信息，对命题、阅卷的情况进行总结和分析。

其次是考生的经验教训。一个是高分考生的经验，在华图教育工作的申论老师中参加最近几年国考、地方考试接近甚至超过80分的人据我所知有五个，在我的学生里国考申论考到70分以上的人有十多个，国考超过80分的人没有，地方考试超过80分的人比较多，尤其是广东省。我对这些老师和学生做了一些调查和了解，并且邀请他们撰写了部分题目的参考答案。另一个是低分考生的教训，如果以100分计算，一个人的申论考了20~30分，那么他的答卷就很重要——他怎么写的，你倒过来就可以考70分。

第三是我和我的团队对申论命题和阅卷技术的研究。目前我手里收集到的申论真题接近两百套，大部分真题我都认真看过，尤其是近几年的题目，大部分我都认真做过研究。我个人写过的申论文章不下两百篇，

---

[1] 一说起命题人就好像很权威，很神秘，好像有内部关系，尤其是培训人和命题人在一起好像就要做什么见不得人的勾当。我可以光明正大地说——没有神秘，没有勾结，只有相互沟通和对话。政府把需要的人才类别告诉命题人，命题人根据政府的需要来命题，命题人再把命题的意图告诉培训者，培训者按照命题人的意图去培训学生，培养政府需要的人才，这本身就是一个完整培养和挑选人才的流程。

设计的标准化的申论题目也有好几十套。通过研究申论命题和动手命题，设计阅卷规则和标准，亲自动手批改试卷，全套流程做下来就可以大致知道申论考试是怎么回事了。

这里讲得是80分真题解析，不是100分，也就是说留了20分的余地，换句话说就是还有很多问题，我虽然不能保证书中每个答案都是准确的，但是可以保证每个答案都是认真负责地写出来的。

2.《张小龙申论80分绝技》

《张小龙申论80分绝技》主要是谈申论答题技术与方法。与一般图书的不同之处在于，这本书里的技术更多的是一种提高答题水平的技术与方法。如果把申论考试比作练功，那么这本书就是已经有了一定的功力和基础后才来看的，不是入门教程。如果直接读有困难，阅读的时候可以和我在2013年编写的申论教材结合起来看，前者和后者是递进关系。关于这本书还有一个小故事，在图书出版之前，有位考生知道我会写一本《张小龙申论80分绝技》的书，向我咨询：是不是看了这本书就可以考80分？我说不是；又问，如果听了你的课是不是就可以考80分？我说不是；再问，如果请你一对一单独辅导是不是就可以考80分？我说不是；继续问，是不是跟着你学一个月就可以考80分？我说，根据你问的以上四个问题，估计这辈子是没有希望了。他说那你还把你的书叫《张小龙申论80分绝技》，我说"绝"是绝望的绝，他大骂我是骗子。我说如果我告诉你只要看了这本书就能考80分，那才是真的骗子。申论考试本身就是一种非专业性的考试，是对写作基本功和知识运用的考察，技巧只是其中一个很小的方面。申论不能只靠技术，并不是像武侠小说所写的，只要拿到了《九阴真经》，无论是谁两天就可以练成神功[2]。考好申论单凭一两本教材和技术是远远不够的，丰富的知识，认真地思考，反复地练习是考好申论的根本。

3.《张小龙申论80分批改》

申论成绩提升真正的绝技就是不断地写和改。记得有考生在我微博里留言，说看了我的书以后申论考了78分。另一个考生问她有什么好办法，她回了五个字：写写写写写。前面两个"写"字的意思是写，后面三个"写"字的意思其实是改。我自己写的东西都不断、反复地修改，在修改的时候发现很多问题。我写作能力和水平的提高，源自于对自己稿子的不断修改，除此之外，别无他法。在修改的时候大家要敢于直面自己"惨淡"的写作水平——很多人都不愿意再看自己写的东西，实在有点惨不忍睹。我自己也有这种经历，在改的时候觉得自己原来写得实在太差，甚至不愿意承认是自己写的。另一种极端是，很多考生觉得自己写得很好了，不需要改，或者不知道怎么改。这本书将为大家提供大量批改例子、方法、技巧。我曾经说，一个50分的答卷，通过10次修改，一定可以变成80分。批改里的例子大部分都是考生的答卷，不是我们杜撰的，答卷五花八门，批改也就就地点化，不成体系。正因为不成体系，这样的批改针对性才更强。

对于市场来说，80分是一个卖点，一个口号；对于考生来说，80分是一个噱头，一个目标；但是对于编者的我和同事们来说，80分等于高标准，是一种责任和压力。对于一本培训教材来说，一本书要做到名实相符，实非易事，尤其是在商业包装用词无所不用其极的今天。

就这本书来说，有的解析可能超过了80分，有的可能不到80分，但是这里的每个题目都是经过我和同事们认认真真地反复多次推敲的，每个问题的参考答案我都审阅过。在这套书编写的时候我就提出要求，这套书不需要多厚，但是一定要精。有考生说我不想考80分，60分就可以了。孙子有言：求其上，得其中；求其

---

[2] 从这个方面来说，金庸先生的武侠小说错误引导了青年，小说中充满了太多的奇遇，太多的高人，太多的天山雪莲和千年人参，好像只要有了这些东西，所有的事情就能够在瞬间搞定。读这些书的年轻人在潜意识里受到影响，他们天天想：中奖，投机，申论考80分……

中,得其中;求其下,必败。希望大家不要简单抱着通过一个考试的态度来学习申论,更多地抱着提升自己的写作水平和能力来对待这个考试。无论你是否考上公务员,只要你在写作水平和能力上有很大提高,无论从事什么行业,都是有用的。

本书是第2版,本书出版的时候,我自己也从华图教育离职加入了在线教育的猿题库负责公务员考试的产品运营工作,本书也改由清华大学出版社出版。在出版社的严格要求下,我和我的团队对本套书的内容做了反复多次地修改。盛海燕、罗成兴、陈鲁等多位同志为这套书的修订倾注了很多的心血。希望这套书让读者学到的不仅仅是答题技巧,也多少学到一点知识和能力。希望大家看到的不仅仅是枯燥乏味的文字,也看到我和团队的坚持、责任和热情。如果广大读者能够充分利用好这本书,将是对我们辛勤劳动的最大褒奖。

是以为序!

张小龙

作者介绍

张小龙,哲学博士,公考培训名师。酷爱人文社会科学,热衷公共教育,现为猿题库公务员考试产品运营总监,张小龙个人微博:http://weibo.com/zxl19830217;张小龙个人微信公众平台账号:zhangxiaolongyu;二维码:

目 录

第一篇 立足根本——从命题到阅卷

第一章 追根溯源——命题技术 ··· 2
- 第一节 命题人 ··· 2
- 第二节 命题方式选择 ··· 8
- 第三节 命题材料选择 ··· 13
- 第四节 题目设计 ··· 22

第二章 规矩方圆——阅卷规则 ··· 31
- 第一节 阅卷标准 ··· 31
- 第二节 赋分方法 ··· 35
- 第三节 加减分项目 ·· 41

第二篇 一分都不能少——客观题作答绝技

第三章 百发百中——抓关键词 ··· 46
- 第一节 关键词的运用 ··· 46
- 第二节 关键词来源 ·· 56
- 第三节 突出关键词 ·· 66

第四章 即学即用——分阶段练习 ······································ 74
- 第一节 单一客观题 ·· 74
- 第二节 综合客观题 ·· 95
- 第三节 非常规题型 ·· 120

第三篇 争创一流——申论大文章写作

第五章 必知必备——议论文的三要素 ································ 158
- 第一节 明确文章三要素 ·· 158
- 第二节 论点、论据的来源 ······································· 160

第六章 四点一线——文章的四个支点 ································ 163
- 第一节 如何让标题更醒目 ······································· 163
- 第二节 如何让开篇更出彩 ······································· 164

第三节　如何让主旨更突出 ·· 168
　　第四节　如何让结尾更突出 ·· 173

第七章　锦上添花——文章的深加工 ·· 175
　　第一节　面子工程——形式加工 ·· 175
　　第二节　有的放矢——内容加工 ·· 181

第四篇　申论阅卷规则高频关键词、句

　　第一节　思想、意识、观念 ·· 196
　　第二节　政策、法律、法规 ·· 198
　　第三节　人才、教育、培训 ·· 198
　　第四节　财物、技术、服务 ·· 199
　　第五节　管理、监督、监管 ·· 202
　　第六节　政论文关键句 ·· 204
　　第七节　策论文关键句 ·· 210

第五篇　申论高频考点

　　第一节　经济转型 ·· 220
　　第二节　社会管理 ·· 228
　　第三节　文化建设 ·· 237
　　第四节　生态建设 ·· 249

附录一　申论学习方法论 ·· 259
附录二　张小龙公考微言 ·· 267

第一篇

立足根本——从命题到阅卷

第一章 追根溯源——命题技术

第一节 命题人

命题人的选用由申论考试的性质决定。申论考试包含考试原理（基本能力）和考试素材（从事机关工作）两大方面：考试原理的设计主要由各地教育考试院的人才测评专家和高校学者合作完成；考试素材的选择主要由政府专职官员指导完成。

一、申论命题专家

目前，各省市教育考试院的人才测评专家，以及高校人文社科学者合作设计申论测评技术，并在全国各级各类考试中应用。从历年真题看，申论测评要素实现了从纯智能测试向知情意综合测评的转变。

1. 测评的传统要素——概括推理能力

传统申论考试主要测查考生的智商，即思维能力。考试的区分度主要由概括、分析推理和归纳材料要点的全面性、准确性来体现。

以2012年国考《考试大纲》第一条及其对应的第1题为例。

【大纲第一条】 阅读理解能力——要求全面把握"给定材料"的内容，准确理解"给定材料"的含义，准确提炼事实所包含的观点并揭示所反映的本质问题。

【对应题目】 "给定材料2~6"反映了市场经济背景下社会生活中的种种问题，请对这些问题进行概括和归纳。

要求：准确、全面、有条理；不超过250字。

【能力区分度】 概括——全面、准确；归纳——逻辑清晰、条理分明。

【答卷对比】

考生答卷　材料反映的主要问题有：

（1）食品安全事件常发，给人们的健康造成危害。
（2）不正当竞争破坏经济秩序，败坏社会风气。
（3）拜金主义和极端个人主义滋长。
（4）借助网络和媒体制造"缺德炒作"，损害社会诚信。
（5）医生"开单提成"，教师"收取好处"，领导干部"虚报成绩"。
（6）部分媒体和网络没有核实信息真伪，误导公众。

80分样卷　材料反映的主要问题有：

（1）食品生产领域，企业主盲目追求利润，违法生产销售，造成食品安全问题；实质是企业诚信缺失，生产者道德失范。
（2）社会人际交往领域，麻木冷漠，互不信任，人际关系紧张；实质是信任缺失。
（3）医疗、教育、文化艺术等领域从业者以假乱真，以权谋利；实质是职业道德与操守滑坡。
（4）媒体、网络领域，虚假报道、恶意炒作；实质是责任感淡薄，自律缺失，监管缺位。
（5）政府管理领域，官员忽视自身道德建设；实质是法律法规不够健全完善，监管监督不力、社会管理水平不高。

【评析】

（1）概括的全面性方面。"答卷一"的作答角度不全面，遗漏"社会交往领域"和"政府监管领域"；另一方面，概括层次不完整，只是泛泛描述问题表现，没有分析归纳深层原因。

（2）概括的准确性方面。"答卷一"泛泛描述问题表现，断章取义，不能准确地概括材料要点。

（3）归纳的条理性方面。"答卷一"没有体现出同类归并的意识，逻辑条理性需要进一步的调整与完善。

通过以上分析对比，两份答卷的分值立见分晓。这告诉我们：申论考试虽是主观作答，但测评要素是客观的，相应的，每个题目的答题要点及其分值都是客观公正的。

申论作答需要具有缜密的思维能力，考生要根据题目要求从尽可能多的角度和层次去分析和概括归纳材料要点，并有极强的同类合并能力，做到要点全面准确，逻辑条理清晰，才能取得80分的好成绩。

要做到这一点，大量的真题练习，耐心细致的反思改进都必不可少。考生必须拿出备考高考、考研等重大考试的拼劲，踏实学习，专心训练，在漫长的备考过程中使自己脱胎换骨，切实提高思维素质和写作水平。那时，申论80分将是自身实力的象征。

2. 测评要素的新拓展——感情与道德文化

2011年以前，全国大部分申论考试，过分偏重智商和思维，命题方式异化为"概括问题—分析问题—解决问题"的简单套路。针对简单的命题方式，"万能八条"、"万能五法"、"万能思维"、"申论词汇和语录"等模式化的答题套路起到了一定的作用。但是物极必反，模式化的"教条式方法"过分流行导致其简单化、泛滥化。结果是，考录单位发现考生答卷千篇一律的"申论行话"，毫无独立见解，完全测查不出考生的实际能力，从而导致申论学习进入误区，不但没有提分，甚至出现越学分数越低的怪象。

这时，申论考试悄然开始变革。但很多考生没有意识到这一点，仍以"概括问题—分析问题—解决问题"的刻板思维来作答所有申论题目，完全不得要领。尤其是2013年国考考试成绩，部分考生模板式答题套路，使得申论分数大都在30分左右。

2011年开始，国考和各地申论考试，尤其是议论文写作部分对考生思想道德感情和意志品质的测查日益显著。

例1：**【2011年国考地市级】**

"给定材料7"的画线部分写道："有位知识分子说，'我已经无家可归，我在城市是寓公，在家乡成了异客'。这样，无论在乡村少年身上，还是农民工那里，以及这些出身农村的知识分子的群落里，我们都发现了'失根'的危机。"请结合你对这段话的思考，参考"给定材料"，自拟题目，写一篇文章。（40分）

要求：自选角度，立意明确；联系实际，不拘泥于"给定材料"；语言流畅，总字数为800~1000字。

【考题分析】

（1）本题题干本身充满哲思和诗意，农村文化失根的直接后果更是农民感情和意志的无所皈依，伦理行为失范，导致社会失序。

（2）题干更是明确要求"联系实际"，如果考生对农村，对农民的处境和思想感情不能感同身受，是无论如何也写不好这篇文章的。

例2：**【2012年国考省部级】**

"给定材料"中讲述了农妇刘女士和李老太太家人之间发生的一段感人故事，请你以这个故事为话题，自拟题目，写一篇文章。（40分）

要求：结合"给定材料"，并注意联系当前社会实际和自身体会；观点明确，内容充实，层次清楚，语言流畅；总字数为800~1000字。

【考题分析】

(1) 本题要求结合一个"感人故事"来写，如果不能体会其中的感情和意志，能写好这篇文章吗？

(2) 题目要求联系"社会实际和自身体会"，如果考生自己缺乏相应的道德情感和意志，也是不可能写好此文章的。

例3：【2013年国考地市级】

请以"让……大放异彩"为题，写一篇内容充实的文章。（35分）

要求：用恰当的文字替换"让……大放异彩"中的省略号部分，使之构成一个完整具体的文章标题；主题应与"给定材料"相关，但素材不必拘泥于"给定材料"，要结合生活中的具体感受，切忌空谈对策；观点鲜明，结构完整，语言流畅；总字数为800~1000字。

【考题分析】

(1) 该题属于半命题作文，省略号部分考查答题者能否准确把握命题人意图，也考查考生能否驾驭材料，把握材料主旨大意。

(2) 要求中提到"要结合生活中的具体感受"，体现出公务员考试申论命题更加侧重考生在日常生活中对"文化保护"的理解与认知。

2013年国考、联考及地方考试的申论真题题目，都明显侧重考查考生自身的思想性，并要求考生不要完全"死抠"材料，而是希望考生能够联系生活实际，侧重考查考生的感情和综合素养。我们以2013年部分真题为例，留给考生认真体会。

2013年部分真题

考试类别	题目及要求
2013年国考省部级	"给定材料6"中的题字"岁月失语，唯石能言"能触发人们许多思考和感情，请参考"给定材料"，以"岁月失语，唯石能言"为题，写一篇文章。（35分） **要求**：自选角度，立意明确，有思想性；联系实际，不拘泥于"给定材料"；内容充实，语言畅达；总字数为800~1000字
2013年413联考卷一	"给定材料7"中提到"其实只要给我们工人一个杠杆，我们同样能撬动地球！"请根据你对这句话的理解，参考"给定材料"，自选角度，自拟题目，写一篇文章。（40分） **要求**：中心明确，思想深刻；内容充实，有说服力；语言流畅；总字数为1000~1200字
2013年413联考卷二	以"新时代工人的力量"为题，自选角度，写一篇文章。 **要求**：中心明确，思想深刻；内容充实，有说服力；语言流畅；总字数为1000~1200字
2013年413联考卷三	"给定材料2"提到，"他们不仅要安身立命，他们也要有尊严，甚至还要抬头仰望星空"。这句话引发了你什么思考？请参考"给定材料"，联系实际，自拟题目，自选角度，写一篇1000字左右的议论文。（45分） **要求**：中心明确，思想深刻；内容充实，论证有力；思路清晰，语言流畅。
2013年北京	根据"给定材料"，结合实际，围绕"科学管理与文明出行"话题，自拟题目，撰写一篇议论文。（40分） **要求**：观点明确，内容充实，结构完整，语言流畅；字数控制在1000~1200字
2013年江苏	阅读"给定材料10"中习近平总书记在阜平县和定西市的讲话，反观"给定材料"中所提供的正反事例，你在思想上一定有所触动，请开展想象，自拟标题，自选角度，写一篇文章。 **要求**：主题鲜明，内容充实，结构合理，语言流畅；篇幅为800~1000字
2013年山东A卷	请结合对全部"给定材料"的理解与思考，以《谈"执法"》为题，写一篇文章。（40分） **要求**：观点鲜明，内容充实，结构完整，语言流畅；900字左右
2013年天津	从"给定材料"出发，结合实际，以"重建社会信任需要'正能量'"为题，写一篇议论文。（40分） **要求**：紧紧依靠"给定材料"，角度新颖，主题正确、集中；内容充实，结构严谨，语言准确、流畅；字数在1000~1200字

(续表)

考试类别	题目及要求
2013年河北	材料8中说：下水道作为城市的良心，井盖作为城市的名片，既是检验城市公共安全和公民幸福指数、城市是否宜居的重要尺度，也是检验城市管理者有无智慧和人本情怀的重要尺度。请结合"给定材料"，以"《城市名片》与《城市良心》"为题目，写一篇议论文。（40分） 要求：见解深刻，主题突出；结构完整，条理清晰；语言流畅，字迹清晰；不少于1000字

我们不厌其烦地列举了以上题目，是为了向考生说明：当前的申论考试已不仅仅停留在"概括问题—分析问题—解决问题"的思维套路上了。申论对考生的思想情感、意志和道德品质的考察已经突显，也就是说更加侧重对考生综合素养的考查。

以前的申论写作只需思路清晰、结构合理、语言规范就能得高分。现在的申论高分文章必须能表达出自己对材料的整体感受，文章写作要具有思想性，不仅要能在理智上做出合理的分析判断，还要在感情和意志上做出正确的道德判断。

这就要求考生的文章必须有经典支撑，必须有文采。申论考试不需要感情和修辞的时代过去了，只会"万能八条"，咿呀学语就能进入国家公务员队伍的时代也过去了。

申论测评要素由唯智论向知情意综合考察转变，申论80分要求考生要做到：

- 固本培元，传统不可丢。"概括问题——分析问题——解决问题"是思考问题的不二法门，要通过做大量真题，不断自我修正，切实提高概括、推理分析、分类归纳文字材料的思维能力。
- 阅读经典，提高历史人文素养，注重文采。国家对公务员精神品质和道德素养的高要求是大势所趋。关心民间疾苦，同情百姓苍生的思想感情，锐意进取的意志品格，仅仅靠做真题，看教材和听培训课是很难达成的。了解人文经典，提高文采，应成为备考申论的第二战场。

我在这里给大家推荐几本通俗易懂的人文读物：

- 冯友兰的《中国哲学简史》。一方面初步了解中国文化；另一方面结合当前政策和社会热点及申论考题的特点来读。
- 赵敦华的《西方哲学简史》。同样的，初步了解西方文化，结合当前社会问题和申论考试特点来读。
- 李零的《丧家狗——我读论语》。《论语》是中国文化的根本。李零先生的解读兼顾学术水准和通俗易懂，能帮助我们很好地理解《论语》。

考题举例：

例1：【2012年上海市B卷】

《庄子·至乐》中说："夫天下之所尊者，富贵寿善也；所乐者，身安厚味美服好色音声也；所下者，贫贱夭恶也；所苦者，身不得安逸，口不得厚味，形不得美服，目不得好色，耳不得音声；若不得者，则大忧以惧。其为形也亦愚哉。"请将这段话译为白话文，并简要概述这段话给你的启示。（15分）

要求：语言简明扼要，观点鲜明准确；字数不超过300字。

例2：【2013年国考省部级】

材料6：作为中国民间文艺家协会赴宁夏考察团的成员之一，作家F来到了宁夏。在雄浑的贺兰山前，一幅幅原始古朴的岩画激荡着他的情绪。F看完贺兰山岩画，内心颇有感触，他特意为此题字："岁月失语，唯石能言。"逝去的无形无迹的光阴正镌刻在一幅幅粗朴的岩画中，F说："远古先民以默默的文化符号表现出他们对生活的勇气和情感，对观者内心形成强烈的冲击。"

贺兰县的皮影戏也令他感慨。他认为，贺兰皮影戏有自己的地域特色。"古迹"要素保持得非常好，表演皮影的民间艺人张进绪有优秀的表演禀赋，声情并茂，其家族式的传承则保证了皮影戏架构完整。道具乐器等"老家伙"也仍保存着,很难得,政府应把贺兰县的皮影戏当宝贝保护。

谈到宁夏的文化发展和保护,F认为,经过深厚积淀的回族文化和西夏文化都是本地独有的文化优势。从这点来说,保护文化是第一位,不要让子孙后代还没有了解,独有的文化已经消失了。保护文化必须投入资金,宁夏文化首先考虑的是做精做细,只有文化做精,才有强大的可能。

作家F被人誉为"民间文化的抢救人",对此,F说:"这源于知识分子的文化责任感。"F认为,物欲横流更容易导致精神被轻视。我们的民族精神在经受着精神价值的淡漠和外来文化的冲击,坚守民族的特性,延续民族文化的血脉显得尤为重要。保护非物质文化遗产,最重要的是保护其本身蕴含的精神:"我们现在所要保护、抢救的也是中华文化的神。如果我们不抢救自己文化的神,那么我们玩来玩去还是玩洋人的神,就没自己的神了。"(后文略)

【考试题目】

"给定材料6"中的题字"岁月失语,唯石能言"能触发人们许多思考和感情,请参考"给定材料",以"岁月失语,唯石能言"为题,写一篇文章。(35分)

要求:自选角度,立意明确,有思想性;联系实际,不拘泥于"给定材料";内容充实,语言畅达;总字数为800~1000字。

二、政府专职人员

中央及各省市的政策研究室,各级党校和行政学院、社科院等部门的政府专职人员也会参与申论命题。他们的主要工作是:针对话题材料的选择,提供政策依据;针对题目设置,参与设计一些测查贯彻执行能力的微观对策题和公文写作题。

1. 提供政策依据

政策主线贯穿申论考试的始终。无论是概括问题,分析问题,还是提出解决对策,相应的政策用语都是规范答题的关键。政策为文章写作提供了素材,为文章内容充实提供保证,有些题目甚至可以直接依据政府文件作答。此外,从某种意义上来看,申论是引导考生关注国家、社会时事的有效方式,同时引导考生关注民生问题。

真题举例

考试类别	话题	政策文件	对应题目
2010年国考	海洋的开发与保护	2009年4月,胡锦涛同志视察山东时强调指出:"要大力发展海洋经济,科学开发海洋资源,培育海洋优势产业,打造山东半岛蓝色经济区"。山东省委、省政府于6月下发了《关于打造山东半岛蓝色经济区的指导意见》	三、假设你是沿海某省省政府工作人员,请结合"给定材料",草拟一份《关于将半岛蓝色经济区纳入国家发展战略的报告》的内容要点
2011年上海市A卷	治庸治懒	2010年12月,治懒治庸和解决干部管理不严问题第一次会议在北京召开,时任中央纪委副书记的某某某出席会议并讲话。他强调,要充分认识开展治庸治懒和解决干部管理不严问题工作的重要性……	四、分析"给定材料",就如何整治庸治懒提出对策 五、阅读"给定材料",以"坚持勤政廉政,促进和谐发展"为主题写一篇议论文
2012年黑龙江省联考	动物伦理与动物权利	虐猫事件后,黑龙江萝北县政府召开紧急专题会议,听取各部门对虐猫事件调查处理情况的汇报,并作出了以下几项决定: 一、…… 二、…… 三、…… ……	三、为了维护M县的声誉,挽回"虐猫事件"造成的负面影响,请以M县政府的名义就"虐猫事件"的处理情况写一份宣传稿,在县人民政府网站上公布。(25分) 要求:态度诚恳,对象明确;内容全面,条理清楚;不超过500字

以上文件或会议的内容都构成了当年申论的主题材料,并且一些题目可直接运用政府文件内容来回答。

这就要求考生：

（1）参加国考申论考试，一定要了解近期中央政府会议内容，熟读最新政府文件，并把会议和文件内容及当前新闻热点问题联系起来，与申论考试结合，有意识地依据政策去分析和解决这些问题。这样，才能在考场上游刃有余。

（2）参考地方申论考试，要同时兼顾中央和本地政府的近期重要会议，熟悉重要文件，尤其要关注那些面向群众，回应群众质疑，解决民生实际问题的文件。这些都是高效作答申论题目所必需的知识储备。

2. 贯彻执行类题目

在申论考试中的某些题目高度"处境化、情景化"，要求考生设身处地地思考和解决眼前问题，这就是贯彻执行类题目。这样的题目一般都有政府官员参与设计。

近年来，公务员申论考试题目越来越侧重对贯彻执行能力的考查，尤其是在2013年省部级的申论试题中，考试分值比重高达55%。

申论《考试大纲》对贯彻执行能力的解说是：要求能够准确理解工作目标和组织意图，遵循依法行政的原则，根据客观实际情况，及时有效地完成任务。

贯彻执行类题目

对应题型	答题思路
类公文题 角色扮演题	（1）组织意图：交代目的背景； （2）工作目标：依据法律法规，根据材料实际情况，落实工作细节； （3）注意说话对象，用语得体，通俗易懂，准确规范

真题举例

考试类别	题目设置	作答要领
2013年国考 省部级	假如你是平阳县的大学生村官，请根据"给定材料5"，为政府网站写一篇短文，向社会介绍鹤溪缸窑，以期促进缸窑的恢复与发展。（20分） **要求**：内容具体，符合实际；通俗易懂，表达简明；不超过400字	（1）格式：政府网站短文要由标题、称呼、开头语、正文、结束语和落款构成。 （2）内容结构 ①组织意图：恢复发展鹤溪缸窑； ②优势条件：自然地理、人文历史； ③发出号召：招商引资，破解困境，未来展望与期待。 （3）语体：通俗易懂，表达简明
2013年国考 地市级	假如你是H县文化局的干部，要在有村官和社区工作人员参加的培训班上做一次关于繁荣和发展社会主义文化的讲座，结合"给定材料8"中提供的信息，你认为应该重点讲哪几方面的内容？（20分） **要求**：紧扣"给定材料"，分条作答，观点明确，有针对性，不得摘抄原文；不超过300字	（1）必要性：内部保护不足，外部形势严峻； （2）取得成绩：孔子学院、奥运会、莫言获奖； （3）具体方式：文化保护，文化建设
2012年 国考省部级	"给定材料1"中反映的问题需要妥善处理，假定你是某市政府职能部门的一名工作人员，领导安排你处理此事，请你提出解决问题的具体措施。（20分） **要求**：条理清楚，所提措施具体，有针对性；不超过400字	（1）组织协作：联合其他部门，联系鉴定专家，联系媒体、发动群众等。 （2）轻重缓急：查封、鉴定排查、加强生产监督等是内在逻辑顺序

贯彻执行类题目是国考（尤其是地市级卷）和地方申论考试的一贯重点。要做好此类题目，考生要做到：

（1）结合历年真题，熟悉政府常用公文写作的格式、内容结构和文风。一方面目前国家招录的公务员多为基层人员，宣传稿、公开信等面向群众说话的广行文要尤为重视；另一方面，向领导汇报工作的会议记录、情况汇报、总结等工作文书也应成为关注重点。

（2）通过熟人、网络、书籍等途径积极了解政府办公原则、方式方法和流程，结合自身实际工作，切实提高组织管理能力，与群众打交道的能力。这样，才能使申论答题准确，有针对性。

第二节 命题方式选择

命题方式通常有两种：组合命制和统一命制。不同的命题方式直接决定了材料组合和问题设置的特点，即材料和材料之间的组合关系、材料和题目之间的对应关系及问题设置之间的关系。单一命制方式在广东、浙江和早期的国考命题中采用较多，而近两年的国考和联考则多采用组合命制的方式。

一、组合命制

组合命制，即由多个人或多个命题组来共同命制。这是当前最常使用的命制方式，试题是多个人或多个命题组集思广益、才智汇集的结晶。这种命制方式的特点是条块分割化明显，材料和材料之间独立性强；问题设置和材料存在明显的对应关系。为便于讲清楚组合命制，下面将从材料之间的组合方式和题目设置之间的关系入手详细地进行分析。

（一）材料与材料之间的组合方式

材料的组合方式，即"给定材料"之间内在的逻辑关系，如并列、交叉、包含等。有时几则材料指向相同的题目，有时一则材料指向不同的题目。把握好材料的组合方式有助于考生统筹把握材料，从而在最短的时间内找到材料和题目之间的对应关系，这是高效解题的法门。

材料的组合方式主要有两种：传统的组合方式和新颖的组合方式。

1. 传统的组合方式

传统的组合方式材料内在的逻辑强，通常包括问题材料、分析材料、对策材料和影响材料4大类，其中问题材料主要包含表示负面现象、现象产生的原因等；分析材料主要包含官员学者的建议、专家的分析、多方观点的辨析；对策材料主要包含政策法规的具体规定、国内经验、国外经验、专家学者提出的一些建议；影响材料主要包含两个层面：一方面是具有积极影响的，如作用、意义等，另一方面是具有消极影响的，如危害等。

传统的组合方式在地方的考试中用的比较多，有些省份4大类材料均有涉及，如2013年北京市考；有些省份以问题、对策材料为主，如2012年江苏省考。

2013年北京申论材料

给定材料	主要内容	性质
材料1	黄金周高速拥堵严重	问题
材料2	节假日高速公路是否该免费	分析
材料3	北京应对交通拥堵的举措	对策
材料4	节假日高速公路是否该免费	分析
材料5	黄金周高速拥堵原因	问题
材料6	黄金周高速拥堵原因	问题
材料7	高速公路运营欠费严重	问题
材料8	缓解交通压力的措施	对策
材料9	美、日、德、英等国家高速公路收费的做法	对策

(续表)

给定材料	主要内容	性质
材料10	黄金周景区游客拥堵	问题
材料11	黄金周景区环境污染、破坏严重	问题
材料12	上海花卉展满足游客采摘的创新理念	对策
材料13	带薪休假规定执行不到位	问题
材料14	带薪休假的制度规定	问题与对策
材料15	中国汽车文明现状及解决措施	对策
材料16	吉林、上海、内蒙古等交通安全宣传活动	对策

2012年江苏申论材料

给定材料	主要内容	性质
材料1	农村空巢化和人情关系的陌生化	问题
材料2	基层管理困难	问题
材料3	利益分配不合理和征地补偿机制不完善	问题
材料4	农村生态环境污染	问题
材料5	村干部的换届选举不规范、涉农贪污问题严重	问题
材料6	传统手工艺发展的人才缺乏问题及解决举措	问题与对策
材料7	发展传统手工艺的举措	对策
材料8	群众事务党员代理制度	对策
材料9	草桥村集体经济股份制改革	对策

从2013年北京市考、2012年江苏省考的材料可以看到，传统组合方式材料主题单一，材料基本按照正面成就——反面问题——国内外经验的逻辑顺序呈现。

2. 新颖的组合方式

新颖的组合方式是当前新出现的方式，与传统的组合方式不同，其材料内在的逻辑表现为事例集群——理论观点。事例集群主要以事件群或案例群两种形式呈现。事例群以多元化、多角度的一系列元素呈现，这些事例在形式上相对独立，但是内在上存在逻辑关系。理论观点通常有两种：学术倾向型和官方背景型。

2013年国考省部级、2013年413联考和2012年421联考材料组合均采用了这种方式。

2013年省部级国考材料

给定材料	主要内容	性质
材料1	农村按传统礼仪结婚	事例
材料2	非物质文化与物质文化保护缺失	理论
材料3	菊儿胡同、豫园旅游区、枫泾镇	事例集群
材料4	妈祖文化传承与发展	事例
材料5	鹤溪缸窑恢复与发展	事例
材料6	文化保护的分析与建议	理论

2013年413联考材料

给定材料	主要内容	性质
材料1	我国农民外出务工现状分析	理论
材料2	李婉芸、李姓男员工的陈述。调查分析	事例与理论
材料3	盛昌企业发展困境；制造业现状分析	事例与理论
材料4	提出人口诅咒概念	理论

(续表)

给定材料	主要内容	性质
材料5	不重视实体经济的危害；德国发展实体经济作用	理论与事例
材料6	德国重视制造业，发展职业教育	事例
材料7	工人老梁谈自主创新；宝钢集团的蓝领创新	事例

2013年413联考题目打破了事件材料与理论材料独立排列的传统，而是将事例性材料与针对事例分析的理论性材料放在一起，更符合常规逻辑。这体现了材料设计更加科学化。此种材料组合方式是申论材料设计的创新，由一般性的事例到理论性的分析，对于考生思考问题具有启发和引导作用。

2012年421联考材料

给定材料	主要内容	性质
材料1	"活熊取胆汁"事件	事例
材料2	动物平等伦理权利	理论（学术）
材料3	"虐猫事件"	事例
材料4	"打狗事件"	事例
材料5	世界各国动物保护立法	理论（官方）
材料6	动物保护法的意义	理论（学术+官方）

2012~2013年国考、联考的申论材料设计均呈现事例与理论材料组合的规律。其中，多个事件相互独立，如2012年联考中"活熊取胆汁"事件、"虐猫事件"、"打狗事件"这3个事件之间泾渭分明，无必然联系。

需要强调的是，事例材料以集群的方式出现，在形式上看似相对独立，毫无关联，但是从命题者角度来看，任何材料都不是事件的简单堆砌，每一个实例性材料背后所折射出的实质问题都具有一定的内在逻辑。例如，2013年国考省部级材料中，妈祖文化与鹤溪缸窑两个材料在形式上独立给出，而且分别对应第3题和第4题，看似缺乏关联性，实质上妈祖文化是非物质文化遗产的事例代表，鹤溪缸窑是物质文化遗产的事例代表，两个材料实质上反映的是非物质文化与物质文化的保护与传承，其内在逻辑清晰地呈现出来。

此外，在材料的设计中，往往不是纯粹的事例，还伴有理论观点的支撑。例如，2012年联考的材料设计中，在材料5、6中涉及各国动物保护的立法、动物福利立法的意义，甚至将动物保护提升到构建和谐社会的政治高度，直接与政府的战略方针密切结合在一起，这样的理论是具有官方背景的理论。官方理论即与政府的战略、政策、方针、发展规划等密切相关的理论。

命题专家中会有某些专业领域的专家、学者，因此学术型的理论亦是材料理论的重要组成部分。材料2中以一篇学者的文章引入，提出了动物平等伦理权利概念和伦理权利悖论，随后从否定该权利的基本理论依据着手，否定了伦理悖论，学术性极强。这是学术型的观点理论。

当前申论考试中还经常出现争议性的观点，各方各执一词，观点截然对立，如2008年国考的怒江水电站的建设问题上，到底是建设还是不建设没有达成一致意见，正是因为未有定论，才拿出来供大家讨论；再如这次联考材料1中，针对"活熊取胆汁"事件，有人支持，有人反对，各方提出强有力的证据证明所持观点，这种争议性的材料已经成为国考、省考、联考的新趋势。

组合命制，因为是多个人或多个命题组命制，且不同人和不同的命题组之间命制相对独立，所以材料组合方式更趋向新颖的组合方式，材料由多个独立的事件和理论观点组成。

（二）组合命制的题目之间的关系

申论题目数量一般为3~5道题目，这些题目与题目之间的关系因材料答题方向、材料组合方式、材料和题目对应关系的不同而有所不同，或交叉，或提示，或独立。

一般而言，组合命制这种方式的题目之间相对独立，关联度不大，前面题目的作答不会对后面题目的作答产生影响。尤其是在2013年国考地市级试题中，不但是材料间独立性很强，题目间的独立性也非常强。

2013年国家地市级题目

题号	题目	对应材料
1	如何做好基层文化建设工作，直接关系到中华民族传统文化的继承与弘扬，请你谈谈"给定材料1~3"对做好这方面工作有哪些启示。（20分） **要求**：紧扣"给定材料"，条理清楚；不超过300字	材料1~3
2	根据"给定材料4~6"，请你概括目前汉语生态环境面临的主要问题。（15分） **要求**：紧扣"给定材料"，条理清楚，全面准确。不超过200字	材料4~6
3	根据"给定材料7"，指出法国在保护本国文化方面有哪些做法值得借鉴。（10分） **要求**：条理清楚，全面准确；不超过300字	材料7
4	假如你是H县文化局的干部，要在有村官和社区工作人员参加的培训班上做一次关于繁荣和发展社会主义文化的讲座，综合"给定材料8"中提供的信息，你认为应该重点讲哪几方面的内容？（20分） **要求**：紧扣"给定材料"，分条作答，观点明确，有针对性，不得摘抄原文；不超过300字	材料8
5	请以"让……大放异彩"为题，写一篇内容充实的文章。（35分） **要求**：用恰当的文字替换"让……大放异彩"中的省略号部分，使之构成一个完整具体的文章标题；主题应与"给定材料"相关，但素材不必拘泥于"给定材料"，要结合生活中的具体感受，切忌空谈对策；观点鲜明，结构完整，语言流畅；总字数为800~1000字	对材料整体把握

我们先来审一下这5道题目之间的关系，总体来说，这5道题目独立性较强，且对应材料也不相同，而且在题干中非常明确地给出。

此外，由于联考是多省联考，往往是一套材料，命制10道题目左右，每个省份根据本身考生水平特点，有针对性地选择3~4道题目，题目间的独立性也非常强，以2012年421联考题目为例，来研究组合命制题目之间的关系。

2012年421联考（部分省份）题目之间的关系

题号	题目	对应材料
1	根据"给定材料1"，"活熊取胆汁"事件中存在着一些具体争议，请归纳争议的焦点问题并作简要说明	材料1
2	如何理解"给定材料2"中"动物的平等伦理权利"的主张存在着"伦理悖论"	材料2
3	为了维护M县的声誉，挽回"虐猫事件"造成的负面影响，请以M县政府的名义就"虐猫事件"的处理情况写一份宣传稿，在县人民政府网站上公布	材料3
4	结合"给定材料"，自拟题目写一篇文章，谈谈你对"人与动物"关系的体会与思考	对材料整体把握

可以看到，421联考的材料和题目的对应性很强，一则材料对应一道题目，作答的时候仅需要对所对应的材料阅读、分析、概括归纳即可，其他材料对本题的作答无关紧要，可以不做阅读，因此可以节约作答时间，这是组合命制方式的优点。这种命制方式的缺点也很明显，题目之间没有任何的关联，前后题目缺乏提示、补充、交叉等关系；同时材料冗余，无用材料较多。

对于组合命制方式而言，考生作答时需要注意以下两点：

（1）审清题目与题目之间的关系。组合命制的题目独立性强，2012年421联考题目中"活熊取胆汁"事件、"伦理悖论"、"虐猫事件"没有任何联系，此时考生就需要注意，3道题目独立作答即可。组合命制方式在国考和联考中体现较多，如2011年、2012年国考副省级和地市级试题的题目，题目交叉不大。2011年424联考、2012年421联考试题均采用这样的命题方式，在练习过程中，考生需要多加注意。

（2）务必注意材料和题目的对应性。组合命制的题目和材料对应性极强，一则材料或多则材料对应一道题目，很少出现一则材料对应多道题目的情况。如前面的"活熊取胆汁"事件，我们只需要定位与活熊取胆汁相关的材料；关于"虐猫事件"的处理情况，只需要定位虐猫事件的材料；"打狗事件"的材料与这两道题目没有任何关系，那么就可以不做阅读或略读。再如有的题目明确要求"给定材料1"或"概括材料1~3中反映的问题"，这个时候考生可以直接定位材料，无关、无用材料不必阅读。

在申论考试及日常练习的过程中，广大考生可以用最短的时间简单扫视材料和题目，如果问题设置相互独立，我们可以分别审题，直接将题目和材料对应起来，无用材料可以不读或略读，从而提高解题速度，赢得时间的优势。

二、统一命制

统一命制，是指由一个命题人或命题组命制试题。这种命制方式特点鲜明，一般情况下，材料基本围绕一个主题展开，材料关联度高，逻辑层次强，存在着总分、并列、交叉等关系。每则材料都有其对应的题目，甚至有的一则材料对应多题，基本不会出现无用的材料。问题设置环环相扣，问题的作答需要对所有材料统筹把握，前后题目之间会有明显的提示、交叉、互补关系。典型的例子是山东省2013年A卷试题。

2013年山东A卷材料之间的关系

材料	主要内容	性质
材料1、2	高速公路超速超载问题严重	问题
材料3	机动车辆厂家设计造假	问题
材料4	车辆超载难以遏制的原因分析	分析
材料5	美、韩、德、南非、日等国家治理超载的有效举措	对策
材料6	山西省治理超载的有效举措	对策

2013年山东省A卷采用传统的材料组合方式，完全围绕"超速超载"这一主题来设计材料和题目，而且题目间的独立性较强。第1题对应材料1~3，主要是谈现象和问题，材料4主要是专家和学者对车辆超速超载的原因分析，材料5~6主要是国外和国内成功的经验来谈治理车辆超速超载的有效举措。材料的逻辑架构清晰，按照材料以"陈述问题——分析实质——解决问题"的逻辑组合，且材料顺序单一。

有些材料编排虽然按照传统的"陈述问题——分析实质——解决问题"的逻辑组合，但是材料顺序是打乱的，需要考生在有限的时间对材料逻辑间的关系进行梳理。以上海2011年A卷试题为例。

2011年上海A卷问题设置的关系

题号	题目
1	请概括"给定材料"所反映的主要内容
2	结合"给定材料2"，谈谈文中"积极的治理与防范胜过消极的躲避"这一表述的理解
3	认真阅读"给定材料8"，简要回答下列两个问题： （1）请从政治经济角度，对L市主要领导所面临的"两难困境"做简要分析 （2）从实践出发，简要论述如何破解类似该市"两难困境"的难题
4	分析"给定材料"，就如何治庸治懒提出对策。
5	阅读"给定材料"，以"坚持勤政廉政，促进和谐发展"为主体写一篇议论文

答好第1题是建立在对所有材料的理解和分析之上，需要全面概括所有材料的内容要点。第2题要求对某个观点全面分析和论证。第3题包括两个小题，第1小题要求分析两难困境、影响和原因；第2小题要求提出解决两难困境的对策。第4题的侧重点是要提出整治庸懒的对策。第5题要求以"坚持勤政廉政，促进和谐发展"为主体写一篇议论文，因为"给定材料"是围绕着一系列懒政庸政现象和治理举措展开的，所以文章的重心要侧重议论勤政的重要性、懒政庸政的成因、危害及其防治机制。

这5道题目的设置环环相扣，循序渐进。第1道题目和后面4道题目之间存在包含关系，做好第1题是做好后面4道题目的基础。第3道题目的两道小题之间是互相补充。第5题是写议论文，要想不偏题、不跑题，内容必定和材料密切相关，那么第1题概括主要内容和第5题所提对策构成了文章的重要组成部分。

统一命制的方式在广东省和浙江省的申论考试中使用较多，如2011年浙江材料以社会问题为主线，涉及就业、住房、老龄化、医疗等方面，且设置的4道题目之间联系甚为紧密，题目之间互相提示和交叉。浙江省2009~2011年的命题均有这样的特点。广东省申论考试是统一命题方式的典型，2010年以农民工工作为主题，2011年以职业病的防治为主题，主题单一。题目设置上，共有3道题目，包括分析特征、原因和对策（第3道题目为策论文）3种题型，分析特征和原因的题目是策论文的基础，因此需要综合分析，统筹把握。下面附2011年浙江省题目和2011年广东省题目，供读者参考。

2011年浙江省申论题目

题号	题目
1	（1）概括"给定材料1~6"的主要内容。（10分） （2）"给定材料1~6"反映了诸多民生问题，谈谈如何理性看待当前存在的民生问题
2	某市将召开一次加快发展社会保障事业的形势分析会。会上，某领导要就加快发展社会保障事业的必要性做主题发言。请结合"给定材料7~8"，为领导拟一份发言要点
3	请结合"给定材料"，以"民生之依"为题，写一篇议论文

2011年广东省申论题目

题号	题目
1	请根据材料1~3，用不超过300字的篇幅，概括出我国现阶段职业病发病的特点
2	请根据材料6，用不超过200字的篇幅，分析说明"张海超事件"中职业病诊断鉴定难的主要原因
3	请针对材料所反映的问题（仅限所给的材料），以"加强我国职业病防治工作"为题，写一篇800字左右的策论文章

对于统一命制方式的命题，这里给考生提出两点建议：

（1）务必要注意审清题目之间的关系。对于考生而言，拿到试卷的第一件事情，就是要看问题，不仅仅是审清单个题目，更要看清几道题目之间的关系，不可将题目孤立起来，忽视题目之间的关系，只见树木不见森林。如果题目之间联系密切，有的题目是概括问题的，有的题目则是提出对策的，或者说前面题目是作答后面题目的基础，那么题目解答的过程中就需要将几道题目结合起来。

（2）务必审清题目和材料之间的对应关系。对于客观类的题目而言，答题的关键是定位好材料，摘抄关键词、提炼关键词和引申关键词，而定位材料是基础。因此，在作答题目的过程中，最重要的就是要找好材料和题目的对应关系。对于统一命制方式而言，材料和题目的关系对应复杂，一则材料可能对应多个题目，如有的材料在谈问题，那么在概括问题类的题目中会用到，而有的题目是要求提出对策的，我们将问题反推就可以得到对策。正是材料和问题对应的复杂性，要求广大考生一定要注意对材料的总体把握，通览材料。同时解答题目时，要注意前后题目的对照分析。

第三节 命题材料选择

命题材料选择看似凌乱，实则有章可循，下面从话题选取原则、话题选择趋势、材料来源和材料加工4个方面展开分析。

一、话题选取原则

通过对近几年真题话题选取的特点进行分析，可以总结出话题选取的基本原则是政策导向、社会热点、省情省况和考情层次。

1. 政策导向

公务员考试离不开对国家大政方针、政策理论、工作部署、措施要求、时事政治等方面的考察。对国家政策理论掌握的越好，对申论命题的解读就会越到位，对于申论题目的作答就会越准确。

政策向导考试材料

年份	材料内容	政策导向依据
2013年国考省部级	妈祖文化扬名海内外、鹤溪缸窑历史辉煌、宁夏传统文化传承与发展。	十八大报告中强调要提升文化软实力和国际影响力。
2012年国考省部级	"金缕玉衣"、"最美妈妈"、"孙氏兄弟"等模范道德的感人事迹。	胡锦涛在多个场合强调"德才兼备"、"以德为先"。
2012年北京市	郭明义的敬业精神、袁隆平式的精神财富。	北京精神背景，国家关于学习雷锋精神的号召。
2012年河北省	青县好人事迹，如周汝珍、孙志军、吕希庆、张强、王俊岗等好人好事。	河北省道德建设，"和谐河北"战略。

考生可以通过纸媒、网媒、视媒等渠道获取国家政策理论方面的相关信息。为了更快地提升申论能力与水平，建议考生利用多种方法运用相关知识：

- 识记。要非常熟悉十八大报告的基本内容，熟知未来5年总体的工作要求和任务。对社会主义"五位一体"的总体布局要非常明确。同时，对于国家重大战略思想与政策，要理解并解读，对于经典的话语要学会背诵。诸如"科学发展观"、"和谐社会"、"社会主义核心价值体系"、"节约型社会"等，要对它们的概念、内容、要求等方面了熟于心。

- 重点掌握。对于我党、国家、政府的重要会议精神，领导人讲话、"十二五规划纲要"等进行认真梳理。尤其是主席、总理等重要领导人的经典讲话争取做到可以复述。

- 注意事件原因分析及措施应对。当重大事件、热点话题发生之后，除去事件本身，更需要对事件的由来、根源进行跟踪分析，对相关部门提出的意见、建议、对策、部署等多加留意。

- 注意相关评论。针对一个事件，政府、专家、学者、民众等各方的反映如何，有哪些评论文章观点突出，评价到位，论证深入，这些都需要考生在日常学习中多加搜集，认真思考。

政策链接

十八大报告解读：http://cpc.people.com.cn/18/GB/350825/;
2013年两会解读：http://bj.people.com.cn/GB/25527/349760/index.html;
温州金融改革实验区：http://news.66wz.com/system/2012/03/29/103095689.shtml;
山东半岛蓝色经济区战略：http://www.sdlb.gov.cn/;
2011中央经济工作会议：http://www.xinhuanet.com/fortune/2011cjnzbd/jjhy.htm。

2. 社会热点

经济发展过程中各地方发生很多引人深思的社会热点问题，以此而进行申论命题，是选取材料的一大原则。在2013年国考、省考中，涉及热点的材料有很多，例如：

2013年北京的题目重点考查了科学管理与文明出行的问题，涉及的热点话题有节假日高速公路拥堵问题、高速公路超载问题、带薪休假问题、旅游景区污染严重等。与之巧合的是2013年山东省A卷与B卷分别考查了交通拥堵和旅游景区管理问题，这也体现出了申论热点考查的重复性。2013年浙江省与2013年天津市同时聚焦社会诚信问题；2013年江苏省的材料主要是针对民生领域的基础设施建设、社会保障、人口老龄化、环境治理、公款吃喝等热点话题，考查政府的执政能力；2013年联考话题则考查了制造业的发展、工人的权益维护与创新能力等国际热点话题。

我国正处于转变经济发展方式、社会急剧转型的关键时期。民生、文化、道德、政府、生态等备受关注的热点话题很多，因此考生要对热点按政治、经济、文化、社会、生态"五位一体"的大类进行整理分析。

网站：人民网、光明网、新华网等；期刊：《人民日报》、《南方周末》、《半月谈》等；
卫视：新闻联播、CCTV新闻频道、BTV新闻、地方卫视等。

3. 省情省况

立足本省具体情况，结合热点话题、本土文化、地理区位等地方特点而选取命题材料，是考试命题的主要原则之一。

比较典型的代表是河北、浙江等省份的申论材料。2013年江西省考题把本省的城乡收入差距水平、农民工流动现状引入申论材料，既是对考生的综合素养的考察，也体现出政府广开言路、开明取士的作风；2013年河北省考题则是基于该省今年的工作主题"和谐河北"，以城市建设为主线，对"城市名片"和"城市良心"进行考察。

江西省政府网：http://www.jiangxi.gov.cn/；河北省政府网：http://www.hebei.gov.cn/；河北省人民政府研究室：http://www.hebyjs.gov.cn/；广州政府网站：http://www.gz.gov.cn/。

4. 考情层次

考情层次原则，即考试依据招考岗位工作性质的需求层次不同，选取与工作相关的内容而选取命题材料。这一原则也是众多申论考试取材千差万别的主要原因。依据材料的选取对象不同可划分为3大类：公众关注类，基层生活类和特定岗位类。

（1）公众关注类。国考和省直考试的话题选材公众关注度高，具有普遍性。例如，2013年国考省部级与地市级申论试题；2012年的吉林甲卷申论试题都是紧紧围绕"文化传承、文化保护与文化发展"来命制题目；2013年上海、北京、山东都考查了因为"节假日"而引发的"交通拥堵"、"旅游环境"等问题；2013年413更是考查了公众所熟知的农民工权益维护与工人创新意识问题。

（2）基层生活类。自2009年以来，国考申论命题分为省部级、地市级命题，但是在2012年以前，两套试题题目设计的题型、难度并没有进行明显的划分。2013年的省部级试题与地市级试题题型设计、题目难度差别非常大，而且2013年地市级的题目多选用了一些贴近基层的材料，如退休职工满师傅的陈述、乡村放映员王其璋的事迹、大学生村官关于乡村文化建设的一些建议、大学法律系大二考生小签的感慨等。2013年413联考及各省市的单独命题均贴近基层生活，如2013年421联考试卷中工人陈青对于新生代农民的不满、2013年天津试卷中两个网友关于提高"社会信任度"的讨论等。

（3）特定岗位类。事业单位、军转干、招警考试招考命题材料主要依据岗位性质而定。如银行信用社系统招聘，会考查金融相关的知识；军转干、招警考试取材会侧重考查军人见义勇为的经典案例。

二、话题选择趋势

有考试经验的考生都会有这样的感觉：最近几年的申论材料越来越难，越来越有深度。这样的难度、深度主要通过材料话题数量、材料具体内容、材料内在逻辑非一致性等方面体现出来。概括起来有5点：国际性、综合性、地方性、人文性、思想性和争议性。

1. 国际性

国际性是指申论命题从话题选取、材料设计、题目设置更加开放，更加具有国际视野。国际性是公务员考试中申论话题的最新趋势，也是申论命题大胆创新，敢于突破传统的具体体现。这也隐含了目前公务员领域的工作人员应更加具有国际视野，能够站在更高的层面看问题。自从2012年915联考以来，申论考查的话题不断地从国际化的视野来捕捉社会热点问题，对考生进行考察。考察的话题多是国际上比较发达，而我国则存在很多问题，需要改进的空间非常大，如2012年915联考和2013年国考省部级、地市级命题均考了文化软实力在国际上的影响，主要是围绕文化传承、文化保护、文化发展、文化传播等考查我国文化在国际上的影响力；2013年联考则考查了国际上制造业的二次崛起等热点话题。

2. 综合性

综合性是指一份申论试题选定材料涵盖多个领域的话题。话题范围涉及政治、经济、文化、社会、民生等众多领域的内容，既有宏观领域的大政方针，也有微观领域的小事琐事。材料的综合性还体现在既有国内关注的热点，也有国际性的气候、经济等问题。近几年来，话题选择综合性趋势更加明显。

在近几年的国考申论试题中，2012年国考（省级）材料综合性最强。涉及的问题有食品安全、传统伦理、医疗隐患、教育缺失、精神文明、诚信奉献等问题。在近几年的地方申论试题中，江苏省申论命题覆盖的话题一直很多，如2013年江苏涉及的问题主要有新农村建设、群众满意度、基层道路建设、公平正义、社会保障、人口老龄化、药价过高、乞讨人员管理、政府创新管理、三公经费等问题，显现出申论命题的综合性趋势之强。

3. 地方性

申论命题材料选择突显地方特色。在把握命题趋势时，多依据地方的特定政策，特有的经济状况，特定的文化，尤其是备受众人瞩目的地方性话题。地方性命题趋势的典型代表是浙江、河北、江西等省份。

话题选取依据地方宏观政策。通常是该省的重大政策上升为国家战略，并彰显地方特色。2013年北京市申论材料运用了节假日期间北京治理高速拥堵的具体措施，2012年浙江申论材料的主题是"海洋经济"，材料的选取有浙江区域地图、浙江舟山渔场、浙江海洋经济示范区、浙江沿海丰富的海洋资源等。

部分省区考试命题材料选取则抓住自己独有的事物全面考查，其中河北省这一命题趋势最为明显。2010年河北省命题共7篇材料，每篇材料都围绕西柏坡问题展开，材料1、4谈西柏坡精神，材料2谈政府对西柏坡发展的重视，材料3谈西柏坡城市规划，材料5谈西柏坡产业发展，材料6、7谈西柏坡旅游和文化品牌；2011年则是从河北对口支援新疆展开，又谈到对四川、西藏的支援状况；2012年申论命题趋势与2010年颇为相似，依次谈青县好人事迹报道、青县好人模范代表、青县道德建设、青县民生保障、青县重视道德与经济协调发展、青县公民道德建设展馆。抓住一个主题，材料话题选择趋势则是抓住当地典型代表，全面分析，多角度考查，来把握出题，是该类考试地方性趋势的特点。

另有省份命题材料多选取本地发展面临的困境。2012年江西材料中则谈论自身文化产业发展面临的困境，以景德镇为取材进行命题。

4. 思想性、人文性

以前的申论考试材料大部分都以表象、原因、对策等组成，材料多以专家发言、领导讲话、新闻报道组成。近几年，申论材料的选取多引用了一些名言警句，经典性的著作，或者一些哲学家、社会学家等知名学者的深刻见解和分析用作申论材料。增加了考生的思想深度和文化内涵的要求，增强了申论考试的人文色彩。进一步符合了申论对考生综合素质的考察。人文色彩增强决定了考好申论需要全面提高人文基本素养，而不是仅仅看一些官方的公文或者领导的讲话。

思想性、人文性考试材料

年份	材料内容	材料类别
2013年省部级	材料6：……F看完贺兰山岩画，内心颇有感触，他特意为此题字："岁月失语，唯石能言。"逝去的无形无迹的光阴镌刻在一幅幅粗朴的岩画中，F说："远古先民以默默的文化符号表现出他们对生活的勇气和情感，对观者内心形成强烈的冲击。"	文学
2012年副省级	材料3：美国长篇小说《屠场》面世，揭露肉联厂工人非人道的劳动状况，"本想打动公众的心，不料却击中了他们的胃。"……	文学
	材料4：伦理学家指出：在漫长的封建社会中，中国传统的伦理道德……在实践中，儒家以礼与法的结合作为人性修养在他律方面的补充……	伦理学
2012年地市级	材料3："脆弱性"是吉尔伯特·怀特在20世纪70年代首次提出的概念，之后被广泛应用于灾害学、生态学、金融学、社会学、经济学等许多方面，大大拓展了"脆弱性"的内涵。	社会学
	材料5：英国哲学家阿兰·德波顿在四川大地震之后发表文章，介绍并阐发了古代罗马哲学家塞内加关于人类灾难的哲学思考……这些痛苦与惶惑，引起了塞内加的注意……塞内加道出的是与中国古代改革家王安石的"天变不足畏"相近的思想	哲学
2013年413联考	材料2：诺贝尔奖获得者、印度著名经济学家阿马蒂亚·森曾说过这样的一句话："在一个走向现代化的国家中，经济发展是必然的事情。相比较于经济的发展，更为重要的事情是让更多的人——尤其是普通人，能够分享到经济发展的成果。"	经济学
	材料4：世界银行资深经济学家杰里夫·萨克斯教授发现了一个非常有趣的"资源诅咒"现象：自然资源丰富的国家并没有获得想象中的高速经济增长	
2012年联考	材料2：当代西方环境伦理主张赋予一切生命体包括动物平等的"伦理权利"……所以，每一动物个体都有平等的伦理权利。如此论证看似严谨，实际上存在着不可克服的"伦理悖论"……	伦理学
	材料5：德国的《动物保护法》规定每个与动物打交道的人必须仁慈地对待动物……英国现行的《动物保护法》……《中华人民共和国动物保护法》……	法学
	材料6：保护动物福利，还体现了动物对于人类的精神价值。达尔文认为，关心动物是……生物多样性……经过自然选择而存在的生物物种、基因和生态系统……	生物学
2013年河北省	法国作家雨果曾在《悲惨世界》中发出"下水道是'城市的良心'"的感叹。下水道作为城市的良心，井盖作为城市的名片，既是检验城市公共安全和公民幸福指数、城市是否宜居的重要尺度，也是检验城市管理者有无智慧和人本情怀的重要尺度	文学

推荐资料

推荐书籍：《人生的智慧》、《康德三大批判——纯粹理性批判》、《思想录》、《伦理学》、《人类理解论》等经典读物。

5.争议性

具有批判性、争议性的社会热点，正逐渐地成为申论材料的选材对象。争议性的焦点话题不仅能够很好地考查综合分析能力，而且能够引导公众关注和深入思考社会上争议性较强的问题。例如：

争议性考试材料

年份	材料		争议的问题
	一方观点	另一方观点	
2009年国家	"13年了，回想起来，当时的决定很正确。"作为香港某电子集团董事、总经理，徐老板一脸庆幸。他一再跟记者提起依然在东莞等地办厂的朋友们利润空间越来越小的尴尬境遇，庆幸自己提前13年向广东山区罗定市的迁移。	某专家认为，东莞为了企业转型不断探索而仍不得其门而入，全国其他地方的"东莞化"却如火如荼地进行……内地省区提出"欢迎沿海地区产业转移"之类口号，实非明智的选择。	产业转移是否科学

(续表)

年份	材料		争议的问题
2010年4月联考	M经理：我认为涨价和外资没任何关系。西北某市从1992~2006年水价上涨了7次，而某知名外资水务集团是2007年与该市进行合作的	X专家：我觉得还是有一定的必然联系。外资公司购买了我们水项目的股权后，势必会对水价的上涨带来一定压力，投资是要收回利润的	外资进入水市场会不会带来水价上涨
2011年副省级	为治理黄河而奔波半生的水利专家王化云同志在其回忆录《我的治河实践》中辛酸地叹道："黄河不可能变清……黄河也不需要变清。未来黄河的治理与开发，我认为应该建立在黄河不清的基础上。"	当全国人大一届二次会议的一千多位代表面对修建三门峡水库这样一个承载着国人"黄河清"千年梦想的工程，一个"战胜自然的伟大计划"，一致欢呼通过，也是完全可以理解的	黄河是否需要变清
2012年联考	在某医药协会2012年2月16日召开的媒体沟通会后，协会有关人士F关于"熊在无管引流过程中很舒服"的表述，已在网上广为流传。F一再表明："如今活熊取胆汁是自体透管，无痛引流，并未对黑熊产生影响。"……	但世界保护动物协会向记者表示，实际上从熊第一次做手术准备取胆汁起，对熊的疼痛的"虐待"就存在，因为手术对专业要求是相当高的，而目前并不知道手术的成功率，引发的疾病及并发症等数据……	活熊取胆汁的争议
2012年河南省（选调生）	中国文化遗产研究院张院长："我感觉滑稽，中华五千年文明有那么多可以展示的文物，一个堂堂国家级博物馆展厅，轻易就被一个国际奢侈品牌买了单，这不值得推广。作为公益性单位，国博应该也必须承担引导、教育的功能。"	某大学考古系考生小王："难道奢侈品只等于暴发户吗？难道不认为历史足够悠长、工艺足够精良的生活用具，确实是承载了人类文化成就的艺术品吗？难道不认为LV确实是法国形象的一部分吗？	公立博物馆能否兼顾经营行为和公益性争议

目前，价值观的多元化使备受争议的焦点问题越来越多，像"知名高校自主招生命题考穿越"、"养老金是否该入市"、"清华真维斯楼"等。争议性的材料通常情况下都没有固定的答案，我们可以赞成一方反对另一方，也可以协调，还可以另辟蹊径。总之面对这些材料只要我们以一种客观公正的态度，实事求是地对问题进行分析论证，无论持什么观点都是合理的。

CCTV2《对手》、凤凰卫视《一虎一席谈》等。

三、材料来源

研究申论材料的来源有助于把握复习的方向，尤其在日常备考过程中的合理分配时间，明确复习重点。一般情况下，材料来源主要有政府文件、重要讲话、书刊文献、网络媒体等渠道。历年来，国考的材料来源主要有书刊文献、议案、学术期刊、新闻报道、消息评论、案例介绍、学者专家官员的观点、网络媒体、政府文件；上下半年的联考及各省考试的材料来源渠道基本与国考材料来源一致。

通过对历年来国考、联考及各省考试申论材料来源进行归纳整理，可以将申论材料来源的基本渠道划分为3大类：政府文件、领导讲话；学者建议、期刊文献；网络媒体、调研采访。

1. 政府文件、领导讲话

申论材料中的政府文件多是大的问题，有些务虚，但是给考生提供了把握考查主题的重要线索。在申论材料中，政府文件的形式比较多，但最为主要的是全国或地方的政府工作报告，在材料编排中，多以"龙头"或"凤尾"的形式出现。

政府文件、领导讲话考试材料

年份	内容		来源	位置
2013年江苏省	据称,团体餐一桌的标准最低也要2000元,而请领导吃饭至少要达到500元一位的标准……		《中央八项规定》	材料9
2012年上海市	A	"加快推进以改善民生为重点的社会建设……"	《十七大报告》	最后1段
	A	"加强和创新社会管理……"	《胡锦涛社会管理及其创新专题研讨班讲话》	
	B	"当代中国进入了全面建设小康社会的关键时期和深化改革开放……"	《关于深化文化体制改革推动社会主义文化大发展大繁荣若干重大问题的决定》	
2012年北京市	"之所以这样做,就是要把工作的重点放在提高经济增长的质量和效益上来……"		《国家"十二五"规划纲要》	材料1
2012年浙江省	"推进浙江海洋经济发展示范区、舟山群岛新区和义务国际贸易综合改革试点建设……"		《2012年浙江省政府工作报告》	最后1段
2013年山东省	A	"该规划决定从2011年启动陕南地区移民搬迁安置工程……"	《陕南地区移民搬迁安置总体规划(2011~2012年)》	材料1
	B	"实现农业持续稳定发展、长期确保农产品有新途径供给,根本途径在科技……"	《关于加快推进农业科技创新持续增强农产品供给保障能力的若干意见》(2012年中央1号文件)	材料1

通过2012年的材料分析可以看到,国家、省级层面的重大文件都有可能成为考查的重点。政府文件条理性、综合性比较强,但不足之处在于内容比较杂,涉及面广。因此,备考中应认真解读政府文件,将其内容简化,必要时要加强识记并掌握运用。

对于政府文件要做到3点:比较性读、重点精读和选择摘抄。

(1)比较性读。选择近2~3年的同一文件,进行比较性地读。比较文件中目标、任务的不同,数据指标的不同,重要内容的明显差异,进而观察政策的变化和政策走向,其不同之处很有可能成为申论材料的选择对象。以河北省《政府工作报告》为例进行分析。

河北省《政府工作报告》

年份	与往年相比出现的新内容	申论真题材料
2011年	继续做好民族宗教、外事侨务、援疆援藏(新内容)、气象、地震、地方志、档案、老龄、妇女、儿童、残疾人等各项工作,促进社会事业全面进步	申论材料围绕河北支援新疆、四川、西藏展开。
2012年	坚持以人为本、民生为重,把解决群众最关心、最直接、最现实的利益问题作为一切工作的出发点和落脚点,切实做到真心关注、真正落实、真见成效,以保障和改善民生的实际成果,促进和谐河北(新内容)建设	和谐河北重点是道德建设与经济建设协调发展。该年申论材料围绕道德建设展开

(2)重点精读。针对特定的社会热点问题去读政府文件。政府文件内容具有较大的交叉性和重复性,但是强调的重点或角度不同。因此要针对特定的问题,从不同的文件出发,寻找不同的角度去理解问题、分析问题。例如,教育问题,在《政府工作报告》、《国家十二五教育发展规划纲要》、《推动社会主义文化大发展大繁荣若干重大问题的决定》3个文件中都谈到教育问题,但是侧重点不同,前者比较宏观,中间全面,后者谈到了具体措施。

(3)选择摘抄。摘抄材料是提高申论写作能力的重要方式。摘抄政府文件、领导讲话稿有两种方式:

一是全文简化摘抄。通过寻找关键词的方式将全文进行简化，然后摘抄；二是横向重点摘抄。针对文化、教育、民生或经济等领域的内容，按类从不同的文件进行重点摘抄。

资料链接

《国家十二五规划纲要》：http://house.china.com.cn/topic/125gh/;
《国家十二五教育发展规划纲要》：http://news.sina.com.cn/c/2011-03-17/055622129864.shtml;
《2012年中央一号文件》：http://www.xinhuanet.com/fortune/cjzthgjj/04.htm;
《2013年政府工作报告》：http://fangtan.people.com.cn/GB/147553/357930/index.html;
《推动社会主义文化大发展大繁荣若干重大问题的决定》：http://theory.people.com.cn/GB/16018030.html。

2. 学者建议、期刊文献

伴随着公务员考试的规范化和科学化，申论出题水平不断提高，尤其在思想性方面的考查越来越明显。体现思想性的材料主要来源于学者建议、专业书籍等。

2012年国考（副省级）材料3中"1906年2月，美国长篇小说《屠场》面世，揭露肉联厂工人非人道的劳动状况……来说明发达国家也经历过'食毒时代'"。2012年国考（地市级）材料2中引用了H博士、M博士、C研究员来阐述地铁技术性问题；材料5中更是直接引用了"英国哲学家阿兰·德波顿在四川大地震之后发表的文章，介绍并阐发了古代罗马哲学家塞内加关于人类灾难的哲学思考"，都体现出其材料引用的思想高度。2012年421联考材料2更是直接将学者著名文章的摘要给出，其题目设置关于"伦理悖论"的考查，也反映了材料取材的思想深度。

来源于学者建议、专业书籍的材料多是对主题进行分析，或者提出建议。这也就提高了对考生的要求，尤其是专业化的深入分析、考查。这也体现了政府部门提升公务员综合素质、优化公务员群体结构的趋向。同时也提醒考生，只关注平常的新闻报道是远远不够的，关键是要对特定问题进行思考，形成自己的见解和观点。

该部分的复习要结合具体的社会热点问题，要善于抓住问题本质，尤其是对于有争议的问题，要进行全面的分析。思维需要慢性磨炼，这就要求多读一些思想性较深的哲学类书籍。针对热点社会问题，许多专业性期刊刊登的文章中提供了很多针对问题的分析和具体建议，有些建议可以为申论答题开拓思路。

推荐期刊

《半月谈》、《人民时评》、《人民论坛》、《阅读与写作》、知名高校学报、中国知网期刊库（http://www.cnki.net/）等。

3. 网络媒体、调研采访

通过对感性材料进行分析加工、去粗取精、去伪存真、由此及彼、由表及里，通过理性分析提炼出答案。来源于网络媒体、调研采访的直接报道或稍微调整，是能够考查考生驾驭材料、综合分析能力的最佳选取对象。因此，几乎所有的申论命题人都会选取网络媒体、调研采访的材料来命题。

大部分考生对于申论材料感到琐碎、凌乱，其原因在于申论材料的大部分内容都是来自于网络媒体和调研采访。网络媒体、调研采访的材料内容的特点就是具体、细微。其往往有既定的人物、时间、故事等详细的报道，而且都是来源于第一报道的感性材料。2012年421联考的申论材料体现的最为明显。

2012年421联考申论材料

给定材料	性质	主要内容	类型或来源
1	实例性材料	活熊取胆汁	凤凰网、南方网、福建经济频道等
2	实例性材料	打狗事件	人民网、新华网等
3	实例性材料	虐猫事件	新浪网、人民网等

四、材料加工

申论的取材"取之有道",而非任意取舍。申论取材主要是间接引用,主要有3种方法:信息点后置法、顺序颠倒法和删减关键词法。

1. 信息点后置法

2013年申论材料设计中,出现明显的关键信息点后置法。信息点后置法指的是在一个题目所对应的多个材料中,信息点往往置放在最后一个材料中,而不是像往常一样均衡地放在所有材料中。该方法在2013年国考地市级命题中体现的较为明显,我们以第一题为例:"如何做好基层文化建设工作,直接关系到中华民族传统文化的继承与弘扬,请你谈谈'给定材料1~3'对做好这方面工作有哪些启示。"该题目对应的材料是1~3,但是题目作答的信息点主要集中分布于第3段中村官A、B、C关于基层文化建设的一些建议和举措。

该方法着重测查了考生能否在较短的时间内迅速地从材料中捕有效信息点,并进行信息归类。如果不能迅速地捕捉信息点分布群,只是按照传统的阅读方法去答题,在有限的字数范围内,很有可能阅读到信息点分布群时,字数不够,从而导致得分不高。因此,命题人在材料设计过程中采用信息点后置法来考查考生对材料信息的识别和驾驭能力。

2. 顺序颠倒法

命题者在选定材料的过程中,故意将原材料顺序打乱,穿插编排材料。其目的在于增加阅读难度系数,也是为了潜在地考查考生的逻辑思维能力。判定材料顺序颠倒的标准之一是材料顺序与题目设置顺序不一致。这一方法在2012年多省市的考试中最为常见。

2012年联考的题目则更为明显,17省联考,有15个省份采用了同一试卷,然而其命题顺序具有双重的颠倒。一是材料编排顺序不一致;二是题目设置顺序打乱,联考题目是在7个题目的基础上进行任意排列组合,间接造成材料顺序颠倒。

当然,也有个别省份,如江西、河北等省份,在出题过程中依旧延续传统的顺序一致法。其中,2012年江西省的考题最为明显,前半部分对应第1题问题相关的材料,中间部分是对应第2题分析原因的材料,后半部分是对应第3题,提出对策的材料,而申论写作题则是通篇对应。

通过以上分析,我们可以总结出阅读材料的技巧。

(1)全面把握材料。主要有两种方法:正向把握和逆向把握。正向把握是按照顺序浏览材料,依据材料反映问题的共同属性进行归类。例如,2012年北京市考试试题,材料1谈的是国家层面的经济转型、降速问题;材料2谈的是工程质量问题;材料3谈的是北京市主动降速,转变经济发展方式的具体做法。可以明显地看出材料顺序被打乱。但是按照经济转型这一属性出发,不难发现材料1和材料3中间穿插了材料2。逆向把握,题目的答案信息要点源于材料,对于打乱顺序的材料,要掌握"一个中心,多个关联"方法,即以题目为中心,反推关联材料。例如,2012年浙江省考试试题,题目中第2题"推进浙江海洋经济发展示范区建设,是浙江省加快经济转型升级的重要引擎。请谈谈对这句话的理解"。题目的理解可分为浙江做法的重要意义、具体建议,利用题目逆向寻找关联材料。以"具体建议"为中心,多个关联有"材料3、4、6、8、10、11",由此可逆向把握材料3、4、6、8、10、11是谈建议。

(2)筛选认定材料。对材料全面把握后,要迅速、有效、果断地筛选认定有用材料和多余材料。筛选认定材料是以"题目关联"为准则。浏览材料和阅读题目后,有些材料明显是多余的,可以去除,节省阅读材料的时间。在多省联考中，筛选认定有用材料尤为重要。2012年多省联考，同一试卷，题目不一，对不同省份而言必定会有多余的材料，如重庆、四川等省份的题目只考察"活熊取胆汁"、"虐猫事件"和材料6画线句子写大作文，材料4"打狗事件"完全多余。

3. 删减关键词法

删减关键词法是申论材料选取的重要方式之一。主要是将原材料中的主旨句、概括归纳性较强的词语去除，删减的关键词往往是答题的直接用语。扣除关键词后的材料比较零碎、繁杂，其目的在于考查考生的驾驭材料能力、综合分析能力、概括归纳能力。在2012年国考、各省市考试中，最为典型的代表是2012年北京考题中材料4和材料5，两则材料引用了大量的事物案例，但每个案例都反映了一定的问题，如教育资源分配不均、城乡户籍改革等。其材料中将这些明显的关键词去掉，需要考生从感性的材料中提炼答题要点。在国考、省考中关键词的扣取程度比较适中，有些考试通常是将关键词几乎完全去掉，尤其是在乡镇、村官、选调生等基层公务员选拔考试中最为常见。

第四节 题目设计

一、题目类型

申论的题型分类关系到申论答题的方法和内容，对题目类型的准确把握是答好题目的前提。申论题目的分类可以有很多种方式，比较传统的方式是按照大纲中的能力要求将题目分为概括、分析、对策和写作4种类型。这只是一种方式，除了这种分类方式之外，我们还可以按照答题信息的来源将申论题目分为客观题和主观题；也可以按照答题的要素将题目分为单一类题目和综合类题目。这些分类方式之间还可以交叉混合，如概括又可以分为单一类的概括题和综合类的概括题。下面我们将对这几种分类做一个系统说明。

（一）传统分类

1. 概括题

概括的基本含义是归纳、总括，把事物的共同特点归结在一起加以简明叙述。在申论考试中我们可以把含义换成将材料的内容进行简明扼要的重述。概括题是申论考试中最常见的题型，包括问题、意义、原因、主要内容等的概括。

例：【2013年国考地市级】
根据"给定材料4~6"，请你概括目前汉语生态环境面临的主要问题。（15分）
要求：紧扣"给定材料"，条理清楚，全面准确；不超过200字。

考生要想得到概括题的高分，一定要掌握以下几个归纳概括题的关键词：全面、简洁、层次。

- **全面**包含两部分内容：一是作答概括题时要尽量多找要点，全面把握信息点，用最简练的语言表述出来；二是每条每项的归纳概括要全面，重点要素必不可少，材料中涉及的相关内容不能有所遗漏。
- **简洁**要求用词必须精炼，也就是用很少的字表达更多的意思，抽象而内涵丰富。
- **层次**要求在归纳整理答题要点以后，还要以适当的逻辑关系分层分步作答。这种"逻辑关系"有"总——分"的包含关系，有"发现——分析——解决"的处事步骤，有"政府——企业——个人"的主体分类等，要按要点的具体性质进行分类组合。

2. 分析题

分析，也就是根据现有材料和自己的常识背景，切分各个要素，对问题背后的本质规律和深层次问题进行挖掘。分析类试题，题型多样，出题方式灵活，并且在不断的发展中推陈出新，增加了考生准确作答的难度。在申论考试中分析也很复杂，有对问题的分析、有对原因的分析、有对句子的分析、有对词语的分析、有对事件的分析、有对观点的分析、有单一的分析、有综合的分析……

例：【2013年国考省部级】

"给定材料2"中的文章作者认为："从某种意义上说，这些无形的非物质文化遗产是比长城、故宫还要重要的财富。"请结合"综合材料"，谈谈你对这一说法的见解。（15分）

要求：全面、简明；不超过250字。

要做好分析题，我们要把握分析的关键词，做到深刻、全面、贴切。

- 深刻就是要对问题背后的问题进行深入的挖掘，用句常用的说法就是要做到透过现象看本质。透过现象看本质需要充分发挥联想和推理的能力。
- 全面的分析问题就是要从不同的角度、不同的层面、不同的主体，使用各种不同的方法和模型去分析问题。这样才能够通过对有限问题的分析以点带面的方式挖掘出问题，才能够通过对一个问题的分析全面把握问题，才能够为饱满、丰富的答题提供素材。
- 贴切就是在分析的时候要紧贴材料和问题本身。在分析问题时，我们通常会以材料中的内容作为优先的答题内容。一般只有在材料给的分析不足够答题，或者材料中没有答题信息的时候，才需要通过自身的想象推理进行分析。

3. 对策题

对策题就是要写对策，简单地说，就是要做什么和怎么做。

例：【2013年国考省部级】

我国有不少地区在保护和发展具有地方特色的文化方面都取得了一些成功的经验。如果你是某市负责地方文化保护工作的人员，请认真阅读"给定材料3"，概括从中可以获得哪些启示。（10分）

要求：全面、准确、简明；不超过150字。

提出对策是一种综合性的能力。所提对策既要经过严谨的理论分析，又要经得起实践的验证。要做好对策题，需要把握好以下几对关键词。

- 虚与实。在提对策的时候，考生要根据题目要求分析题目是考察宏观战略，还是解决具体细小问题。在大问题上要有战略高度，要务虚；在具体而微的问题上要务实。虚要虚到家，实要实到位，要注意提出的对策有针对性。针对性是指在提对策的时候，要针对题干问题结合材料去提。
- 直接与间接。在提对策的时候，很多考生思维往往比较局限，只想到一些比较直接的对策，而忽略了一些间接的策略，导致答题不全面。直接对策往往是基于问题本身，间接对策往往基于问题的外部，如环境、政策等。
- 全面与重点。全面是指在提对策的时候，不仅要考虑这方面，而且要考虑到那方面；不仅要考虑到当前，而且要考虑到长远；不仅要考虑到局部，也要考虑到整体，好的对策是应该兼顾到各个方面的。同时也要把握度，对于重点对策，要多加笔墨。
- 模式化的内外。有些考生已经形成一种定势：不仔细分析材料，不结合具体实际，一上来答题就是套路往上套，如建立机制加强监管加强宣传教育等，空泛而不针对实际，模式化痕迹非常明显。所以，我们要思路而不要套路，要逻辑而不要模式。答题方法可以一样，但采用的语言和实际的措施却可以千变万化各有特色。

4. 写作题

写作包括公文写作和大文章写作。在申论考试中有一种题型，即根据"给定材料"为考生设置一定的公职角色、社会身份或情境进行作答，这种题型被称为"公文类写作"，常见的有报告、公开信、演讲稿等通用公文，除了这些严格意义上的公文以外，申论中也出现了一些如纲要、提纲、规划等非严格意义上的公文类写作题型，通常称之为"类公文写作题"。

公文类写作没有固定的答题内容，写的内容往往需要根据不同公文类别来决定，即便是相同的公文类别也会根据情况和对象的不同回答不同的内容。其形式往往借鉴公文格式，需要体现一定的形式方面的要求。另外，这类题目语言风格较为多样，表达方式灵活，因为多数考生在日常工作生活中接触不多，所以得分难度较大。

例：【2013年国家省部级】

有关部门拟在全球最高的妈祖圣像落成周年纪念日举办妈祖文化旅游节活动，需要一批志愿者向游客讲解妈祖文化。请你根据"综合材料4"，为志愿者写一份示范性的讲解稿。（20分）

要求：内容具体，切合主题；准确全面，逻辑清楚；表述生动，对象明确；总字数为400~500字。

例：【2013年国家省部级】

假如你是平阳县的大学生村官，请根据"给定材料5"，为政府网站写一篇短文，向社会介绍鹤溪缸窑，以期促进缸窑的恢复与发展。（20分）

要求：内容具体，符合实际；通俗易懂，表达简明；不超过400字。

文章写作类型由题目要求和材料特点共同决定。简单来说，申论文章大多是议论文中的政论文。政论文可以分为策论文和评论文两种基本类型。如果题目明确要求写对策，或者"给定材料"对其涉及的问题已有明确的分析和定论，但没有给出解决问题的对策，"申"论文章就是策论文，以提出和论证对策为主；如果题目没有明确要求写对策，或者"给定材料"对其涉及的问题没有明确的分析和定论，"申"论文章一般就是评论文，既要对问题定性定论（中心论点），又要分析论证自己的观点，还要提出并论证相应的对策。评论文可以分为立论文和驳论文两种。

策论文：

例：【2013年江西省】

十八大报告指出，要完美和创新流动人口管理服务。请结合"给定材料"，以如何实现流动人口科学管理为主题，写一篇策论性文章，题目自拟。

要求：主旨明确，内容充实，结构合理，逻辑严密，语言流畅；总字数为1000~1200字。（40分）

立论文：

例：【2013年413联考】

"给定材料2"提到，"他们不仅要安身立命，也要有尊严，甚至还要抬头仰望星空"。这句话引发了你什么思考？请参考"给定材料"，联系实际，自拟题目，自选角度，写一篇1000字左右的议论文。（45分）

要求：中心明确，思想深刻；内容充实，论证有力；思路清晰，语言流畅。

驳论文：

例：【2010年多省、市联考】

相当一部分人认为，水是公共产品或准公共产品，因此用水应该是低价的。针对这种观点，参考"给定材料"，写一篇文章，对国家水资源价格改革的基本思路进行阐述。

下面，我们用一个表格将前面所述传统的题型分类展示出来。

题型分类

题型	说明	示例	高分关键词
概括	将材料的内容进行简明扼要的重述	2012年915联考 请根据"给定材料"，概括孔子学院在当前发展中所面临的困难。（15分） 要求：全面、准确、有条理；不超过200字	全面、简洁、条理

(续表)

题型	说明	示例	高分关键词
分析	根据现有材料和自己的常识背景，切分各个要素，对问题背后的本质规律和深层次问题进行挖掘	2013年413联考 "给定材料6"中提到德国制造很大程度上归功于这个国家高水平的职业技术教育，请根据"给定材料6"，谈谈职业技术教育在德国取得成功的原因。（15分） 要求：全面准确，条理清楚；不超过200字	深刻、全面、贴切
对策	总结已经给出的对策，或者通过积累提出解决问题的具体措施	2012年江苏省 "给定材料7"中两位环保部门负责人作出的"回应"显然不能令人满意。假如你是上级主管部门的一名督查员，请你拟定一份应对这"环保事件"的处置建议，供领导参考。（20分） 要求：内容具体，针对性强，措施得力；篇幅不超过300字	虚实结合、直接间接结合、要点全面、重点突出、自然规范
公文写作	通过题干审清命题人的意图，并结合材料满足要求	2012年413联考 假设某市总工会领导阅读了"给定材料7"后，拟在全市制造企业中开展"蓝领创新"活动，请以"××市总工会"的名义，代写一份倡议书。（20分） 要求：定位准确，内容全面，语言生动，具有号召力	公文：格式正确、内容完整
文章写作	源于材料，又要高于材料	2013年国考省部级 "给定材料6"中的题字"岁月失语，唯石能言"能启发人们许多思考和感情，请参考"给定材料"，以"岁月失语，唯石能言"为题，写一篇文章。（35分） 要求：自选角度，立意明确，有思想性；联系实际，不拘泥于"给定材料"；内容充实，语言畅达；总字数为800~1000字	大作文和策论文：客观、全面、深入、具体 评论文：论点鲜明、论证有力

（二）单一题与综合题

一般申论答题的基本要素有6个，分别是问题、危害、对策、作用（目的、意义）、理论和事例。前面4个要素是最常用的，后面两个要素用得比较少。在申论问题中，有的问题只涉及6个要素中的一个，有的则涉及很多个。单一题与综合题的分类主要是根据答题的要素来分，单一的题目只涉及6个要素中的一个，综合题则涉及多个要素。

2013年天津市公考申论试题

题目	题型	答题要素
1. 在认真阅读"给定材料"的基础上，概括造成当前中国社会信任度下降的主要原因。（25分） 要求：内容全面，观点明确，条理清晰，语言准确，不超过300字	单一	原因（深层次问题）
2. "给定材料2"提到微博网友@张志刚的观点"互不信任不过是熟人社会向陌生人社会过渡的阶段性产物，随着陌生人社会的法制权威最终确立，问题会迎刃而解。"请谈谈你对此的看法。（20分） 要求：观点明确，分析透彻；不超过300字	综合	问题、危害、原因、对策等
3. 假如某街道办事处拟开展一次邻里节活动，此次活动的主题是增进邻里互信，请你为他们起草一份活动方案提纲。（15分） 要求：内容合理，针对性强，条理清晰；不超过300字	单一	对策
4. 阅读"给定材料10"中习近平主席在阜平县和定西市的讲话，反观"给定材料"中所提供的正反事例，你在思想上一定有所触动，请开展想象，自拟标题，自选角度，写一篇文章。 要求：主题鲜明，内容充实，结构合理，语言通顺；篇幅为800~1000字	综合	表现、原因、对策、危害、作用、意义等要素均可使用

综合题目中又可以分为机械的综合和有机的综合两种。机械的综合是把每种答题要素简单相加，有机的综合则要求各个答题要素之间相互衔接，使整个答卷成为一个不可分割的整体。文章的写作大部分都是属于有机综合。

2011年国考地市级考试

题目	题型	答题要素	备注
（二）L县政府拟进一步宣传寄宿制学校的办学模式，以期更好地提高办学效益和质量。请根据"给定材料3"，以县教育局的名义草拟《给各村中小考生家长的一封信》	有机综合	6个均可使用	公开信要通过说理、举例等达到说服家长的效果。要写得自然，不要过于机械
（三）假定你是一名派到农村的支教人员，请根据"给定材料"简要分析希望小学遭废弃的原因，并提出解决希望小学遭废弃问题的具体建议，供上级有关部门参考	机械综合	问题和对策	

对单一和综合的分类有助于我们弄清答题的内容，把握答题的方向。通过这个分类使我们面对问题尤其是在面对综合题目的时候不至于手足无措。

（三）主观题与客观题

申论命题在设计问题时要考虑到阅卷的可操作性，在设计答案的时候尽量减轻阅卷的麻烦和负担。为了解决这个问题，很多申论命题会将题目客观化，尤其是前面的小题目，很多答案的基本点是固定的。客观的标准有3个：材料、常识和逻辑结构。

因此，按照阅卷标准我们将题目分为主观题和客观题。一般前面的概括、分析和对策基本上都可以将之归为客观题，而文章写作与客观题比起来考生要自由很多，这类题目更多需要借助考生自己的知识背景和分析能力来答题。但有些作文也是有要点的，如2011年国考考的黄河精神的大作文，就必须写到黄河精神的一些内涵，因此，这类文章也是介于客观和主观之间，

客观题题干中经常出现的字眼是"严格根据给定材料"、"紧扣给定材料""仅限所给定材料"等。2013年国考、联考及地方考试明显加大了客观题目的考查比重，最为典型的代表是2013年国考地市级申论题目。而主观题题干中经常出现的字眼有"根据对……理解"，"按照自己的理解"、"……引发的思考"。

2013年国考地市级考试

题目	题型
如何做好基层文化建设工作，直接关系到中华民族传统文化的继承与弘扬，请你谈谈"给定材料1~3"对做好这方面工作有哪些启示。（20分） 要求：紧扣"给定材料"，条理清楚；不超过300字	客观
根据"给定材料4~6"，请你概括目前汉语生态环境面临的主要问题。（15分） 要求：紧扣"给定材料"，条理清楚，全面准确；不超过200字	客观
假如你是H县文化局的干部，要在有村官和社区工作人员参加的培训班上做一次关于繁荣和发展社会主义文化的讲座，综合"给定材料8"中提供的信息，你认为应该重点讲哪几方面的内容？（20分） 要求：紧扣"给定材料"，分条作答，观点明确，有针对性，不得摘抄原文。不超过300字	客观
请以"让……大放异彩"为题，写一篇内容充实的文章。（35分） 要求：用恰当的文字替换"让……大放异彩"中的省略号部分，使之构成一个完整具体的文章标题；主题应与"给定材料"相关，但素材不必拘泥于"给定材料"，要结合生活中的具体感受，切忌空谈对策；观点鲜明，结构完整，语言流畅；总字数为800~1000字	主观

我们看到，上表的客观题的要求基本都含有准确、全面，而主观题要求中有联系当前社会实际和自身体会，也就是考生可以运用自身知识背景做一定的联系。

对于客观题，我们在答题的时候，要注意答题信息都要来源于材料，注意要点和关键词的全面。而对于主观题，我们可以从材料的束缚中解放出来，让答题信息来源更多，使答题内容更加饱满。在答有主观成分在内的题目时，一定要充分发挥自己的聪明才智，不能一味地摘抄，但也不能完全脱离材料。

二、题目组合

1. 题目数量

目前很多省市的申论考试题目数量不一样，较为常见的是4道，如北京、山东、江苏、江西等地；有的是3道，如浙江、广东等地。为了增加题目的难度和题型的多样性，国考的申论题目数量较多。2013年国考命题打破了传统的"大题里面套小题"的方式，而是采取了单独命制5道题目，但是实际上题量并没有变化。通常3道题或4道题组成的申论试题都是比较传统的题型，概括、分析、对策和大作文各一道，如北京市的就比较典型。而国考，由于增加了题目的数量，题型也更丰富，在传统的基础上搭配也有更多的创新，在2013年国考省部级的申论中就出现了讲解稿、句子理解等题目。

由于题目数量的不同，考生在作答时，一定要掌握好时间的分配和答题的节奏，合理分配前面小题和后面大作文的时间。

2. 宏微组合

在设计问题的时候，除了考虑各种题型的搭配，也会考虑到宏观与微观的搭配。考生有可能会问什么是宏观的题目？什么是微观的题目？对于这两类题型不用定义，看具体的题目就知道了。宏观的题目就是给定很少的字数写一个很庞大的话题或内容；微观的题目则是针对具体、个别性的问题来提问的题目。

以前的很多问题总是非常宏观抽象，这样就给考生泛泛而谈提供了机会，为了改变这种状况，现在的问题逐渐向着微观化方面发展。这类题目的最大特点就在于问题的针对性很强。在现在很多试题中，都会有宏观和微观的搭配。

宏微题目组合举例

年份	题目	性质
2012年国考副省级	1. "给定材料2~6"反映了市场经济背景下社会生活的种种问题，请对这些问题进行概括和归纳	宏观
	"给定材料1"中反映的问题需要妥善处理，假定你是某市政府职能部门的一名工作人员，领导安排你处理此事，请你提出解决问题的具体措施	微观
2012年山东（省市）	1. 认真阅读"给定材料"，概括政府在移民搬迁安置工作中需要着重解决哪些问题？（20分） 要求：准确，简洁；不超过150字	宏观
	3. 针对"给定材料5"所反映的移民搬迁中各种具体问题，从Z县主管部门的角度，提出改进工作的具体建议。 要求：问题定位准确；建议措施具体可行；不超过900字	微观

将问题细化，使问题越来越小是反模式化的重要手段。越具体越微观的问题对题目的针对性就越强，相应的分值也就越高。考生在答题的时候，对于宏观和微观的题目要注意回答的切入点。

3. 虚实结合

在问题组合中，还会考虑到虚实的结合。前面若是有考察理论政策精神等题目，后面通常就会搭配解决实际问题的比较务实的题目。考生既要注意提高自己的理论水平，也要注意培养解决实际问题的能力。

虚实题目组合举例

年份	题目	性质
2012年北京市	2. 根据"给定材料",结合当前现实,从北京市经济发展主动减速坚决调转的举措开始,简要谈谈我国怎样才能逐步实现"品质好的GDP"（20分） 要求：分析合理,条理清楚,语言简练;字数不超过300字	务虚
	"给定材料"中反映了社会上人们出现的各种焦虑情绪,请就政府如何缓解民众的焦虑,提出对策建议。（25分） 要求：对策建议合理可行,条理清楚,语言简练;字数不超过400字	务实
2012年山东乡镇	1. 认真阅读"给定材料1"节选的2012年中央一号文件部分内容,结合材料全文指出这部分内容传递的重要信息有哪些? 要求：准确,全面,有条理;不超过300字	务虚
	3. 针对"给定材料"反映的当前农技推广服务工作中存在的主要问题,从政府主管部门的角度提出改进工作的基本思路。 要求：问题定位准确;思路建议具体可行;表达简洁;700字左右	务实

三、题目关系

很多考生在做申论题目的时候,往往是读一题做一题,其实把题目全部看完,就会察觉到题与题之间内在的联系,而这些联系很多时候有助于我们把握整体命题规律,更好地答题。通过对真题的分析,可以根据答题要素将题目之间的关系分为3种：提示、交叉和独立。

1. 互帮互助——提示

提示是指前后题目之间在答题的时候相互启发,相互暗示。前面题目的解答可以为回答后面题目提供思路和方向。2012年副省级国考的两个题目就体现了这种关系。

2012年副省级国考题目

年份	题目
2012年国家副省级	（一）2."给定材料8"介绍了最近社会上涌现出的先进人物事迹,某单位党委决定编印一期《内部学习材料》宣传他们的事迹,号召本单位全体人员向先进人物学习。请你为这期《内部学习材料》撰写一则"编者按"。(10分) 要求：概括全面、准确,揭示各位先进人物的精神实质;不超过200字
	4."给定材料"中讲述了农妇刘女士和李老太太家人之间发生的一段感人故事,请你以这个故事为话题,自拟题目,写一篇文章。（40分） 要求：结合"给定材料",并注意联系当前社会实际和自身体会;观点明确,内容充实,层次清楚,语言流畅;总字数为800~1000字

第1题中的第2个问题,我们且不说这个题目的答题形式,只从内容上来分析,是一道概括题,概括先进人物的事迹,要求揭示各位先进人物的精神实质。

大作文中农妇与老太太家人之间发生的事情同样是正面、善意的,是需要被宣扬的道德理念和价值观。题目要求结合"给定材料",就是结合第一题中的先进事迹,加强公民道德素质建设。

这个作文题是一个故事的形式,比较有设定性和局限性。只看故事,很多考生可能不会想到深层次的问题和公民道德中比较有闪光点的地方。那么,第1题就给作文题提供了一个思路和方向,方便考生拓展思维,找到答题点,提高审题的准确率。

再来看一下2012年江西省公务员考试的两道题。

虚实题目组合举例

年份	题目
2012年 江西省	一、请根据"给定材料1~5",概括困扰国内陶瓷行业进一步发展的主要问题。 要求:概括全面,语言简练;不超过200字。(15分)
	三、参考"给定材料",为发展江西文化产业提出建议。 要求:针对性强,具体可行;不超过300字。(25分)

第1题要求概括国内陶瓷行业进一步发展的主要问题,而第3题要求为发展江西文化产业提出建议,在提建议的时候,我们有一种方法就是根据问题反推对策,因此,第1题就为我们作答第3题提供了线索。

在一般的申论试卷中,大家都知道,题目和材料是我们找到正确答案的钥匙。容易被考生忽略的一点就是比较难的题目,其实它的提示点可能隐藏在别的题目要求中。

2. 资源共享——交叉

交叉是指前后题目之间的答题要素有重合的地方。无论是在国考,还是各省市的公务员申论考试中,这种关系都比较多见。一般来说,申论题目的排列顺序呈现由易到难、由简到繁的规律。前面第一题只需要一个答题要素,而后面的题目可能会涉及到多个答题要素。甚至,考生实在没见过的题目,我们往往建议在答主要因素的同时,几个因素都略答一点。

交叉题目举例

年份	题目
2012年 河南省选调	二、针对中国国家博物馆展出法国著名奢侈品牌路易·威登(LV),各界人士的争论比较激烈。 1. 请指出并简要分析争论的实质。(10分) 要求:观点明确,条理清晰;不超过300字 2. 国家博物馆拟对公众质疑进行答复,请你以国家博物馆的名义,草拟一份答复稿的内容要点。(20分) 要求:只写出内容要点;观点明确,具有针对性;不超过500字

这是一道典型的交叉题型。第1题要求指出并简要分析争论的实质,在这一题中,有赞同博物馆LV展览的国家博物馆某副馆长的观点:"引进品牌展览的标准是历史与艺术并重,通过引进这种成功的文化创意品牌设计展,也希望对国内文化创意产业有所启示。而且LV的展览只占到很小的一个比例,并未影响到国博的整体展陈布局。"而争议的焦点也就是引进品牌展览的标准、国博功能的影响等。第2题要求以国家博物馆的名义,草拟一份答复稿的内容要点,要点也涵盖了国家博物馆某副馆长的观点。

通过分析,我们可以看出两道题中的答题要素是重叠的。在审题时,把这一部分审出来,可以有效地节省答题时间,提高答题的准确率。

2012年湖南省选调生录用考试

年份	题目
2012年 湖南省选调	一、根据"给定材料2",对"草根客运"这一问题的具体表现进行概括和归纳。(12分) 要求:准确、全面、有条理;不超过200字 二、"给定材料7和8"介绍了S市、W市推进城乡公交一体化的成功经验,这些经验对我国加快农村公交建设有什么启示。(18分) 要求:内容具体,表述清晰;不超过300字 三、假定你是交通系统工作人员,请结合"给定材料",拟一份《关于农村道路交通安全的现状及对策》调研报告的内容要点。(20分) 要求:有针对性,条理清楚;不超过400字

通过上表我们可以发现,第1、2题分别和第3题答题内容都有交叉。第1题要求对草根客运问题的表现进行概括,第3题要求拟一份《关于农村道路交通安全的现状及对策》调研报告的内容要点,这其中包括的一些问题就与第1题有交叉,而第2题的关于加快农村公交建设的启示也可以作为对策的一部分答题要点。

3. 貌合神离——独立

独立是指前后题目在主题、内容、角度等方面完全不相干或关联性不明显。相对来说，这种题目比较少见。独立型题目的出现应该依托于材料的多元性，单一主题的材料出独立型题目的可能性不大。

从难度系数上来说，独立型题目的序列更能考查考生的审题能力和分析材料、从材料中抽取精华的能力，也能拉出考生的档次。

2013年地市级国考题目

题号	题目	对应材料
1	如何做好基层文化建设工作，直接关系到中华民族传统文化的继承与弘扬，请你谈谈"给定材料1~3"对做好这方面工作有哪些启示。（20分） 要求：紧扣"给定材料"，条理清楚；不超过300字	材料1~3
2	根据"给定材料4~6"，请你概括目前汉语生态环境面临的主要问题。（15分） 要求：紧扣"给定材料"，条理清楚，全面准确；不超过200字	材料4~6
3	根据"给定材料7"，指出法国在保护本国文化方面有哪些做法值得借鉴。（10分） 要求：条理清楚，全面准确；不超过300字	材料7
4	假如你是H县文化局的干部，要在有村官和社区工作人员参加的培训班上做一次关于繁荣和发展社会主义文化的讲座，综合"给定材料8"中提供的信息，你认为应该重点讲哪几方面的内容？（20分） 要求：紧扣"给定材料"，分条作答，观点明确，有针对性，不得摘抄原文；不超过300字	材料8
5	请以"让……大放异彩"为题，写一篇内容充实的文章。（35分） 要求：用恰当的文字替换"让……大放异彩"中的省略号部分，使之构成一个完整具体的文章标题；主题应与"给定材料"相关，但素材不必拘泥于"给定材料"，要结合生活中的具体感受，切忌空谈对策；观点鲜明，结构完整，语言流畅；总字数为800~1000字	全部材料

2013年地市级国考题目的独立性较强，每个题目的作答范围在题目中明确给出，而且要求"紧扣给定材料"，这体现出命题的独立性很强。

2012年北京市公务员录用考试题目

年份	题目
2012年 北京	1、根据"给定材料"，概括总结现在工程质量问题的主要原因。（15分） 要求：概括准确，语言简练；字数不超过250字 2、根据"给定材料"，结合当前现实，从北京市经济发展主动减速坚决调转的举措开始，简要谈谈我国怎样才能逐步实现"品质好的GDP"（20分） 要求：分析合理，条理清楚，语言简练；字数不超过300字 3、"给定材料"中反映了社会上人们出现的各种焦虑情绪，请就政府如何缓解民众的焦虑，提出对策建议。（25分） 要求：对策建议合理可行，条理清楚，语言简练；字数不超过400字 4、根据"给定材料"，结合当前实际，以"物质化时代的精神家园"为话题，自选角度，自拟标题，撰写一篇议论文。（40分） 要求：观点明确，内容充实，结构完整，语言流畅；字数为1000~1200字

这4道题也是相互独立的，并且对应不同的材料，第1题对应材料2，第2题主要对应材料1和3，第3题对应材料4，而大作文的话题主要从材料5中引申出来。

通过以上示例的分析，我们弄清楚了题目之间的3种关系。考生在审题时不仅要审单个题目，还要审题目之间的关系，弄清楚这个，既能节省答题时间，又可以提高答题的方向性和准确率。

第二章 规矩方圆——阅卷规则

第一节 阅卷标准

申论阅卷评分标准主要有两个要素：内容和形式。内容上指具体、切题的答题要点；形式则指逻辑条理、语言规范性、公文格式、错别字、字迹等。申论阅卷主要有内容为主和内容与形式并重两种阅卷规则。

一、内容为主

有些题目因为答题要点本身没有明显的内在逻辑，按材料顺序，从中找出或提炼出答题要点即可，这时，阅卷规则只重内容，只需简单罗列要点，没有形式分。对于这类题目，一般有以下几种阅卷规则。

1. 按要点平均赋分

对于各答题要点之间没有明显的主次或先后逻辑，是并列的，并且概括归纳出各要点的难易程度相当时，每个要点平均赋分。

例1：【2010年国考地市级】

问题：《渤海碧海行动计划》近期目标难以实现有多方面的原因。请依据"给定材料1"分别进行概括。（10分）

要求：准确、全面；不超过200字。

阅卷规则：

（1）各管理部门存在交叉真空，缺乏有效管理（2分）。

（2）各级地方政府相互推诿，职责权不清，没有有效机制加以协调（2分）。

（3）属于内海，无法与外界交换，污染无法自洁（2分）。

（4）积重难返，污染问题无法短期解决（2分）。

（5）缺乏法律有效支持（2分）。

说明：这是道概括类题型。作答这类题目时，内容是唯一赋分标准。不必在意答题要点的逻辑顺序，每个要点的分值是均等的。

例2：【2012年北京市】

问题：根据"给定材料"，概括总结出现工程质量问题的主要原因。（15分）

要求：概括准确，语言简练；字数不超过250字。

阅卷规则：

（1）忽视质量，盲目追求速度，赶工期（3分）。

（2）工程建设中偷工减料（3分）。

（3）未做好前期规划，为完成任务，追求开工数量（3分）。

（4）工程验收弄虚作假（3分）。

（5）监督执行体系不健全（3分）。

说明：本题也是按原材料顺序进行的归纳概括，有内容要点就能得分，没有形式、逻辑等要求。

2. 按要点主次赋分

对于某些题目，答题要点重要程度不同，有主次之分，要点越重要，分值越大。因此考生必要时可将重要答题要点、重要关键词前置。

例1：【2010年北京市下半年】

问题：根据"给定材料"，结合当前实际，就"现在出书有些滥，一些书质量不高，甚至有些书不起好作用"这一问题谈谈你的解决建议。（20分）

要求：措施建议合理可行，条理清楚，语言简练；字数不超过300字。

阅卷规则：

（1）作者要提升自身修养，提高书的质量（3分）。
（2）政府要加强对出版部门、图书市场、发行部门等的监管，严厉打击各种违法行为（3分）。
（3）出版部门要加强自律，把好书的质量关，不能一味追求经济效益而忽视社会效益（4分）。
（4）社会各界要肩负社会责任，大力倡导全民阅读之风（3分）。
（5）要推进图书的评介工作，图书馆在选书时要保证书的质量（3分）。
（6）发行部门要抵制劣质书刊（2分）。
（7）读者自身要增强辨别力，要自觉抵制滥书（2分）。

说明：前5个要点是解决劣质图书泛滥的最主要措施，分值较大；后两个要点是必要补充，分值低些。同时第3个要点"社会效益"不能从材料中直接摘抄，需要分析提炼得出，难度较大，分值高。

例2：【2009年国考】

问题：我国改革开放30年，取得了巨大成绩，也面临许多问题。请概述"给定材料"反映的我国当前经济发展要解决的主要问题。（20分）

要求：紧扣"给定材料"，全面有条理，不必写成文章；不超过300字。

阅卷规则：

（1）产业结构方面（3分）：①如何扩大企业规模，增强国际竞争力（2分）；②加快产业转型，改变两头在外、中间加工（2分）；③自主研发、打造民主品牌（2分）；④减少污染，保护环境（2分）。
（2）农业生产方面（3分）：①提高种粮积极性（2分）；②提高农业科技水平，发展粮食生产（2分）；③加强粮食流通和粮食加工管理（2分）。

如果考生在分条作答的过程中没有具体说明究竟属于"产业结构问题"还是"农业生产问题"，即使7个小的采分点全部答出也只能得8分。正面和反面的表述都是可以的（如考生既可以写"种粮积极性不高"也可以写"提高种粮积极性"）。

说明：从阅卷规则可以看出，提炼出"产业结构"和"农业生产"这两个总括词得6分，剩下每个得分点都为2分。这说明赋分有所侧重，对于宏观把握或高度概括，不能直接从材料中摘抄的答题要点所赋分值更高。

对于某些题目的阅卷，往往是"总括词+关键词"的结构，是总+分的逻辑关系。其中总括词一般不能从材料中直接摘抄，需归纳概括、分析得出，难度稍大，分值偏高；关键词能直接摘抄，往往分值偏低。另外，即使归纳出总括词的难度不高，将总括词置前，分类作答也是得分的亮点，考生不能漏掉。

3. 按问题主次赋分

有些题型包含两个或两个以上分的问题。有的侧重谈问题，有的侧重提对策。这时，阅卷按问题的主次赋分，重要分问题分值比重更高。考生作答这类题目时，要审清题意，明白考察侧重点。

例：【2011年国考省部级】

问题： "给定材料3"介绍了密西西比河、亚马逊河、尼罗河等流域出现的生态危机及各国政府的治理举措。请对这些材料进行归纳，并说明我国治理黄河可以从中受到哪些启示。（20分）

要求： 内容具体，表述清晰；不超过300字。

参考答案

首先要概括因为没有处理好人与自然的关系造成这三条大河的生态危机（2分）；其次要总结出这三条大河危机的具体表现在水质污染严重和生态环境遭到破坏（2分）；再次要概括出各国政府针对出现的生态问题采取了种种措施（2分），并举出具体措施：出台相关法律、对生态环境进行全面评估（2分）。

关于对治理黄河的启示主要有三条：①总体规划，综合考虑经济开发和生态环境之间的关系（4分）；②立法和严格执法（4分）；③对生态环境现状做综合评估，并采取一些具体措施（4分）。

说明：通过审题可知，本题侧重提对策。对于归纳"密西西比河、亚马逊河、尼罗河等流域出现的生态危机及各国政府的治理举措"，每个要点2分，共8分；而对于说明"我国治理黄河可以从中受到哪些启示"，每个要点4分，共12分。对于同一道题目，前一小问分值低，后一小问分值高。因此，对于某些题型，分段给分，每个问题分值不均等，赋分有所侧重。同时能看出，前一个小问是简单概括，难度偏低；后一个小问需要考生进行推理分析，难度偏高，这也验证了下面即将介绍的按难易程度赋分的规则。

4. 按难易程度赋分

有些答题要点能直接摘抄或简单概括，有的需要归纳提炼，有的需要逆推，答案比较隐性。根据要点的明显程度、难易程度的不同，所赋分值不同，难度越大，分值越高。

例：【2011年917联考】

问题： 根据"给定材料7~9"，请你分析"张悟本事件"折射出哪些现实问题？（20分）

要求： 问题全面准确，分析恰当透彻，表述简洁明了；不超过250字。

阅卷规则： 一些假养生大行其道说明了：

（1）民众科学素养低下，科学知识匮乏，科学精神缺失（2分）。
（2）行骗者包装、炒作的手段高明，迷惑性强（1分）。
（3）媒体的职业道德沦丧，唯利是图（1分）。
（4）政府监督缺位，执政能力低下（1分）。

导致上述现象出现原因在于：

（1）群众保健知识需求增大，又缺少学习渠道，只能通过网络、电视等媒体了解（3分）。
（2）相关专家工作不到位，科学研发和传播脱节，知识传播渠道不通畅，平台不健全（3分）。
（3）社会保障体制不健全，看病难、看病贵促使民众急功近利，容易走极端（3分）。
（4）学界对社会关注不够，未能及时遏制谣言，理性引导公众（2分）。
（5）社会风气急功近利（2分）。

另外，在形式上，只要分层，就得2分，若没有分层不得分；整体表达条理清楚、语言简洁、流畅，酌情给1分。

说明：对于"'张悟本事件'折射出哪些现实问题"，考生需审清题意，"问题"包括表层问题和深层次问题（即原因）。表层问题比较简单，通过简单概括即可得出，所赋分值较小（5分）；深层次问题需要对材料全面把握，分析提炼得出，难度大，所赋分值大（13分）。另外，"科学素养低下"这一要点属于整个材料的主旨，不可直接摘抄，需提炼归纳，分值偏高；"学界对社会关注不够，未能及时遏制谣言，理性引导公众"能从材料中直接得出，分数略低；"社会风气急功近利"比较次要，分数略低。

二、内容与形式并重

有些题目阅卷不单要求答题要点写全，而且要有一定的逻辑层次、写作格式，有形式分。对于这类题目，一般有以下几种赋分规则。

1. 内容要点+逻辑条理

有些题目阅卷时对逻辑有严格要求，如"近期—长期"、"总—分"、"发现—分析—解决"、"紧迫—远虑"、"政府—企业—个人"等，考察考生逻辑思维能力，有逻辑分。

例：【2011年917联考】

问题：假定"给定材料1~6"是你在调查研究中获取的信息，请你依据这些材料归纳出一汇报提纲，以供领导参阅。

要求：分条归纳，内容全面，表述准确，逻辑清晰；限400字。

阅卷规则：关于当前学术问题的情况汇报（1分结构分）

材料主要反映了如下问题：

（1）学术腐败严重。抄袭、剽窃、造假、请人代写等现象普遍存在（2分）。

（2）学风浮躁。论文泡沫多，拼凑严重，缺乏创新性，科研水平低，重复率高，引用材料不规范（2分）。

（3）造假涉及范围广。造假涉及电子、数学、食品、出版等各个领域（1分）。

影响：这些问题败坏学术风气，降低了学者公信力，有碍学术进步，不利于人才培养，浪费国家科研经费（2分）。

导致问题原因在于：

（1）利益驱使。论文关系到职称、地位、名气、经费等多重利益（2分）。

（2）评价机制不健全。评价内容单一，论文、课题作为唯一的评定标准；评定标准只重数量，忽视质量（2分）。

（3）监管缺位。法律对学术造假鉴定不明，对"造假产业"的打击不够（2分）。

（4）科研精神缺失。公共道德低下，社会责任感不高（2分）。

（5）高校扩招导致软硬件设施不完善，教师水平低，考生就业压力大（1分）。

针对上述情况有关人士建议：

（1）恢复学术至上，保障学术自由，推动高校行政化和教授治校（1分）。

（2）完善学术规范和评估机制，发挥科技团体在学术道德建设中的主导作用，强化其内部自律（2分）。

说明：此题严格按照"问题概述——影响概述——原因分析——对策建议"的逻辑顺序阅卷。把握这样一个逻辑顺序，考生能全面概括，不漏掉答题要点，同时条理清晰，展现出较强的驾驭材料的能力。

2. 内容要点+格式和文风

对于一些题目，尤其是类公文题，对标题、落款等有格式要求，对开篇、正文、结尾有结构要求，因公文对象的不同，对文风也有严格要求。

例：【2011年国考地市级】

问题：L县政府拟进一步宣传寄宿制学校的办学模式，以期更好地提高办学效益和质量。请根据"给定材料3"，以县教育局的名义草拟《给各村中小考生家长的一封信》。（20分）

要求：内容具体，符合实际；用语得体，通俗易懂；不超过400字。

阅卷规则：寄宿制办学背景1分，寄宿制办学模式2分，第一段共3分；寄宿制办学优势，家长方面2分，考生方面3分，第二段共5分；学校与政府所做的努力，提高硬件设置方面2分，提高服务方面3分，第三段共5分；对家长提出的希望2分，第四段共2分；从公开信的格式整体关照，语言得体、通俗易懂，具有宣传性，共得5分。如果格式不规范，扣2分，语言不清晰流畅，不具宣传性，扣3分。

说明：阅卷规则对信的正文内容有明确要求，并且因为信的阅读对象是家长，目的是对家长要发出呼吁，鼓励其送孩子去寄宿制学校，因此对文风有要求，必须通俗易懂，具有宣传性。写信需注意标题、称谓、发文机关和发文时间，有格式分。

3. 观点内容+论证结构

对于申论大作文和一些类公文题，常常综合观点内容和结构层次按照等级赋分，其主要考核标准有"观点是否鲜明"、"内容是否充实"、"论证是否充分"、"结构是否严谨"、"逻辑条理是否清晰"等。

例：【2011年国考副省级】

问题：请参考"给定材料"，以弘扬黄河精神为主题，自选角度，自拟题目，写一篇文章。

要求：中心论点明确，有思想高度；内容充实，有说服力；语言流畅，1000字左右。

阅卷规则：黄河精神的内涵，具体包括6个方面：孕育生灵、滋养万物的无私奉献精神；锲而不舍、生生不息的坚定执著精神；勇敢向前、不畏艰难的开拓进取精神；自我否定、自我调节的主动适应精神；胸怀博大、兼收并蓄的开放包容精神；也体现了人类敬畏自然、尊重规律的科学创新精神。

将文章分为四类。

- 一类文：31~40分。对黄河精神的内涵有充分的认知并清楚地表述出来；能恰当联系实际充分论证；结构完整合理；行文流畅。结构完整指的是，按照黄河精神是什么，为什么要弘扬黄河精神、如何弘扬黄河精神这3个方面来展开论证。或者每一个黄河精神按照这样的逻辑来论述，形成一个个小分论点。对黄河精神内涵的把握，多多益善。
- 二类文：21~30分。对黄河精神的内涵有明确认知并表述出来；结构较完整；论证充分；行文流畅。对黄河精神内涵的认知6个至少有一个。
- 三类文：11~20分。明确提及黄河精神内涵，但无论证；或者有论证，但无主题明确观点。不说黄河精神是什么，大谈弘扬黄河精神，11~14分。说出一个内涵，论证跑题了，如大谈如何治理黄河，16~20分。
- 四类文：0~10分。脱离黄河精神。字数严重不足的（不足300字），直接给0~5分。有一定文字能力，6~10分。无标题，在原得分基础上直接扣2分。

第二节 赋分方法

一、内容赋分方法

1. 按词给分

对于某些题目，尤其是客观题，阅卷时严格按关键词给分。写到关键词即给分，不考虑语句通顺、过渡衔接流畅。在此可省略关联词，尽量直接选用材料中的关键词并多样化表述，使得分点更突出。

例：【2010年918联考】

问题：认真阅读"给定材料"，简要概括山西省煤炭资源整合过程中出现的几种主要争议。（15分）

要求：简洁，准确；200字以内。

阅卷规则：

（1）政府主导资源整合，是否过多、过度干预经济，出现"拉郎配"现象。

（2）在兼并重组过程中，是会产生国有企业做大做强，民营企业被迫退出的"国进民退"现象，还是会大进小退，优进劣退。

（3）在兼并重组过程中，是否会侵犯中、小投资者的合法权益，是否会有及时、合理、充分的补偿。

（4）在资源整合中，是否符合相关法律法规，是否会出现违法操作，造成国有资产流失。

赋分说明：本题采分点如上画线部分，共有4个，每个3分，表达分3分。

说明：本题阅卷时，只考察画线部分这几个关键词，必须严格写到这些关键词才给分。而这些关键词直接对应原材料："干预经济，拉郎配"、"国进民退，大进小退，优进劣退"，这些是原材料原词，是直接摘抄而来的；"中、小投资者的合法权益，及时、合理、充分的补偿"，对应原材料中"专家D说……那么这就跟投资者的合法权益发生了矛盾"和"特别是在补偿方面要做到充分、合理、及时"；"违法操作、国有资产流失"，对应材料中"1万元"事件和"涉嫌造成国有资产重大流失"。其中表达分3分，主要侧重表达的规范性，而往往考生自己表述不如原材料词语简洁、规范。

由此可见，对于按词给分的赋分方式，往往是客观题、概括题，要求"准确"类题目，其材料中已经有语言表达非常规范的关键词。作答这类题目时，要紧贴材料作答，多用原材料中的词。

2. 按意给分

对于作答某些题，各要点不拘泥于具体文字表达，只要意思表达清晰就能得分。这类题的作答要点往往需要从材料中提炼出来，无法直接摘抄，或者阅卷相对较松，同一意思不同表述均得分。类公文、分析题往往采用这种赋分方式。

例：【2011年北京市】

问题：根据"给定材料"，概括当前我国城市规划工作中存在的主要问题。（15分）

要求：概括准确，语言简约；字数不超过300字。

阅卷规则：

（1）城市规划中跟风攀比，不切实际，个性不明（3分）（没有特色，缺乏个性，不注重多样性等词均可）。

（2）多头规划，不协调（3分）（多头管理，执行困难）。

（3）规划重地上，轻地下，对安全因素考虑不周，缺防灾、防突发事件的意识（3分）。

（4）规划缺乏前瞻性，朝令夕改，缺乏长久性（3分）（稳定性、约束性）。

（5）没有注意保护生态环境（3分）（实现自然、人文、生物之间和谐——从最后的反规划得出的，大多人漏了）。

赋分说明：5个小点，一点3分，采点给分。

说明：本题为什么是按意给分呢？从"给定材料"来看，整个材料都是在描述事件案例，没有表达很规范的词、高度抽象概括的词，需要考生自己归纳提炼。这时，考生答案无法统一，阅卷时，答到相关意思即可。对于这类题目，难度稍大，有的要点需要对案例反映的问题进行概括，有的还需要逆推。

二、形式赋分方法

1. 格式+文风

公文类题目有格式和文风要求，内容分一般占总分的3/4以上，形式分占1/4以下。虽然分值偏少，但是申论公文类题目格式种类不多，稍微了解、注意就能不漏分。这里的文风，指考生要在规定字数之内，突出关键词，概括重要内容，根据阅读对象的不同，写作风格的不同。分为上行文和下行文。

上行文是指下级向上级报送的公文。其表述不需要修饰，不要求有文采，只要客观陈述，语言要求准确、规范，文风要求简洁；申论考试中的下行文指行政机关向人民群众或固定人群发布的指导意见、公开信、宣传纲要、宣传稿等。下行文的语言根据不同的受众及情境，可以采用通俗、生动的语言风格，及劝诫、鼓励、安慰等语气。在内容上还是要根据作答要求，全面、准确作答。

例1：【2011年424联考】

问题：假定你是某街道办事处的一名工作人员，请根据"给定材料6~8"，拟写一份《某街道办事处关于改进老年人服务工作的指导意见》。（25分）

要求：文字简明，分条撰写，有指导性与可行性；不超过400字。

阅卷规则：关于改进老年人服务工作的指导意见（1分）。

为了不断完善养老服务社会化工作机制，发挥社区在养老工作上的重要作用，特制定以下指导意见（2分）：

（1）指导原则（4分，宏观把握，写到3点就给满分）：①坚持以人为本，为老服务；①坚持社区主导，社会参与；①坚持创新形式，务求实效；①坚持强化宣传，注重教育。

（2）主要内容：①加强宣传力度。呼吁子女和社会关注老年人的精神和心理需求；引导社会转变养老观念，实现养老模式的转变；（赋分关键词：宣传、精神需求（心理需求）、养老观念、养老模式，答到其二给3分。）①加大资金投入。健全社区养老设施，提供活动场所，如建立老年人活动中心，联合创建老年大学等；（赋分关键词：健全设施、资金投入、活动场所，答到其一得3分）①培养生活乐趣。老年人自身要积极培养兴趣爱好，适应角色的转变；（赋分关键词：兴趣爱好、角色转变；1个1.5分，共3分）①发展服务队伍。培训和储备护工、营养师等专业的养老护理人才，多方招募志愿者；（赋分关键词：服务队伍、护理人才、志愿者，1个关键词1分，共3分）①丰富服务内容，如开展法律援助活动，设立社区老年饭桌，为方便老年人的生活、提供巡诊、购物、家庭保洁等上门服务。（赋分关键词：丰富内容、法律援助、老年饭桌、上门服务，提到其二即给3分。）

希望广大社区群众积极参与养老服务工作，为街道的养老服务工作贡献自己的一份力量！（1分）

××街道办事处

××××年××月××日

赋分说明：本题共25分。内容23分，表达2分。

考生所提意见和上述内容不符，但合情合理，可酌情给分。

格式：无标题扣1分，有无称呼不作为加分或扣分项；没有落款扣1分。

表达：缺乏层次、表达不清、语言混乱，扣2分；未分条作答的，一律5分以下。

说明：本题要求写指导意见。考生作答此类题目时需要对工作原则和工作内容部分高度重视。有时在指导意见中还需要指出目前工作的不足，问题和不足部分可以根据"给定材料"概括归纳出来。按照逻辑，指导意见的构建层次可以为"问题——指导原则（总）——主要内容（分）"。

（1）形式上，严格按照意见的公文格式呈现。① 标题。② 正文，包括开头、主体、结尾三部分。开头和结尾要注意字数的控制，做到言简意赅。③ 落款，包括发文机关、发文时间。发文时间一般以定稿时间为准。

（2）内容上，指导意见即提出解决问题的对策。"街道办事处"的意见不能宏观和抽象，要具体、可操作，即要符合题目要求中的"针对性"。同时为了契合题目要求中的"指导性"，需要加入宏观的、抽象的精神指导或原则要求。

（3）在字数分配上，原则性、理论性的指导意见控制在100字以内，具体性的指导意见约占300字左右。分条撰写，使结构更明朗。

例2：【2012年国考地市级】

问题：A市F区在全区范围内开展"居民安全文化教育"活动。请根据"给定材料"，从"安全文化理念"、"增强安全意识"和"日常安全须知"三个方面为社区的宣传栏写一份宣传稿。（20分）

要求：内容具体，针对性强；用语恰当，通俗易懂；不超过500字。

阅卷规则：

提高认识增强能力打赢安全防范的人民战争

同志们、朋友们：

安全保障是每个人最基本的保障。政府一向高度重视安全，并做了大量工作。但仅靠政府的力量是不够的，请献出你的热情，伸出你的双手，贡献你的智慧，为我们共同安全保驾护航吧！（开头交代安全的重要性或交代背景2分）

为做好安全工作我们特提出如下建议：

（1）提升安全文化理念。改变对技术设备过分依赖，充分发挥人的聪明才智（2分）；转变价值观，调整舍己为集体财产的观念，将生命放在首位（1分）。

（2）增强安全意识。增强防范，有主动应对的意识（1分）；提升危机意识（1分）；及时发现问题；（1分）强化责任感，提高自救、互救能力（2分）。

（3）拓展安全知识。增加生活安全知识。特别注重用电、火、气安全（2分）；配齐消防设施，时常检修（2分）；注重出行和交通安全（2分）；通过图书、网络、电视、广播、培训等多种途径加强学习，提高应对各种自然灾害的能力（1分）。

同志们，我们的民族从来都是一个讲求担当，具有高度责任感和使命感的民族，请大家行动起来，让事故消失在汪洋大海中，一起打赢安全防范这场人民战争！（结尾要发出号召，呼吁大家共同参与加1分）

赋分说明：

内容方面：宣传稿的内容已经确定，严格从"安全文化理念"、"增强安全意识"、"日常安全须知"三个方面来写。

形式方面：有基本格式，包括标题和称谓（1分）；文风生动活泼，亲近百姓，有劝诫意味（加2分，反之扣1分）。

说明：宣传稿也是广行文，较为生动、通俗、鼓动性强。在撰写宣传稿时要重视宣传的本身意义和作用；其次，要注重介绍事件本身，突出报道事件的重点；再次，格式上至少应包括标题和正文。标题部分言简意赅地点明宣传工作的内容或目标，正文部分通常涉及宣传的目的、宣传事件的具体情况、提出号召和倡议等。如有需要写明落款的，需在正文后写明发文机关及时间；在语言方面注意语言表达的准确性、具体性、号召性，做到字斟句酌，避免出现常识性错误。

2. 逻辑+结构

对于客观题，一般有"紧迫——远虑"、"宏观——微观"、"总——分"等逻辑顺序，较强的逻辑体现出考生思考问题的全面性与思维的严谨性；对于公文题和大作文，一般有"总——分"、"发现问题——分析问题——解决问题"、"论点——论据（理论+案例）"等结构模式，体现出考生良好的写作和分析能力。阅卷时，逻辑的清晰性、结构的完整性是客观赋分标准，也是加分亮点。

例1：【2012年国考省部级】

问题："给定材料1"中反映的问题需要妥善处理，假定你是某市政府职能部门的一名工作人员，领导安排你处理此事，请你提出解决问题的具体措施。（20分）

要求：条理清楚，所提措施具体，有针对性；不超过400字。

阅卷规则：针对事件暴露出来的违法生产、政府监管不力协调不畅、从业人员食品安全意识淡薄等问题，提出解决建议如下：

（1）明确责任，加强合作。及时查封违法窝点，严厉惩处责任人。联系卫生、质检、公安等部门，开展联合执法，对食品生产销售各个环节进行检查监控（3分）。

（2）严格检测，全面控制。对双氧水等化学制剂销售进行监控，组织专业人员，使用科学方法对食品进行抽查检测。协调各部门形成常态监管机制（3分）。

（3）做好服务，促进发展。改进生产工艺，帮助企业使用安全、成本低的加工方法。调动行业协会积极性，制定行业标准和规范，鼓励行业开展自查自纠。扶持诚信企业，打造行业标杆（3分）。

（4）提升从业者素质。加强安全生产培训，提升专业技能；加强品德教育，提升社会责任感和职业道德（3分）。

（5）加强宣传，重视监督。和媒体深入合作，曝光问题企业。设立举报监督电话，发动群众力量参与监督（3分）。

（6）增加知识，提高认识。通过报刊、电视、网络等向民众普及食品鉴别、购买、食用知识（2分）。

赋分说明：对策要点分别围绕"及时查封"、"联合监管"、"改进工艺"、"提高道德"、"加强监督"、"增进知识或扭转观念"。允许同意表达。逻辑分3分。

说明：本题有"紧迫——远虑"、"治标——治本"、"微观具体——宏观"这样一种逻辑顺序，按照这个逻辑顺序作答阅卷时就能得到逻辑分3分。逻辑无非就前面所提几种，考生在考试时，可先简单列出作答提纲，同时也激发自己思考，完善充实答案，全面作答，减少漏点失分情况。

例2：【2010年918联考】
问题：围绕"给定材料2"提到的"朔州途径"，写一篇议论文。（40分）
要求：参考"给定材料"内容，自选角度，自拟标题；观点鲜明，分析深刻，逻辑严谨，表达流畅；总字数为1000~1200字。
阅卷规则：文章给分按照先归档次，再定分值的原则评定。评分档次分为四类。

- 一类文（33~40分）：文章紧扣主题，观点鲜明，说理充分，结构完整，语言流畅。
- 二类文（24~32分）：文章能够扣住主题，观点比较明确，说理比较充分，结构比较合理、完整，语言比较流畅；文章主题与材料2有关，观点鲜明，说理充分，结构完整，语言流畅。
- 三类文（15~23分）：文章能够扣住主题，观点不够明确，结构明显不合理或不完整（叙述过多，论证不足，论证逻辑不清楚），语言表达不流畅；文章主题与材料2有关，说理比较清楚，结构基本合理，但有明显瑕疵，语言比较通顺。
- 四类文（0~14分）：文章完全跑题；体裁错误；大段抄袭材料内容；立场错误；观点不明，思路混乱；结构严重不完整；语言表达差。

另外，文章没有标题扣2分；文章不足750字扣2分。

例3：【2011年424联考】
问题：结合"给定材料"，以"家底"为题，联系实际，写一篇文章。（40分）
要求：中心明确，联系实际，内容充实；语言通顺，条理清楚，结构完整；不少于800字。
阅卷规则：本题40分，先定档次，再给分数。

- 一类文：（33~40），紧扣主题，观点鲜明，能恰当联系实际，说理充分，条理清楚，结构完整，语言流畅。

- 二类文：（24~32），能够紧扣主题，观点比较鲜明，说理比较充分，结构比较完整，语言比较流畅。
- 三类文：（15~23），扣题，观点不够明确，结构不合理或不完整（叙述过多，论证不足，论证逻辑不清），语言不流畅；文章内容与材料有关，与"家底"关联不尽合理，表达比较清楚，结构基本合理，语言比较通顺。
- 四类文：（0~14），文章与材料有关，但与"家底"无关；完全跑题，体裁错误，大段抄材料，立场错误，观点不明，思路混乱，结构严重不完整，语言表达差。

无标题，扣2分；标题无"家底"，扣2分；不足800字，扣2分。
补充：给定范文脉络。

（1）33分作文
- 第一段：家底是什么？人口结构、年龄比、性别比……只有摸清……才能……（8行）
- 第二段：出现了一些问题……（4行）
- 第三段：过渡（4行）
- 第四段：解决好人口老龄化问题。（7行）
- 第五段：解决好城市人口管理问题。（9行）
- 第六段：解决好人口结构问题。（3行）
- 第七段：解决好户口问题。（3行）
- 第八段：结尾，只有家底，才会……

（2）32分作文
- 第一段：人口关系重大，因此科学普查，对"摸底"意义重大（6行）
- 第二段：客观的人口信息意义，（1）、（2）、（3）、（4）……篇幅很长（22行）
- 第三段：怎么做，论证后提出几条对策，较单薄（11行）
- 第四段：结尾（5行）

（3）29分作文
- 第一段：摸清家底重要（7行）
- 第二段：重要（4行）
- 第三段：出现问题（7行）
- 第四段：过渡（2行）
- 第五段：继续普查（3行）
- 第六段：增加普查项目（4行）
- 第七段：宣传（3行）
- 第八段：制度建设（4行）
- 第九段：增加形式（2行）
- 第十段：结尾

另外，不谈家底，只谈人口普查的，也是三类下。

第三节　加减分项目

一、加分项目

1. 客观题加分项目

对于客观题，加分项目有表达分（即根据逻辑层次的清晰度、语言表达的规范化程度酌情给分）、分条作答、不留空白卷等。

例：以下是各阅卷规则加分项的摘抄。

【2010年425联考第三题】表达分2分，根据逻辑层次的清晰度，语言表达的规范化程度酌情给0~2分。

【2011年424联考第一题】阅卷操作技术：

（1）除空白卷外，一律不给0分，写字就给1分。

（2）没要求分条作答，必须看完，以免遗漏；（此处突显分条作答的好处！）。

（3）特别好的，给16分以上，可松，给表达分；其余可给可不给的，一律不给。

【2011年424联考第三题】本题未分条作答的，一律5分以下；每条多要点的只给一条的分。

【2010年北京市上半年第一题】4个点，每个点7分，条理性2分，不能超过200字，多30字扣1分，最多扣2分。

2. 主观题加分项目

主观题即写作题，醒目的标题、出彩的开篇、明确的中心论点、修饰得当的分论点、有高度或有深度的结尾、有非常流畅的文采、分论点层次鲜明、论证有力等，都是写作题的加分项目。对于写大作文的技巧后面会有专门的部分详述。这里通过一个申论批改的样卷来概述。

例：【2013年四川省】

问题：根据"给定材料"，联系社会实际和自身体会，围绕"文化产业与道德建设"的话题，自选角度，自拟题目，写一篇议论文。（40分）

要求：主旨突出，分析深入，论述深刻，有说服力；语言流畅，内容充实，结构完整；字数在1000字左右。

样卷：

文化产业提升需借力道德建设

今天，随着经济社会的不断发展，人们生活水平的不断提高，百姓不再仅仅追求吃饱穿暖，更多地开始关注精神世界，文化的作用便不断突显。温家宝曾经指出，一个国家，如果没有国民素质的提高和道德的力量，绝不可能成为一个真正强大的国家，一个受人尊敬的国家。这段话清晰地指出，精神文明的重要作用。而精神文明，要看一个国家的软实力，要看其是否有满足人民精神需求的文化产业。

当前，我国文化产业薄弱，与我国经济发展速度难以等量齐观。在这种情况下，文化产业强大的经济推动力无法显现，社会文化氛围相对较差，出现了如"小悦悦"事件的道德危机事件，文化产业的落后态势亟待解决。

文化产业提升，要重视道德建设。我们一直强调，以德领才，以德润才，对于文化来说，道德亦是基础。文化产业是一个立足于精神世界的产业，只有把加强公民道德建设，把精神文明建设放到整个国家发展的现行地位，才会真正有助于文化的进步。在一个高度强调经济发展速度的国度，只会唯GDP数字为上，而忽视道德的主导作用，文化产业也会发展滞后。在文化产业发展过程中，把道德放在首位，其目的在于，提高公民整体素质，增加文化消费欲望，在物质满足的条件下，文化产业才可能有长足发展。因此，文化产业发展，首先要重视道德建设。

文化产业提升,要借力道德水平提升。社会道德水平与文化产业水平从来都是相辅相成的,随着道德水平的提高,人们的文化消费也不断增多。文化产业如果能抓住时机,迎合消费者不断增长的道德需求进行产业开发,则前景无限广阔。在这个过程中,文化产业借力道德的提升而获得发展,拥有蓬勃的生机,产业规模不断扩大,产业结构不断向符合社会主义核心价值体系的标准靠近;而道德,也在产业水平的提升中,绽放出时代光彩,拥有更多的时代意义,用更强的力量促使人民道德水平进一步提升。可以说,这是一个可持续的、高质量的发展模式,将为我国经济带来无限的活力。

因此,在这个过程中,要充分发挥政府主导作用,不仅要从政策制定上下工夫,更要把道德水平提升,文化产业建设作为社会发展的头等大事来办。通过中小文化公司贷款扶持、文化产品的政府购买和一系列的政府行为,在金融危机的宏观背景下,用政府政策,为文化产业发展开辟路子。要重视道德建设,发动各级政府、企事业单位、人民群众,群策群力,开展群众喜闻乐见的道德先锋评比,社会公德竞赛,把道德春风吹进每一个人心里。通过道德水平的提升,不断提高公民文化素养,为文化产业发展打下良好基础。

文化产业是未来经济发展的最强动力,道德则是文化产业强大的精神力量,我们要用道德建设,引领文化产品创作生产传播的各个方面,贯彻改革开放和社会主义现代化建设各个领域,成为时代发展的最强音!

评分:23分。

阅卷剖析:

(1)标题"文化产业提升需借力道德建设"直接明了,观点鲜明,是加分亮点。

(2)首段"温家宝曾经指出……一个受人尊敬的国家。"领导人的经典论述,本是个亮点,能为文章添彩,可以放在开头,也可以放在结尾。但是就这篇文章来说,放在首段太突兀,与上句不能很好地衔接。像这类领导人讲话,如果放在文章结尾,将是非常好的总结语,可以起到重新强调和升华主题的作用;或者放在论点后面,将是非常有力的论据,是加分项目。

(3)整个第一二段很罗嗦,没有明确摆出中心论点,论证散乱。开篇的拖沓,会降低印象分。

(4)"文化产业薄弱"搭配不当,最好说"文化产业落后",但是为了与下文"在这种情况下"承接得当,应该说"道德文化建设薄弱"。并且第二段表意不清晰,概念范畴混乱。第一和第二段可以合并,先谈文化产业的落后态势亟待解决,接着摆明"文化产业提升需借力道德建设"的中心论点。

(5)第三段:分论点"文化产业提升,要重视道德建设。我们一直强调,以德领才,以德润才,对于文化来说,道德亦是基础。"在段首,清晰明了,是加分亮点。另外"文化产业提升,要重视道德建设。"为了与第四段分论点有所区别,可把"提升"改成"发展",体现表达的多样性,有文采——这就是对分论点的一种精雕细琢,是加分亮点。

(6)第三段①文化产业是一个立足于精神世界的产业……文化产业也会发展滞后。②在文化产业发展过程中……文化产业才可能有长足发展。——论证的逻辑不严谨,应调换这两个论据的顺序,正确顺序为②①。同样,第四段"①文化产业如果能抓住时机,迎合消费者不断增长的道德需求进行产业开发,则前景无限广阔。②在这个过程中……用更强的力量促使人民道德水平进一步提升。"也存在同样的问题,顺序需调整为②①。其中的道理论证方法,使用得非常适当,本是个加分亮点。

(7)第五段中"因此,在这个过程中,要充分发挥政府的主导作用,不仅要从政策制定上下工夫,更要把道德水平提升,文化产业建设作为社会发展的头等大事来办。"太罗嗦,应提炼为一个分论点,与上面两个论点并列。

(8)最后一段重新强调中心论点,表明决心和希望,结尾很好,是得分亮点。

修改后高分样卷:

文化产业提升需借力道德建设

今天,经济社会不断发展,人们生活水平不断提高,百姓不再仅仅追求吃饱穿暖,更多地开始关注精神世界，文化的作用不断突显。然而，当前我国本土文化产业薄弱，不能满足人民日益增长的精神需求。文化产业强大的经济助推力无法显现，社会文化氛围相对较差，出现了如"小悦悦"事件的道德危机事件。道德建设与文化产业亟需同步推进。（形势分析，对比式开头，得出中心论点，150字左右）

　　文化产业的发展，需道德建设先行。（第一分论点，避免与下面的分论点重复）我们一直强调，以德领才，以德润才，对于文化来说，道德亦是基础。（论证的引语）在文化产业发展的过程中，把道德放在首位，其目的在于，在满足其文化消费的同时，提高公民整体素质，从而提升消费层次，促进文化产业长足发展。（目的论证，直接明了）文化产业是一个立足于精神世界的产业，只有把加强公民道德建设放到整个产业发展的基础地位，才会真正有助于精神文化的进步。另一方面，在一个高度强调经济发展速度的国度，如果唯GDP数字为上，而忽视道德的主导作用，文化产业发展也会严重滞后。（加强，正反道理论证）因此，文化产业发展，首先要重视道德建设。（结论，呼应论点）

　　文化产业升级，要借力道德水平的提升。（第二分论点，推进了第一分论点。）社会道德水平与文化产业水平从来都是相辅相成的，随着道德水平的提高，人们的文化消费也会不断增多。（点题，道理论证）文化产业如果借力道德提升发展，产业理念不断向符合社会主义核心价值体系的标准靠近，将会拥有坚实蓬勃的生机，从而不断优化结构，扩大规模。同时，道德也将在产业品质的升级中，绽放出时代光彩，以更强的力量促进人民道德水平进一步提升。可以说，这是一个可持续的，高质量的发展模式。（互为因果，道理论证）文化产业如果能抓住时机，迎合消费者不断增长的道德需求进行产业开发，将为我国经济带来无限的活力。（结论，呼应论点）

　　文化产业建设，道德水平的提高，需要政府充分发挥主导作用。（第三分论点）要以此作为社会发展的头等大事来办，从政策扶持上下工夫。在金融危机的宏观背景下，要通过对中小文化公司的信贷扶持、对文化产品的政府购买及其他一系列配套措施，切实为文化产业发展开辟路子。与此同时，要更加重视道德建设，发动各级政府、企事业单位、人民群众，群策群力，开展群众喜闻乐见的道德先锋评比，社会公德竞赛，把道德春风吹进每一个人心里。从而不断提高公民文化素养，为文化产业发展打下良好基础。（策论的具体展开）

　　温家宝曾经指出，一个国家，如果没有国民素质的提高和道德的力量，绝不可能成为一个真正强大的国家，一个受人尊敬的国家。文化产业是未来经济发展的最强动力，道德则是文化产业强大的精神基础。我们要用道德建设，引领文化产品创作生产传播的各个方面，贯彻改革开放和社会主义现代化建设各个领域，成为时代发展的最强音！（领导人的经典论述结尾，重新强调和升华主题）

　　整体说明：文章由一个中心论点和三个分论点作为骨架，三个分论点层层递进。每个分论点的论证层层推进，衔接紧密。

二、减分项目

　　减分项目一般有字迹潦草、卷面不洁、超字数、错别字、标点符号错误等。对此，考生答卷时，字迹应尽量工整、清晰，如果有写错的字能不删尽量不删，接着格子写即可，因为申论是踩点给分。超出格子的答案不但不能计分，反而会扣分，得不偿失。标点符号要占格子，正确使用，突出各要点清晰度。下面摘抄几个各阅卷规则减分项的例子，引以为戒。

　　例：

　　【2013年国考省部级第四题】

　　主要减分项目：

　　（1）没有题目扣1分，不符合公文形式扣1分。

　　（2）每点根据概括是否准确及表述是否清晰，酌情给1~4分。

　　（3）言之有理的答案酌情给1~2分。

（4）错别字3个字扣1分。

（5）超出50字以上扣1分。

【2010年918联考第四题】

文章没有标题扣2分；文章不足750字扣2分。

【2010年北京市下半年第四题】

主要减分项目：

（1）无标题扣3分，标题不切合题意，酌情扣1~2分。

（2）字数少于800字者，每少50字扣1分，最多扣2分。

（3）每3个错别字扣1分，重复错的字不另扣分，最多扣2分。

【2010年北京市上半年第一题】 4个点，每个点7分，条理性2分，不能超过200字，多30字扣1分，最多扣2分。

【2010年北京市上半年第四题】

主要减分项目：

（1）无标题扣3分，标题不切合题意的，酌情扣1~2分；用题干文字"健康是关系国家强盛、社会和谐、人民幸福的大问题"作题目，照抄不变的，扣2分。

（2）字数少于800字者，每少50字，扣1分，最多扣2分；字数多于1000字者，每多50字，扣1分，最多扣2分。

（3）每3个错别字扣1分，最多扣2分。

【2012年北京市第一题】 错别字3个字扣1分，重现的不计；超出50字以上扣1分。

【2010年江西省第四题】 标点错误较多或模糊的扣1分；字迹潦草、卷面不洁的，减0.5~1分（最多不得超过1分）；错别字、标点和卷面扣分累计不超过2分。

【2011年424联考第四题】 无标题，扣2分；标题无"家底"，扣2分；不足800字，扣2分。

第二篇

一分都不能少
——客观题作答绝技

第三章 百发百中——抓关键词

第一节 关键词的运用

在申论答题过程中，很多考生把微观具体的题目答的非常空泛，而一些宏观抽象的题目答得却非常具体，导致分数很低。很多考生疑问，题目到底要答的宏观抽象点好还是要答得微观具体点好？这要视题目而定。这个问题涉及答案要点的关键词选择问题。

总体来讲，答案要点中的关键词有3种类型：①具体关键词。微观、细小具体的题目，关键词的选择要具体，体现针对性，不宜过于宏观；②抽象关键词。比较宏观的题目答题信息要么需要高度概括，要么需要体现国家政策、方针和精神，因此答题内容要抽象化；③抽象和具体综合。答题要点中既有抽象化的关键词，也有具体的关键词，答案是具体和抽象信息的结合。

前面我们已经说过，题目是宏观还是微观需要具体分析。宏观的题目就是给定很少的字数写一个很庞大的话题或内容；微观的题目则是针对具体、个别性的问题来提问的题目。在2007年之前的国考题和早些年的广东省考题目中，宏观抽象的题目考的较多；而近些年的国考题、联考和省考题目中，越来越趋向于微观具体化，但是对于大部分的试题而言，问题设置多是宏观和微观的搭配，因此答题要点往往是抽象关键词与具体关键词的综合。

为了更好地解决抽象关键词和具体关键词的问题，本节采用两步走的分析方式。

- 第一步：审清题目——审清题目的宏观性与微观性，判定答题要点是侧重抽象信息还是具体信息。
- 第二步：分析答案——不分析关键词是怎么来的（详见关键词的来源），而是通过直接呈现答案的方式，分析答案中关键词的类型及取舍搭配。

一、关键词的对比

何谓关键词？何谓具体关键词？何谓抽象关键词？下面通过两种关键词的对比来分析两类关键词的特点。

例：【2013年国考地市级第三题】
根据"给定材料7"，指出法国在保护本国文化方面有哪些做法值得借鉴。（10分）
要求：条理清楚，全面准确；不超过300字。
参考答案：总体经验：文化保护、传播、交流并重；语言与文化保护并重；政府、社会组织相结合；行政、经济手段并重。

具体经验有：

（1）宣传文化自觉意识。民众抵制外来文化和语言入侵，对本国语言感情深，传统好。
（2）促进产业发展。政府重视文化产业发展，加大财政扶持。
（3）完善贸易保护政策。①给予文化产品特殊保护，建立贸易壁垒，限制外来文化自由流通；②制定文化事业发展计划，积极输出文化，抵抗文化霸权。
（4）立法保护，保障本国语言平台渠道优势。①出台法律，限制外来语使用；②规定互联网、电视中本国语言的比例，违者罚款，并资助民族文化。
（5）加强文化交流。吸取其他民族文化长处，展现本国文化。
（6）发动民间组织。企业参与文化保护，并给予政策补偿。

我们来分析一下答案中关键词的类型。在给出的6条答案中，文化自觉、产业发展、贸易保护、立法保护、文化交流、民间组织6个词是对后面具体展开信息的高度概括，这些词在前面给出，这类关键词我们称之为抽象关键词。在对"立法保护"进行解释的"规定互联网、电视中本国语言的比例，违者罚款，并资助民族文化。"等，都是一些非常具体的信息，这类关键词称之为具体关键词。

再举个例子，"在水电开发时要注意实现经济效益、生态效益和社会效益的统一"——"经济效益、生态效益和社会效益"三个词语概括性强，包罗万象，三者的统一体现了政府的战略方向和政府精神，很明显这是高度抽象的关键词。

再如，"要做好水电开发的准备和方案论证工作，确保水电开发的制度化、规范化、法制化"——很明显，"水电开发的准备和方案论证工作"这种词语内涵较小，只是针对水电开发的某个细小方面而谈，这样的关键词为具体关键词。

下面我们针对具体关键词、抽象关键词、抽象和具体综合三种类型详尽展开。

二、具体关键词

具体关键词是指答案信息要具体化，体现针对性。它适用的情况是作答微观、细小、具体的问题，如2012年地市级第一题：对专家们所说的"技防""人防"加以解释。人防和技防的概念就是社会领域非常微小的一个方面，答题就必须把握人防和技防的内涵、本身的特点和二者的关系。2009年国考申论的主题是产业结构调整和粮食安全，这是经济领域最大的两个问题。其中第一道题目要求概述"给定材料"反映了我国当前经济发展要解决的主要问题。这道题目答题的要点可以概括为产业结构和粮食生产问题。两道题目相比较而言，第一道题目非常微观化，答题信息要具体；第二道题目比较宏观，答题信息可抽象概括。

例1：【2012年副省级第三题】

"给定材料1"中反映的问题需要妥善处理，假定你是某市政府职能部门的一名工作人员，领导安排你处理此事，请你提出解决问题的具体措施。（20分）

要求：条理清楚，所提措施具体、有针对性；不超过400字。

1. 审清题目

这是一道比较典型的对策题。作答这道题需要注意对策的实用性，因为"给定材料1"的问题是违法生产销售食品的问题，这项任务非常具体，所以完成这项任务的举措越翔实、越具体、越实在越好，不要写太多的虚话、空话、大话。"某市职能部门的一名工作人员"，为该题作答限定了身份，考生务必站在公务员立场上作答该题。"措施具体、有针对性"，就是要告诉考生写的越具体越好，抽象、宏观、虚浮的措施缺乏可实施性，没有分。因此本题是微观题目，答题要点要微观细化。

2. 参考答案

针对事件暴露出来的违法生产、政府监管不力、协调不畅、从业人员食品安全意识淡薄等问题，提出解决建议如下：

（1）明确责任，加强合作。及时查封违法窝点，严厉惩处责任人。联系卫生、质检、公安等部门，开展联合执法，对食品生产销售各个环节进行检查监控。

（2）严格检测，全面控制。对双氧水等化学制剂销售进行监控，组织专业人员，使用科学方法对食品进行抽查检测。协调各部门形成常态监管机制。

（3）做好服务，促进发展。改进生产工艺，帮助企业使用安全、成本低的加工方法。调动行业协会积极性，制定行业标准和规范，鼓励行业开展自查自纠。扶持诚信企业，打造行业标杆。

（4）提升从业者素质。加强安全生产培训，提升专业技能；加强品德教育，提升社会责任感和职业道德。

（5）加强宣传，重视监督。和媒体深入合作，曝光问题企业。设立举报监督电话，发动群众力量参与监督。

（6）增加知识，提高认识。通过报刊、电视、网络等向民众普及食品鉴别、购买、食用知识。

3. 答案分析

参考答案分别围绕"及时查封"、"联合监管"、"改进工艺"、"提高道德"、"加强监督"、"增进知识和扭转观念"6大方面提出了对策。但是大部分的文字都是非常细节化的对策，如第三点："改进生产工艺，帮助企业使用安全、成本低的加工方法。调动行业协会积极性，制定行业标准和规范，鼓励行业开展自查自纠。扶持诚信企业，打造行业标杆。"——改进生产工艺、制定行业标准、行业自查自纠、扶持诚信企业等关键词都是针对材料中的具体问题所提对策，目标明确，针对性和操作性强，与题目要求是一致的。

例2：【2012年国家地市级】

"给定材料4"反映了T市市民出行中存在的许多问题，假定你是市交管局聘请的观察员，请就这些问题提出解决建议，呈送市政府有关部门参考。（20分）

要求： 对存在的问题概括准确、扼要；所提建议具体简明、有针对性、切实可行；不超过400字。

1. 审清题目

对于本题而言，审清题目要求是关键。题目要求直接明确了答题要点：准确概括问题；提出建议。本题特点鲜明，一是题目是关于市民出行的问题，话题较小，且涉及材料信息少，对于概括能力的要求不高；二是所提建议具体、有针对性、切实可行；三是不超过400字，字数较多。因此题目微观、细化，作答时必须围绕材料中的具体问题详实、有针对性地提出对策，不宜过于空泛。

2. 参考答案

问题包括：

（1）公交站点设置过于集中、重叠严重，导致运行效率低，时间长，拥堵严重。

（2）天桥布局不科学、规划不人性，使一些人违反交通规则，安全隐患大。

（3）公交车路线设计不科学，往返行程不一致，增加出行成本。

（4）轨道交通与路面交通衔接脱节，"最后一公里"出行难。

（5）硬件设施不完善，路况差，停车成本高，黑车盛行。

措施：

（1）了解情况。展开细致调查，征询广大居民的意见、建议，全面了解问题。

（2）优化站点布局。对过于集中的站点分流、拆分，尽力保持站点往返一致。

（3）增加投入，完善设施。加大天桥、地下通道建设；建设免费自行车棚；改造偏僻路段路况。

（4）服务到家，降低成本。完善路面与轨道交通衔接，开设短途公交专线、免费便民服务车。

（5）人性管理，严格执法。对行人违规进行引导、教育，提高素质，对非法营运者进行清理。

（6）加强沟通，普及知识。通畅信息交流渠道，对站牌、路线变更通过报纸、网络等及时、全面做好宣传、公示。

3. 答案分析

答案所用关键词具体，如"展开细致调查，征询广大居民的意见建议；天桥、地下通道建设；免费自行车棚；开设短途公交专线、免费便民服务车；对站牌、路线变更通过报纸、网络等及时、全面做好宣传、公示"，这些对策可以直接作为解决问题的措施，容易上手操作，对职能部门的工作具有指导性的意义。与"科学发展、重视民生、统筹区域协调发展"相比较而言，本题所提对策微观、具体。

再次强调，如果题目涉及话题较小，且题目要求出现"具体、操作性强、有针对性、切实可行"这样的字眼，建议广大考生对策要细化。

三、抽象关键词

抽象关键词指答题信息高度概括抽象。适用的材料和题目有几个特点：题目比较宏观，如农村扶贫的方针政策、战略规划报告；题目要求用很少的字数对大量的材料信息进行概括，这时答题信息必须高度概括，对于细枝末节的问题不能一一呈现，否则会超字数。

例1：【2012年北京市】

根据"给定材料"，结合当前现实，从北京市经济发展主动减速，坚决调转的举措开始，简要谈谈我国怎样才能逐步实现"品质好的GDP"（20分）

要求：分析合理，条理清楚，语言简练；字数不超过300字。

1. 审清题目

这是一道综合分析题。"从北京市经济发展主动减速、坚决调转的举措说开去，简要谈谈我国怎样才能逐步实现'品质好的GDP'"，问题考察有两层含义：一是"说开去"，即要求考生分析北京市经济发展主动减速，坚决调转的意义所在；二是"怎样实现'品质GDP'"。首先，要理解"品质GDP"的内涵，然后提出建议。仔细分析答题要点，无论是经济减速、调结构、转方式，还是品质好的GDP，这些概念都是宏观概念，是政府宏观经济调控的术语，体现了政府的战略方针，因此答题的内容必须注意务虚、抽象，体现政府精神。

2. 参考答案

（1）重要意义：北京面临区域发展不平衡、交通拥堵、人口资源环境矛盾突出等问题，北京市主动降速，坚决调转，通过转方式、调结构等重大举措缓解了资源环境矛盾、加快了产业升级、改善了民生。

（2）"品质GDP"的内涵：经济增长要适当控速，提高质量，增加效益，把发展成果返惠于民。

（3）举措：①坚持科学发展观。转变粗放型发展方式，调整产业结构；②建立科学的政府绩效考核机制。淡化GDP指标，实现考核元素多元化；③健全节能减排激励机制；④重视民生。加大资金投入，积累经验，改进技术和管理；⑤区域统筹。合理布局，推动区域协调高效发展，提升整体竞争能力。

3. 答案分析

"缓解资源环境矛盾、加快产业升级、改善民生、提高质量、增加效益、坚持科学发展观、建立科学的政府绩效考核机制、重视民生、统筹区域协调发展"，这些关键词都是宏观抽象的关键词，且高度规范。

假如将对策部分写成：①对高污染企业搬迁，缓解环境矛盾；②对房屋、汽车限购，遏制机动车过快增长、房价居高不下的状况，解决当前看病难、看病贵的问题，加大交通基础设施建设，尤其要解决铁路春节"一票难求"的局面；③加大东部地区对西部地区的帮扶，鼓励东部龙头企业到西部落后地区建厂，带动西部地区经济发展。虽然这三点是"坚持科学发展、重视民生、统筹区域协调发展"的具体体现，但是这样的答案过于具体，与题目的宏观方向不相符，且宏观题目对概括能力要求较高，限定的字数往往很少，如果答案内容过细，易超出字数要求。

例2：【2010年国考副省级】

假设你是沿海某省省政府工作人员，请结合"给定材料"，草拟一份《关于将半岛蓝色经济区纳入国家发展战略的报告》的内容要点。

要求：内容全面，有针对性；条理清楚，表达简明；不超过400字。

1. 审清题目

《关于将半岛蓝色经济区纳入国家发展战略的报告》，其内容可以包含以下几个方面：纳入国家发展战略的重要性、半岛蓝色经济区的特征、必要性、可行性。

需要明确，报告是政府的工作人员写给上级的，因此该公文是上行文。上行文的典型特征是内容宏观、抽象，体现政府精神，语言表达规范有高度，不像下行文内容那么深入具体，也不如下行文的语言生动、活泼、有感染力。同时写给上级的报告要点，要力求层次清晰，要点全面，客观陈述事实，不宜过多评论、摆事实、讲道理或提建议等。

2. 参考答案

《关于将半岛蓝色经济区纳入国家发展战略的报告》

（1）战略定位符合中央海洋发展战略。蓝色经济区定位为以海洋、海港、涉海产业发展为特征，以科学开发海洋资源、保护生态环境为导向，以区域优势产业为特色，以经济、社会、生态协调发展为前提，具有较强综合竞争力。这符合胡锦涛"要大力发展海洋经济，科学开发海洋资源，培育海洋优势产业"的战略要求，符合中央海洋发展战略。

（2）半岛蓝色经济区具有区域独特优势。其成功打造将成为黄河流域大通道经济引擎、环渤海经济圈南部隆起带、贯通东北老工业基地与长三角经济区的枢纽、中日韩自由贸易先行区，将拉动中国乃至东南亚地区的经济社会发展。

（3）要打破该省存在的重复建设和海岸线资源浪费严重的"诸侯经济"等障碍，迫切需要将其纳入国家发展战略，统筹考虑，综合推进。

（4）半岛蓝色经济区将集中节约用海，增加投资，采用高新技术，实现开发与保护并重。

3. 答案分析

参考答案中"战略定位符合中央海洋发展战略"、"要大力发展海洋经济，科学开发海洋资源，培育海洋优势产业"、"统筹考虑，综合推进"、"开发与保护并重"，这些字眼都体现了海洋开发的指导原则和方式方法，体现了政府的战略和政府精神，比较宏观抽象。

四、抽象和具体综合

对于大部分的题目而言，答题信息并非是纯粹抽象的关键词或纯粹具体的关键词，而是抽象关键词和具体关键词的搭配。答题要点既有抽象、有高度内容，又有微观具体的内容，如2011年424联考第三题《某街道办事处关于改进老年人服务工作的指导意见》，"指导意见"一方面要具体可行，操作性强，因此要微观具体，针对性强；另一方面要有指导性，必须具有宏观抽象的指导原则或政府精神，因此抽象关键词与具体关键词共存于答题要点中。

抽象关键词与具体关键词综合的方式通常以4种呈现形式在答案中体现出来：主旨句+具体内容；表面问题+深层次问题；总原则+主要措施；抽象道理+具体事例。

1. 主旨句+具体内容

对于很多题目而言，不仅有内容分，还有形式分。有些题目明确要求条理清楚、逻辑清晰，我们作答时就必须把握好答题信息之间的逻辑层次，分条按点作答。一般而言，客观题都是按点采分，因此答题要点必须清晰明了，一目了然。为了更清晰地呈现答案，我们可以将答题要点表述成"总—分"形式，即"主旨句—具体内容"。

需要考生注意的是"主旨句"。主旨句即中心句或主题句，一般起到概括的目的，是该条答案的中心所在，主旨句一般出现在一条答案的开头。

例如，有以下几个问题：打工子弟学校数量有限，硬件设施简陋，师资队伍不稳。这是从硬件和软件两个方面谈了学校办学方面存在的问题。如果考生只是将三个问题不经处理地陈列出来，则体现不出很好的归纳概括能力，因此，我们需要进一步提炼，写出主旨句，统领这三个问题。我们可以作答为："办学条件差：打工子弟学校数量有限，硬件设施简陋，师资队伍不稳。"在字数符合规定的情况下，亦可以表述为："办学条件差：硬件方面学校数量有限，设施简陋；软件方面师资队伍不稳。"这样的优势在于答案更加清晰合理，体现高度概括性，延展关键词命中范围。

例：【2012年上海市A卷第三题】
分析"给定材料5"中几个案例存在的主要问题。（10分）
要求：分析深入，条理清楚，简明扼要；字数不超过200字。

（1）审清题目

"分析深入"要求作答既要兼顾表面问题，又要兼顾深层次的问题；"条理清楚"，要求作答必须分条按点作答，体现层次性与条理性，条理性会有分数。这道题目涉及多个案例，因此也必然涉及多个问题，我们在作答时可以将同类问题合并。为了阅卷的方便，让答案清晰合理，我们可以写成主旨句+具体内容的方式。主旨句要具有高度概括的特点，是本条信息的核心，主旨句一般出现在一条答案的开头。

（2）参考答案

1）朝令夕改，失信于民。①程序不完善，步骤不合理，没事先征询群众意见；②制定政策缺少规划，论证不严密；③缺少主见，沟通能力不强。

2）政策不完善，落实不到位。①政策制定不符合实际，考虑不周全；②一刀切，没有照顾群众需求；③执行力差，执行不彻底。

3）执政观念不正确，唯利是图。①急功近利，好大喜功；②执法产业化，以权代法；②群众观念落后，缺少教育引导。

（3）答案分析

如果我们将第二条这样写：①政策制定不符合实际，考虑不周全；②一刀切，没有照顾群众需求；③执行力差，执行不彻底。这样直接表示出来，会发现问题琐碎，不能体现概括归纳能力。稍加思考就会发现，这三点问题的原因都在于政策不完善，执行不到位。因此可以将"政策不完善，执行不到位"作为主旨句，统领三个问题。我们可以作答为：政策不完善，落实不到位。①政策制定不符合实际，考虑不周全；②一刀切，没有照顾群众需求；③执行力差，执行不彻底。这样作答使得答案更加清晰合理，条理清楚，体现高度概括性，方便考官阅卷。

2. 表面问题+深层次问题

概括问题是非常重要的申论题型，问题包括表面问题和深层次的问题，深层次的问题即问题产生的原因，因此为了体现概括问题的逻辑性和全面性，最保险的做法就是从问题的表现和问题的实质两方面作答。

例1：【2012年国考省部级】
"给定材料2~6"反映了市场经济背景下社会生活中的种种问题，请对这些问题进行概括和归纳。（10分)
要求：准确、全面、有条理；不超过250字。

（1）审清题目

这是一道比较典型的概括题。概括题最重要的答题原则就是"全面"，在要点准确全面的基础上，分条分层作答，显示出概括的条理与分明。题目要求根据"给定材料2~6"概括市场经济背景下社会生活中的种种问题，这就要求考生在"给定材料2~6"中按照一定的分类进行问题概括。在概括问题时，为了顾及要点的全面性，答案既答出问题的表现，又答出问题的实质，也就是问题出现的原因，因为问题的原因亦是深层次的"问题"，即表面问题+深层次原因。

这道题目更侧重答题的抽象性，因为"给定材料2~6"涉及领域与问题众多，这就要求答题时高度抽象、概括，过于细节的问题不宜作为答题要点。

（2）参考答案

1）食品生产领域，企业盲目追求利润，道德滑坡，素质低下，违法生产销售，造成食品安全问题，其实质是企业诚信缺失，生产者道德失范。

2）社会人际交往领域，麻木不仁，互不信任，人际关系紧张，实质是信任缺失。

3）医疗、教育、文化艺术等领域从业者以假乱真，以权谋利，其本质是缺乏职业道德与操守。

4）媒体、网络领域，虚假报道、恶意炒作，其实质是道德失范。

5）社会管理领域，政府监管监督不力、官员忽视自身道德建设，其实质是社会管理水平不高，法律法规不够健全完善。

（3）答案分析

问题涉及诸多领域，包含食品安全领域、人际关系领域、文化艺术领域、网络媒体领域、医疗、教育、社会管理等领域。同时考生作答该题时要照顾到两方面的关键词：一方面是问题的表现；一方面是问题的原因。以"食品安全"为例，考生需要作答出"食品安全领域存在违法添加、监管不力、道德失范、素质不高等问题"，这是问题的表现；"企业缺乏诚信"，这是问题的实质，即深层次的原因。"食品安全"、"监管不力"、"诚信"等词很有可能是考生得分的关键词。答题信息中，关键词越多，越有可能得分，因此，在概括题中无关的废话、空话不要写，套话、虚话不要讲，要尽可能地围绕问题及其原因作答一些实词。

例2：【2011年917联考】

根据"给定材料7～9"，请你分析"张悟本事件"折射出哪些现实问题？

要求：问题全面明确，分析恰当透彻，表述简洁明了。

（1）审清题目

题目要求"问题全面明确"是指要全面地概括问题；"分析恰当透彻"要求深入地分析问题，即要分析问题的原因。因此答案应分两个部分：一是全面明确概述"张悟本事件"反映的问题；二是恰当透彻地分析原因。若考生只是概述问题而无分析则会因作答不完整而失分。然而，虽然分为两部分，也不能平分秋色，对问题的概括要少一点，对问题的分析要多一点。本题必须分层，从表面问题、深层次问题两个层面来作答，否则将被扣分。

（2）参考答案

一些假养生大行其道说明了：

1）民众科学素养低下，科学知识匮乏，科学精神缺失。

2）行骗者包装、炒作的手段高明，迷惑性强。

3）媒体的职业道德沦丧，唯利是图。

4）政府监督缺位，执政能力低下。

导致上述现象出现的原因在于：

1）群众保健知识需求增大，又缺少学习渠道，只能通过网络、电视等媒体了解。

2）相关专家工作不到位，科学研发和传播脱节，知识传播渠道不通畅，平台不健全。

3）社会保障体制不健全，看病难、看病贵促使民众急功近利，容易走极端。

4）学界对社会关注不够，未能及时遏制谣言，理性引导公众。

5）社会风气急功近利。

(3) 答案分析

这道题的关键在于分层。由于问题是"分析'张悟本事件'折射出哪些现实问题",我们可以根据问题与张悟本事件的联系程度作为分类标准,将最直接,最表象的问题归为"张悟本事件"折射出的现实问题,而一些更深层次的原因,作为具体分析。很明显,"民众科学素养低下、行骗者炒作手段高明、媒体职业道德缺失、政府监管缺失"是比较浅层次的问题,是很容易想到的问题;相比较而言,"群众保健知识需求大、科学研发和传播脱节、社会保障体制不健全、学界未能理性引导公众、社会风气急功近利",这些问题是需要深层次挖掘的。题目中"折射"一词表明,深层次挖掘的信息是本题的侧重点和答题关键。

3. 总原则+措施

申论考试中,有两类常见公文:"关于……的指导意见"和"关于……的建议"。这两类公文都是确立工作的指导思想,规范工作制度,明确工作任务,提出工作方法的文章。考生作答此类题目时需要对工作原则和工作内容部分高度重视。按照逻辑,指导意见和建议类问题的构建层次可以为:"指导原则(总)——主要内容(分)"。指导原则是宏观抽象性的信息,要体现政府精神和国家的政策方针,主要内容是微观具体化的措施,要针对材料中的具体问题而谈。

例:【2011年424联考】

假定你是某街道办事处的一名工作人员,请根据"给定材料6~8"拟写一份《某街道办事处关于改进老年人服务工作的指导意见》。

要求:文字简明,分条撰写,有指导性与可行性;不超过400字。

(1) 审清题目

题目要求考生以街道办事处工作人员的身份拟写一份《某街道办事处关于改进老年人服务工作的指导意见》。"意见"我们可以理解为对策,主要包括两个部分:一是指导原则(宏观对策),要宏观抽象;二是主要内容(微观对策),要具体可行,尤其是本题是街道办事处的指导意见,微观的措施更应该具体化,必要的情况下,可以举例。因此答题信息是抽象与具体的综合。

(2) 参考答案

关于改进老年人服务工作的指导意见,各社区为完善养老服务工作机制,发挥社区在养老工作上的重要作用,特制定以下指导意见:

1) 指导原则:①以人为本,为老服务;②强化宣传,创新形式;③社区主导,社会参与。

2) 主要内容:①提高认识。充分认识社区在养老问题上的重要作用,提高老年人生活质量;②加强宣传。呼吁子女和社会关注老年人的精神和心理需求;转变养老观念和养老模式;③加大投入。建设托老所、养老院等社区养老机构,统一管理;④完善设施。健全社区养老设施,为老年人提供活动场所,如老年人活动中心和老年大学等;⑤壮大服务队伍。培训和发展护理、营养等专业的养老队伍和志愿者队伍;⑥丰富服务内容,如法律援助、设立老年饭桌、提供巡诊、购物、保洁等上门服务等。

希望广大社区积极参与养老服务,为养老工作贡献力量!

××街道办事处

××××年××月××日

(3) 答案分析

"以人为本,为老服务;强化宣传,创新形式;社区主导,社会参与"体现了政府的精神和工作方法,比较宏观抽象;相比较而言,主要内容方面则要具体的多,"托老所、养老院、老年人活动中心、老年大学、法律援助、设立老年饭桌、提供巡诊、购物、保洁等上门服务"等对策非常具体,直接针对社区养老问题，具有可行性和操作性。

4. 抽象道理+具体事例

一般申论作答比较侧重抽象概括性，对于具体的例子使用较少。但是有些申论考试的材料生动形象，含有大量的事例、数据、事实等内容；同时题目要求论证充实、有说服力、具体等，这时我们就要考虑举例论证，所举例子会占有一定的分数。对于论证而言，有两种方式：讲道理和举例子。因此，这样的题目作答时往往是具体例子和抽象道理的结合。

例1：【2012年国考副省级】

"给定材料5"中提到，某网站曾组织网民进行了一场讨论。请你根据"给定材料"，反驳"网民A"的观点。（20分）

要求：观点明确，分析透彻，论据充实；语言流畅，层次清楚，有说服力；不超过400字。

（1）审清题目

这是一道比较典型的分析题，但是其新颖之处在于采用了驳论的方式进行论证。作答这道题首先需要亮明观点，即先指出网民A观点的片面之处，然后再分层进行论证。"反驳网友A的观点"，就直接说明A的观点是片面或错误的，要对他错误的地方进行深入反驳。反驳的方式有两种：讲道理和举例子。"请你根据'给定材料'"，说明论证的论据要点来自材料，考生需要在通篇材料中寻找可以用来作为论据的事例、数字、事实等内容。二者缺一不可。

（2）参考答案

1）网民A的观点是片面的：①市场经济的快速发展不必然引发道德失范；②市场经济快速发展仅是道德失范的根源之一。

2）市场经济有其自身的弱点，但是市场经济本身也要求诚信，诸如同仁堂、稻香村等企业的壮大正是由于诚实经营。

3）市场经济条件下存在着乐于助人的百万志愿者，救死扶伤的救援抢险队，他们体现了民族精神新的时代内涵。

4）市场经济条件下亦存在大量好人好事，诸如诚实守信的孙氏兄弟，勇敢善良的最美妈妈。

5）任何经济模式下都会出现道德失范的现象。道德失范的根源众多，最近发生的"金缕玉衣"等事件引发的震动说明拜金、极端个人主义等多元价值观能够对社会主义核心价值体系造成巨大冲击。加之，法律很难在道德领域立法，社会管理乏力，中国传统道德继承落实不够到位，公德共识体系不够完善，诸多原因导致道德失范。

6）我们需要继续加大法律法规建设、社会主义精神文明建设、思想道德建设，以促进社会道德水平的提高。

（3）答案分析

要想使得论证充分，以下4个方面必须举例子：市场经济也需要诚信；市场经济下有新的民族精神；市场经济下有众多好人好事；任何经济模式下都会出现道德失范的现象。对材料信息搜集可以发现，材料例子较多，如同仁堂、稻香村、百万志愿者、诚实守信的孙氏兄弟、勇敢善良的最美妈妈等，我们可以用来直接论证，说服力更强。这4个方面举例子会有分数，倘若不举例，则骨感有余，丰满不足，难以起到说服的效果。同时，这道题目要求不超过400字，字数要求较多，更应该适当举例。

例2：【2012年江苏省省考】

假如你是某政府机关工作人员，请你针对"给定材料6~9"中关于乡村工作的值得借鉴之处，给领导写一份简要汇报材料，并提出相关建议。（25分）

要求：全面、具体、简明、针对性强；不超过500字。

（1）审清题目

材料要求写给上级领导的汇报材料，汇报要求"具体、针对性强"，因此答题内容不可泛泛而谈，而是要针对"给定材料"的具体问题谈。同时，材料6~9大幅泼墨，描述了六合农民画、苏绣、潍坊风筝、草桥村集体股份经济、某县群众事务党员代理制度和某县构建三级代理服务网络等成功的经验，且字数要求较多，因此在答题中要注意例证。本题的内容方面主要包括两点：一是对乡村优秀的工作经验进行总结；二是对于当前乡村存在的问题提出建议。

（2）参考答案

<h3 style="text-align:center">关于乡村工作若干经验的简要汇报</h3>

各位领导：

　　大家好！现就乡村工作经验和建议做简要汇报。

（一）优秀的经验

1. 在发展特色文化产业方面。如六合农民画既增收，陶冶情操；苏绣，发展规模企业，带动农民就业；潍坊风筝，鼓励企业研发，开拓海外市场。

2. 在发展集体经济凝聚人心方面。如草桥村，以"组织形式"经营土地收益，增强经济纽带。完善社区保障制度，保证村民不脱离集体。

3. 在发挥党组织作用方面。如某县群众事务党员代理制度，党员干部无偿代理群众合理合法诉求，变"群众上访"为"干部下访"。

4. 在服务保障方面。如某县构建三级代理服务网络，实行一站式服务。

（二）建议

1. 挖掘文化资源，发展农村特色文化产业；

2. 强化农村人才培养的保障和激励机制，破解人才难题；

3. 积极发挥党员干部的作用，为群众提供无偿代理服务；

4. 发展农村集体经济，走可持续发展道路；

5. 加强农村组织建设，创新农村社会管理方式；

6. 完善社会服务保障体系，健全村镇干部考核、监督体系。

汇报人：×××
××××年××月××日

（3）分析答案

在优秀的经验方面，可以总结为"发展特色文化产业方面、发展集体经济凝聚人心方面、在发展党组织作用方面、在服务保障方面"，这4大方面是优秀经验的骨架，比较宏观抽象，为使汇报信息充实、具体，要以典型的城市或村镇作为例证。材料中正面的案例较多，如六合农民画、苏绣、潍坊风筝、草桥村、某县群众事务党员代理制度和三级代理服务网络等，这些具体例子是有分数的。

最后对本节内容进行简要总结，也给广大考生提出以下建议：

- 务必审清题目。题干和题目要求直接明确了答题的方向和关键词的选择。题目的话题如果过于宏观庞大，涉及材料信息较多，我们在作答的时候要注意对问题的高度概括，答题关键词较抽象；同时题目要求中也有一些提示性的字眼，如具体、对策操作性强、有针对性、切实可行等，这时候作答要注意关键词的细节化与具体化，不宜过于宏观。题目的字数要求也非常关键,如本节最后我们讲了举例子的问题,到底要不要举例子,也必须考虑字数要求。
- 务必强加练习。对于题目宏观、微观的判断及对于关键词的选择,非朝夕之功,需要广大考生在日常强加练习,对比自己所做答案和本书参考答案,反复揣摩修改,从而提高答题水平。同时,广大考生可以经常阅读政府工作报告、本省的工作报告和十二五规划、各县、镇的指导意见和工作汇报,在对比中就会发现,中央和省级的文件、政策更侧重宏观性和指导性,县镇等基层的政策倾向于因地制宜,结合地方特色,更侧重微观操作性,通过这种方法也可以加强对抽象关键词和具体关键词的理解。

第二节 关键词来源

前面我们在谈申论题型分为主客观题的时候曾讲到,申论命题在设计问题时会考虑到阅卷的可操作性,在设计答案时尽量减轻阅卷的麻烦和负担,为此很多申论命题会将题目客观化,尤其是前面的小题目,很多答案的基本点是固定的,也就是会将一些关键词和关键句作为采分点。在作答客观题目的时候,考生一定要概括出关键词,因为关键词是重要得分点。那么这些关键词从何而来呢?

关键词的来源有三处:一是从材料中摘抄,稍作删减;二是对材料进行提炼,将具体的表述抽象,透过现象看到本质;三是在材料之外根据自身的知识背景和材料的提示拟关键词。如果材料中关键词较多,我们可以进行摘抄,如果材料中与答题相关的信息多是具体表述,我们可以进行提炼;而如果材料中的答题信息较少,就需要我们利用自身的知识背景拟制关键词进行答题。根据不同的材料和题目,我们需要分别采用这三种方法或者综合运用。

一、就地取材——材料摘抄

什么样的词是关键词?关键词一般有这样几个特征:出现频率较高,在材料中多处提及;高度概括,一定具有很大的包含性,能够包含多个方面;高度规范,关键词一定不是口语、数据等形式的表达,而是规范、简洁的用语;直接与题目相关,与题目相对应,材料中涉及的问题、原因或对策。

因为问题不一样,所以关键词并没有固定的内容。考生可以根据关键词的一般特征去材料中摘抄关键词,这也需要考生进行一定的练习,培养寻找关键词的能力和速度。

例:【2012年江西省公务员录用考试《申论》】

材料1:

景德镇作为我国首批公布的24个历史文化名城之一,有着1800多年悠久灿烂的陶瓷文化和千年制陶的手工工艺。景德镇瓷器具有"白如玉、明如镜、薄如纸、声如磬"的鲜明特色,"集天下名窑之大成,汇多地良工之精神"。为此,景德镇成为闻名中外的"瓷都","景德镇"三字俨然成为一面金字招牌,一张代表陶瓷品牌文化的名片。

国家统计局显示:2011年1~11月,陶瓷行业总产值主要份额集中在广东、山东、江西等省。三省陶瓷行业完成工业总产值均突破300亿元,其中产值居全国之首的广东459亿元,同比增长44.2%,占全国比重22.5%,山东385亿元,同比增长27.4%,占全国比重18.9%,江西320亿元,同比增长44.2%。占全国比重15.7%。

材料2:

2010年上半年,陶瓷原材料价格一路走高。6月份氧化钴从16万元/吨上涨到21万元/吨,氧化锌上涨到600元/吨,国产氧化锆涨了1000元/吨。铜、钴、镍等有色金属的价格,也受到国际市场的拉动及海运价格升高的影响,国内色料价格的涨幅也在15%~30%。从2010年到现在,化工原材料价格上涨超过了100%,煤炭价格也由最低的700多元/吨上涨到近千元。此外,物流成本、水电价格等也有很大的提高。

2008年,全球金融危机前,陶瓷企业并不担心招工难的问题,往往是农民工上门求老板找工作,但现在则是老板上门求员工快上岗。人力资源短缺影响了陶瓷生产的正常进行。金融危机以后，人工费用在原有的基础上，一般都增加了20%。现在的人工成本费用已占生产成本的30%左右。

材料3：

据统计，除西藏外，目前全国多省，多自治区，直辖区都建成有陶瓷生产线。除佛山、淄博、夹江、晋江等传统卫生陶瓷产区外，江西、湖南、湖北、河南、河北、辽宁等地，新兴卫生陶瓷产区也不断涌现。例如，江西六安，截至2010年9月份，陶瓷企业91家，投资总额179.263亿元，其中，陶瓷生产企业55家，拟建建筑卫生陶瓷生产线302条。现阶段已有69家企业开工建设，其中50家企业已经投产。2010年，当地建筑陶瓷企业完成主营业务收入共100多亿元，总量近3.5亿平方米，完成税收超亿元。重庆四维瓷业建造了9个现代化隧道窑和三条棱式窑，形成了年产450万件高、中档卫生陶瓷，400万平方米釉面砖，3万只浴缸，90万套五金配件的配套生产能力。此外，广东开平、潮州，河南长葛，浙江萧山、嘉兴、温州、台州、宁波，福建南安、厦门、福州等地，还在紧锣密鼓地发展卫浴产业基地，进一步扩大卫浴陶瓷的生产规模。预计未来三年，国内陶瓷产能还会以10%以上的速度增长。

材料4：

2010年6月，欧盟对原产于中国的瓷砖进行反倾销立案调查，涉案金额超过3.2亿美元。2011年3月，该反倾销初裁结果出炉：除三家企业获得税率分别为35.5%、36.6%、26.2%的个案处理，以及少数企业由于配合欧盟反倾销调查而获得32.3%的税率外，1500多家国内陶瓷企业都面临73%的普遍税率。之后，欧盟有80%的采购商开始观望，迟迟不下单。这直接导致当年1~7月，中国陶瓷对欧盟的出口同比率下降16.5%，而往年这个时间，同比增长往往是20%以上，陶瓷出口企业的利率大幅缩减。

实际上，欧盟目前已成为中国瓷砖的第三大出口国。中国海关统计显示出口欧美的中国瓷砖占我国瓷砖总量的8%~9.5%，出口总值为10%~12%。欧盟是世界品牌陶瓷的集散地，欧盟开了这个头，其他国家都有可能对我们进行反倾销调查。

材料5：

2009年，在国务院确定的第二批32个资源枯竭型城市中，景德镇因瓷土资源枯竭而榜上有名。目前，环境保护和节能降耗日趋迫切，多行多业都开始以"低碳"、"环保"、"节能"等概念来引领产业结构调整。于此，陶瓷文化创意产业进入了景德镇城市经济发展的视野。有专家认为：陶瓷文化产业的发展，不仅能够为景德镇城市带来新的发展活力，而且能够带动其他相关产业链的发展，提升景德镇在全国的城市竞争力，提高江西在国内外的声誉。陶瓷文化创意产业以陶瓷产业为载体，将传统艺术与新时代精神文明和社会需求相融合，以文化为内涵，以创意为要素，并通过市场化这样以促进传统陶瓷产业发展的新兴产业。具体内容包括陶瓷创意文化产品生产研究陶瓷文化旅游、陶瓷文化交流、陶瓷新产品设计、陶瓷产品包装设计、陶瓷广告、陶瓷文化演艺娱乐、陶瓷网络文化、陶瓷会展、陶瓷时尚消费、陶瓷产业咨询策划等。

请根据"给定材料1~5"，概括困扰国内陶瓷行业进一步发展的主要问题。

要求： 概括全面，语言简练；不超过200字（15分）。

【材料摘抄】：这道题要求概括困扰国内陶瓷行业进一步发展的主要问题，问题主要集中在1~5，材料中有许多关于问题的表述，许多词都可以作为答题的关键词句。

- 材料2：陶瓷原材料价格一路走高。物流成本、水电价格等也有很大的提高；招工难，人力资源短缺；人工成本费用；生产成本。
- 材料3：陶瓷生产线；陶瓷产能。
- 材料4：反倾销；税率。出口同比率下降。利率大幅缩减。
- 材料5：瓷土资源枯竭；环境保护和节能降耗。

我们可以看到，这些词多是和题目直接相关的，且多是像生产成本、产能、生产线、资源枯竭等这类比较规范的词。通过对这些关键词的加工，我们可以整合出答案。

参考答案

（1）生产成本加大。原材料价格、物流成本、水电价格、人工成本费用高，招工难。

（2）国内陶瓷产能过剩，生产线过多，增长过快，企业多、小、散，市场竞争激烈。

（3）受欧美反倾销影响及出口税率提升，对外贸易受阻，利润大幅缩减。

（4）环境保护和节能降耗压力大，资源枯竭，可持续性不强。

二、精雕细琢——材料提炼

有的材料中虽有答题信息，但是并没有比较抽象的关键词，而是比较零散具体，并不能直接作为我们的答题语言，因此，我们需要进一步提炼关键词，用抽象规范的词语进行升华概括。

如2012年国考（地市级）的第三大题要求概括市民出行的问题，材料中"一个朋友说，他经常乘公交车出行。沿江路上的清河站的58路、117路也是'有去无回'的。对这类现象，我百思不得其解：公交公司为啥不让乘客有去有回？"这些表述我们就可以提炼为"公交线路设计不科学"，而不是直接照抄为"公交车有去无回"，这也要求我们平时要多看一些表述比较规范的文章，练习比较规范的表述和提高抽象的能力。

还有一些题目，材料中并没有很直接的关键词，多是表面现象，这时候需要我们对现象进行分析，提炼出现象的本质。

例如，2012年国考（省市）第一题要求概括和归纳"给定材料2~6"中市场经济背景下社会生活中的种种问题，除了表面的问题，我们还需要分析背后的实质，也就是深层次的问题。从材料中我们可以摘抄出其中一个问题"食品生产领域，企业盲目追求利润，道德滑坡，素质低下，违法生产销售，造成食品安全问题"，进一步提炼出实质是"企业诚信缺失，生产者道德失范"。

这就需要考生在平时注意对材料的挖掘，能用多种分析方法分析事物现象背后的深层原因，这多涉及到比较宏观的层面，则需要考生多看一些政府文件、领导讲话等，提高自己的分析和抽象能力。下面我们通过两道例题来体会。

例1：【2012年江苏省公务员录用考试《申论》】

材料1：

清冷的秋雨中，S省L县某村被笼罩在一种深深的寂静中，散建于山间、坡上的一些农家窑洞，有的已经破落坍塌。洞前的院落有的已被种满了作物，作物的生机和村庄的寂静，形成了鲜明的对比。

村里的刘书记说，现在长住村里的有60多人，其中20多位是65岁以上的老人。"年轻人只有过年过节才回来，也只有那时候村里才热闹点，平时都是冷冷清清的，连个说话的人都找不见。"

由于年轻人大都出去了，村里的公益事业很难开展，比如想搞道路硬化、亮化工程，基本找不到劳力。刘书记说："我们也想给村里干点儿实事，但老年人思想转变不过来，还有人说自己是快要死的人了，折腾那些事干什么。发动不起来，出工不愿意，出钱更不行。"

Y村是S省新农村建设试点村。记者看到，村户间的道路都已硬化，道旁绿树成荫，广场上，篮球架、大戏台等文体设施一应俱全；学校、卫生室、便民店等公共设施齐全。然而，即便已是上午10点左右，除了几个上学的孩子、出门溜达的老人及在便民店前下象棋的几位村民，偌大的村子里再也看不见其他人。一个村干部说，平常留守在家的主要是小孩和60岁以上的老人。"新农村建设起步了，可村里人太少了，"72岁的村民高老太对记者说，孩子们出去是为了挣更多的钱，过上更好的生活，也是为了让他们的孩子上更好的学校，有更好的前途，作为老人也支持。这些年农村发展得挺好，老人们在家生活也很方便，只是想到将来还是有些担心。"现在还能相互照顾，年龄再大点就不行了。孩子在外挣钱，不可能回来照顾我们，村里乡里又没有养老院，到时候怎么办呢？"

"村里人外出打工，确实比在家里赚得多，但也让人和人之间的关系不再那么融洽了，"村民老张说，以前每到农忙时节，四邻八舍都会互相帮忙。主家称肉打酒，忙完了农活，大伙聚在一起吃顿饭、喝几杯酒，气氛很融洽、很快乐。"现在不同了，邻里间互相帮忙的少了，耕田、打药、插秧都得请人、雇工，一个工50多块钱。"

记者在几个省的农村做采访时，都有一种强烈的感觉——在工业化与城市化的双重冲击下，传统乡村的"熟人社会"正在"陌生化"。

一些基层干部告诉记者，在来自城市的价值观念、生活方式的浸染下，传统乡村那种邻里守望、互帮互助的纯朴乡风正逐渐消逝，农民的思想观念、生活习俗正在向城市急剧靠拢。

"如今的人情关系、社会关系、代际关系等都有点变味儿了，"某镇政协联工委主任说，现在要组织村民开个会很难，大家都忙着办自己的事，人都凑不齐，有时乡里组织村民们开个会，没有"午餐费"，好多人都不愿意来。

材料2：

中秋小长假的第二天下午，江苏某县54岁的村支书老胡有那么点"小郁闷"：村里修公路，工程队的人不小心将沿线村民家种的一小片黄豆毁坏了，双方闹起来，老胡到现场做了半天工作，嘴巴都说干了，到傍晚才勉强调解好纠纷。

"这种小矛盾在以往，村干部一句话就搞定了，现在居然要费那么大劲。"老胡的情绪一时难以平复，边说边摇头，"你说这修公路也是为了村民出行方便，村里为了争取镇上支持不知费了多少心思，可到头来还得求着村民！"

老胡这个村是一个有5000多人的农业村，这几年道路建设跟不上需求，村民提出要修条路。村里没钱，让村民集资很多人又不肯；村两委打了很长时间报告，好不容易才得到镇里的扶持。可自从今年7月道路开工，老胡和其他5名村干部就没少"求人"—修路涉及农户拆迁，一些农户提出就是给补偿也不愿意拆，因为房子拆了不方便。结果，到现在工程一直是断断续续的。

山东某县Q村高支书谈起村里的情况，多少有点无奈："现在农村不好管了，各家过各家的日子。村里5个干部，整天忙着治安维护和矛盾调解，再就是村民看病、孩子上学等事情，事情办不好村民会有意见，所以只能尽量争取让大家满意。"住在村东头的村民谢大嫂说，她平常极少去村部，"就算有非常重要的事，也是路过村支书家时，顺道过去说一声就行了，平时都不打什么交道。"

取消农业税，无疑是中国农村具有划时代意义的一次革新，它不仅减轻了广大农民的负担，而且使农村社会生态发生悄然变化。但伴随着"催粮要款"时代的远去，村干部的权威也面临挑战。在南京市江宁区某村，村委会王主任向记者讲述了他当村干部16年的感受："现在与过去不同了，集中村民办个事真不容易，有时候还真得求着他们。大到修桥修路，小到垃圾清理，都要给点报酬。"王主任说，去年9月开工的长江引水工程，要求全村每6户一个水表，放置水表的池子要安置在其中一户人家的房子边，结果有两三户不同意安置，村干部费了九牛二虎之力，还找来与这几户人家关系好的人做工作，最后才办成。

材料3：

沈某是A市A村农民，过去全家依靠两亩多耕地维持生计。5年前，当地政府引进一家企业，以每亩1万元的价格征走了他家1亩多土地。前年，随着工业园区的扩展，又一家企业进驻村庄，他家剩余的耕地也以每亩1.28万元的价格被全部征走。如今，全家8口人虽然都是农村户口，居住在村庄里，却已身无寸地。

"两三万元的征地款，只够一家人一两年的生活。政府虽然帮助买了保险，但标准很低，男的年满60岁、女的年满55岁才能领取100元的养老金。现在物价越来越高，这么低的养老金以后日子怎么过啊！"沈某说这番话时，脸上挂着几分忧郁，失去土地以后，沈某的孩子们外出打工，他夫妻二人只能赋闲在家，守着村中的房屋。"我们说是农民，没地；说是工人，没岗。现在是农不农，工不工。"

中部地区某县有着丰富的矿产资源，当地一家矿山企业每年缴纳的税收多达2亿元，一度占到全县财政收入的四成，企业还为当地解决了数十人就业，不少村民也因矿而富。说起矿产资源开发带来的收益，地方政府领导如数家珍。不过记者在现场采访时看到，运矿的卡车从村里经过时尘土飞扬，沿街两边房屋都积满了黄土，村里的道路也被压得崎岖不平。

由于这一矿山的尾砂坝存在安全隐患，从去年年初开始，当地政府决定对坝下的200多名村民予以移民搬迁，尽管事前地方政府做了细致的工作，但村民对搬迁安置存在不同看法，怨言纷纷。

一些村民说，企业开采矿山赚了个盆满钵满，政府财政收入大幅增长，有的人靠着矿山也发了财，可我们这些村民并没有真正得到实惠，相反，我们的稻田、生活用水被污染了，路被压坏了，最后还闹得要背井离乡，这事搁谁身上心里都不好受啊！

材料4：

近年来，随着我国政府对新农村建设的重视和投入力度的加大，部分地区乡村环境得到较大改善，但是，记者到基层走访时发现，垃圾围路围河，污水随意排放问题在农村许多地区依然普遍存在，农村垃圾治理难题亟待破解。

在农村走访的几天里，记者眼前的乡村美景屡屡被破坏——大量垃圾随意丢弃在田头、路旁、沟渠、河流等地。

在H县Z村，露天垃圾集中填埋场已有10多米高，场地未见任何防护措施，附近到处是飘落的废塑料袋，旁边就是稻田和藕田。填埋场附近的几户朱姓居民告诉记者，夏天时这里恶臭熏天、蚊蝇成灾，即使在冬天也能闻到臭味。

在素有"国珍珠之乡"的H县，记者发现珍珠养殖对农村环境的破坏，已到了触目惊心的程度。H县W村村民告诉记者，珍珠养殖户受利益驱动，实行高密度养殖，过量投放鸡粪等有机肥，造成水体污染；珍珠养殖水体排出的废水发黑发臭，未经处理直接排入沟港，导致他们无水可饮。

在W村，记者看到多处堆积如山的珍珠蚌肉、贝壳废弃地，过往行人掩鼻通过，恶臭难闻。据了解，H县所属的C市每年约有6万吨蚌肉、近10万吨贝壳被废弃，成为重要的污染源。

在B村的蛋鸡养殖小区，由于养殖密度过大和鸡粪缺乏销售渠道，小区内污水横流、臭气难闻。在临乡的生猪养殖小区，部分粪便虽有沼气池处理，但多数粪渣进入了旁边的稻田和水库，日积月累，成了大型的露天化粪池，污染水库。

在P村和T村，记者在村民的带领下，来到一条3米多宽的血色"煤水沟"前。T村村民告诉记者，附近煤矿的洗煤水形成的这条"煤水沟"，已经排污十几年，直通入当地的"生命水源"——沅江。村民诉苦说，"煤水沟"的污染已使他们失去了灌溉水源，村里的1400多亩田，现在基本都只种植一季稻，还得靠天降水。

环保部于2011年5月底公布的2010年《中国环境状况公报》表明，对周边的环境状况，只有不到6成的农村受访者评价为"满意"或"比较满意"。

中国人民大学农业与农村发展学院的一项调查也显示，对农业生产、生活中产生的面源污染以及工业企业带来的各种点源污染，分别有1/3和近3成受访农民表示不满意。

材料5：

一些地方在村"两委"换届时，存在贿选、宗族势力操纵选举等情况，外加一些地区在任用干部时缺乏必要的考察、考核，使一些知识水平差、政治素质低的人当选，为村干部腐败埋下隐患。腐败村干部大都文化水平不高，但并不妨碍他们敛财有术，一旦案发，则往往能找出自己的"无知"之处。有村干部在忏悔书中写道："没想到我这个'农民官'也能职务犯罪。"

受访基层检察官和纪检干部反映，一些地区农村账目混乱、财务管理不规范，会计手续履行不全，票据跨年度入账，资金体外循环，"白条子"、"假票据"入账情况严重，村干部公款私存、公私不分，村里收入不入账。如山东发生的一起铁路补偿款案件中，几乎所有的涉案村干部都是"左口袋公款，右口袋发票"。

近年来，随着农村土地在市场化与城镇化进程中价值大增，"村官"手中的"隐性权力"越来越大，而"村官"受到的制约却非常薄弱。记者调查发现，土地征用、土地开发、城中村建设和涉农资金、资源管理等领域成为涉农职务犯罪的重灾区。

2009年11月，D市人民检察院收到N村群众举报，反映村干部与D市某公司原总经理张某等人勾结，以每亩7000元左右的价格"征地"，又以每亩6万多元转手卖给市国土局，从中侵吞巨额征地款，众多村干部从中受贿。调查发现，2008~2009年间，张某向N村村干部行贿457万元，低价囤积千余亩村集体土地。在这起土地腐败窝案中，25名D市干部、13名村干部参与"分肥"。

这起由"村官"贪污受贿引发的腐败窝案绝非是"村官"腐败的个案。据统计，2008~2010年某省人民检察院累计查处涉农贪污贿赂案256件，406人落网。

请你概括"给定材料1~5"中所反映的主要问题。（15分）

要求：全面、准确、简明；不超过200字。

【材料提炼】

材料1：

（1）村里的刘书记说，现在常住村里的有50多人。其中20多位是65岁以上的老人。——农村空巢化。

（2）由于年轻人大都出去了，村里的公益事业很难开展，如想搞道路硬化，亮化工程，基本找不到劳力。——公益事业难开展。

（3）一个村干部说，平常留守在家的主要是小孩和60岁以上的老人……"现在还能相互照顾，年龄再大点就不行了。孩子在外挣钱不可能回来照顾我们，村里乡里又没有养老院，到时候怎么办呢？"——留守问题突出。

（4）一些基层干部告诉记者，在来自城市的价值观念、生活方式的感染下，传统乡村那种邻里守望、互帮互助的淳朴乡风正逐渐消逝，农民的思想观念、生活习俗正在向城市积聚靠拢。"如今的人情关系、社会关系、代际关系等都有点变味儿了。"——传统乡村文化消逝，人情关系紧张。

材料2：

（1）村里没钱，让村民集资很多人不愿意；村两委打了很长时间报告，好不容易才得到镇里的扶持。可自从今年7月道路开工，老胡和其他5名村干部就没少"求人"——修路涉及农户拆迁，一些农户提出就是给补偿也不愿意拆。——农民参与意识弱，观念保守，管理困难。

（2）但伴随着"要款"时代的远去，村干部的权威也面临挑战。——村干部权威面临挑战。

材料3：

（1）"两三万元的征地款，只够一家人一两年的生活，政府虽然帮助买了保险，但标准很低"沈某说这番话时，脸上挂着几分忧郁，"我们说是农民，没地；说是工人，没岗。现在是农不农，工不工。"——土地征用的相关制度不完善，缺乏完善保障制度。

（2）企业开采矿山赚了个盆满钵满，政府财政收入大幅增长，有的人靠着矿山也发了财，可我们这些村民并没有真正得到实惠。——收益分配不合理，忽视农民利益。

材料4：

生态环境遭破坏，土壤、水、垃圾污染严重，生存环境恶劣，村民满意度差。

材料5：

（1）一些地方在村"两委"换届时，存在贿选、家族势力等情况，外加一些地区在任用村干部时，使用一些知识水平差、政治素质低的人，为村干部腐败埋下了隐患。他们上任后，虽然素质不高却个个发财有术，一旦案发，则往往能找出诸多理由推脱。——基层选举不规范，官员素质低。

（2）近几年，随着农村土地在市场化与城镇化进程中价值大增，村官手中的隐性权利越来越大，村官受到的制约却非常薄弱。记者调查中发现，土地征用、土地开发、城中村建设和涉农资金、贷款管理等成为涉农职务犯罪的重要灾区。——村官隐性权力大，缺少制约；涉农职务犯罪严重。

参考答案

材料反映了农村在公益事业、社会关系、利益分配、生态文明、基层管理等方面存在的问题，具体有：

（1）空巢化，劳动力缺乏；观念保守，参与意识不强，缺乏公德心。

（2）人情冷漠，关系紧张；唯利是图，交往利益化；组织涣散，干部权威丧失。

（3）征地多，标准低，缺乏完善保障制度；收益分配不合理，忽视农民利益。

（4）生态环境遭破坏，土壤、水、垃圾污染严重，生存环境恶劣，村民满意度差。

（5）选举不规范；官员素质低；考核制度不完善；账目混乱。

例2：【2010年国考】

材料3：

兵库县是日本重要的工业区和港口区，沿海岸线的许多地区，工厂林立，许多海岸都被砌成了高大笔直的混凝土大坝，而这些工厂所在的陆地，很多都是填海形成的。上世纪中期，日本经济高速发展，人口迅速增加，国土面积狭小的日本开始规划填海造地，从1945~1975年，日本政府总计填海造地11.8万公顷（相当于两个新加坡的面积）并统一进行工业布局，将炼油、石油化工、钢铁和造船等资源消耗型企业配置于东京湾以南的沿太平洋带状工业地带上，使原料码头与产品码头成为工厂的一部分，减少中转运输费用。日本有关专家指出，港口与工业区紧密结合在一起的布局不仅使能源消耗量大的钢铁、水泥、制铝、发电和汽车业等成本下降，促进了这些行业以及造船、机械和建筑等工业部门的发展，而且使以石油为原料的石油冶炼、石油化学、合成纤维、塑料制品和化学肥料等工业迅速发展，据统计，占日本国土总面积31%的临海地带，汇集了全国52%的人口和58%的工业产值。

在获得巨大收益的同时，大肆填海造地发展工业经济，也给日本带来了巨大的后遗症。最明显的问题就是海洋污染，很多靠近陆地的水域里已经没有生物活动。整个日本的近海海域经历了上世纪六七十年代的严重工业污染，尽管后来政府立法要求工厂和城市限制排污，情况得到了一些缓解，但要恢复到以前的情况非常困难。由于工厂和城市长期排放污染物，海底大量滋生细菌，导致赤潮频发。其次是滩涂减少了约3.9万公顷，后来每年仍然以约2000公顷的速度消失。过度的填海还导致日本一些港外航道的水流明显减慢，天然湿地减少，海岸线上的生物多样性迅速下降，由于海水自净能力减弱，水质日益恶化。因此，日本政府现在又不得不投入巨资，希望能够恢复生态环境，国家为此设立了专门的"再生补助项目"基金，并且引导地方政府、居民、企业、民间组织等社会各界积极参与改变和修复被破坏的海洋环境。例如上世纪八十年代，地处神户地区的日本钢铁公司搬走后，兵库县大型钢铁厂变成了一块综合性绿地。在治理工作中，兵库县政府还鼓励大家在自己家周围和工厂区种植植物，所有费用都由政府提供，并且在树木种植之后政府还提供三分之一的管理经费给一些民间公益组织进行维护、管理。当地官员表示："我们计划用一百年来彻底改变和恢复这一地区的生态环境。"难怪环保专家这样说："兵库县堪称'环保错位'的典型。"现在，日本的各种海洋环保研究机构正在不断进行各种试验，希望能够找到恢复海洋生态环境的更好的方法，这些实验包括人造海滩及人造海岸、人造海洋植物生存带等等。经过把各种技术组合起来进行实验，各种小鱼小虾、贝壳和海洋微生物已经出现在人造海滩、海岸周围，显示着环境的改善。日本专家介绍说："我们已经感受到这项工作的难度，这是一项非常漫长的工作，而且所需要的资金和技术投入是非常巨大的。"关于恢复海洋环境的工作思路，日本专家表示："必须充分考虑自然、海洋和人类三者的和谐，恢复生物的多样性的生态环境。"

问题： "给定材料3"中环保专家认为"兵库县堪称'环保错位'的典型。"请结合材料内容，对"环保错位"的实质进行阐释。（10分）

要求： 准确、简明；不超过150字。

【材料提炼】：这个题目要求阐释环保错位的实质，在这里需要解决什么是错位和为什么错位。后面一个问题更加严重。

从材料中，我们提炼出什么是错位：

上世纪中期，日本经济高速发展，人口迅速增加，国土面积狭小的日本开始规划填海造地。在获得巨大收益的同时，大肆填海造地发展工业经济，也给日本带来了巨大的后遗症。最明显的问题就是海洋污染，很多靠近陆地的水域里已经没有生物活动。

因此，日本政府现在又不得不投入巨资，希望能够恢复生态环境，国家为此设立了专门的"再生补助项目"基金，并且引导地方政府、居民、企业、民间组织等社会各界积极参与改变和修复被破坏的海洋环境。

——得出：时间错位，先污染后治理。

为什么错位，则需要我们依据材料运用层层递进的分析方法进一步分析：因为治理环境成本高，一些人只贪图眼前利益；为什么只贪图眼前利益，因为缺乏长远的规划和大局意思；为什么缺乏，因为没有树立科学发展观，没有意识到人与自然协调发展的重要性。

参考答案

环保错位的实质是：先污染后治理，以牺牲环境为代价去发展经济，而后花费更大的代价去治理环境。由于后期治理成本高、费用大、时间长，最后造成对经济和环境的双重破坏。因此，治理环境要有科学的规划和长远的眼光，要走经济和环境和谐发展的道路。

三、自力更生——材料之外

遇到材料中答题信息比较少的时候，很多考生就傻眼了，不知道该从何下手，多见于分析题、对策题和公文题，这也是考生比较容易失分的题。这类题目要求中通常有"结合当前实际"、"联系自身实际"、"结合你的理解"、"谈谈你的看法"等，对于这类题，考生要注意材料背景，不能漫无边际的谈，要考虑题目需要的素材，尽可能将题目答题信息囊括其中。

要能够从材料之外拟制关键词，需要考生从以下几方面来把握：

（1）加强知识的积累。这包括两方面的知识：一是对国家大政方针、政策理论、工作部署、措施要求、时事政治等方面的掌握；另一方面就是对一些公文形式知识的掌握。知识申论非一日之功，技巧之外，知识积累越丰富，对于申论命题的解读就会越到位，对于申论题目的作答就会越准确，对于申论科目的应试就会越顺利。

（2）提高分析能力。很多分析类的题目在材料中的答题信息比较少，因此需要考生在平时有意识地训练自己分析事物的能力。大家可以综合运用以下几种分析方法。

- 递进分析法——采用推论的方式，找原因的原因的原因，层层递进。
- 正反分析法——辩证地看问题，一分为二地看问题。在分析一个观点的时候，要看到其合理的一面，也要看到其不合理的一面；在分析事件影响的时候，要看到积极的影响，也要看到消极的影响；在分析政策落实的时候，要看到取得的成绩，也要看到存在的问题。
- 内外因分析法——内因是事物变化发展的根本，外因是事物变化发展的条件。在分析一个问题产生的原因时，要从自身和外界两方面来找原因。

（3）运用逻辑思路提取自己的知识。很多时候，考生的知识都比较零散，尤其在考场紧张的环境下，很难考虑周全，因此，借用一定的逻辑思路可以帮助考生提取平时存储的知识。这种"逻辑关系"有"近期——长期"的时间关系、"总——分"的包含关系、"发现——分析——解决"的处事步骤、"紧迫——远虑"的急缓步骤、"政府——企业——个人"的主体分类等，考生在平时分析事物的时候要注意运用这些逻辑关系。

下面我们来看两道例题：

例1：【2010年北京市下半年】
根据"给定材料"，结合当前实际，谈谈各级党政干部为什么要多读书、读好书。（20分）
要求：分析合理，条理清楚，语言简练；字数不超过300字。

【材料之外】
这是一道综合分析题。要作答此题，考生可以参考"给定材料"，但是更多的还需要动用知识背景。读书对领导干部的意义主要体现在对个人修养、执政能力、示范带动、民族文化传承、学习型政府和学习型社会建设、密切党群政群关系6大方面。作答形式上，语言要简练，不啰嗦；要分层作答，展现条理。

参考答案

党政领导干部多读书、读好书意义重大，理由主要有：

（1）有利于提升个人修养。丰富知识、拓展视野、修身养性，升华人格，为提高执政能力奠定基础。

（2）有利于提高执政水平。更好地理解国家的政策方针和百姓疾苦，进而转变工作作风，为打造服务型政府奠定基础。

（3）有利于在全社会产生良好的示范带动作用。培育良好的读书风尚，促进带动文化产业发展。

（4）有利于学习型政党、学习型社会的建设。转变社会风气，为全民读书营造良好的读书风尚。

（5）有利于密切党群、干群关系。增强群众对党和政府的信心，为建设和谐社会贡献力量。

（6）有利于传承优秀文化。传承民族传统文化和社会主义优秀文化，为全民族素质和文化水平的提高奠定基础。

例2：【2012年国家（省市）】

材料8：

2010年2月9日，农历十二月廿六。在北京做建筑工程的孙先生回到天津，原定与暂住在天津的家人和弟弟聚一天再回武汉，但他查看天气预报了解到，此后几天，天津至武汉沿线的高速公路，部分地区可能因雨雪封路。他决定赶在封路前，赶回武汉，给先期回武汉的民工发放工钱。春节前发放工钱，是他对民工的承诺。当晚，孙先生提取26万元现金，带着妻子和三个儿女出发了。次日凌晨，他驾车驶至南兰高速开封县陇海铁路桥段时，由于路面结冰，发生重大车祸，20多辆车连环追尾，孙先生一家五口全部遇难。第二天早上，弟弟打电话回家，发现哥哥仍未到家，手机也联系不上。预感不妙的弟弟开车沿途查找，结果在河南兰考县人民医院太平间发现了哥哥及家人的遗体。弟弟撬开撞得扭成一团的轿车后备箱，捆好的26万元现金还在。"我们家这个年是过不成了，但不能让跟着哥哥辛苦一年的工友们也过不好年。"沉浸在丧痛中的弟弟含泪决定，先替哥哥完成遗愿。十二月廿九，两天未合眼、没吃饭的弟弟赶回家中，通知民工上门领钱。因为哥哥离世后，账单多已不在，弟弟让民工们凭着良心领工钱。人家说多少钱，就给多少钱！钱不够，弟弟就贴上了自己的6.6万元和母亲的1万元。就这样，在新年来临之前，60多名民工都如愿领到工钱，弟弟如释重负。孙先生弟弟接受记者采访时说."新年不欠旧年薪，今生不欠来生债"，"包工头也要讲诚信，不能赚昧心钱，这是自己的良心账。"

徐先生是N市某希望小学教师，在婚检时被查出患有严重的肾衰竭及尿毒症。得知病情，他毅然和未婚妻解除婚约，作出一个旁人想象不到的决定——回到讲台前，将自己的余生奉献给教育事业。多年来，他忍受常人无法想象的痛苦，坚持自己在宿舍完成透析，坚守在教师岗位。2008年初大雪封山，他不顾病情严重，一次又一次护送山里的孩子回家；汶川大地震发生后的第二天，他就主动捐出了当月工资寄往灾区；多年来，他一直默默地从微薄的薪金中抽出钱来资助那些需要帮助的孩子，即使在他病情危重时刻也从未间断过。徐先生在日记中写道："我无法选择自己的命运，但我可以选择对待命运的态度；我无法延伸生命的长度，但我却可以拓展生命的宽度！"

31岁的年轻母亲吴女士有了一个她始终都有些不好意思接受的新名字——"最美妈妈"。今年7月2日，某市一住宅小区，2岁女童妞妞从10楼的窗台坠落。在楼下人们惊呼的一刻，吴女士甩掉高跟鞋、伸开双臂向妞妞掉落的位置冲去，在即将落地一刹那，她接住了妞妞。"事情发生在一瞬间，我根本来不及多想。我只知道她是一个孩子，我是一个母亲，孩子是母亲的心头肉，母亲救孩子是天经地义的事！"为了接孩子，吴女士左臂尺桡骨断成了3截，可她的脸上仍挂着明朗的笑。在家人看来，吴女士能这样做"既意外也不意外"。她丈夫说："她继承了父母的朴实和善良，她今天所做的事情是平时养成的善良之心，关键时刻只是这种善良的习惯性流露"。吴女士所在社区的居民们自发以系黄丝带和点燃蜡烛的方式为吴女士和妞妞祈福。该省省委书记也于第一时间前往病房探望。美联社等欧美媒体赞扬她"勇敢""无私"，是真正的"守护天使"。

"给定材料8"介绍了最近社会上涌现出的先进人物事迹，某单位党委决定编印一期《内部学习材料》，宣传他们的事迹，号召本单位全体人员向先进人物学习。请你为这期《内部学习材料》撰写一则"编者按"。(10分)

要求：概括全面、准确，揭示各位先进人物的精神实质；不超过200字。

【材料之外】

这是一道比较典型的内容与形式兼顾的概括题。作答此题，既需要准确解释各位先进人物的精神实质，又需要体现"编者按"的内容与形式要求。

其实，揭示实质对绝大多数的考生而言不是很难，运用前面的材料摘抄和材料提炼：

"给定材料8"孙先生还款一段最后两句话，"新年不欠旧年薪，今生不欠来生债"，"包工头也要讲诚信，不能赚昧心钱，这是自己的良心账"，说明孙氏兄弟信守诺言，讲求诚信。徐先生强忍病痛，坚持教学，是一种爱岗敬业的精神，同时他又拿出薪金资助儿童，这是一种无私奉献的精神。"最美妈妈"接落地儿童，有一种见义勇为的勇气，同时，材料中她丈夫的话中提到"善良"，美联社提到"勇敢"、"无私"均可以作为吴女士的精神实质。

这道题的新颖性在于第一次将撰写"编者按"引入国考申论，这提醒广大考生，需要在今后的备考中存储关于各种涉及机关工作事务的文体写作方法。

在作答这道题时，需要明白这篇"编者按"的背景及目的，即向先进人物学习。但是向先进人物学习还不够，因为这个"帽子"过小，需要考生进行理论提升。联系到我们当前建设社会主义核心价值体系，促进党员道德建设，我们要向先进人物学习，而学习的内容即先进人物的精神实质。知道了实质就应该提出要积极向他们学习。因此，除了从材料中提炼出实质，我们还需要在材料之外答出背景目的和号召学习的关键词。

参考答案

编者按：

胡锦涛同志在七一讲话中指出，要坚持把干部的德放在首要位置。在建设社会主义核心价值体系的今天，广大党员干部要向先进人物学习，真正做到"德才兼备"。

本期刊物主要介绍了"信守承诺、诚信仁义"的孙氏兄弟，"爱岗敬业、无我奉献"的徐老师，"朴实善良、无私勇敢"的最美妈妈吴女士。

希望广大党员认真学习他们的道德情操,并及时转化为行动,带动社会真正形成一种知荣辱、讲道德、促和谐的文明风尚。

第三节 突出关键词

关键词作答是申论客观类题目答题的重要法则。关键词作答存在3个层次:能够使用关键词;准确使用关键词;突出关键词。突出关键词作答是体现答题内在逻辑的重要表现形式。

一、去粗取精——词句删减

申论考试平均水平普遍偏低的原因在于:不会突出关键词,作答使用大量不能得分的空话、套话、废话;虚词、语气词等情感色彩浓厚的词不宜作为申论客观题作答;大量词语重复使用,空占字数;语言罗嗦,掩盖关键词得分。申论作答应避免使用以上罗嗦语句。

1. 空话套话废话

答题中出现大量的空话、套话、废话,会严重影响题目得分。大量的冗余词句会造成已有的得分点难以体现出来,挤占关键词的得分,导致答题不全面或材料信息要点挖掘不足,还会增加阅卷者的采分难度。

例如,对比贵州和陕西干部下基层的做法,你认为哪一种更好?(10分)

要求:观点明确,分析合理,条理清晰;字数不超过200字。

考生A:"贵州和陕西都采取了干部下基层办实事的做法,从细节设置上来说,陕西省的做法更加严谨:一是在活动主体上较明确,确定以年轻干部和涉农部门干部为主,一方面锻炼干部,另一方面增强综合办事能力;二是在情况反映上形成了"两表两卡一报告"的系统文字材料,能够更好地显现农村所存在的问题,提高公务员办事效率;三是在督导机制上采取暗访的方式,能更真实地反映出公务员的工作情况,保障工作效果。"

该考生的答案看似清晰、合理,但在实际阅卷中,难以找到其得分点。使用的空话、套话、废话过多。在该考生的答卷中:

"贵州和陕西都采取了干部下基层办实事的做法"。画线的部分重复题干,明显为废话;

"一是在活动主体上较明确,确定以年轻干部和涉农部门干部为主。一方面锻炼干部,另一方面增强综合办事能力"该句话中使用了废话"在……上明确",套话"一方面锻炼干部,另一方面增强综合办事能力";

"二是在情况反映上形成了"两表两卡一报告"的系统文字材料,能够更好地显现农村所存在的问题,提高公务员办事效率;"在该句话中划横线部分基本上为废话,纯属多余。

"三是在督导机制上采取暗访的方式,能更真实地反映出公务员的工作情况,保障工作效果。"该句话同样使用了大量套话。

该生的答卷看似结构合理,但是作为阅卷人评分,无法找到其得分的关键词。另外,大量使用空话、套话、废话,也使他的"活动主题、情况反映、督导机制"等关键词语不明显。

在该考生试卷基础上,按照关键词答题应该如下:

"陕西细节设置严谨:①活动主体。年轻、涉农干部为主,提升实践能力;②情况反映。"两表两卡一报告"发现问题多,提高办事效率;③督导机制。反映真实情况,保障效果。"

可见该生的答卷去除空话、废话、套话后剩下的只有81个字。可推测该考生没有充分利用材料作答。

考生B:"两省做法各有利弊,贵州省做法更为科学合理。

(1)组织更合理。贵州按行政层级阶梯型配置,垂直联动,便于管理;陕西"市县乡"统一驻村,不便协调。

　　（2）机制更长效。贵州形成常态化机制，可持续性强；陕西市县乡单一配置，短期突击，易流于形式。
　　（3）监督更有效。贵州责任明晰，纵向督查，便于落实；陕西干部横向配置，责任监督机制不完善。"

　　通过对考生A、B的答卷比较分析，可以充分说明，过多的空话、套话、废话严重影响得分，如果考生字迹潦草，甚至有可能只给1分或不得分。因此日常的申论答题练习过程中要善于使用关键词答题，少使用空话、套话、废话作答。

2. 虚词语气词

　　虚词的特点：一是依附于实词或语句；二是不能单独成句；三是无词汇意义。语气词是表示语气的**虚词**，常用在句尾或句中停顿处表示一种**语气**。常见的语气词有的、了、么、呢、吧、啊。
　　申论作答用语必须是用词即达意。因此，虚词、语气词不能用于申论答题。大多数考生对于申论语言风格了解，却不会使用，在写作时往往表达过于随意，过量的使用虚词、语气词。
　　例：整治排土场、尾矿库的绿化，"空心村"、砖瓦窑场和工矿废弃地的目的和意义。
　　要求：语言简练、条理清晰、分析深刻；不超过250字。
　　考生答卷：
　　（1）防止了土地的水土流失，从而有效地减少了对土地的破坏，改善了土地的生态环境，保护了土地，为固体废物的治理探索出了一条新路子，有利于土地的可持续利用和开发。
　　（2）有效地控制了二次扬尘的污染，减少了空气污染，从而为提高空气质量奠定了良好的基础，对于减少疾病，提高人民的生活质量具有重要的意义。
　　（3）重新恢复了耕地，实现了耕地占补平衡，新增了大量耕地，扩大了人均可耕地的面积，增加了农民的收入。
　　（4）维护了农民的利益，对于促进农村地区经济发展和新农村建设具有重要的推动作用，有效地促进社会的稳定与和谐。

　　该考生的答卷条理很清晰，分析比较深刻，但是使用了大量语气词"了"（14个）、"的"（16个），给阅卷人的感觉是语言不简练，用语不规范，缺乏申论素养。而且最为重要的是关键词不突出，这会使得分值降低1~2分。
　　去除语气词，提炼关键词后的答卷：
　　（1）防止水土流失，减少土地破坏，改善生态环境，为固体废物治理探索出新路子，有利于土地可持续利用和开发。
　　（2）控制二次扬尘，减少空气污染，为提高空气质量奠定良好的基础，对减少疾病，提高生活质量具有重要的意义。
　　（3）重新恢复耕地，实现占补平衡，新增大量耕地，扩大人均面积，增加农民收入。
　　（4）维护农民利益，对于促进农村地区经济发展和新农村建设具有重要推动作用，有效促进社会稳定与和谐。

　　通过对考生答卷和去除语气词后的答卷进行比较分析，可以观察到后者语句更为简练，关键词非常突出，得分点容易查找。

3. 重复词语

　　重复是申论作答中常见的问题。重复主要有两种现象：一是一句话中反复出现同一个词语；二是一份答卷中出现大量的重复内容。

例：【2012年联考题目】
根据"给定材料6"，概括动物福利立法有哪些现实意义。（20分）
要求：准确、全面、简明；不超过250字。
考生答卷：
动物福利立法，对于动物产品产业发展、动物产品出口、人类精神价值、构建社会主义和谐社会具有重要的意义。
（1）动物福利立法，保护了动物的健康成长，有助于动物产业的繁荣发展，因环境保护事业和动物福利产业的发展，为动物带来了切实的利益。
（2）通过动物福利立法，有助于动物产品出口，当前越来越多的发达国家已经开始运用动物福利条款对国际贸易施加影响，通过动物福利立法，有助于破解动物福利的贸易壁垒，有利于我国动物产品出口。
（3）保护动物福利，是一个人真正有教养的标志，是衡量一个社会文明程度的重要标志。
（4）动物福利立法，是构建社会主义和谐社会的应有之义，只有和谐的人与人关系、和谐的人与自然关系才能提供最大的效益。

这是2012年多省联考某位考生的答卷，字数超过300，明显不符合要求。导致其超字数的原因之一是"动物福利立法"、"动物"等词语重复使用。题干中间"动物福利立法有哪些现实意义"，就暗示考生"动物福利立法"这个词不再作为评分的关键词，应尽量减少使用。

病句分析："动物福利立法，对于动物产品产业发展、动物产品出口、人类精神价值、构建社会主义和谐社会具有重要的意义。"开头已经明确说明"动物福利立法"，后面作答再重复提"动物"显得多余。简化后："动物福利立法，对于动物产品出口、产业发展、人类精神价值、构建社会主义和谐社会具有重要的意义"

（1）动物福利立法保护了动物的健康成长，有助于动物产业的繁荣发展，因环境保护事业和动物福利产业的发展，为动物带来了切实的利益。因为在开始的总括句中已经提到"动物福利立法"，因此分句中没必要逐条列出；中间的语句"因环境保护事业和动物福利产业的发展"是对前面两句话的重复表达，应删减，以突出关键词。

（2）通过动物福利立法，有助于动物产品出口，当前，越来越多的发达国家已经开始运用动物福利条款对国际贸易施加影响，通过动物福利立法，有助于破解动物福利的贸易壁垒，有利于我国动物产品出口"。该句不仅重复前面的话语，而且答案偏离"意义"，过于偏重分析动物福利立法的原因。而且，前面的第2小句"有助于动物产品出口"与最后小句"有利于我国动物产品出口"，完全重复表达。

（3）保护动物福利，是一个人真正有教养的标志，是衡量一个社会文明程度的重要标志；该句表达有问题，重复使用"一个"词语。

（4）动物福利立法是构建社会主义和谐社会的应有之义，只有和谐的人与人关系、和谐的人与自然关系才能提供最大的效益。该句意义的作答中，对"和谐"三次重复。除"和谐"外，无法突显"人与人"、"人与自然"等关键词。

按照分析，将重复语句去除，微调整后的答卷如下：
"动物福利立法，对于动物产品出口、产业发展、人类精神价值、构建和谐社会具有重要意义。
（1）保护动物健康成长，推动动物产业发展，切实保护动物利益。
（2）打破发达国家贸易壁垒，促进我国动物产品出口，提供法律支持。
（3）是衡量人类文明程度的重要标志，体现人类教养，尊重动物生存权利。
（4）协调人与人、人与自然的关系，有助于构建社会主义和谐社会.

在该考生答卷的基础上，删除重复语句，字数仅仅180个字，而且涵盖了考生的所有的答题要点。因此，答题语句重复,不仅掩盖答题要点,也不能将关键词呈现出来,还说明该考生的答题要点不全面。可以通过参考答案,比较分析。

参考答案

(1)促进动物健康成长、动物产业繁荣、增加产量、提升质量、提高生产效益。
(2)促进环境保护事业和动物福利产业的发展,提升经济生态社会效益。
(3)提高执行标准,消除贸易壁垒,促进国际贸易。
(4)扩大道德关怀的范围,提升对生命的尊重度,提高人民素质、社会文明程度。
(5)保护动物物种及生态平衡,满足生物多样性保护要求。
(6)促进人与人、人与自然的可持续发展及和谐社会的构建。"

参考答案关键词突出,答题要点明显比考生的答案全很多。因此,语言简洁,不重复使用词句,是答题要点全面的必要条件。

4. 罗嗦语句

罗嗦在《辞海》中的定义:"言语繁复,(事情)琐碎、麻烦"。申论答题罗嗦的意思不仅是言语繁复,还有语意重复,即同一意思使用相同或不同的话语,毫无逻辑的任意使用。

申论答题语句罗嗦,其原因在于不会使用关键词作答,即使使用关键词作答,也会被罗嗦的语言掩盖掉,严重影响得分。

大部分考生唯恐词不达意,语言罗嗦繁复使用,导致卷面不清晰,难以取得高分,这也是长期以来申论考试平均分不高的原因之一。

例:通过三位考生对2012年北京市申论考试第一题的作答情况来进行分析:
根据"给定材料",概括总结现在工程质量问题的主要原因。(15分)
要求:概括准确,语言简练,字数不超过250字。

考生A:"工程质量建设原因:一是政府宏观调控不够,工程建设速度过快。与经济发展速度一样,中国各地区城市建设速度不断加快,工程数量激增,市场规模不断扩大,在数量激增的同时,忽视了按规律发展和科学发展的基本要求;二是工程施工方案不够科学合理。把目标定在一切为经济发展,施工方缺少科学规划,监管方对于施工中出现的问题也没有及时纠正;三是社会现象所致。海量信息裹挟着各种价值观,冲击着每个人的头脑,人的焦虑情绪不断增加,思想浮躁,追求移位,缺少社会责任感,出现该合格的建材不合格,不能上马的工程上马了。"

该考生的答案语言罗嗦、重复。关键词句的解析性语言过多,同一表达用语反复使用。

病句分析:

(1)"与经济发展速度一样,中国各地区城市建设速度不断加快,工程数量激增,市场规模不断扩大,在数量激增的同时,"这句话极为罗嗦,作答时应该直接说明后面的问题,没必要添加大量的前缀语言。"忽视了……"这句话表意不明,过于罗嗦,在该题目的材料中,按规律发展和科学发展的基本要求是"重视质量",因此这句话用"忽视质量"一个关键词代替就可以表达清楚。

(2)"把目标定一切为经济发展,施工方缺少科学规划,监管方对于施工中出现的问题也没有及时纠正。"这句话罗嗦的很经典,我们通过字面看其混乱的顺序:"施工……监管……施工……",主体反复交叉使用。

(3)"海量信息裹挟着各种价值观,冲击着每个人的头脑,人的焦虑情绪不断增加,思想浮躁,追求移位,缺少社会责任感,出现该合格的建材不合格,不能上马的工程上马了。"这句话的关键词是"价值观、焦虑情绪、责任感",除此之外,其他用语基本上都可删去,该考生的其他罗嗦语句造成得分点不突出,减低分值。

在该考生答卷的基础上进行简练,稍作修改,得出如下答案:

"原因:一是政府宏观调控不够,工程建设追求速度,忽视质量;二是规划方案不科学。施工方质量造假,监管方管理不严;三是价值观缺失。公众情绪焦虑,社会责任感缺失"。突出关键词作答后,该考生的答案明显较少,可反推出其答题不全面。

考生B:"一是工程建设速度过快。为赶工期,草率竣工;为保质量重复搞投入,重复搞建设,重复搞施工。二是工程施工监管体制不完善。对于施工过程中发现的问题工程纠正不及时;对于选材把关不严,劣质不合格产品流入施工区;对于工程竣工验收中的问题缺少质量第一的观念。三是规划设计不够科学。投资增长速度过度过快;工程手续不全的情况下就动工建设,并边建设边申报,缺少科学的规划设计。四是政府对民众生活问题解决不力。对于涉及民众切身的经济、生活等问题关注不够,解决不力,导致民众不能合理按规定使用工程。"

该考生的答卷与考生A相比,关键词相对突出一些,而且语言也相对精练,但是语句仍然比较罗嗦。

病句分析:

(1)"一是工程建设速度过快。为赶工期,草率竣工;为保质量重复搞投入,重复搞建设,重复搞施工。"该句中"为保质量重复搞投入,重复搞建设,重复搞施工"的"重复"二字使用了3次,极为罗嗦,而且存在语句,为保质量重复施工是正确的。其语句罗嗦导致表达不明确。如果使用"忽视质量、重复施工"作答,既能够突出关键词,语言也简练。

(2)"二是工程施工监管体制不完善。对于施工过程中发现的问题工程纠正不及时;对于选材把关不严,劣质不合格产品流入施工区;对于工程竣工验收中的问题缺少质量第一的观念"。

主旨句罗嗦,该答卷就是针对题干中工程质量问题的分析,所以"工程施工"去掉,留下关键词"监管体制不完善"即可。

分析部分的三个"对于"重复,应去掉。三个分句虽然呈排比分布,结构相对工整,但是语言不简洁,关键词不突出。第一分句"对于施工过程中发现的问题工程纠正不及时",只留"问题纠正不及时"就足以说明该方面的原因;第二分句"对于选材把关不严,劣质不合格产品流入施工区",只留"选材劣质,产品不合格"就比较全面地说明选材和产品两方面的问题;第三分句"对于工程竣工验收中的问题缺少质量第一的观念",则说明了验收造假的问题,没必要用罗嗦的语言去表达。

(3)"三是规划设计不够科学。投资增长速度过度过快;工程手续不全的情况下就动工建设,并边建设边申报,缺少科学的规划设计"。

主旨句的问题是语言意思重叠,"设计"本身就包含在"规划"之中,不能并列使用,可以简化为"规划不科学",突出了"规划",也说明了原因。

分句中问题较多。由于语言比较罗嗦,放在整体答卷中,找不到关键词。第一分句"投资增长速度过度过快","速度过度过快"的表达极其罗嗦,也不能清晰地明白考生要表达什么。仔细深思其意思,该句用"投资过热"来答题的话,即简单明了,又说明了"快"和"过度"的问题。第二分句"工程手续不全的情况下就动工建设,并边建设边申报,缺少科学的规划设计"存在的问题比较突出。第二小句"并边建设边申报"完全多余,可直接删除;第一小句"工程手续不全的情况下就动工建设"的罗嗦之处在于已经说明了问题产生的原因,又阐述了问题的过程性,而题干只要求分析原因,该小句如果用"手续不全,急于开工"则关键词醒目突出;第三小句"缺少科学的规划设计"则是在重复该条的主旨句。

(4)"四是政府对民众生活问题解决不力。对于涉及民众切身的经济、生活等问题关注不够,解决不力,导致民众不能合理按规定使用工程"

主旨句没有关键词，不是在分析问题，只是在罗嗦地就问题而谈问题。政府为什么问题解决不力，是政府的执行力有问题。因此，主旨句可用"政府执行力差"，既有关键词，也突出原因。

分句更是在罗嗦地表达问题，该题要求分析原因，没必要说出原因产生的问题。

去除罗嗦的语句，对其答案稍作加工、整理，突出关键词："一、追求速度。草率峻工，重复施工。二、监管体制不完善。问题纠正不及时；选材劣质，产品监测不严；验收造假。三、规划不科学。投资过热；手续不全，急于开工。四、政府执行力差，服务不到位"

将考生B的答案简化后，主旨句更加突出，结构更清晰，而且分析问题时关键词比较明显，易于采分。

考生C：城市建设速度过快，工程数量激增，而桥路垮塌、楼房沉陷、交通事故不断等工程问题不断涌现。主要原因：

（1）规划方：工程设计方案不完善、规划不合理；技术有限、选址欠佳。

（2）施工方：偏重速度，忽视质量；设备不全，选材劣质；手续不全，急于开工；无视安全，防护不当；不遵程序，草率竣工。

（3）监管方：监控体系不健全，执行水平低。

（4）维护方：维修不及时，排查有漏洞。

（5）验收方：隐瞒隐患，质量验收造假。

（6）使用方：部分车主无视管制、超载行驶，加剧安全隐患。

该考生的答卷关键词突出，没有赘余罗嗦的词句，涵盖要点全面。

综合分析三位考生的答卷。考生A最为罗嗦，考生B罗嗦程度较轻，考生C最为精简。考生应结合自身情况，逐步完善自己的答案，熟悉掌握和运用关键词，突出关键词作答。

二、重点突出——关键词位置

突出关键词后，还要优化答题结构，将归纳性较强的关键词重点突出，这类关键词的位置安排极为重要。关键词醒目、突出的位置主要有两类：前置和后置。前置又分为段首与句首。

1. 前置

国考、省考的许多题目要求观点明确。众多考生常问，观点怎么才能明确？不但要求有观点，更要将含关键词的观点前置，才能达到题目中"观点明确"的要求。除了观点之外，许多综合型题目，尤其是有机综合类题目，只有将针对问题或原因的概括性语句前置，才能使答案层次清晰。

段首。许多题目设置在问题中包含"问题"，最为明显的是概括主要内容类型的题目，这就要求用关键词在段首突出问题。

例：【2012年上海市A卷第一题】

概括"材料1~4"的主要内容（10分）

要求：语言精练，层次要点清楚；字数不超过200字。

两位考生给出题目答案，答题的要点都比较全面，而且都使用了关键词作答，都谈到了问题、原因、对策，但是考生A与考生B，在答案结构的安排上不一样，具体如下。

考生A：

（1）我国社会管理领域存在很多问题。

（2）导致问题原因有：①历史原因。底子薄，基础差，社会主义初级阶段的国情使人民需求和社会生产的矛盾突出；②社会发展原因。工业、城镇、市场、信息、国际化的快速推进导致发展不平衡、不协调、不可持续；③社会管理制度原因。制度设计不科学，落实不到位，分工不明确。

（3）解决这些问题需要端正态度、增强紧迫感、全面认识问题、完善制度、落实到位、真抓实干、长期努力。

考生B：

（1）问题：我国经济发展取得巨大成就，但社会发展呈现失衡、不协调和不可持续性；工业、城镇、市场、信息和国际化等领域问题突出。

（2）原因：①治理酒驾由于制度合理，宣传到位，高度重视，执法严格取得很好效果；②禁烟条例因规定不清，职责不明，执行不到位，管理混乱，流于形式。

（3）对策：增强紧迫感、长期努力、加强管理、制定连贯、科学和有效的制度。

综合比较两份答卷，语言都很精练，要点都很清楚。但是在问题、原因的层次安排和考虑全面性两方面，两份答卷有较大差异。考生A先总括宏观问题，然后是"原因+问题"，最后是对策，该结构安排的问题在于：表示"原因"、"问题"关键词杂糅在一起，在阅卷人有耐心采分的前提下，要往返寻找得分点，否则容易失分。考生B的答案先是给出宏观的成就和问题，并对问题有层次地展开简述，而且关键词突出醒目，然后借助材料中重点谈论的两个问题，分析"好"与"坏"的原因，最后给出对策。

综合分析，可以得出，考生B将问题关键词置于段首，层次更清晰。

句首。关键词至于句首，指单一客观题或综合客观题的某一层次，分句中的关键词置于句首，以突出、强化关键词。以单一客观题为例进行分析。

例：【2012年山东省申论考试第一题】

认真阅读"给定材料"，概括政府在移民搬迁安置工作中需要着重解决哪些问题？（20分）

要求：准确、简洁；不超过150字。

考生A：材料中反映了移民搬迁安置过程中政策、资金、法律、教育、民生、生态等许多问题。应解决：

（1）搬迁前，我国尚缺乏一部专门的法律，对移民的管理机构、管理体制、移民搬迁的规划设计、权益保障等方面进行统一规范。

（2）搬迁中，补助少，个人出资的部分太重，群众的权力遭到破坏，就业、住房、子女教育等正当利益得不到保障问题。

（3）搬迁后，大量人口流入，资源与环境压力增大，生态环境与土地资源利用方式协调问题。

考生B：

（1）政策问题。①搬迁安置资金问题；②对移民的管理、体制、规划设计、权益保障方面的法律规范；③异地搬迁中的土地问题。

（2）经济社会问题。①移民的生产、生活、就业、住房、教育问题；②基础设施和配套设施的问题。

（3）心理问题。缺乏归属感，导致的移民回流问题。

（4）生态问题。迁入地环境承受能力问题。

考生A、B的两份答案，都有自己的内在逻辑，考生A按照"事前、事中、事后"的原则答题，考生B按照"问题性质"分别概括问题。虽然都有一定的逻辑在里面，考生A的答案大段的摘抄材料，没有概括，关键词不突出，需要从每一句中去查找关键词；而考生B的答卷清晰合理，按问题性质归类，归纳概括性强，按性质归类的关键词置于句首，明确突出，易于采分。

2. 后置

后置主要是将关键词放在分句的后面，这种答题方法并不常见。该种作答取决于材料的，一般情况下，材料比较凌乱，多是谈论一些具体、细微的事情，针对这些材料设置题目。

例：【2012年北京市申论考试第三题】

"给定材料"中反映了社会上人们出现的各种焦虑情绪，请就政府如何缓解民众的焦虑提出对策建议。

(25分)

要求：对策建议合理可行，条理清楚，语言精炼；字数不超过400字。

对应材料4（只摘抄信息要点）："随着改革不断深化，利益结构得到调整，很多人因外界的压力和内心的欲望而往往表现出一种焦虑不安、浮躁不定、紧张不已的情绪，有专家认为，社会公众焦虑心态的产生，是中国社会急剧转型的必然，而引发公众焦虑的因素也是各种各样的。

服装加工行业竞争激烈，政策、资金、市场等任何细微变化都会带来业务上的不确定性，加之现在社会保障机制还不完善，虽然有保险，但不知日后能否成为足够的保障……原来人们要求男人"三十而立"，现在变成了"三十而富"，经济基础和物质条件成为衡量成败的标准，好像30多岁你还没富，你这辈子就没机会了。一旦被这样的成功模板驱使着，不焦虑几乎是不可能的……

……县机械厂并入了市机械厂，刘军下岗了，十多年来，他的生活就像掉进了无底洞，心里还是没着落……2007年，6岁的儿子上学了，妻子又因病住院手术，家庭负担更加沉重，刘军的脾气越来越暴躁……

……没有户口，就不能在当地领结婚证，就难以申请经济适用房、廉租房，将来孩子上学更是难题……高房价下，很多地方出台了住房保障措施。但是，外地户口人员多被排除在外，如果没有当地户口，包里揣着钱，也难以买房买车……

在同一座城市中，因户口不同造成用工壁垒、社保差异，待遇悬殊……由此带来的"人群排斥"，已经事实上形成了新的人群"隔离"……

……去年底，他去当地工商局办某项手续，折腾了两天也没有办完。后来托人找了个朋友，半天就办好了……

刚刚而立之年的小陈，一年收入近20万，但他还是不满足，有车有房，但还是会说，同学开了几十万的车，自己才开七八万的；同学住的是几百平方米的大房子，自己还住着两居室，心里很不舒服……

……但是快节奏的生活是不是真的是直接导致人们焦虑的主要原因，专家还需要审视……

摘抄的材料中，罗列了几个细微的案例，而且词语零散琐碎。但每一句话都包含答题信息和要点，这就要求先概括材料，再分类归纳。这一答题的内在逻辑就要求将归纳性词句后置，以突出关键词。

参考答案

公众的普遍焦虑源于社会急剧转型，生活节奏快，改革不断深化，利益结构调整，价值多元冲突。对政府缓解焦虑的建议：

（1）通过建立健全社会保障服务体系，加大保险投入比重；建立覆盖城乡的医疗卫生保障制度，加大贫困补助、补贴，以完善制度。

（2）通过培育稳健的市场机制，优化收入分配结构；从资金、政策、税收等方面扶持国内中小企业，加强低收入群体的就业技能培训，创造更多的就业机会和稳定的就业环境，以保障就业。

（3）通过借助舆论媒体，加强宣传，引导公众树立正确的财富观、成功观、价值观，以引导教育。

（4）通过公平分配教育、经适房、公租房等公共资源；统筹区域发展，改革户籍改革，探寻适合本地的户籍管理方式，以统筹城乡，促进公共服务均等化。

（5）通过转变执政理念，提高工作质量和效率，建设服务型政府，做好群众服务工作，搭建群众心理咨询和服务平台，以建设服务型政府。

参考答案的每一分句，前面都是将材料信息要点进行了分类，最后突出归纳性关键词，如：完善制度、保障就业、引导教育、统筹城乡、服务均等化、服务型政府五类关键词均后置。

第四章 即学即用——分阶段练习

第一节 单一客观题

如我们前面所述，客观题的很多答案基本点是固定的，也就是会将一些关键词作为采分点，而单一题通常由于其答题要素只有一个，通常不会有太多结构或逻辑上的要求，一般只要求全面、准确、简洁。因此，考生在作答单一客观题的时候，最重要的就是答题要点覆盖全面、用词准确，要覆盖全面，也就是考生要用尽可能简洁的语言涵盖材料中的信息点，这样才不会遗漏得分点。在做题的时候，需要各位考生熟练掌握前面的方法，对材料进行摘抄、提炼或从材料之外搜寻关键词，根据题目需要综合运用这几种方法。

一、简单明了——归纳概括

归纳概括这部分的题目，考生不需要对材料进行过多的加工抽象，通常需要概括的材料字数不会太多，且材料中的答题信息非常集中，有许多表述比较抽象规范的词可以直接作为答题的关键词。考生在做这部分题目的时候，就是要练习从材料中快速寻找关键词的能力，并且做到语言简洁，关键词突出，答题要点全面。

练习一：【2013年国考地市级】

 给定材料

材料4：

小签原是某大学法律系考生，大二的时候就以高分通过了英语六级考试，本来想出国，但家里舍不得她这个宝贝女儿独自去外国打拼，去年硕士毕业后应聘进入一家大型国企做行政助理。

说起自己的成长经历，小签感慨万分："家里为了培养我，当初上幼儿园的时候就花了好多钱，上了我们那儿最有名的双语幼儿园。从那时候开始，父母就再三告诉我学好外语有多么重要。上了小学和中学，除了要完成紧张的功课，我还上过各种各样的英语辅导班，大多是父母替我报名的。高考的时候，我的英语成绩差3分满分，是我们市的英语单科状元。可惜我的语文成绩拖了后腿，要不然我可以考上更好的大学。花那么多时间学习外语，现在工作了，英语没怎么用得上，倒是每天处理各种各样的文件，写稿子，对我的汉语写作能力要求很高。我记得很清楚，第一次给我们领导写一篇讲话稿，被领导狠狠骂了一顿，因为里面好几个错别字，还有用词不当的地方。我现在真的认识到，我是中国人，学好自己的母语是首先的，必需的。"

记者问她："你现在是不是特别后悔当初花了那么多精力和时间，还花了很多钱去学习英语？"

小签说："后悔谈不上，英语学好了还是有用的。有一次我们单位收到一份外文材料，第二天开会要用，碰巧我们单位专门负责英语翻译的同事生病住院了，领导很着急，我就主动接过来翻译了，领导很满意，还表扬了我。特别是最近我刚刚在网上看到一篇对国内某著名大学陆教授的访谈，对我触动很大。他说我们对于语言，要有一种尊重、敬畏、护卫、热爱。作为中国人，我们一定先要重视学好汉语。"

记者问她："如果让你用一句话送给那些正在拼命学外文的学子们，你会怎么说？"

小签想了想："还是陆教授说得好，学好外国语，做好中国人。"

材料5:

据统计,目前全世界75%的电视频道是英语节目,85%的国际组织的工作语言是英语,85%的网页是英语网页,80%的电子邮件是用英语传递,英语已成为全球通用的"国际普通话"。对于英语语言的主导地位,美国某未来学家曾说过:"美国目前所具有的第一大优势是语言。英语是在数十个领域内通用的世界性语言,全球各地数以亿计的人口至少能在某种程度上掌握英语,从而使得美国的思想、作风、发明和产品能够畅通无阻地走向世界,未来世界政治的魔方将控制在信息强势者的手中,他们会使用手中掌握的网络控制权、信息发布权,利用英语这种强大的语言优势,达到暴力、金钱无法征服的目的。"

世界上许多国家,为了各自的民族文化利益纷纷采取文化保护政策,建立防范机制,维护本民族语言安全,以色列为了建国,决定恢复希伯来语作为日常通行语言,过去希伯来语只在宗教仪式中才使用,现在不仅已成为耶路撒冷大街小巷人们交流的工具,而且也逐渐成为美国纽约犹太人追寻文化根源的凭借;马来西亚为了强调其民族的统一性,坚持以马来语为国语;俄罗斯则把保护俄语纳入了国家安全战略。

材料6:

眼下,在某些中国人的日常生活中,频繁使用外来语,尤其是普通话夹杂着英语单词,被认为是时尚的说话方式;一些国产商品的取名和在媒体宣传时任意洋化的现象十分严重,纯粹的国货也要起一个不知所云的洋名;在学术论文中,照搬命题,袭用概念,大量引用外文,对外文的盲目使用甚至到了迷信程度;而西方大众文化在中国的流行,也导致不少充满淫秽、暴力色彩的语汇被制造出来,严重污染了汉语生态环境。

某学者尖锐地批评道:某些部门在招生、聘用、晋级等方面,往往把是否掌握、能否运用英语作为首先考虑的因素,而能否说好汉语、写好汉语文章反而退到其次,甚至根本不作为衡量因素,他认为,强制性地普及英语教育让考生花费学习的时间和金钱超过了任何一门课程,从幼儿园到大学,英语都是主课,大学语文在很多高校被边缘化,这是一种很令人担忧的现象。

他说,在我们的生活中,随意简化汉字,任意生造字,滥用省略语等现象屡见不鲜。年轻人对传统和古典文化资源的舍弃和漠视现象随处可见,不读古代经典,不懂文言,再加上大量不合规范的网络语言受到年轻人的追捧,对汉语形成巨大冲击,消解着传统汉语的尊严和韵味,割裂着文化传承脉络,威胁着国家语言文字的严肃性和规范性,但也有不少人对此不以为然。

根据"给定材料4~6",请你概括目前汉语生态环境面临的主要问题。(15分)

要求:紧扣"给定材料",条理清楚,全面准确;不超过200字。

																				200

答题思路与方法

材料5：

据统计，目前全世界75%的电视频道是英语节目，85%的国际组织的工作语言是英语，85%的网页是英语网页，80%的电子邮件是用英语传递，英语已成为全球通用的"国际普通话"。对于英语语言的主导地位，美国某未来学家曾说过："美国目前所具有的第一大优势是语言。英语是在数十个领域内通用的世界性语言，全球各地数以亿计的人口至少能在某种程度上掌握英语，从而使得美国的思想、作风、发明和产品能够畅通无阻地走向世界，未来世界政治的魔方将控制在信息强势者的手中，他们会使用手中掌握的网络控制权、信息发布权，利用英语这种强大的语言优势，达到暴力、金钱无法征服的目的。"

——得出：美国垄断传播渠道，利用英语优势，实现文化霸权和文化殖民。

世界上许多国家，为了各自的民族文化利益纷纷采取文化保护政策，建立防范机制，维护本民族语言安全，以色列为了建国，决定恢复希伯来语作为日常通行语言，过去希伯来语只在宗教仪式中才使用，现在不仅已成为耶路撒冷大街小巷人们交流的工具，而且也逐渐成为美国纽约犹太人追寻文化根源的凭借；马来西亚为了强调其民族的统一性，坚持以马来语为国语；俄罗斯则把保护俄语纳入了国家安全战略。

——得出：各国政府建立文化保护政策和防范机制；对比之下，是我国政府文化保护政策、机制的不完善，重视不足。

材料6：

眼下，在某些中国人的日常生活中，频繁使用外来语，尤其是普通话夹杂着英语单词，被认为是时尚的说话方式；一些国产商品的取名和在媒体宣传时任意洋化的现象十分严重，纯粹的国货也要起一个不知所云的洋名；在学术论文中，照搬命题，袭用概念，大量引用外文，对外文的盲目使用甚至到了迷信程度；而西方大众文化在中国的流行，也导致不少充满淫秽、暴力色彩的语汇被制造出来，严重污染了汉语生态环境。

——得出：汉语生态污染严重如简化、生造字、滥用外语、语言暴力等。

某学者尖锐地批评道：某些部门在招生、聘用、晋级等方面，往往把是否掌握、能否运用英语作为首先考虑的因素，而能否说好汉语、写好汉语文章反而退到其次，甚至根本不作为衡量因素，他认为，强制性地普及英语教育让考生学习花费的时间和金钱超过了任何一门课程，从幼儿园到大学，英语都是主课，大学语文在很多高校被边缘化，这是一种很令人担忧的现象。

——得出：重英语轻汉语。招聘、晋级英语为首要因素；时间和金钱向英语倾斜，汉语被边缘化。

他说，在我们的生活中，随意简化汉字，任意生造字，滥用省略语等现象屡见不鲜。年轻人对传统和古典文化资源的舍弃和漠视现象随处可见，不读古代经典，不懂文言，再加上大量不合规范的网络语言受到年轻人的追捧，对汉语形成巨大冲击，消解着传统汉语的尊严和韵味，割裂着文化传承脉络，威胁着国家语言文字的严肃性和规范性，但也有不少人对此不以为然。

——得出：简化、生造字、滥用外语、网络语言等损害汉语规范性。

材料4：

说起自己的成长经历，小签感慨万分："家里为了培养我，当初上幼儿园的时候就花了好多钱，上了我们那儿最有名的双语幼儿园。从那时候开始，父母就再三告诉我学好外语有多么重要。上了小学和中学，除了要完成紧张的功课，我还上过各种各样的英语辅导班，大多是父母替我报名的。高考的时候，我的英语成绩差3分满分，是我们市的英语单科状元。可惜我的语文成绩拖了后腿，要不然我可以考上更好的大学。花那么多时间学习外语，现在工作了，英语没怎么用得上，倒是每天处理各种各样的文件，写稿子，对我的汉语写作能力要求很高。我记得很清楚，第一次给我们领导写一篇讲话稿，被领导狠狠骂了一顿，因为里面好几个错别字，还有用词不当的地方。我现在真的认识到，我是中国人，学好自己的母语是首先的，必需的。"

……

小签说："后悔谈不上，英语学好了还是有用的……特别是最近我刚刚在网上看到一篇对国内某著名大学陆教授的访谈，对我触动很大。他说我们对于语言，要有一种尊重、敬畏、护卫、热爱。作为中国人，我们一定先要重视学好汉语。"

注：这段材料字数多，且语言很平白化，直接归纳困难，但是看了根据材料6之后，会发现，和材料6第2段要点相同，都在谈重英语轻汉语，时间、金钱向英语倾斜，而对汉语有用性认识不足的问题。重复的要点可省略。

——得出：对汉语有用性认知不足，缺乏对语言的尊重、热爱和敬畏。

参考答案

内部环境：①重英语轻汉语。招聘、晋级英语为首要因素，时间和金钱向英语倾斜，汉语被边缘化，对汉语有用性认知不足，缺乏对语言的尊重、热爱和敬畏；②污染严重。简化、生造字、滥用外语、网络语言、语言暴力等损害汉语规范性；③文化保护的政策、机制不完善，政府重视不足。

外部环境：①美国垄断传播渠道，利用英语优势，实现文化霸权和文化殖民；②各国政府建立文化保护政策和防范机制。

练习二：【2012年河南省选调】

给定材料

材料1：

2011年5月8日晚至9日凌晨，在故宫博物院斋宫展出的香港私人博物馆"两依藏"的展品被盗。次日晚11点，北京市警方宣布，犯罪嫌疑人在丰台一网吧落网，部分失窃展品被找回。坊间号称"京城第一安保"的故宫博物院安保部门在低级的"凿墙盗宝"事件面前失职，安保人员的责任心受到公众质疑。

在2011年3个多月的时间里，故宫博物院前后经历了十次大大小小的风波，被媒体和网友称之为故宫"十重门"事件。2011年8月19日下午，故宫博物院领导接受新华社记者专访，就上述事件进行了回应，承认故宫博物院作为世界文化遗产、中华文明瑰宝——故宫的管理机构，对肩负的特殊使命认识不深，研究不透，责任感不够。

材料2：

我国现有博物馆95%是公立博物馆。以故宫博物院为例，它是文化部直属事业单位，享受财政全额拨款。故宫博物院的院长、副院长都由文化部任命。从故宫博物院成立以来，其内设机构经过了多次调整变动，主要有院长办公室、政治部、业务工作部等部门。目前，故宫内设处级机构已发展为30个。其中，除7、8个业务部门外，其他都是党政和行政后勤部门。据统计，故宫现有职工1400余人，离退休人员600余人，临时工600余人。

按规定，故宫博物院采取收支两条线的财务经营模式，所有门票收入全额上缴国库，行政支出则需通过年度预算向财政部申请，主要用于员工工资、科研经费及办公经费，维修费用则需申请专项资金。但据调查，故宫博物院的商业开发收入、所属产权房屋出租所得等收入却并不在公众视线内。比如故宫门票广告，从2005~2009年均由雀巢品牌经营，但在任何公共信息渠道，均无法获得故宫门票广告的招投标及中标的具体内容。此外，出租院内场地举办会议或活动，以及院墙外一些商铺经营收入也归故宫博物院所有，这些收入既不上缴国库，其使用亦不受公众监管。

故宫博物院院领导接受新华社专访时表示，故宫每年的运营费用很大，国家的拨款根本不够用，因为古建筑的维修、文物的修复等最费钱。随便一个小项目动辄都需要上千万元，如果仅靠国家拨款，什么事都做不了。他举例说："故宫每年获得的国家财政拨款约为3~4亿元。参观故宫的人数逐年上升，2009年1100万，2010年达到1300万。以旺季门票60元淡季40元计算，故宫每年通过门票至少可以获得约5亿元的收入。也就是说，故宫的门票收入支付了运行其自身的运营成本后，还要把结余上缴财政。因此，当面临重大修复项目时，故宫本身无力承担。自20世纪50年代起，故宫博物院先后进行了500多项维修保护工程，这其中，就有香港特区、联合国及日本政府的大力资助。"

材料3：

贵州省文物局提供的材料显示，由于1996年以来该省从未开展过系统性的文物品定级工作，出现了一些问题。比如一些文物材料原有的错误、缺漏未得到及时纠正补充；由于藏品借展、调拨等原因造成藏品与账目不符；多次不同专项文物鉴定及重复鉴定造成了缺报、漏报、鉴定意见不准确等；有些单位甚至没有完备的藏品档案，文物一旦遗失将无案可查，势必给破案和追索带来困难。

一些文物收藏单位特别是中小型单位收藏的文物或因管理不善，或因经费困难，或因馆藏条件较差，致使文物出现风化、锈蚀、霉变的现象并非个案。在中西部一些县市级基层博物馆，很多文物都是随便地堆在地上。比如湖北某地出土了大量秦简，但因为没钱没条件，当地博物馆只能用水将秦简泡在塑料盆里进行简单保存。

在台湾地区博物馆界，多年来形成了一个博物馆互查制度，即各大博物馆派出专家组成一个专家委员会，定期抽查各大博物馆的藏品。重量级文物的信息被制成卡片，抽查时让专家们随意抽取，抽到哪张卡片，就调出哪件文物进行检查。我国博物馆是接受上级监督，内部也订有监督方法，但同级博物馆之间没有互相监督的制度。

材料4：

陕西历史博物馆是中国第一座现代化的国家级博物馆。1991年落成开放时其建筑、内部设施都堪称当时全国博物馆之最。但建成后展馆、库房十多年没有维修，基本陈列10多年没变。据博物馆负责人介绍，基本陈列更换需要1300万元，陕西省几年前就将此列为重点工程，但这笔资金至今没有解决。省政府每年给博物馆拨款83万元，其中包括文物征集和维护费用。而该馆每天仅库房水电费就将近7000元，这还不包括武警及馆内300多名职工的工资，资金缺口每年近200万元。

安徽省博物馆有着辉煌的过去，曾是全国四大样板馆之一，毛泽东、周恩来、朱德、刘少奇、邓小平等老一辈党和国家领导人都曾先后前来视察。如今，当年陈毅题写的"安徽省博物馆"牌匾，被巨大的颇具诱惑力的广告牌——百姓购物嘉年华挡在了后面，往昔的文明印记被人们遗忘了。博物馆内，曾经陈列过500余件珍贵文物及900多幅历史照片的展台变成了商铺；文徵明、祝允明、八大山人等明清书法大家墨香绕梁的地方挂上了烤鸭；曾独步一时的徽派版画、技艺奇巧的徽州三雕、远赴日本引起轰动的安徽古代文房四宝的锋芒，都在喧哗嘈杂中烟消云散，门口的石狮更显落寞和孤单。尽管安徽省博物馆一再强调这是"以馆养馆"，已经将出租馆舍、场地所得收入都用于文物征集、维护、科研和对外宣传等方面，但还是引来一片非议。

冷冰冰的玻璃柜、一成不变的展品、昏暗的灯光和"严禁XX"的警告是我国观众对大多数博物馆的印象。据参观者反映，一些博物馆开放多年，展品几乎不变，服务几乎没有。处于放任自流的状态。社会对传统博物馆的运营状况有很多形象的比喻。如"经费靠财政，组织靠发文，观众靠上门"；"老面孔，老地方，老腔调"；"一流的展品，二流的展览，三流的服务"等。

材料5：

根据国家文物部门对25个省、自治区、直辖市博物馆的调查统计，目前我国博物馆从业人员达6万多。其中，专业技术人员所占比例为51.6%；职称方面，高级职称占7.6%；中级职称占17.2%；初级职称占24.8%；学历方面，博士占0.26%，硕士占1.8%，大学本科占25.8%。有学者研究发现，国外对于博物馆从业人员都有严格的门槛设计，世界各大博物馆大都实施资格认证制度，工作人员很多都是面向社会公开招聘选拔，学识渊博，基本都有硕士、博士学位。国家文物局某权威专家指出："一个国有博物馆里面的工作人员不能是行政人员占主导，博物馆所有的活动都是以文物保护为前提的，专业性很强，工作人员必须受过博物馆教育和专业训练，文化专业化程度要求特别高。很多博物馆的藏品就是因为研究不足而不敢轻易展出。"

认真阅读"给定材料"，概括当前我国公立博物馆管理上存在的突出问题。（20分）

要求：准确、全面、简洁；不超过300字。

答题思路与方法

第一步，回到材料，摘抄概括关键词句。

材料1：

坊间号称"京城第一安保"的故宫博物院安保部门在低级的"凿墙盗宝"事件面前失职，<u>安保人员的责任心受到公众质疑。</u>

2011年8月19日下午，故宫博物院领导接受新华社记者专访，就上述事件进行了回应，承认故宫博物院作为世界文化遗产、中华文明瑰宝——故宫的管理机构，<u>对肩负的特殊使命认识不深，研究不透，责任感不够。</u>

——概括出：部分工作人员对肩负使命认识不深，责任感不强，保护意识弱。

材料2：

目前，故宫内设处级机构已发展为30个。其中，除7、8个业务部门外，其他都是党政和行政后勤部门。

——概括出：业务部门偏少。

但据调查，故宫博物院的商业开发收入、所属产权房屋出租所得等收入却并不在公众视线内。这些收入既不上缴国库，<u>其使用亦不受公众监管。</u>

——概括出：收支不受公众监管，透明度不高。

故宫每年的运营费用很大，国家的拨款根本不够用，因为古建筑的维修、文物的修复等最费钱。

——概括出：财政拨款不够、资金缺口大、维护费用不足。

材料 3：

贵州省文物局提供的材料显示，由于1996年以来该省从未开展过系统性的文物品定级工作，出现了一些问题。比如一些文物材料原有的错误、缺漏未得到及时纠正补充；由于藏品借展、调拨等原因造成藏品与账目不符；多次不同专项文物鉴定及重复鉴定造成了缺报、漏报、鉴定意见不准确等；有些单位甚至没有完备的藏品档案，文物一旦遗失将无案可查，势必给破案和追索带来困难。

——概括出：文物藏品缺乏科学管理和保护。文物藏品定级不规范、藏品与账目不符、鉴定意见不准确、无完备的藏品档案。

一些文物收藏单位特别是中小型单位收藏的文物或因管理不善，或因经费困难，或因馆藏条件较差，致使文物出现风化、锈蚀、霉变的现象并非个案。

——概括出：文物自然损坏严重。

我国博物馆是接受上级监督，内部也订有监督方法，但同级博物馆之间没有互相监督的制度。

——概括出：缺乏有效监督。

材料 4：

据博物馆负责人介绍，基本陈列更换需要1300万元，陕西省几年前就将此列为重点工程，但这笔资金至今没有解决。

资金缺口每年近200万元。

——概括出：资金缺口大，维护费用不足。

如今，当年陈毅题写的"安徽省博物馆"牌匾，被巨大的颇具诱惑力的广告牌——百姓购物嘉年华挡在了后面，往昔的文明印记被人们遗忘了。

——概括出：商业运营影响博物馆人文环境。

据参观者反映，一些博物馆开放多年，展品几乎不变，服务几乎没有。处于放任自流的状态。社会对传统博物馆的运营状况有很多形象的比喻。如"经费靠财政，组织靠发文，观众靠上门"；"老面孔，老地方，老腔调"；"一流的展品，二流的展览，三流的服务"等。

——概括出：服务质量不高，缺乏吸引力、感染力，展览陈列内容陈旧无创新。

材料 5：

其中，专业技术人员所占比例为51.6%；职称方面，高级职称占7.6%；中级职称占17.2%；初级职称占24.8%；学历方面，博士占0.26%，硕士占1.8%，大学本科占25.8%。有学者研究发现，国外对于博物馆从业人员都有严格的门槛设计，世界各大博物馆大都实施资格认证制度，工作人员很多都是面向社会公开招聘选拔，学识渊博，基本都有硕士、博士学位。

国家文物局某权威专家指出："一个国有博物馆里面的工作人员不能是行政人员占主导，博物馆所有的活动都是以文物保护为前提的，专业性很强，工作人员必须受过博物馆教育和专业训练，文化专业化程度要求特别高。很多博物馆的藏品就是因为研究不足而不敢轻易展出。"

——概括出：博物馆专业素质人才奇缺、研究水平不高。

第二步，归纳以上各要点，同类合并，整合语言，可以从工作人员态度、资金、藏品、服务、人才队伍这几个方面来归纳存在的问题。

参考答案

（1）工作态度：对肩负使命认识不深、责任感不强、保护意识弱。

（2）资金方面：业务部门偏少，收入来源少；收支不受公众监管，透明度不高；财政拨款不够、资金缺口大、维护费用不足。

（3）藏品方面：缺乏科学管理和保护。文物藏品定级不规范、藏品与账目不符、鉴定意见不准确、无完备的藏品档案、文物自然损坏和人为损坏严重、缺乏有效监督。

（4）服务方面：商业运营影响博物馆人文环境，服务质量不高，缺乏吸引力、感染力，展览陈列内容陈旧无创新。

（5）人才队伍：博物馆专业素质人才奇缺，研究水平不高。

练习三：【2009年北京市下半年】

给定材料

材料1：

2006年6月5日，北京历史上最大规模的公众参与公益环保活动"为了首都多一个蓝天，每月少开一天车"活动启动，包括车友、学校、社区、企业、媒体还有环保部门参加，30万市民不开车，以绿色方式出行。2007年9月17日以"绿色出行、绿色交通、绿色奥运"为主题的首届北京市"公共交通周"及"无车日"活动启动，2008年6月23日北京市政府发布"致首都市民的一封信"，倡导并恳请市民积极选择"绿色出行"方式，践行"绿色奥运"承诺，以及"单双号"、"每周少开一天车"等交通限行措施的实施，都得到了广大市民的大力支持和响应。

材料2：

2009年3月20日国务院办公厅发布的《汽车产业调整和振兴规划》指出，我国即将启动节能和新能源汽车示范工程，由中央财政出资补贴，并支持在大中型城市示范推广混合动力汽车、燃料电池汽车、纯电动汽车等新能源汽车。这表明2009年成了新能源汽车元年，且预示着中国未来汽车产业的发展方向，更将颠覆中国人民汽车的价值取向。国内生产企业比亚迪、奇瑞、吉利、东风、长安、江淮等多家民族汽车品牌企业都在摩拳擦掌，争奇斗艳，一个百花齐放的绿色汽车时代正悄然走进人们的视野。此外，自2009年1月20日~12月31日，政府用税收优惠鼓励小排量汽车消费，对1.6升及以下排量乘用车按5%征收车辆购置税，使越来越多的人更愿意选择符合国家发展导向、节能减排的小型车。

材料3：

2008年7月上海市政规划院完成了首个区级非机动车交通网络规划研究，虹口区被列为该市首个非机动车网络骨架，这传递出重视设立自行车道、尊重自行车路权的积极信号。2009年8月广州市规划局公布了《广州市城市自然生态及历史文化特色区步行系统规划》，规划建成11条总长约145公里的步行廊道。将自然生态景观、商业区域、近代革命遗址全部串联起来的步行生态绿廊，可以让市民和游客徒步观赏广州最重要的自然和历史文化景观。一座城市的伟大在于宏观世界的包容，让汽车和行人各得其所，既是对行人尊重，也是城市发展的重要内容。

材料4：

绿色出行是节约能源、提高能效、减少污染、有益健康、兼顾效率的出行方式，奥运会后，北京市提出了建设人文交通、科技交通和绿色交通的公交城市。北京市交通委员会有关负责人表示，城市交通不是只为机动车服务的，而是从根本上为出行的人服务的，是为各种出行方式服务的，更加绿色、环保的出行方式应该得到更多的尊重和提倡，包括在时间和空间上的优先权，发展公共交通是破解城市交通拥堵困局的根本措施，尤其是要大力发展速度快、运量大、污染小、不堵车的轨道交通。到2015年，北京市19条、561公里地铁线网完成后，可将中心城市1/4约880万人次的交通出行量分流到地下，届时五环路内平均步行不超过1000米就可到达一个地铁车站。此外，目前北京正在轨道交通点和公交枢纽附近设置自行车租赁点，预计规模将在1000个左右，车辆达到5万辆以上。轨道交通、地面公交、小汽车、出租车、步行等多种出行方式的换乘将更加便捷。

材料5：

近年来，我国城市的步行和自行车出行比例正迅速下降，如自行车出行比例正以年均2%~5%的比例下降。自行车是北京数量最为庞大的交通工具，然而骑车容易存车难。目前，自行车存放点的数量较之前几年已大大减少，而较大的正规存车点又不足以覆盖所有人流集中的地区。如东二环附近的一条胡同里，路边就停放着很多自行车。一位骑车人说，附近只有一个写字楼下有地下自行车停放点，里面太挤，存取麻烦，只好直接把车停在路边，办完事赶紧跑出来，就怕车丢了。

一些城市的步行和自行车使用的道路空间也被挤压。有时道路两边的非机动车道俨然成了机动车停车场，来来往往的自行车几乎都被挤上了机动车道冒险骑行，而过往疾驰的汽车们在毫不减速的情况下，还不停地按喇叭来表达对自行车"入侵"影响他们行驶的不满。有的地段，甚至就没有非机动车道。有的十字路口，当绿灯亮起时，行人本应理直气壮地通行，而加速行驶的右拐机动车却把行人的路挡了个严严实实，等右拐弯车辆一辆一辆走完后，路口的红灯又"无情"地亮了起来，行人只能被夹在疾驶的车流中间提心吊胆地等待绿灯再次亮起，并默默祈祷接下来的右拐弯汽车能放自己先过去。

结合"给定材料"中所反映的城市出行问题。请你就"政府在大力倡导绿色出行方式方面应进一步做好哪些工作"提出建议。（25分）

要求：建议合理可行，条理清晰；字数不超过300字。

答题思路与方法

第一步,定位材料,摘抄概括关键词句。

材料1:

2006年6月5日,北京历史上最大规模的公众参与公益环保活动——"为了首都多一个蓝天,每月少开一天车"活动启动,包括车友、学校、社区、企业、媒体还有环保部门参加,30万市民不开车,以绿色方式出行。

2007年9月17日以"绿色出行、绿色交通、绿色奥运"为主题的首届北京市"公共交通周"及"无车日"活动启动,2008年6月23日北京市政府发布"致首都市民的一封信",倡导并恳请市民积极选择"绿色出行"方式,践行"绿色奥运"承诺,以及"单双号""每周少开一天车"等交通限行措施的实施,都得到了广大市民的大力支持和响应。

——概括出:大力开展公众参与公益环保活动,加强公众环保意识。

材料2:

2009年3月20日国务院办公厅发布的《汽车产业调整和振兴规划》指出,我国即将启动节能和新能源汽车示范工程,由中央财政出资补贴,并支持在大中型城市示范推广混合动力汽车、燃料电池汽车、纯电动汽车等新能源汽车。

此外,自2009年1月20日~12月31日,政府用税收优惠鼓励小排量汽车消费,对1.6升及以下排量乘用车按5%征收车辆购置税,使越来越多的人更愿意选择符合国家发展导向、节能减排的小型车。

——概括出：发展节能和新能源汽车，财政出资补贴新能源汽车的推广；利用税收优惠鼓励节能减排型汽车的消费。

材料3：

2008年7月上海市政规划院完成了首个区级非机动车交通网络规划研究，虹口区被列为该市首个非机动车网络骨架，这传递出重视设立自行车道，尊重自行车路权的积极信号。

——概括出：非机动车交通网络规划，重视建设自行车道，尊重自行车路权。

材料4：

北京市交通委员会有关负责人表示，城市交通不是只为机动车服务的，而是从根本上为出行的人服务的，是为各种出行方式服务的，更加绿色、环保的出行方式应该得到更多尊重和提倡，包括在时间和空间上的优先权，发展公共交通是破解城市交通拥堵困局的根本措施，尤其是要大力发展速度快、运量大、污染小、不堵车的轨道交通。

——概括出：保障绿色环保出行方式时间和空间上的优先权，发展公共交通，大力发展速度快、运量大、污染小、不堵车的轨道交通。

到2015年，北京市19条、561公里地铁线网完成后，可将中心城市1/4约880万人次的交通出行量分流到地下，届时五环路内平均步行不超过一千米就可到达一个地铁车站。

此外，目前北京正在轨道交通点和公交枢纽附近设置自行车租赁点，预计规模将在1000个左右，车辆达到5万辆以上。轨道交通、地面公交、小汽车、出租车、步行等多种出行方式的换乘将更加便捷。

——概括出：完善地铁网，在轨道交通点和公交枢纽附近设置自行车租赁点，促进多种方式便捷换乘。

材料5：

目前，自行车存放点的数量较之前几年已大大减少，而较大的正规存车点又不足以覆盖所有人流集中的地区。

——概括出：增加自行车存放点数量和覆盖区域。

一些城市的步行和自行车使用的道路空间也被挤压。有的地段，甚至就没有非机动车道。

——概括出：设立非机动车道，加强非机动车道管理，避免空间挤压。

第二步，整合关键词，分类按条理作答。

参考答案

（1）加大绿色出行宣传力度。大力开展绿色出行公益活动，增强市民环保意识，激发群众参与主动性。

（2）加大政策扶持。增加投入，通过财政补贴、税收优惠等鼓励节能减排车辆的研发、推广、消费。

（3）制定非机动车交通网络规划，保障绿色出行的时间和空间的优先权。设立非机动车道，尤其是自行车车道；加强非机动车道管理，避免空间挤压；增加自行车存放点数量和覆盖区域。

（4）继续大力发展公共交通。促进速度快、运量大、污染小、不堵车的轨道交通发展；完善地铁网络，增加地下分流；轨道交通点和公交枢纽附近设置自行车租赁点，促进便捷换乘。

（5）政府、媒体、民间组织、群众形成合力，共同践行绿色出行。

二、切磋琢磨——加工抽象

加工抽象的题目,虽然答题信息也是从材料中而来,但是这部分的题目材料通常是非常具体的叙述,或是案例,或是信息很分散琐碎。因此,做这部分的题,考生需要对材料进行分析,若是具体的案例,考生需要运用层层递进或正反分析法从表面现象分析背后的实质,且在答题时,需要兼顾抽象关键词和具体关键词的组合。若是材料中的信息非常琐碎,考生需要用比较抽象规范的词来涵盖这些信息。这部分的题目要求考生能对材料进行挖掘提炼,考生要通过练习注意自己抽象能力的培养。

练习一:【2012年上海市B卷】

给定材料

长期以来,"北上广"(北京、上海、广州)等一线城市是国人的向往之地,特别是大学毕业生把工作生活在一线城市作为自己的首选,但在北京、上海、广州等一线城市打拼数年后,不少年轻人重新选择到二、三线城市发展,被舆论称为"逃离北上广"。这个群体虽然还不算庞大,但和多年来人才流动的潮流"奔向北上广"形成鲜明对比。

2010年5月,在北京打拼了5年的吴女士到武汉买了一套房,并辞职前往武汉装修新房,举家"转战中部"。吴女士说,她结婚3年,到了买房生子的时候,他们这几年攒下来50万元,加上双方父母在其结婚时候的赞助20万元,这笔钱在北京刚够三环附近一居室、四环附近小两居室的首付,上下班交通又非常拥挤,两人都没有北京户口,将来孩子入托、入学势必困难。相比之下,武汉的房价还不太高。70万元能在武昌的繁华区域"光谷"买到不错的两居室。

2006年,学习土木工程的小刘刚从郑州工业大学毕业后,径直扑到广州"闯荡"。"当时就想到大城市干大事业,仿佛只有北上广等这样的大城市才有机遇和平台。"但不久激情便消磨殆尽。他说"我不排斥艰苦创业,但在广州发展和生活,熬出头的希望太小,付出与回报太不成比例了。"2010年,他下定决心,离开了打拼4年多的广州,在郑州找到了一份建筑公司设计员的工作,起薪每月4000元。这个公司的业务范围主要在中部地区,且近几年国家对中部地区的投入很大,大的建设项目很多,因此在这里发展,前景不比广州差。

"蚁族",是青年学者廉思提出的一个概念,它代表着一群受过高等教育、但又生活在城市边缘的年轻人。他们和蚂蚁有诸多类似的特点:高智、弱小、群居。北京、上海、广州、深圳等的城乡结合部都聚集着这样的人群,总数上百万人。由于历史原因,中国的社会资源长期过度集中于"一线城市"。这样的年轻人怀揣知识来到一线城市寻梦。但近年来,一线城市的房价和生活成本一路飙升,而且由于竞争激烈,他们生活在窘迫与不安之中。

问题:结合"材料3",分析一些青年人才"逃离北上广"的主要原因。(8分)
要求:分析条理清楚,语言流畅,简明扼要;字数不超过150字。

120

180

答题思路与方法

材料给的是具体的案例，信息比较表面琐碎，考生需要透过具体的案例看到背后深层次的原因，因此，需要对材料中的答题信息进行加工抽象，而不能仅仅摘抄材料。

吴女士说，她结婚3年，到了买房生子的时候，他们这几年攒下来50万元，加上双方父母在其结婚时候的赞助20万元，这笔钱在北京刚够三环附近一居室、四环附近小两居室的首付，上下班交通又非常拥挤，两人都没有北京户口，将来孩子入托、入学势必困难。

——概括出：政策限制，"北上广"教育、住房等与户籍相挂钩，门槛高，且生活成本高。

他说"我不排斥艰苦创业，但在广州发展和生活，熬出头的希望太小，付出与回报太不成比例了。"

这个公司的业务范围主要在中部地区，且近几年国家对中部地区的投入很大，大的建设项目很多，因此，在这里发展，前景不比广州差。

但近年来，一线城市的房价和生活成本一路飙升，而且由于竞争激烈，他们生活在窘迫与不安之中。

——概括出：目前，"北上广"竞争激烈，成功比例小，回报率低；且国家政策向中、西部倾斜，发展机会增多。

参考答案

（1）政策限制多。北上广户籍、入学、购房门槛高。
（2）生活成本高、压力大。房价高，生活节奏快，竞争激烈，成功比例小，回报率低。
（3）区域发展日趋平衡。国家政策向中、西部倾斜，发展机会增多。

练习二：【2010年北京市上半年】

给定材料

材料1：

2009年8月，A市F县出现儿童铅中毒事件，造成615名儿童血铅超标，其中166名儿童中、重度铅中毒。A市环保部门已认定东岭冶炼有限公司废水、废气、废渣排放是造成儿童血铅超标的主要成因，但同时又称该公司的排放"符合国家标准"。该公司2008年总产值11.8亿元，2006~2008年的工业总产值达64亿元，年上缴总财税额占整个总财政收入的17%，被确定为县、市、省政府扶持的重点企业。

2009年2月20日，B市因自来水源污染而导致全城大面积断水。事故频发与水源地上游大量化工厂偷排污染物有关。实际上，B市对来自水源地上游化工企业的污染威胁并非没有预见，也制定过《建设B市"清水走廊"三年行动方案》，还在饮用水源整治方案中明确提出：2008年底前关闭或搬迁所有计划关闭或搬迁的化工企业，其中也包括此次特大水污染事件的肇事者标新化工有限公司。

C县M村的大街小巷开满了服装店铺，经营从国外走私来的被擦去污渍后熨烫、未经任何消毒处理的"洋垃圾"服装。每天这里的上万件"洋垃圾"服装流向全国各地市场，村民从中每月能获利几千到几万元不等。这些"洋垃圾"服装，沾满了污渍，没有相关保障措施，存在各种病菌，传染性很强，可能导致大量病毒的传播感染，给环境和人民健康带来巨大危害，多年来当地政府采取了数百次专项行动。有村民对此振振有词："我们又不是打劫贩毒，只是小生意！"

材料2：

在D县招商会上，该县领导对外地企业宣传：到他们县投资，只要能出效益，什么污染都不怕，环保过不了关由县政府出面解决。"这样置国家环保法律和人民健康于不顾的宣传，在一些地方并不少见，尤其是在一些经济欠发达地区。""一旦发生污染事件，政府就承担起治疗和赔偿的责任，这相当于'企业污染，政府买单'，这样是否有纵容污染的嫌疑？招商引资引进有毒工厂的官员是否应被追责？"一位环保专家质疑道。

我国政府环境行政部门主要采取行政处罚的方式进行环境执法监管。2005~2007年每年环境行政处罚均近10万起。然而，一些排污企业并不怕调查、曝光、罚款。以××造纸厂为例，如果不购置治污设备，一个日产百吨的小型造纸厂日均降低成本近15000元。根据环保法规定，环保部门一次处罚款10万元（且每月只能罚款一次，一年不超过120万元），他们10天不到就挣回来了。而2007年10月9日，美国电力公司（美国最大的煤炭电子公司）因排放的废气长期污染一事被民间环保团体起诉8年后，与司法部和环保署达成和解，同意支付高达46亿美元的罚款并减少温室气体排放量将近七成。

材料3：

2009年10月1日开始实施的《规划环境影响评价条例》规定：环境影响评价应当分析、预测和评估规划实施可能对环境和人群健康产生的长远影响。目前我国还没有出台污染物对人群健康损害的判定标准及环境污染与人体健康损害事件调查处理的技术规范。当前做环保影响评价的单位主要依据已有的工业和环保专业上的排放标准来评价规划项目对生态环境的影响，并没有将其对人群健康的影响充分考虑在内。有调查显示，我国有超过2.7亿的城市居民生活在空气质量不达标的环境中，约有2.3万人死于各种呼吸道疾病，1.3万人死于心脏病。由空气污染引起的健康损失约占GDP的1.8%。在我国污染严重河流流域已出现癌症、智商降低及孕妇流产的高发状态。随着环境污染的不断加剧，我国公害病的发病率也越来越高。

公害病是环境污染公害造成健康损害引起的疾病，是污染物长期作用于人体的一种地域性疾病。公害病诊断不仅仅是一个医学上的诊断，还是一个具有法律意义的概念，须经严格鉴定和国家法律的正式认可。世界上最早开始研究公害病的日本，在1974年颁布的《公害健康被害补偿法》中规定了有关公害病的诊断标准及赔偿办法。在美国，污染损害通常是通过法院来确定双方责任，并针对环境污染的损害结果不能被马上发现的特点，将环境损害案件诉讼时效的起算时间调整到受害人发现损害时（称为"发现损害原则"），以便保障受害人的权利，目前我国尚没有制定相关专门法律来规定公害病的诊断标准。

问题：根据"给定材料"，概括说明导致各种环境污染事件频发的主要原因。（20分）

要求：概括准确，语言简练；字数不超过200字。

答题思路与方法

第一步，从材料中提炼出相关的原因。

材料1：

A市环保部门已认定东岭冶炼有限公司废水、废气、废渣排放是造成儿童血铅超标的主要成因，但同时又称该公司的排放"符合国家标准"。该公司2008年总产值11.8亿元，2006~2008年的工业总产值达64亿元，年上缴总财税额占整个总财政收入的17%，被确定为县、市、省政府扶持的重点企业。

——概括出：政府为了税收等经济利益，对废水废渣废气排放严重的企业监管不力；企业为了追求经济利益，忽视了环境保护和民众健康，排放超标。

实际上，B市对来自水源地上游化工企业的污染威胁并非没有预见，也制定过《建设B市"清水走廊"三年行动方案》，还在饮用水源整治方案中明确提出：2008年底前关闭或搬迁所有计划关闭或搬迁的化工企业，其中也包括此次特大水污染事件的肇事者标新化工有限公司。

——概括出：政府在对企业的监督过程中执法不力。

C县M村的大街小巷开满了服装店铺，经营从国外走私来的被擦去污渍后熨烫、未经任何消毒处理的"洋垃圾"服装。每天这里的上万件"洋垃圾"服装流向全国各地市场，村民从中每月能获利几千到几万元不等。这些"洋垃圾"服装，沾满了污渍，没有相关保障措施，存在各种病菌，传染性很强，可能导致大量病毒的传播感染，给环境和人民健康带来巨大危害。

——概括出：某些商贩出于眼前个人经济利益走私未经过消毒的"洋垃圾"服装，导致病毒、病菌传播蔓延。

材料2：

在D县招商会上，该县领导对外地企业宣传：到他们县投资，只要能出效益，什么污染都不怕，环保过不了关由县政府出面解决。

"一旦发生污染事件，政府就承担起治疗和赔偿的责任，这相当于'企业污染，政府买单'，这样是否有纵容污染的嫌疑？招商引资引进有毒工厂的官员是否应被追责？"一位环保专家质疑道。

然而，一些排污企业并不怕调查、曝光、罚款。以××造纸厂为例，如果不购置治污设备，一个日产百吨的小型造纸厂日均降低成本近15000元。根据环保法规定，环保部门一次处罚款10万元（且每月只能罚款一次，一年不超过120万元），他们10天不到就挣回来了。

——概括出：政府政绩观错误，对违法企业处罚方式单一，处罚力度不够，对违法官员缺乏行政问责。

材料3：

目前我国还没有出台污染物对人群健康损害的判定标准及环境污染与人体健康损害事件调查处理的技术规范。当前做环保影响评价的单位主要依据已有的工业和环保专业上的排放标准来评价规划项目对生态环境的影响，往往并没有将其对人群健康的影响充分考虑在内。

目前我国尚没有制定相关专门法律来规定公害病的诊断标准。

——概括出：我国环保标准没有考虑人民健康，尚没有制定相关专门法律来规定公害病的诊断标准。

第二步，按照主体对答案进行整理。

导致环境污染的原因包括：

（1）政府片面追求经济效益，废水废渣废气排放严重，忽视生态环保。
（2）环保部门执行不力，监管不足；处罚形式单一，处罚力度低。
（3）企业环保意识淡薄，忽视群众健康和环境保护。
（4）法律法规方面，我国环保标准没有考虑人民健康，公害病的诊断标准缺失。

练习三：【2010年北京市下半年】

材料1：

据统计，我国有68.8%的人认为当今社会阅读非常重要或比较重要，有32.1%的人对个人阅读情况表示不满意，有58.1%的人认为自己的阅读量很少或比较少。有关全民阅读的调查显示，我国人均年阅读图书仅为4.5本，远低于韩国的11本，法国的20本，日本的40本，俄罗斯的55本，以色列的64本。2009年我国18~70周岁国民中，图书阅读率为50.1%，报纸阅读率为58.3%，期刊阅读率为45.6%；人均每天读书时长为14.70分钟，人居每天读报时长为21.02分钟，人均每天读杂志时长为15.40分钟，人均每天上网时长为34.09分钟；与上年相比，国民每天平均接触图书、报纸、期刊的时间有所下降，而上网阅读和手机阅读的时间则在增加。

据统计，2008年我国内地人均购书经费是0.794元。在购书经费的投入上，全国绝大部分省份都没有达到平均水平。其中，上海的人均购书经费达到了7.612元，而河南只有0.158元。全国各地公共图书馆的发展也极不平衡。全国公共图书馆人均藏书量是0.501册，上海的人均藏书量是3.39册，最少的三个地方安徽、河南、西藏都只有0.17册，大部分省市、自治区在0.1~0.3册之间。根据联合国发布的公共服务指南，公共图书馆的馆藏应该以每人1.5~2.5册为标准。

在C市阅读状况的调查中，关于"您一般多久买一次书？"的调查结果是：9%的人每个月都买，20%的人2~3个月买一次，28%的人3~6个月，35%的人7~12个月，8%的人是一年以上。关于"您认为书价多少合适？"的调查中，3%的人认为图书平均价格应该在15元以内，83%的人认为应该在20元以内；10%的人认为25元以内；4%认为30元以内。单女士说，很多喜欢阅读的人都被价格吓住了，与10年前相比现在的图书价格涨了1倍多。

材料3：

据有关青少年阅读的调查研究报告显示：我国7~14岁的少年儿童中，每个学期课外书的阅读量平均仅有3本，其主要原因是孩子们课业负担重，自由阅读的时间少，书太贵，作业多，以及找不到感兴趣的图书。在中小学，考生主要阅读的是课本与教辅材料，大部分考生的课外阅读主要是为了应付考试而阅读。一些教师和家长教导孩子们：当务之急是课内学习，要把眼前时间多用在学习课本及课后练习上，少看或者不看"没用"的课外闲书。

目前，部分大学生读书主要以流行、时尚、省时、省力的"快餐化读物"为主，很少读经典名著和"大部头"的理论书籍。在某著名大学，记者发现校内报亭每天各进2份的几种大报，直到傍晚仍无人问津。报亭老板说，思想性、人文性较强的《读书》杂志，最多时一个月才卖掉4本，以后就不再进货。在该校门外的书店里，卖得较好的书有四类：一是实用书，如《股市操练大全》等经营、炒股书籍；二是考题，如《GRE红宝书》、《世界500强面试题》等应考宝典；三是青年作家或网络作家的小说，如《暖暖》、《杂的文》等，四是有"噱头"的书，如《20几岁决定女人的命运》、《如何在大学里脱颖而出》、《甩了，甩了，甩了他》等。一些畅销书的趋势是"快餐化"；插图越来越多，内容越来越少，趣味越来越"戏说"，功利化越来越强，精神性越来越弱，部分考生也表示，读"深"的读物乏味吃力，读"浅"的轻松有趣，还能做谈资。

在各地书店、书市，一些形形色色的"升职记"、"营销三十六计"、"商战孙子兵法"等书籍，一些不遗余力宣扬穷小子只要肯干，无需读书就能挣大钱，成大名，立大业的如《比尔·盖茨如是说》、《李嘉诚如是说》等书籍，受到白领们的广泛追捧。而曾连续十周占据某报周图书排行榜第一的是《把吃出来的病吃回去》。此外，时下前仆后继的各种电视选秀、婚恋节目，各类大腕走穴造就了一些年轻人只想一夜成"名"、"名利"双收，热衷于走这条"捷径"，何必读书呢，读书还不如参加一场选秀节目出名更快，挣钱更多。

材料4：

图书馆是知识和信息的集散地，也是读者集中阅读交流之地。"为人找书，为书找人"是图书馆的重要责任。近日，某图书馆馆长在接受记者采访时坦言，现在中国的读书氛围是很糟糕的，迫切需要清除社会中某些浮躁的东西。很多人认为现在读书的人越来越少，生活越来越浮躁，认为没有时间读书，也没能形成读书习惯，把读书作为文化生活中的一部分的社会氛围还没有形成；现在的书籍市场也太乱，图书质量参差不齐，一些所谓的专家、学者出版的书，你抄我，我抄你，还有代笔写的，没有自己的研究，出版两年就扔到垃圾堆了；有些书，不是一种精神食粮，而是一种污染，导致"开卷"未必"有益"；图书馆有责任来推动书评，向读者推荐好书。

每年的4月2日是"国家儿童图书日"，这是由国际少年儿童读物联盟（IBBY）发起的。4月2日是丹麦童话家安徒生的生日。这一天也被认定为"中国儿童阅读日"。与世界发达国家相比，当前我国儿童阅读的差距还很大。据有关统计显示，我国儿童读物拥有量在全世界排名第68位，是以色列的1/50，是日本的1/40，是美国的1/30。在国内，30%的城市儿童拥有80%的儿童读物，70%的农村儿童只拥有20%的儿童读物。在许多农村，孩子们只有课本没有课外书。在一些地方的县城书店里，除了教辅材料，几乎找不到多少适合孩子阅读的书。

根据"给定材料"，概括我国民众读书现状不令人满意的原因。（20分）

要求：概括准确，语言简练；字数不超过300字。

|||||||||||||||||||||||

||||||||||||||||||||||| 300

|||||||||||||||||||||||

||||||||||||||||||||||| 340

 答题思路与方法

第一步，从材料中提炼信息。

材料1：

据统计，我国有68.8%的国民认为当今社会阅读非常重要或比较重要，有32.1%的人对个人阅读情况表示不满意，有58.1%的国民认为自己的阅读量很少或比较少。

有关全民阅读的调查显示，我国人均年阅读图书仅为4.5本，远低于韩国的11本，法国的20本，日本的40本，俄罗斯的55本，以色列的64本。

2009年我国18~70周岁国民中，图书阅读率为50.1%，报纸阅读率为58.3%，期刊阅读率为45.6%；人均每天读书时长为14.70分钟，人均每天读报时长为21.02分钟，人均每天读杂志时长为15.40分钟，人均每天上网时长为34.09分钟；与上年相比，国民每天平均接触图书、报纸、期刊的时间有所下降，而上网阅读和手机阅读的时间则在增加。

——概括出：读书时间和数量少，生活多元化，网络电子读书增多。

据统计，2008年我国内地人均购书经费是0.794元。在购书经费的投入上，全国绝大部分省份都没有达到平均水平。

——概括出：经费投入不足。

全国各地公共图书馆的发展也极不平衡。全国公共图书馆人均藏书量是0.501册，上海的人均藏书量是3.39册，最少的三个地方安徽、河南、西藏都只有0.17册，大部分省市、自治区在0.1~0.3册之间。根据联合国发布的公共服务指南，公共图书馆的馆藏应该以每人1.5~2.5册为标准。

——概括出：硬件不完善，政策不合理，公共图书馆发展不平衡，藏书少。

单女士说，很多喜欢阅读的人都被价格吓住了，与10年前相比现在的图书价格涨了1倍多。

——概括出：图书价格上涨，增加阅读成本。

材料2：

据有关青少年阅读的调查研究报告显示：我国7~14岁的少年儿童中，每学期课外书的阅读量平均仅有3本，其主要原因是孩子们课业负担重，自由阅读的时间少，书太贵，作业多，以及找不到感兴趣的图书。在中小学，考生主要阅读的是课本与教辅材料，大部分考生的课外阅读主要是为了应付考试而阅读。一些教师和家长教导孩子们：当务之急是课内学习，要把眼前时间多用在学习课本及课后练习上，少看或者不看"没用"的课外闲书。

——概括出：负担重，读书时间少，书价高，教育体制不完善，读书急功近利。

目前，部分大学生读书主要以流行、时尚、省时、省力的"快餐化读物"为主，很少读经典名著和"大部头"的理论书籍。

报亭老板说，思想性、人文性较强的《读书》杂志，最多时一个月才卖掉4本，以后就不再进货。

一些畅销书的趋势是"快餐化"；插图越来越多，内容越来越少，趣味越来越"戏说"，功利化越来越强，精神性越来越弱，部分考生也表示，读"深"的读物乏味吃力，读"浅"的轻松有趣，还能做谈资。

——概括出：读书心态浮躁，急功近利，读书方法不科学，不求甚解；部分图书内容少、缺乏精神性、粗制滥造。

在各地书店、书市，一些形形色色的"升职记"、"营销三十六计"、"商战孙子兵法"等书籍，一些不遗余力宣扬穷小子只要肯干、无需读书，就能挣大钱，成大名，立大业的如《比尔·盖茨如是说》、《李嘉诚如是说》等书籍，受到白领们的广泛追捧。

而曾连续十周占据某报周图书排行榜第一的是《把吃出来的病吃回去》。此外，时下前仆后继的各种电视选秀、婚恋节目，各类大腕走穴造就了一些年轻人只想一夜成"名"、"名利"双收，热衷于走这条"捷径"，何必读书呢，读书还不如参加一场选秀节目出名更快、挣钱更多。

——概括出：心态浮躁，读书急功近利。

材料3：

近日，某图书馆馆长在接受记者采访时坦言，现在中国的读书氛围是很糟糕的，迫切需要清除社会中某些浮躁的东西。

现在很多人认为现在读书的人越来越少，生活越来越浮躁，认为没有时间读书，也没能形成读书习惯，把读书作为文化生活中的一部分的社会氛围还没有形成。

——概括出：读书氛围差，缺少读书习惯。

现在的书籍市场也太乱，图书质量参差不齐，一些所谓的专家、学者出版的书，你抄我，我抄你，还有代笔写的，没有自己的研究，出版两年就扔到垃圾堆了。

有些书，不是一种精神食粮，而是一种污染，导致"开卷"未必"有益"；图书馆有责任来推动书评，向读者推荐好书。

——概括出：图书市场混乱，参差不齐，部分作者职业素养低下，抄袭现象严重。

在国内，30%的城市儿童拥有80%的儿童读物，70%的农村儿童只拥有20%的儿童读物。在许多农村，孩子们只有课本没有课外书。在一些地方的县城书店里，除了教辅材料，几乎找不到多少适合孩子阅读的书。

——概括出：资源分配不平衡。

第二步，整合答案，进行分类，按照读书态度、图书质量、读书硬件政策条件、读书时间空间来组合答案。

参考答案

（1）读书态度不端正。①心态浮躁，急功近利；②读书氛围差，缺少读书习惯；③读书方法不科学，不求甚解。

（2）图书质量问题。①作者职业素养低下，抄袭现象严重；②市场混乱，粗制滥造，内容少、缺少精神性。

（3）硬件不完善，政策不合理。①图书馆少，区域不平衡；②经费投入不足，藏书少；③教育体制不完善。

（4）读书时间、空间少。①图书价格高，增加成本；②工作学习负担重，时间少；③生活多元化，网络、电子阅读影响阅读。

第二节　综合客观题

综合客观题是对考生综合能力的考查。其难点有两个：一是难以理解和把握考查的意图和目的；二是考查的多个意图或目的中把握不准、偏离重点。综合客观题的实质是对单一客观题的扩展和加工，前面介绍了单一客观题主要分为三大类：概括题、分析题和对策题，综合客观题则是对三个元素进行机械综合或有机综合。

综合题作答，审题是前提，提炼概括是重点，分类归纳是关键。

（1）审题。审题有三个步骤：

1）剖析题干。剖析题干有简化题干法和添加题干法。一般情况下需要将题干简化，但是对于比较精短的题干需要添加信息，比如理解画线句子类题目。

2）定位材料。剖析题干后，明确了考查的知识点，按照知识点快速定位材料，弄清楚材料的大致分布情况。

3）理清思路。主要是理解知识点考查的内在逻辑。题目作答既要结合知识点对应材料的分布篇幅，又要结合题目中的"条理清楚、语言简洁"等具体要求，而确定答题顺序和结构安排。

（2）提炼概括。材料凌乱、琐碎是申论的最大特点，而答题要点更是散乱地分布在材料之中。因此，对材料进行提炼、简化是整个答题环节中最为重要的一步，也是答题的重点。

（3）分类归纳。在审清题意、提炼概括的基础上对答题要点进行分类归纳最为关键。提炼后的答题要点只是毫无层次的堆在一起，按条、按类归纳整理后形成答案的雏形。然后按照字数要求适当收缩或扩展答案，最终提交完美答卷。

一、步步为营——机械综合

机械综合指一个题目由多个相对独立的问题组合而成，不同问题所对应的材料区别明显。机械综合题目的特点是对概括、分析、对策类问题进行排列组合。二元、三元组合方式在申论考试中都比较常见。

练习一：【2012年915联考】

给定材料

材料1：

2006年，时任德国驻华大使史坦泽到同济大学作报告，有听众提问，今天您用德语作报告，在座的同学大多能听懂。如果中国的大使在德国用汉语作报告，有多少德国人能听懂？史坦泽回答："因为我们有歌德学院，我们一直在努力，向全世界传播自己的语言和文化，请问你们国家为此做了什么？"

歌德学院是德国在世界范围内积极从事文化活动的文化学院，已有60多年的历史，它的工作是促进国外的德语语言教学和开展国际文化合作，通过介绍德国文化、社会、政治生活等情况，展现一个丰富多彩的德国。歌德学院目前已遍布78个国家和地区，共有分支机构144家，其中国外分支机构128家，除歌德学院外，西方很多国家都有推广自己国家文化的机构。英国1934年成立了英国文化委员会，是英国负责教育和文化关系的国际组织国，致力于在全球推广英国文化。目前全球已有该机构的230家分支机构和109家教学中心。法国1883年就已创设法语联盟，它是一个非盈利性的组织，旨在传播法语及法国文化，所有的法国总统都自动成为其名誉主席。法语联盟以其各级法语课程的高质量闻名于世。目前全球有1100多家机构，分布于130个国家和地区。

史坦泽当时的回答深刻地刺痛了在场同济大学的师生们。"作为中国人，没有理由不推广我们自己的语言和文化！办孔子学院不是浪费钱，是百年大计！"一位教授发出了呼吁。

材料2：

与德国、英国、法国等西方国家相比，中国人向海外推广中国文化的时间虽不算早，但速度却不慢。2004年11月21日，全球第一所孔子学院在韩国首尔揭牌。如今，387所孔子学院和509所中小学孔子课堂，覆盖108个国家和地区，这已然超过歌德学院60年来的建院数；仅2011年，就开设各种层次汉语课程2.4万班次，注册学员达50万人，逾700万人参加上万场次文化交流活动……这项浩大工程的具体承办者就是1987年成立的"国家对外汉语教学领导小组"（简称为"国家汉办"）。孔子学院严格遵循的是中外合作办学的模式，而非中方单独行为。

年轻的孔子学院与古老的歌德学院、英国文化委员会及法语联盟相比仍有差距。歌德学院中国总院前院长阿克曼说，歌德学院之所以成功是因为一开始就重视建立职业化队伍，现有专职人员3000人。据了解，英国文化委员会有专职人员7000多人；法语联盟有专职人员2万人。孔子学院呢？每一年，孔子学院总部都要外派中方院长、汉语教师、志愿者等非专职人员近万人，至今仍在"抓壮丁"。25岁的北京志愿者小王，在匈牙利布达佩斯"匈中双语学校"孔子课堂教汉语，她说："孩子们很喜欢中国老师，近年来因为报名入学的匈籍考生越来越多，教课压力越来越大，公派教师和志愿者都不是专职人员，缺乏稳定性、连续性，不利于孩子们学汉语。"

由孔子学院派到海外教学的志愿者们，现在有几千人的队伍。在菲律宾的志愿者刘先生感慨："对于当今的中国，许多外国人的认识远远跟不上其发展的步伐。有的只知道故宫、长城等传统符号。我们作为传播中国文化的使者，为他们解读着水立方、调整铁路等新的符号。"在印度尼西亚的志愿者杨先生的话更是道出了广大志愿者的心声："我们都有一个美好的梦想，因为这个梦想，我们学会了友好交流、理性处世，把悠久而有魅力的中国文化播撒在一个个学堂。"

材料3：

2010年，汉诺威孔子学院联名其他9所德国孔子学院，组织100多名德国中考生到中国参加夏令营。临行前，一名德国老师召集考生开会，禁止同学单独进入中国家庭，问他为什么这么要求，回答说"害怕"，问他怕什么，回答说"不知道"，因不了解而误读、担忧，正是中西方交流中无法回避的现实。对很多德国民众来说，中国越来越令人感兴趣，但形象却一直"模糊，不可捉摸"。外国人对中国人的不了解甚至一些片面的印象，是孔子学院建立时面临的最初挑战。

连续四届的德国中考生赴华夏令营，已有400多名德国中考生来华交流，和中国普通民众面对面。德国汉诺威孔子学院首任中方院长说，很多考生回来都有同感：去中国前，本以为中国到处都是问题，但后来发现，虽然中国并不完美，却也并非想象的那样糟糕。孔子学院致力于让神秘的中国揭开面纱。

"相互取长补短，用一盏灯点燃另一盏灯"，300多年前，德国先哲莱布尼茨对中西方文化这样期待。中国文化从"走出去"到"走进去"，中国形象从遥远的神秘岛零距离的亲切，中国认知经济发展到文化认可，孔子学院为不同肤色的人们提供了一个交流、互鉴、合作的平台。每年12月，全球各地孔子学院的合作大学校长和中外方院长，都要齐聚北京交流研讨带来不同国度的文化视角。孔子学院总干事自豪地说，孔子学院就是一张搬到国外的"中国圆桌"，可让各方发表不同意见。孔子学院让中外文化"对冲"、"摩擦起电"，让习惯直线型思维的外国人对螺旋式思维的中国人多了一份理解，越研究，越感觉中国"挺文化、挺哲学"。

材料5：

有人用水来比喻文化，"文化似水，水成于无形，隐于其中，却凝结一切；文化似水，润物无声，又难阻挡"。文化的交流是人类心灵的交流、情感的沟通，作为一种"软实力"，文化交流具有其他交流所不能替代的作用。在经济全球化的背景下，文化交流在国际关系中的作用和地位越来越突出，世界各国尤其是西方大国普遍重视利用文化手段来展示本国文化，宣传自己的价值观，提升和扩大国家的影响力。加强文化交流与合作，主动置身于国际文化交流之中，是责任，也是使命。

语言作为文化载体和交流工具，架起了文明间对话的桥梁；文化作为民族智慧和心理特征的精神反映，促进了国家之间的相互了解，孔子学院蕴涵着"语言"和"文化"两大特征，使它不仅成为国际汉语教育与推广的重要品牌，更成为中华文化传播的重要载体和开展民间外交的友好平台。世界各地的孔子学院结合中国传统节日和特色文化，举办形式多样、主题鲜明的活动，在树立中国良好形象、提升中国软实力、促进中外人文交流方面起到了举足轻重的作用，可谓21世纪文化的"新丝绸之路"。但这条路并不好走，既有国家投入不够的问题，又有社会参与不足的问题。还有不少人认为，目前国内教育发展也不平衡，国家应该在国内教育上投入更多。国外的经验表明，语言和文化的推广是一个缓慢的过程，如果要等国内的教育发展平衡了，再去推动自己国家的文化交流，恐怕为时已晚。

我们在对外文化交流中，较多考虑的是"要让外国人看到我们"，很少考虑国外受众的欣赏习惯和审美情趣，更没有琢磨外国人想看什么，喜欢看什么，能看懂什么。对中国考生来说，"愚公移山"、"孔融让梨"是传统的美德，可是把这些故事讲给别的国家的学生听，却不一定能接受。孔子学院的汉语教材究竟应当坚持中国的传统文化，还是要考虑与当地传统文化的不同？有人提出要实现教材的本土化，但也有人认为，西班牙塞万提斯学院和德国歌德学院在编写教材时只根据本国情况进行编写，目的就是让外国人去学习和了解他们的文化。到底是应该实现教材本土化，还是应该固守中国传统文化，目前孔子学院仍在摸索中。

由于一些历史问题的影响，汉语的推广在中国周边一些国家仍具有一定的敏感性，虽然A国和B国近年来均出现汉语热，各院校和语言学校都开设了汉语课，但孔子学院至今仍未能在中国的这两个邻国建立。可以说，孔子学院的发展同周边国家与中国关系的复杂性相关。有些国家在签证发放上对中国人管理较严，使中国志愿者教师入境的手续复杂。中国驻A国使馆教育处负责人黄先生表示，A国针对来该国的汉语教师有较为严苛的签证政策，使得几年来，仅有几名中国派来的中文教师能够短期执教。中方已经多次呼吁A国能够尽快改善有关中国派遣汉语教师的相关政策，尤其是签证政策，以促进人员往来与交流。

中国一直在努力改变这些国家对于孔子学院的认识，正如日本北陆大学理事长、孔子学院理事长北元喜朗评价的那样："非零和、非排他、非竞争、非暴力，孔子学院为世界各国提供了一个互惠双赢的语言文化推广模式，也是首个发展中国家利用有限的资金推广本国语言文化的先驱性实践。"孔子学院并没有文化的扩张性或是文化占领的野心，它是一颗和平、友善的种子，在世界扎根、开花、结果，影响的是世界文化生态。孔子学院信奉的是，只要沟通和交流，不同文明之间都会有启发。

材料6：

孔子学院在海外受到极大欢迎的同时，国内关于孔子学院的讨论也开始更加热烈。以下是两个网友关于孔子学院的一些评论。

网友A：孔子学院大部分钱来自于政府的投入。据国家汉办《2009年孔子学院总部工作计划的汇报》显示，2008年中央财政给孔子学院的投入达5亿多元。而国内的教育投入呢？中国农村中小学的人均教育经费，每年300元都难以保证，外来务工子女因为教育资源的不均衡而流离失所，读书越来越难，这真是一个巨大的反差。难道不应该把有限的银子用到解决中国国内儿童失学等问题上吗？

网友B：我们知道，孔子学院受到了国外热烈的欢迎，甚至掀起一股"汉语热"，这也确实使中国的传统文化传播了出去，可是，国内似乎对中国的传统文化没有那么重视。对于孔子的"仁说"，有多少青年朋友信奉？中国的节日，甚至没有国外的"洋节"受欢迎，为什么不在国内加强传统文化的宣传和推广呢？

问题：请结合"给定材料"，对德国歌德学院的成功做法进行归纳，并说说对孔子学院的建立和发展有哪些启示。（35分）

要求：归纳全面，内容具体，分析透彻，逻辑分明；不超过400字。

400

 答题思路与方法

1. 审题

第一步，剖析题干。

明确该题目为机械综合题，弄清楚考查意图有几个。该题目明确给出考查意图："归纳德国做法"、"得出启示"，即总结经验并提出措施。

第二步，定位材料。

归纳歌德学院的成功做法，作答时需要关注材料1、材料2、材料4等，就成功经验进行归纳，做到信息点全面。

作答对孔子学院的启示，在结合歌德学院的成功经验的同时，需要部分结合材料2、材料3、材料5、材料6，从孔子学院的问题和不足可以借鉴是否能在歌德学院找到启示，应用的是一种反向的思维方式。

第三步，理清思路。

依据题干要求，本题作答需要包含两个方面：歌德学院的成功做法和对孔子学院的启示。其中"成功做法"更偏向于考查概括能力，而"启示"则从某种程度上考查考生根据他人经验提对策的能力。

"全面"、"具体"等提醒考生本题会以客观题的阅卷形式给分，在归纳的内容上要做到面面俱到；"分析透彻"说明要对作答内容尤其是"启示"部分做分析，同时两个部分都需满足"逻辑分明"，体现条理性。字数空间较大，可侧重分析内容。

2. 提炼概括

材料1：

歌德学院是德国在世界范围内积极从事文化活动的文化学院，<u>已有60多年的历史</u>，它的工作是促进国外的德语语言教学和开展国际文化合作。通过介绍德国文化、社会以及政治生活等情况，展现一个丰富多彩的德国。<u>歌德学院目前已遍布78个国家和地区，共有分支机构144家，其中国外分支机构128家。</u>除歌德学院外，西方很多国家都有推广自己国家文化的机构。英国1934年成立了英国文化委员会，是英国负责教育和文化关系的国际组织，致力于在全球推广英国文化。目前全球已有该机构的230家分支机构和109家教学中心。法国1883年就已创设法语联盟，它是一个非营利性的组织，旨在传播法语及法语文化，所有的法国总统都自动成为其名誉主管。法语联盟以其各级法语课程的高质量闻名于世，目前全球有1100多家机构，分布于130个国家和地区。

材料2：

与德国、英国、法国等西方国家相比，中国人向海外推广中国文化的时间虽不算早，但速度却不慢。<u>2004年11月21日，全球第一所孔子学院在韩国首尔揭牌。如今，387所孔子学院和509所中小学孔子课堂，覆盖108</u>

个国家和地区,这已然超过歌德学院60年来的建院数;仅2011年,就开设各种层次汉语课程2.4万班次、注册学员达50万人,逾700万人参加上万场次文化交流活动……这项浩大工程的具体承办者就是1987年成立的"国家对外汉语教学领导小组"(简称为"国家汉办")。孔子学院严格遵循的是中外合作办学的模式,而非中方单独行为。

——得出:歌德学院的做法是合理布局,拥有众多分支机构,坚持办学质量。呈现真实德国,利于了解、学习。

——孔子学院的不足:建院求多求快,质量差。

——启示:树立正确的文化传播理念,合理统筹布局,确保教学质量。

年轻的孔子学院与古老的歌德学院、英国文化委员会及法语联盟相比仍有差距。歌德学院中国总院前院长阿克曼说,歌德学院之所以成功是因为一开始就重视建立职业化队伍,现有专职人员3000人。据了解,英国文化委员会有专职人员7000多人;法语联盟有专职人员2万人。孔子学院呢?每一年,孔子学院总部都要外派中方院长、汉语教师、志愿者等非专职人员近万人,至今仍在"抓壮丁"。25岁的北京志愿者小王,在匈牙利布达佩斯"匈中双语学校"孔子课堂教汉语,她说:"孩子们很喜欢中国老师,近年来因为报名入学的匈籍考生越来越多,教课压力越来越大,公派教师和志愿者都不是专职人员,缺乏稳定性、连续性,不利于孩子们学汉语。"

——概括出:歌德学院的做法是重视职业化教师队伍建设,保障队伍的专业和稳定性。

——得出:孔子学院的不足是师资队伍缺乏专业性、稳定性和持续性。

——启示:稳步推进师资队伍职业化,强化师资力量培训,确保教学质量和队伍稳定性。

材料3:

2010年,汉诺威孔子学院联名其他9所德国孔子学院,组织100多名德国中考生到中国参加夏令营。临行前,一名德国老师召集考生开会,禁止同学单独进入中国家庭,问他为什么这么要求,回答说"害怕",问他怕什么,回答说"不知道",因不了解而误读、担忧,正是中西方交流中无法回避的现实。对很多德国民众来说,中国越来越令人感兴趣,但形象却一直"模糊,不可捉摸"。外国人对中国人的不了解甚至一些片面的印象,是孔子学院建立时面临的最初挑战。

连续四届的德国中考生赴华夏令营,已有400余德国中考生来华交流,和中国普通民众面对面。德国汉诺威孔子学院首任中方院长说,很多考生回来都有同感:去中国前,本以为中国到处都是问题,但后来发现,虽然中国并不完美,却也并非想象的那样糟糕。孔子学院致力于让神秘的中国揭开面纱。

——得出:孔子学院的不足是外国人对中国缺乏了解,认识片面,存有偏见。

——启示:合理规划教材内容,完整、真实展示中国形象。

材料5:

……但这条路并不好走,既有国家投入不够的问题,又有社会参与不足的问题。还有不少人认为,目前国内教育发展也不平衡,国家应该在国内教育上投入更多。国外的经验表明,语言和文化的推广是一个缓慢的过程,如果要等国内的教育发展平衡了,再去推动自己国家的文化交流,恐怕为时已晚。

——概括出:孔子学院的不足是国家重视力度不够,投入不足。

——启示:加大国家政府支持,保障资金充足。

我们在对外文化交流中,较多考虑的是"要让外国人看到我们",很少考虑国外受众的欣赏习惯和审美情趣,更没有琢磨外国人想看什么,喜欢看什么,能看懂什么。对中国考生来说,"愚公移山"、"孔融让梨"是传统的美德,可是把这些故事讲给别的国家的学生听,却不一定能接受。孔子学院的汉语教材究竟应当坚持中国的传统文化,还是要考虑与当地传统文化的不同?有人提出要实现教材的本土化,但也有人认为,西班牙塞万提斯学院和德国歌德学院在编写教材时只根据本国情况进行编写,目的就是让外国人去学习和了解他们的文化。到底是应该实现教材本土化,还是应该固守中国传统文化,目前孔子学院仍在摸索中。

——得出:歌德学院的做法:教材内容展示本国文化。

——概括出:孔子学院的不足是教材内容在固守中国传统文化与实现本土化之间难以取舍,即外国本土化和中国传统文化存在矛盾。

——启示:同步推进和系统规划教材、课程等,尊重所在国的文化价值,合理规划教材内容,注重本土化再创造,寻找与当地文化的交叉点,完整、真实展示中国形象。

由于一些历史问题的影响,汉语的推广在中国周边一些国家仍具有一定的敏感性,虽然A国和B国近年来均出现汉语热,各院校和语言学校都开设了汉语课,但孔子学院至今仍未能在中国的这两个邻国建立。可以说,孔子学院的发展同周边国家与中国关系的复杂性相关。有些国家在签证发放上对中国人管理较严,使中国志愿者教师入境的手续复杂。中国驻A国使馆教育处负责人黄先生表示,A国针对来该国的汉语教师有较为严苛的签证政策,使得几年来,仅有几名中国派来的中文教师能够短期执教。中方已经多次呼吁A国能够尽快改善有关中国派遣汉语教师的相关政策,尤其是签证政策,以促进人员往来与交流。

中国一直在努力改变这些国家对于孔子学院的认识,正如日本北陆大学理事长、孔子学院理事长北元喜朗评价的那样:"非零和、非排他、非竞争、非暴力,孔子学院为世界各国提供了一个互惠双赢的语言文化推广模式,也是首个发展中国家利用有限的资金推广本国语言文化的先驱性实践。"孔子学院并没有文化的扩张性或是文化占领的野心,它是一颗和平、友善的种子,在世界扎根、开花、结果,影响的是世界文化生态。孔子学院信奉的是,只要沟通和交流,不同文明之间都会有启发。

——得出:孔子学院的不足是历史问题,外交关系复杂,政策歧视,签证严,入境复杂,国外设置障碍,实质上是担心文化扩张和文化占领。

——启示:尊重所在国的文化价值。

材料6:

网友A:孔子学院大部分钱来自于政府的投入。据国家汉办《2009年孔子学院总部工作计划的汇报》显示,2008年中央财政给孔子学院的投入达5亿多元。而国内的教育投入呢?中国农村中小学的人均教育经费,每年300元都难以保证,外来务工子女因为教育资源的不均衡而流离失所,读书越来越难,这真是一个巨大的反差。难道不应该把有限的银子用到解决中国国内儿童失学等问题上吗?

网友B:我们知道,孔子学院受到了国外热烈的欢迎,甚至掀起一股"汉语热",这也确实使中国的传统文化传播了出去,可是,国内似乎对中国的传统文化没有那么重视。对于孔子的"仁说",有多少青年朋友信奉?中国的节日,甚至没有国外的"洋节"受欢迎,为什么不在国内加强传统文化的宣传和推广呢?

——得出:孔子学院的不足是群众轻视,社会参与度不高。

——启示:加大公众和社会的参与力度;加强对自身传统文化发掘、维护与建设,增强文化精髓作品的引入和推介。

参考答案

(1) 成功做法:

① 合理布局,拥有众多分支机构,坚持办学质量。
② 重视职业化教师队伍建设,保障队伍的专业和稳定性。
③ 政府资助,经费充足,采取国家"买单"的文化政策。

④ 协调政府、市场与文化机构的关系，保证文化机构的独立性。
⑤ 管理严密，设立独立的文化委员会和审计机构，保障专款专用、资金安全、使用到位。
⑥ 教材多角度呈现真实德国，利于了解、学习。

（2）启示：
① 树立正确的文化传播理念，合理统筹布局；同步推进和系统规划教材、课程等；稳步推进师资队伍职业化，强化师资力量培训，确保教学质量和队伍稳定性。
② 加大国家政府支持和公众参与，保障资金充足，赋予文化独立性，理清政治与文化的边界。
③ 严格审批监管制度，确保学院资金安全和使用到位。
④ 加强对自身传统文化发掘、维护与建设，增强文化精髓作品的引入和推介。
⑤ 尊重所在国的文化价值，合理规划教材内容，注重本土化再创造，寻找与当地文化的交叉点，完整、真实地展示中国形象。

练习二：【2012年上海市B卷】

给定材料

材料1：

眼下走在城市的大街上，我们多半会被这样的户外广告包围着："奢华"、"豪宅典范"、"上流人家"、"皇家"、"至尊"、"国际高尚住宅"等；打开报纸或登录网站，一些充满诱惑力的广告铺天盖地："尊崇"、"正统龙脉"、"稀有尊贵生活"、"品位，源自尊贵血统"，伴随着香车美女的巨幅彩照，张扬着奢华与富贵。

近年来，奢侈品消费火爆，据《商业蓝皮书：中国商业发展报告（2009~2010）》显示：中国奢侈品消费总额已增至94亿美元，全球占有率为27.5%，并首次超越美国，成为世界第二大奢侈品消费国。该蓝皮书预测，未来5年，中国奢侈品市场将占据全球奢侈品消费额首位。有媒体称，就推动奢侈品业增长而言，中国已经成为无可置疑的领头羊。

全球退税公司（Global Refund）2010年1月21日发布数据称：据法国海关退税统计，2009年中国前来法国的游客购物总额增长率达47%，共在法国消费了1.58亿欧元，占法国当年退税购物贸易额的60%，成为来法旅游的外国游客中消费最多的大客户。在法国购物退税的外国人中，中国人占据了13%，超过日本人（10%）、俄罗斯人（9%）和美国人（7%）。中国游客的主要消费集中在时装，人均消费额为1071欧元，且这一局势呈上升态势，从2007年的39%、2008年的23.3%，一直到2009年的47%，也就是说，中国人的消费能力确实在持续增长。

改革开放30多年来，我们的国家的确发展了，人民的生活也的确有了巨大改善，但也不得不承认，一部分国人在富了之后的奢侈消费、炫耀性消费，令人咋舌，让人惶恐。目前，热衷"住大房、开豪车、吃大餐"的人不在少数；出国游，一掷千金狂购奢侈品的也是大有人在。某大款的儿子结婚时，包下一整座豪华酒楼，一连喜庆数日，婚礼耗资数百万；有的富人花数万元高价买宠物，声称不要国产的，只要进口的，觉得牵一条名贵犬或外国犬去遛，狗有身份，主人才风光；更有甚者，点一道菜就是数万元，不管肚子是否装得下，也不管最后浪费多少，只要能出风头，只要能提高自己的知名度，只要能"镇"住与他比阔的人，就觉得有面子。

2011年4月19日，上海国际车展媒体日拉开帷幕，75款首发车与千辆展车亮相新国际博览中心。此次上海车展上某款车竟要价4700多万元，但令人惊奇的是，越是天价豪车，越有人捷足先登，这款昂贵的超级跑车还未展出，就被人"先下手为强"订下。在豪车馆N5馆里，这辆身价最高的超级跑车停放在展位的最里面，要接近它，至少要经过两道围栏。这款在全球只发售77辆的豪华超级跑车，中国地区的配额只有5辆，而这些限量车已全被预定了。

波士顿咨询事务所BCG发表预测,中国将在5~7年内成为世界最大的高档奢侈品消费市场,而该事务所调查分析认为中国人"渴望"购买高档奢侈品。有越来越多的中国家庭有了购买奢侈品的能力,这种愿望在中国25~35岁年龄层的人群中特别明显。在全球消费者都越来越注重"可持续消费方式"的时代,中国富人成为奢侈品"最后的堡垒";中国富人对奢侈品,甚至对一些品质并不那么"高档"的商品,存在一种盲目的追逐心理。国际消费心理研究人员发现,中国富人消费方式具有"冒险性"和"冲动性",特别容易成为高档奢侈品的"俘虏"。现在全球高档奢侈品商都将未来几年赚大钱的目光投向了中国。

材料2:

《庄子·至乐》中说:"夫天下之所尊者,富贵寿善也;所乐者,身安厚味美服好色音声也;所下者,贫贱夭恶也;所苦者,身不得安逸,口不得厚味,形不得美服,目不得好色,耳不得音声;若不得者,则大忧以惧。其为形也亦愚哉。"

近年来,社会上出现了"炫富"现象。一名中国的年轻女性派了30辆奔驰车去机场接她的一只宠物狗,她用400万元买了这只狗,并且表示也会花大价钱来养它,每天至少给她的狗喝10瓶矿泉水,让狗住在温度不超过17摄氏度的空调房间里,吃的食物主要是鸡肉和牛骨汤。这一事件再次激起了公众对于中国一个新兴阶层的愤怒,这批人大都二十多岁,没有付出什么劳动,就通过继承获得了大量财富,被称为中国的"富二代"。他们从小就是"小皇帝",靠父母在中国1978年实行市场经济后赚到的大把的钱过着奢侈的生活。比如,那名用豪华车队接宠物狗的女子就对媒体说:"金子有价,这只藏獒可是无价的。"这种荒谬的行为就是为了吸引注意力,这是一种对财富的炫耀。有位社会评论家指出:"这种对财富的过分和不健康的炫耀会导致穷人的不快,甚至仇恨。"像最近被创造出来的一个新词"愤富"就反映了公众对于这一阶层粗俗的炫富行为的态度。

"炫富"现象还会扭曲人们的成功观。有位名人就曾公开宣称:"有的人说我们这个世界上很多人靠花言巧语,你可以蒙一个人,那如果把全世界都蒙了,就是你的真诚蒙到了别人,你欺骗一个人没问题,如果所有人都被你欺骗到了,就是一种能力,就是成功的标志。"

问题: 参考材料中有关消费现象;用一句话对"过度消费"作名词解释;概括其特点;指出其危害性。(12分)

要求: 分析条理清楚,观点明确,语言流畅,简明扼要;字数不超过250字。

答题思路与方法

1. 审题

第一步，剖析题干。

该题是机械类综合分析题。题干明确给出分三点考查，不需要对题干进行简化。需要分析的三个要素："过度消费"的含义、特点和危害性。

第二步，定位材料。

材料共两段，第一段材料6个自然段；第二段材料3个自然段。按照三个要素回归材料，材料1中1~3、5段，与题目基本无关，去除；材料2中第1段无关。剩下与题目相关的材料只有材料1中4、6段和材料2中的2、3段，有用的材料只有一半。"含义"的分析在材料中没有明显的词句，需要宏观把握4个自然段；特点相关的段落集中在材料1的4、6段；危害性集中在材料2的2、3段。

第三步，理清思路。答题思路按照题目要求，依次作答含义、特点和危害性即可。

2. 提炼概括

材料1：

段4：改革开放30年来，我们的国家的确发展了，人民的生活也的确有了巨大改善，但也不得不承认，一部分国人在富了之后的奢侈消费、炫耀性消费，令人咋舌，让人惶恐。目前，热衷"住大房、开豪车、吃大餐"的人不在少数；出国游，一掷千金狂购奢侈品的也是大有人在。某大款的儿子结婚时，包下一整座豪华酒楼，一连喜庆数日，婚礼耗资数百万；有的富人花数万元高价买宠物，声称不要国产的，只要进口的，觉得前一条名贵犬或者国外犬去遛，<u>狗有身份，主人才风光</u>；更有甚者，点一道菜就是数万元，不管肚子是否装得下，也不管最后浪费多少，<u>只要能出风头，只要能提高自己的知名度，只要能"镇"住与他比阔的人，就觉得有面子</u>。

——提炼：狗有身份，主人才风光。只要能出风头，只要能提高自己的知名度，只要能"镇"住与他比阔的人，就觉得有面子。

——概括出：受虚荣心、面子驱使造成攀比心理。

段6：波士顿咨询事务所BCG发表预测，中国将在5~7年内成为世界最大的高档奢侈品消费市场，而该事务所调查分析认为中国人"渴望"购买高档奢侈品。有越来越多的中国家庭有了购买奢侈品的能力，这种愿望在中国25~35岁年龄层的人群中特别明显。<u>在全球消费者都越来越注重"可持续消费方式"的时代</u>，中国富人成为奢侈品"最后的堡垒"；中国富人对奢侈品，<u>甚至对一些品质并不那么"高档"的商品，存在一种盲目的追逐心理</u>。国际消费心理研究人员发现，<u>中国富人消费方式具有"冒险性"和"冲动性"</u>，特别容易成为高档奢侈品的"俘虏"。现在全球高档奢侈品商都将未来几年赚大钱的目光投向了中国。

——提炼：在全球消费者都越来越注重"可持续消费方式"的时代，对一些品质并不那么"高档"的商品，存在一种盲目的追逐心理。中国富人消费方式具有"冒险性"和"冲动性"。

——概括出：非可持续的消费方式；价值取向混乱导致盲目性、冒险性和冲动性。

材料2：

段2：近年来，社会上出现了"炫富"现象。一名中国的年轻女性派了30辆奔驰车去机场接她的一只宠物狗。她用400万元买了这只狗，并且表示也会花大价钱来养它，每天至少给她的狗喝10瓶矿泉水，让狗住在温度不超过17摄氏度的空调房间里，吃的食物主要是鸡肉和牛骨汤。<u>这一事件再次激起了公众对于中国一个新兴阶层的愤怒</u>，这批人大都二十多岁，没有付出什么劳动，就通过继承获得了大量财富，被称为中国的"富二代"。他们从小就是"小皇帝"，<u>靠父母在中国1978年实行市场经济后赚到的大把的钱过着奢侈的生活</u>。比如，那名用豪华车队接宠物狗的女子就对媒体说："金子有价，这只藏獒可是无价的。"<u>这种荒谬的行为就是为了吸引注意力</u>，这是一种对财富的炫耀。有位社会评论家指出："<u>这种对财富的过分和不健康的炫耀会导致穷人的不快，甚至仇恨。</u>"像最近被创造出来的一个新词"愤富"就反映了公众对于这一阶层粗俗的炫富行为的态度。

——提炼：这一事件再次激起了公众对于中国一个新兴阶层的愤怒。靠父母在中国1978年实行市场经济后赚到的大把的钱过着奢侈的生活。这种荒谬的行为就是为了吸引注意力，这种对财富的过分和不健康的炫耀会导致穷人的不快，甚至仇恨。

——概括出：拉大贫富差距，破坏社会公平，引发社会矛盾，导致仇富现象；浪费资源；败坏个人品格和社会风气。

——引申：要通过调节收入分配，加强引导教育转变这种奢靡之风。

段3：<u>"炫富"现象还会扭曲人们的成功观。</u>有位名人就曾公开宣称："有的人说我们这个世界上很多人靠花言巧语，你可以蒙一个人，那如果把全世界都蒙了，就是你的真诚蒙到了别人，你欺骗一个人没问题，如果所有人都被你欺骗到了，就是一种能力，就是成功的标志。"

——提炼："炫富"现象还会扭曲人们的成功观。

——概括出：扭曲人们的成功观。

3. 分类归纳

（1）定义。材料1段6：非可持续的消费方式。结合4则材料引申作答。

（2）特点。材料1段4：受虚荣心、面子驱使造成攀比心理。段6：价值取向混乱导致盲目性、冒险性和冲动性。

（3）危害性。材料2段2：拉大贫富差距，破坏社会公平，引发社会矛盾，导致仇富现象。浪费资源，败坏个人品格和社会风气；段3：扭曲人们的成功观。

参考答案

（1）过度消费是指超出自己的基本需求和支付能力的一种非可持续的消费方式。
（2）特点：价值取向混乱导致盲目性、冒险性、冲动性；受虚荣心、面子驱使造成攀比心理。
（3）危害性：拉大贫富差距，破坏社会公平，引发社会矛盾，导致仇富现象。浪费资源，扭曲人们的成功观；败坏个人品格和社会风气；要通过调节收入分配，加强引导教育转变这种奢靡之风。

二、浑然一体——有机综合

有机综合题，答题的基本原则是既要忠于材料，又要有自己的适当发挥。这就要求用宏观、抽象的词汇对分散在材料中的关键词做归类，并在此基础上进行引申。

审题是有机综合题的重点和难点。有机综合题的"给定材料"往往交叉地分布在材料之中，题意设置更是达到"不识庐山真面目，只缘身在此山中"的效果。因此，准确把握材料，仔细理解申论要求，才能明确考察的重点。

有机综合题的作答在分类归纳的基础上有了更高的**要求**：一是逻辑严明；二是对归类的答案有所侧重，进行有机配置。

练习一：【2011年河南省】

给定材料

材料1：

2011年2月，科技部和科学技术奖励工作办公室发布通告，经调查核实，2005年国家科学技术进步奖二等奖获奖项目"涡旋压缩机设计制造关键技术研究及系列产品开发"的推荐材料中存在代表著作严重抄袭和经济效益数据不实的问题。经国家科学技术奖励委员会审核同意，并经国务院批准，决定撤销该项目所获奖项，收回奖励证书，追回奖金。

2006年以来，包括清华大学、同济大学、上海交通大学在内的一些高校接连身陷"造假门"事件，国内顶尖高等学府的学术风气遭遇信任危机。清华大学医学院院长助理刘某，因在个人履历、学术成果材料中把他人论文作为自己的成绩，涉嫌学术造假，被撤销教授职务。上海同济大学生命科学学院院长杨某，因申报评奖材料中将他人论文列入自己成果清单，被免去同济大学生命科学学院院长职务，同年6月，又被免除教授资格，终止聘用合同。

王某于上世纪90年代就获得了杰出青年基金，被公认为是最能不顾其他杂事只管埋头做科研的人，迫于验收的压力，他把本可以发表的长达100多页的关于他三年里所做的那项杰出研究的论文生生拆成了五篇来发表，就为了能凑够论文数量以通过验收。

有权威机构公布了一项调查，在接受调查的180位博士学位获得者中，60%的人承认他们曾经花钱在学术刊物上发表论文，相当比例的人承认曾抄袭过其他学者的成果。

材料2：

某报记者小S，就最近几年我国学术浮躁问题采访一位教育界评论家刘某，刘某说："近几年来，我国学术浮躁事件曝光日益频繁。民众对学术浮躁的质疑、举报和批评日益激烈。刘某认为目前学术浮躁呈现多样化。"举例：请人代抄是中国大专院校中的流行造假手段，大专院校的领导老师们平时工作繁忙，自然要

请人代劳，大学生帮忙主管老师撰写学术论文的事件时有发生。拼凑编辑造假也成为当今常用的造假手段，一篇用拼凑编辑手段造假完成的文章或者著作表面看上去非常完整，可是仔细阅读研究就可以清楚地发现：作者根本没有自己创新的思想观点，所有看上去比较重要的思想观点不是引用历史名人的，就是抄袭民间大众的。

刘某告诉记者小S，几年前一位回国的朋友揭露，曾经在中国畅销的欧美名家撰写的经营管理著作，绝大部分是中国内地的编辑出版机构杜撰造假的，就连欧美名家的姓名、个人履历、所在机构名称等都是假的。

在全国政治协商会议上，记者听到委员们最多的发言就是：目前，科技界浮躁虚假之风大肆盛行，学术腐败、泡沫论文、虚假奖项等现象泛滥，许多科技工作者不能够脚踏实地的开展工作，浮躁虚假之风已经严重地侵蚀了整个科技界，更成为阻碍科技创新、建设创新型国家的最大绊脚石。

专家学者认为，近年来出现的学位论文抄袭事件，共同的原因是在平时培养中，老师对考生的指导很少，在审阅考生的论文时，导师放宽要求，甚至有的老师根本就没认真审阅。现行制度下的中期答辩、论文盲审等，都很难真正避免论文质量不高、学术不端问题。不改革制度想避免学术不端，是不可能完成的任务。防治考生论文抄袭，导师负有义不容辞的责任。导师不仅要在知识传授和方法训练上指导考生，承担"传道、授业、解惑"的责任；同时，也应加强对考生的道德引导，帮助考生提高诚信素质、学术品德。

某省人大代表医学院研究生处处长赵某分析，现在职称评定体制存在问题，很多行业评聘都要论文，这就给造假"行业"存在提供了土壤。政府应严厉打击学术造假背后的"造假产业"。某省人大代表胡某也表示，对学术造假，法律上很难鉴定，国内也曾有几例因学术造假告到法院的，但论文毕竟不是专利，怎么算造假不好说，也没对他人造成直接的伤害，最终都不了了之。

材料3：

前不久，湖南岳阳市人民政府宣布成功破获一起涉及福建、湖南、浙江三省的瘦肉精生产、销售案件。与以往类似事件不同的是，这次竟从饲料中检验出从未出现过的苯乙醇胺A。同时，从浙江大学教授邹某处查获含苯乙醇胺A的饲料1500公斤，并对其实施刑事拘留。

如果说此前的瘦肉精等食品安全事件，抓抓利欲熏心的销售商家源头，问责一下管理不严的监管部门，尚算一种对食品安全的把控，可此次冒头的新型瘦肉精事件背后，竟然站着个浙大教授，这让对科学怀着无比景仰之情的公众情何以堪？原来这些严重损伤公共利益与公众生命安全的食品安全事件，竟与专家学者有重要的瓜葛。这些"天才的发明"让人叩问，究竟是什么让学术界人士堕落如斯？

长期以来，科研人员与利益靠的太近，又缺少相关规范制约。科研精神最核心的理念理应是公共精神与社会责任，倘若科学研究无视公共道德，藐视法律与科学伦理，则不仅会对社会造成可怕的伤害，更会让科学工作者个体陷入道德与法律的挞伐漩涡。鉴于此，浙大教授涉及瘦肉精事件，理应成为学术界反思科学道德现状的契机，不仅需要建立详细的规定与细则来规范科研，更要让食品监管深入科研领域，让科研走在合乎道德伦理与法律的轨道上。

材料4：

有学者指出，最近几十年中国的大学教育取得了不小的进展，但普遍存在着急功近利的倾向。高校扩招本来是为了普及高等教育来提高民族的竞争力，但片面追求规模和数量增长、急功近利的扩招是一种高等教育的"虚胖"，各高校的软硬件配套设施根本无法满足突然涌进校园的膨胀数倍的莘莘学子们的需要。扩招使师资大量缺乏，高校不得不以降低招聘"门槛"来充实教师队伍，一些大学教授把赚钱当作正业，而把教学和科研当做副业。另外，学校把学术成果作为评价教师职业能力的绝对标准，教师如果在2~3年内没有发表或申请到课题，便要被解聘或降级，这导致许多教师不潜心研究，而是抄袭他人论文予以发表；有的则在别人的研究成果中挂个名；有的则出钱请别人写文章在国内外报刊发表；有的靠胡拼乱凑，学术垃圾成批从这些人手中"生产"出来。

某报曾经对当今大学生的学习情况开展了一次专门的调查，在采访中记者发现，求职仿佛已经成为大学生的首要任务，而学业似乎沦为副业。目前很多高校的专业课出勤率很低，而考生们对此早就习以为常。在谈到毕业论文时，另一位大四学生告诉记者，自己正忙着面试、实习，刚"东拼西凑"了一篇开题报告，"论文到下学期再说吧，写论文不仅对找工作没有帮助，还要花费不少精力，我看不少学长一周就能搞定论文，这已经算是认真的了"。

材料5：

"为什么我们的学校总是培养不出杰出人才？"这就是著名的"钱学森之问"。"钱学森之问"是关于中国教育事业发展的一道命题，需要整个教育界乃至社会各界共同破解。由"钱学森之问"，以及建设世界一流大学的目标与当前高校教育质量日趋下降的，还有当前存在的学术造假等教育乱象，我们不难看出，无法培养出创造性、发明型杰出人才已成为一个社会难题，制约着中国的发展。吉林大学、山东大学等学校校长为给学术更大自由而主动退出学术委员会，教授治校、高校去行政化已在社会上引起了广泛讨论。

中国科技大学前校长，现任南方科技大学首任校长的教育家朱清时，在2009年接受凤凰卫视网访谈时说："未来十年应该是中国教育改革的十年，去除行政化、让教授治校、恢复学术至上是中国大学的必由之路。"2010年颁布的《国家中长期教育改革和发展规划纲要（2010~2020年）》提出，"探索教授治学的有效途径，充分发挥教授在教学、学术研究和学校管理中的作用。"这也说明了从国家到学者对学术自由、教授治校的思索。

材料6：

2004年中国科学院完成《我国科学道德与学风问题基本分析和建议》，对中国科学界许多违背科学道德规范，败坏学风的学术不端行为，道德失范及学风浮躁现象进行全面评估。2007年1月16日，中国科协七届三次常委会审议通过《科技工作者科学道德规范（试行）》，第三章列举了各种"造假、抄袭、剽窃和其他违背科学与共同体惯例"的"学术不端行为"。2010年10月31日，第十二届中国科协年会科学道德论坛在福州举行，中外专家学者就科技团体在科学道德规范建设中的引导作用、学术不端行为的源头治理、提升学术机构科学道德和诚信的办法等展开了讨论和交流。

问题： 假定"给定材料1～6"是你在调查研究中获取的信息，请依据这些材料归纳出一汇报提纲，以供领导参阅。

要求： 分条归纳，内容全面，表述准确；逻辑清晰；限400字。

答题思路与方法

1. 审题

第一步：剖析题干。该题是有机综合概括题。首先，简化题干："材料1~6获取信息，归纳提纲，供参阅"；其次，信息要求回馈材料，把握材料的主要内容，一般情况下，主要内容包含问题、原因和对策3个部分；再次，用汇报提纲的形式将主要信息有机地结合起来。

第二步：定位材料。通读材料，材料1~6中，材料1~3主要是陈述现象类问题，材料4主要为分析，材料

5~6主要是阐述对策。

第三步：理清思路。这道题目综合要求较高，第一层次，是把材料信息按问题、原因、对策进行归纳；第二层次，要以汇报提纲的形式写出，要条理清晰，结构安排合理。第三层次，按材料信息要点的篇幅，合理分配答案字数，难度系数相对比较高。比如材料中的对策较少，归纳以后，仅两条，考生没必要引申扩展，否则既浪费时间，容易超字数，又难以突出重点。

2. 提炼概括

审清题意后，该题目考查的与问题、原因、对策相对应的材料分布比较明显，不再详细提炼，给出段落大意归纳。

（1）材料1：学术造假、抄袭、剽窃现象。

（2）材料2：学术浮躁、请人代写、拼凑、"抄袭民间大众"（用较为规范的语言表述为"引用不规范"）、缺乏创新、泡沫论文、科研在低水平重复现象大量存在。

（3）材料3：技术造假涉及食品安全领域。

（4）材料4：从逻辑上可以判断，多为原因的描述。

（5）材料5、材料6：主要阐述对策。

参考答案

关于当前学术问题的情况汇报

（1）问题：

① 学术腐败严重。抄袭、剽窃、造假、请人代写等现象普遍存在。

② 学风浮躁。论文泡沫多，拼凑严重，缺乏创新性，科研水平低，重复率高，引用材料不规范。

③ 造假涉及范围广。造假涉及电子、数学、食品、出版等各个领域。

④ 学术风气败坏，学者公信力下降，人才素质低，科研经费浪费严重。

（2）原因：

① 利益驱使。论文关系到职称、地位、名气、经费等多重利益。

② 评价机制不健全。评价内容单一，论文、课题作为唯一的评定标准。评定标准只重数量，忽视质量。

③ 监管缺位。法律对学术造假界定不明，对"造假产业"的打击不够。

④ 科研精神缺失。公共道德低下、社会责任感不高。

⑤ 高校扩招导致软硬件设施不完善，教师水平低，考生就业压力大。

（3）建议：

① 恢复学术至上，保障学术自由，推动高校去行政化和教授治校。

② 完善学术规范和评估机制，发挥科技团体在学术道德建设中的主导作用，强化其内部自律。

练习二：【2013年国考】

给定材料

材料1：

新加坡没有专门制定针对游客文明素质的行为准则，政府长期开展全面思想教育活动，宣传教导人民处事待人要讲究礼貌，针对随地吐痰、乱扔垃圾等不文明举止，新加坡曾开展过长期的教育宣传活动。与此同时，新加坡将精神文明建设的许多内容都纳入了法制的轨道，针对日常生活中不文明行为进行立法，施以重罚，如随地吐痰、乱扔垃圾和在地铁里抽烟等不良行为要被重罚1000新元（1美元约合1.5新元），在地铁里吃东西罚款500新元，新加坡禁止在饮食场所（如大排档、咖啡厅等）吸烟，若有违规，不仅吸烟人受罚，店老板也连带受罚。1993年，18岁的美国某青年在新加坡搞恶作剧，向汽车喷漆，破坏公物，被法庭判鞭刑6下。尽管美国舆论强烈反对，新加坡不为所动，后因美国总统克林顿求情，鞭刑减至4下。这个事例给世人留下了深刻的印象，使得外国人在新加坡旅游时特别注意自己的言行举止是否文明。

材料2：

韩国现行《护照法》规定，如果国民在海外犯法并遭驱逐，将限制其在1~3年内出国。2012年4月，韩外交部出台政策，对有损韩国形象的"丑陋的韩国人"进行管制。韩政府决定扩大《护照法》的适用范围，只要收到有关韩国国民丑态和不法行为的通报，即使该国民未遭对方国家驱逐，也会限制其出国。外交部还同一些民间团体合作，开展"海外健康旅游运动"，利用城市中心和机场的大屏幕等进行宣传，内容主要是防止国民海外卖淫嫖娼、防止偷渡和贩卖毒品、脱离海外黑社会、不要虐待当地雇员、遵守旅游目的地国法律和秩序、尊重当地文化等礼仪教育。外交部还联合其他七部委组成"泛政府对策促进工作委员会"，其中教育部将在教科书中增加"国际礼仪"等内容；劳动部对海外韩国企业进行防止侵犯劳动者人权等方面的教育；警察厅将向韩国政府驻外机构增派警力，全力改善韩国的国际形象。

韩国政府出台上述综合对策后，媒体和民众基本上持欢迎态度。一些网友认为早就应该出台这样的政策，并呼吁韩国人"从我做起"。但也有不少人表示担忧，认为外交部的做法限制了国民的基本权利，是对人权的侵犯。因为政府很难对"丑陋的韩国人"作出明确定义，也没有关于损害国家形象的客观标准。韩联社在时评中表示，政府采取的措施效果并不明显，要解决问题，需要扩充严重不足的领事人力，并提高服务质量。

材料3：

在美国，一场声势浩大的活动也在酝酿之中，其宗旨就是改变外国人心目中"丑陋美国人"的形象，改善赴国外出差或是旅游的美国人的行为举止。一些大公司准备到国外出差的普通员工和高级管理人员将收到一份美国亚洲文化学院UACA编写的《全球公民指南》，里面提供了改善美国形象的16个小窍门，比如试着说点当地语言，不要对财富、权力、地位或美国骄傲等夸夸其谈。这项活动将于下个月正式展开，一直延续到秋季，其中包括召开为期一天的研讨会。"大体上，我们在世界各国人眼中都是傲慢自大、自私自利而且夸夸其谈的人"，DDB的荣誉主席基思莱·恩哈德说。外交行动商业集团组建于2004年，这个非盈利组织基于一系列调查采访，草拟有关美国人出访海外或在海外工作的行为建议表。去年，在Southern Methodist大学广告系学生的帮助下，该组织编辑了只有护照大小的大学生行为指南册，并向即将赴海外就读的大学生免费发放了20万册。现在，他们将注意力转向了商业旅行者。"企业肩负着维护美国形象的重任。"基思·莱恩哈德说。外交行动商业组织由全国商旅人协会（简称NBTA）出资创办，这是一个企业差旅经理组成的团体。NBTA称，目前在塑造美国人的形象方面，伊拉克战争等外交政策的影响力远远超过海外美国人的行为举止，美国驻华使馆一负责人表示，美国政府已经意识到这个问题，只不过提升国民素质的行为由民间组织来展开，政府只是配合。

问题： 根据"给定材料"，比较分析新、韩、美三国提升国民文明意识，强化文明行为的做法。

要求： 概括准确，分析合理，言语简练；不超过300字。

答题思路与方法

1. 审题

第一步：剖析题干。该题目为有机综合分析题。题干比较短，但理解难度较大，容易理解为"比较三个国家做法的异同点"。该题目重点在"比较"，难点在"分析"，很多考生往往只把握重点，忽视难点。难点要求分析三国做法不同的原因。

第二步：理清思路。第一层次，该题目是"比较分析做法"，那就要求比较异同点，相同点与不同点的具体划分要依据材料而定；第二层次，在不同点里面分析三个国家做法不同的原因。

第三步：定位材料。材料1、2、3分别谈新加坡、韩国、美国，材料是横向设置，但题目要求纵向比较。

这就要求横向提炼，纵向比较。通过材料的纵向比较归纳出其不同点主要是主导者、方式、对象三个元素不同。造成不同的原因要求结合自身背景引申作答。

2. 提炼概括

材料1：

新加坡没有专门制定针对游客文明素质的行为准则，<u>政府长期开展全面思想教育活动</u>，宣传教导人民处事待人要讲究礼貌，针对随地吐痰、乱扔垃圾等不文明举止，<u>新加坡曾开展过长期的教育宣传活动</u>。与此同时，<u>新加坡将精神文明建设的许多内容都纳入了法制的轨道，针对日常生活中不文明行为进行立法，施以重罚</u>，如随地吐痰、乱扔垃圾和在地铁里抽烟等不良行为要被重罚1000新元（1美元约合1.5新元），在地铁里吃东西罚款500新元，新加坡禁止在饭食场所（如大排档、咖啡厅等）吸烟，若有违规，不仅吸烟人受罚，店老板也连带受罚。1993年，18岁的美国某青年在新加坡搞恶作剧，向汽车喷漆，破坏公物，被法庭判鞭刑6下。<u>尽管美国舆论强烈反对，新加坡不为所动，后因美国总统克林顿求情，鞭刑减至4下</u>。这个事例给世人留下了深刻的印象，使得外国人在新加坡旅游时特别注意自己的言行举止是否文明。

——提炼：政府长期开展全面思想教育活动，新加坡曾开展过长期的教育宣传活动。针对日常生活中不文明行为进行立法，施以重罚。尽管美国舆论强烈反对，新加坡不为所动，后因美国总统克林顿求情，鞭刑减至4下。

——概括出：注重宣传教育。政府主导，方式是立法约束和严格执法相结合，注重重罚，管制范围包括本国公民和外国在本国的公民。

材料2：

韩国现行《护照法》规定，如果国民在海外犯法并遭驱逐，将限制其在1~3年内出国。2012年4月，<u>韩外交部出台政策，对有损韩国形象的"丑陋的韩国人"进行管制</u>。韩政府决定扩大《护照法》的适用范围，只要收到有关韩国国民丑态和不法行为的通报，即使该国民未遭对方国家驱逐，也会限制其出国。<u>外交部还同一些民间团体合作</u>，开展"海外健康旅游运动"，利用城市中心和机场的大屏幕等进行宣传，内容主要是防止国民海外卖淫嫖娼、防止偷渡和贩卖毒品、脱离海外黑社会、不要虐待当地雇员、遵守旅游目的地国法律和秩序、尊重当地文化等礼仪教育。外交部还联合其他七部委组成"泛政府对策促进工作委员会"，其中教育部将在教科书中增加"国际礼仪"等内容；劳动部对海外韩国企业进行防止侵犯劳动者人权等方面的教育；警察厅将向韩国政府驻外机构增派警力，全力改善韩国的国际形象。

韩国政府出台上述综合对策后，媒体和民众基本上持欢迎态度。一些网友认为早就应该出台这样的政策，并呼吁韩国人"从我做起"。<u>但也有不少人表示担忧，认为外交部的做法限制了国民的基本权利，是对人权的侵犯。因为政府很难对"丑陋的韩国人"作出明确定义，也没有关于损害国家形象的客观标准</u>。韩联社在时评中表示，政府采取的措施效果并不明显，要解决问题，需要扩充严重不足的领事人力，并提高服务质量。

——提炼：韩外交部出台政策，对有损韩国形象的"丑陋的韩国人"进行管制。外交部还与一些民间团体合作。但也有不少人表示担忧，认为外交部的做法限制了国民的基本权利，是对人权的侵犯。因为政府很难对"丑陋的韩国人"作出明确定义，也没有关于损害国家形象的客观标准。

——概括出：注重宣传教育。韩国政府与民间团体合作。无客观标准，约束力差。适用对象为本国公民。

材料3：

在美国，一场声势浩大的活动也在酝酿之中，<u>其宗旨就是改变外国人心目中"丑陋美国人"的形象，改善赴国外出差或是旅游的美国人的行为举止</u>。一些大公司准备到国外出差的普通员工和高级管理人员将收到一份美国亚洲文化学院UACA编写的《全球公民指南》，里面提供了改善美国形象的16个小窍门，比如试着说点当地语言，不要对财富、权力、地位或者美国骄傲等夸夸其谈。这项活动将于下个月正式展开，一直延续到秋季，其中包括召开为期一天的研讨会。"大体上，我们在世界各国人眼中都是傲慢自大、自私自利而且夸夸其谈的人"，DDB的荣誉主席基思·莱恩哈德说。外交行动商业集团组建于2004年，这个非盈利组织基于一系列调查采访，草拟有关美国人出访海外或在海外工作的行为建议表。去年，在Southern Methodist大学广告系学生的帮助下，该组织编辑了只有护照大小的大学生行为指南册，并向即将赴海外就读的大学生免费发放了20万册。现在，他们将注意力转向了商业旅行者。"企业肩负着维护美国形象的重任。"基恩·莱恩哈德说。外交行动商业组织由全国商旅人协会（简称NBTA）出资创办，这是一个企业差旅经理组成的团队。NBTA称，目前在塑造美国人的形象方面，伊拉克战争等外交政策的影响力远远超过海外美国人的行为举止，美国驻华使馆一负责人表示，美国政府已经意识到这个问题，只不过提升国民素质的行为由民间组织来展开，政府只是配合。

——提炼：其宗旨就是改变外国人心目中"丑陋美国人"的形象，改善赴国外出差或是旅游的美国人的行为举止。这个非盈利组织基于一系列调查采访，草拟有关美国人出访海外或在海外工作的行为建议表。企业肩负着维护美国形象的重任。只不过提升国民素质的行为由民间组织来展开，政府只是配合。

——概括：注重宣传教育。主要由民间组织引导，政府配合。

3. 分类归纳

相同点：注重宣传教育。
不同点：从主导者、方式、适用对象三个角度展开。
不同原因：结合自身背景从历史文化背景引申作答。

参考答案

（1）相同点：都非常注重宣传教育的作用。
（2）不同点及原因：

不同点：

①主导者不同。新加坡主要由政府主导；美国主要由民间组织、政府配合；韩国强调政府和民间合作。
②方式不同。新加坡将立法约束和严格执法相结合，注重重罚；美国无强制性措施；韩国完善立法，对有损国家形象的严格管制和通报，无客观标准。
③对象不同。新加坡管制范围包括本国公民和外国在本国的公民；美国和韩国只针对本国公民。

不同的原因：

①文化背景差异。新加坡受儒家文化影响，强调集体利益和公权力；美国更多受自由主义影响，更注重个人权利；韩国则受到两种文化的双重影响。
②历史差异。新加坡曾经是殖民地，民族和国家意识较强；美国是移民国家，民间力量比较壮大。

练习三：【2012年山东省】

给定材料

材料1：

"难别那童年欢闹的河州，难别那河州喂饱的老牛，难别那老牛翻过的黑土，难别那黑土种下的乡愁……"这是一首名为《故土难离》的歌曲。的确，故土情结在每一个人心中，移民尤其难舍故土。移民的搬迁不仅仅是居住地的改变，更重要的是生活方式的变化，这需要一个漫长的适应与融合的过程。其中一些人因无法适应全新的生活环境，选择重新回到故土，被称为移民"反流"。移民"反流"现象增多，伴生了许多新的社会问题。A教授是长期研究移民问题的专家，针对移民搬迁中难以回避的"反流"现象，他表示:"移民问题是个非常复杂的问题,千万不能只根据某些好的例子就说它好,一些不好的例子就说它坏,这需要很慎重。"他提出,"在理念和政策上,首先要让移民有一个合格的身份,不能永远是移民的身份,否则社会怎么管理?不要长期用'移民'这个词,没有好处。像新安江的移民,都已经过了50年了,你还叫他们移民,就很麻烦,他们没有归属感了,因此要淡化移民概念。要让他们感觉到自己已经和当地居民是一样的。归根结底,要让移民有归属感和认同感。"

材料2:

陕西省政府办公厅印发的《陕南地区移民搬迁安置工作实施办法(暂行)》规定,陕南地区搬迁安置工作的原则是"政府主导,群众自愿;以人为本、民生优先;因地制宜、突出重点;整合资源、传承特色",移民安置工作强调要坚持统筹兼顾、科学规划、分步实施。根据搬迁规则,陕南地区共需投资1109.4亿元。按规定中"三四三"的补助方案,意味着陕南地方政府需支付360~420亿元的补贴,其中一半需要市县一级财政自筹,这对地方财政收入仅10多亿元的陕南地区可说压力巨大。为此,陕西省有关方面组建了陕南移民搬迁工程有限公司,其股东分别为陕西省财政厅和陕西有色金属集团,前者出资10亿元,后者出资20亿元,其余资金缺口将通过银行贷款解决。未来10年,该公司将在陕南地区移民搬迁工作领导小组的领导下,以及在陕南地区移民搬迁工作指挥部的统一安排下,配合陕南三市各级政府,以社会性和公益性为宗旨,以项目建设的模式推进移民搬迁安置工作。同时,省政府将积极争取国家有关部门对移民搬迁予以政策、资金等方面的扶持。

根据陕南移民搬迁的范围和对象,移民搬迁分为地质灾害移民搬迁、洪涝灾害移民搬迁、扶贫移民搬迁、生态移民搬迁和工程移民搬迁五大类型,统称为避灾移民搬迁。一位从事扶贫工作约30年的陕南当地老干部感慨地说,对于多灾多难的陕南地区而言,移民工程足以与废除几千年来的农业税政策相提并论。如果一切顺利,这可能是新中国历史上最大规模的移民搬迁工程,它与以往单纯的扶贫救济不同,这一次是彻底的搬迁。

材料3:

宁夏固原市原州区是35万生态移民工程的重点区县,5年内要完成移民任务6万人。区委F书记对记者说,既要让移民搬迁出去,更要关心移民有没有致富的路子,我们采取的办法,是移民搬迁住房和蔬菜温棚两把"钥匙"一起交,目的是让他们真正做到既安居,又乐业。针对移民长期受旱作农业耕作方式束缚,短时间内难以适应温棚种植技术的状况,原州区采取举办培训班、邀请技术人员实地讲解等方式,强化对移民实施生产技术和技能培训。

对原州区的做法,陕南地区商洛市Y市长非常认同,他坦言,商洛市以前的移民搬迁中,的确有搬迁后的居民最终又返回了家乡。"因为以前的搬迁只是简单地把大家从一个地方移民到另一个地方,新地方没有配套设施,生活很不方便。"Y市长分析,"缺乏增加收入的方式,新生活自然难以为继。尤其是农民搬迁进城后,生活成本比农村高,不想办法拓展他们的收入,肯定还会返乡。"此次商洛市移民搬迁将集中安置作为搬迁的最重要方式,"这样做主要是便于道路、水电等基础设施和卫生院、幼儿园、学校等配套设施的统一建设。"Y市长说,"首先让搬迁群众生活方便,他们才愿意长久住下去。"

材料4:

2011年5月,有媒体调查指出,新中国成立的60年中,中国大规模的经济建设导致移民总数达到7000万以上。从未来的发展趋势看,今后每年仍将会有数百万人因地质灾害、生态环境、扶贫开发、城乡建设征地等问题而移民。然而迄今为止,我国尚缺乏一部专门的法律,对移民的管理机构、管理体制、移民搬迁的规划设计、权益保障等方面进行统一规范。国际研究移民问题的某知名专家表示,移民活动对迁入区和迁出去的人口分布、社会经济发展状况和趋势、生态环境与土地资源利用方式都有较大的影响,将在极大程度上改变相当一部分人群的生存状态。移民的生活、生产、就业、社会关系都将发生变化,原有的社会经济体系完全解体，需要异地恢复重建，绝非易事。迁移不当就有可能导致灾害"搬家"，迁入地本来生态环境很好，迁入大量人口之后，资源与环境压力增大，也可能会出现新的灾害。我国内蒙古阿拉善地区操场严重沙漠化的一个重要原因就是人口大量迁入，过度垦殖、放牧，导致原来的生态系统崩溃。

也有研究者主张，对于灾害，首要的选择不一定是移民，而是要建立一种灾害治理和管理的长效机制。要建立各类灾害普查、重点地区详查、风险评估、预测、灾中救援和应急管理等一系列制度，强化灾害管理和应急能力建设。

中国工程院院士、三峡工程某专家组组长在接受记者专访时指出，移民、生态、地质灾害这三个问题最棘手，因为"这些问题是需要长期做工作的，不是一下子就可以解决的，这三个问题又是性质不一样的问题。"

问题：请你结合对全部"给定材料"的理解，谈谈对画线句子的认识。（20分）

要求：观点明确，分析深入，条理清晰；不超过300字。

答题思路与方法

1. 审题

第一步:剖析题干。首先,该题目为有机综合类题目,题干要求对画线句子的认识。提出画线句子:"移民的搬迁不仅仅是居住地的改变,更重要的是生活方式的变化,这需要一个漫长的适应与融合的过程。"其次,采用题干添加法,题干转化为"结合材料,谈谈对'移民搬迁不仅改变居住环境,更重要的是改变生活方式,需要长期时间'的理解与认识。"题干转化后再分析,则题目的内在要求是理解"移民搬迁"是前提,然后把认识的重点落在"改变生活方式"上,即重点落在建议上;再次,理清需要理解的内容,才能提准对策。

第二步:理清思路。第一层,理解题干,先谈这句话的内涵;第二层,理解移民搬迁强调"更重要的是改变生活方式"的重要意义;第三层,提出改变生活方式的具体举措。

第三步:定位材料。材料1为画线句所在段落,必定有用,材料2开头句即谈移民安置举措,也有用;材料3最后1句对长久生活下去的强调,有信息要点分布;材料4深入地谈移民后的生活,为重点材料。可见4个材料均是必用材料。

2. 提炼概括

材料1:

"难别那童年欢闹的河州,难别那河州喂饱的老牛,难别那老牛翻过的黑土,难别那黑土种下的乡愁……"这是一首名为《故土难离》的歌曲。的确,故土情结在每一个人心中,移民尤其难舍故土。

移民的搬迁不仅仅是居住地的改变,更重要的是生活方式的变化,这需要一个漫长的适应与融合的过程。其中一些人因无法适应全新的生活环境,选择重新回到故土,被称为移民"反流"。移民"反流"现象增多,伴生了许多新的社会问题。A教授是长期研究移民问题的专家,针对移民搬迁中难以回避的"反流"现象,他表示:"移民问题是个非常复杂的问题,千万不能只根据某些好的例子就说它好,一些不好的例子就说它坏,这需要很慎重。"他提出,"在理念和政策上,首先要让移民有一个合格的身份,不能永远是移民的身份,否则社会怎么管理?不要长期用'移民'这个词,没有好处。像新安江的移民,都已经过了50年了,你还叫他们移民,就很麻烦,他们没有归属感了,因此要淡化移民概念。要让他们感觉到自己已经和当地居民是一样的。归根结底,要让移民有归属感和认同感。"

——提炼:移民问题是个非常复杂的问题。在理念和政策上,首先要让移民有一个合格的身份,不能永远是移民的身份,否则社会怎么管理?不要长期用"移民"这个词,没有好处。因此,要淡化移民概念,要让他们感觉到自己已经和当地居民是一回事了。归根结底,要让移民有归属感和认同感。

——概括出:移民搬迁的认识:问题复杂;改变生活方式的意义:体现以人为本的理念,加强移民心理精神安慰。

——举措:加强人文关怀,淡化移民概念,改变二元体制,增加移民归属感和认同感。

材料2：

陕西省政府办公厅印发的《陕南地区移民搬迁安置工作实施办法（暂行）》规定，陕南地区搬迁安置工作的原则是"政府主导，群众自愿；以人为本、民生优先；因地制宜、突出重点；整合资源、传承特色"，移民安置工作强调要坚持统筹兼顾、科学规划、分步实施。根据搬迁规则，陕南地区共需投资1109.4亿元。按规定中"三四三"的补助方案，意味着陕南地方政府需支付360~420亿元的补贴，其中一半需要市县一级财政自筹，这对地方财政收入仅10多亿元的陕南地区可谓压力巨大。为此，陕西省有关方面组建了陕南移民搬迁工程有限公司，其股东分别为陕西省财政厅和陕西有色金属集团，前者出资10亿元，后者出资20亿元，其余资金缺口将通过银行贷款解决。未来10年，该公司将在陕南地区移民搬迁工作领导小组的领导下，在陕南地区移民搬迁工作指挥部的统一安排下，配合陕南三市各级政府，以社会性和公益性为宗旨，以项目建设的模式推进移民搬迁安置工作。同时，省政府将积极争取国家有关部门对移民搬迁予以政策和资金等方面的扶持。

根据陕南移民搬迁的范围和对象，移民搬迁分为地质灾害移民搬迁、洪涝灾害移民搬迁、扶贫移民搬迁、生态移民搬迁和工程移民搬迁五大类型，统称为避灾移民搬迁。一位从事扶贫工作约30年的陕南当地老干部感慨地说，对于多灾多难的陕南地区而言，移民工程足以与废除几千年来的农业税政策相提并论。如果一切顺利，这可能是新中国历史上最大规模的移民搬迁工程，它与以往单纯的扶贫救济不同，这一次是彻底的搬迁。

——提炼：陕南地区搬迁安置工作的原则是"政府主导，群众自愿；以人为本、民生优先；因地制宜、突出重点；整合资源、传承特色"，移民安置工作强调要坚持统筹兼顾、科学规划、分步实施。

——举措：移民安置应坚持统筹兼顾、科学规划、分步实施。

一位从事扶贫工作约30年的陕南当地老干部感慨地说，对于多灾多难的陕南地区而言，移民工程足以与废除几千年来的农业税政策相提并论。

——得出：移民搬迁任务重大，意义长远。

材料3：

宁夏固原市原州区是35万生态移民工程的重点区县，5年内要完成移民任务6万人。区委F书记对记者说，既要让移民搬出去，更要关心移民有没有致富的路子，我们采取的办法，是移民搬迁住房和蔬菜温棚两把"钥匙"一起交，目的是让他们真正做到既安居，又乐业。针对移民长期受旱作农业耕作方式束缚，短时间内难以适应温棚种植技术的状况，原州区采取举办培训班、邀请技术人员实地讲解等方式，强化对移民实施生产技术和技能培训。

对原州区的做法，陕南地区商洛市Y市长非常认同，他坦言，商洛市以前的移民搬迁中，的确有搬迁后的居民最终又返回了家乡。"因为以前的搬迁只是简单地把大家从一个地方移民到另一个地方，新地方没有配套设施，生活很不方便。"Y市长分析，"缺乏增加收入的方式，新生活自然难以为继。尤其是农民搬迁进城后，生活成本比农村高，不想办法拓展他们的收入，肯定还会返乡。"此次商洛市移民搬迁将集中安置作为搬迁的最重要方式，"这样做主要是便于道路、水电等基础设施和卫生院、幼儿园、学校等配套设施的统一建设。"Y市长说，"首先让搬迁群众生活方便，他们才愿意长久住下去。"

——提炼：既要让移民搬出去，更要关心移民有没有致富的路子，我们采取的办法，是移民搬迁住房和蔬菜温棚两把"钥匙"一起交，针对移民长期受旱作农业耕作方式束缚，短时间内难以适应温棚种植技术的状况，原州区采取举办培训班、邀请技术人员实地讲解等方式，强化对移民实施生产技术和技能培训。

——举措：转变生产方式，拓宽就业渠道。强化移民生产技术和技能培训。

缺乏增加收入的方式，新生活自然难以为继。

——举措：保障移民收入。

"这样做主要是便于道路、水电等基础设施和卫生院、幼儿园、学校等配套设施的统一建设。"

——举措：完善生活保障。加强迁入地的教育、医疗、交通等基础设施建设。

材料4：

2011年5月，有媒体调查指出，新中国成立的60年中，中国大规模的经济建设导致移民总数达到7000万以上。从未来的发展趋势看，今后每年仍将会有数百万人因地质灾害、生态环境、扶贫开发、城乡建设征地等问题而移民。然而迄今为止，我国尚缺乏一部专门的法律，对移民的管理机构、管理体制、移民搬迁的规划设计、权益保障等方面进行统一规范。国际研究移民问题的某知名专家表示，移民活动对迁入区和迁出去的人口分布、社会经济发展状况和趋势、生态环境与土地资源利用方式等都有较大影响，将在极大程度上改变相当一部分人群的生存状态。移民的生活、生产、就业、社会关系将发生变化，原有的社会经济体系完全解体，需要异地恢复重建，绝非易事。迁移不当就有可能导致灾害"搬家"；迁入地本来生态环境很好，迁入大量人口之后，资源与环境压力增大，也可能会出现新的灾害。我国内蒙古阿拉善地区操场严重沙漠化的一个重要原因就是人口大量迁入，过度垦殖、放牧，导致原来的生态系统崩溃。

也有研究者主张，对于灾害，首要的选择不一定是移民，而是要建立一种灾害治理和管理的长效机制。要建立各类灾害普查、重点地区详查、风险评估、预测、灾中救援、应急管理等一系列制度，强化灾害管理和应急能力建设。

中国工程院院士、三峡工程某专家组组长在接受记者专访时指出，移民、生态、地质灾害三个问题最棘手，因为"这些问题是需要长期做工作的，不是一下子就可以解决的，这三个问题又是性质不一样的问题。"

——提炼：国际研究移民问题的某知名专家表示，移民活动对迁入区和迁出去的人口分布、社会经济发展状况和趋势、生态环境与土地资源利用方式等都有较大影响，将在极大程度上改变相当一部分人群的生存状态。迁移不当就可能导致灾害搬家，迁入地本来生态环境很好，迁入大量人口之后，资源与环境压力增大，也可能会出现新的灾害。

——举措：保护生态环境，尊重自然规律，考虑人口迁入地环境承受能力。

3. 分类归纳

总的认识：避灾移民搬迁问题复杂、责任重大、任务艰巨、意义长远。

——引申：改变居住环境是搬迁的基础，改变生存状态、生产、就业、社会关系等生活方式是搬迁的根本。

改变生活方式的意义：①体现以人为本的理念，加强移民心理精神安慰，调动移民搬迁积极性；②让移民搬得出、稳得住、能致富，更快适应和融合新环境。

——举措：①移民安置应坚持统筹兼顾、科学规划、分步实施；②完善生活保障。加强迁入地的教育、医疗、交通等基础设施建设；③保护生态环境。尊重自然规律，考虑人口迁入地环境承受能力；④转变生产方式，拓宽就业渠道。强化移民生产技术和技能培训，保障移民收入；⑤加强人文关怀。淡化移民概念，改变二元体制，强化移民归属感和认同感。

参考答案

避灾移民搬迁问题复杂、责任重大、任务艰巨、意义长远。

(1) 改变居住环境是搬迁的基础，改变生存状态、生产、就业和社会关系等生活方式是搬迁的根本。

(2) 改变生活方式意义：①体现以人为本的理念，加强移民心理精神安慰，调动移民搬迁积极性；②

让移民搬得出、稳得住、能致富，更快适应和融合新环境。

（3）举措：①坚持统筹兼顾、科学规划、分步实施；②完善生活保障。加强迁入地的教育、医疗、交通等基础设施建设；③保护生态环境。尊重自然规律，考虑人口迁入地环境承受能力；④转变生产方式，拓宽就业渠道。强化移民生产技术和技能培训，保障移民收入；⑤加强人文关怀。淡化移民概念，改变二元体制，强化移民归属感和认同感。

第三节 非常规题型

近年来，国考、联考，尤其是一些地方的申论考试中，经常会出现一些非常规题型，往往令考生措手不及，不知从何着手作答。这种题目主要有三类：一是传统题型的改头换面，比较容易作答；二是由于命题不严谨，或者为了测查发散思维能力，题目问题模棱两可，需要多角度全面作答；三是别出心裁的新颖题型，或测查逆向思维能力，或测查知识背景，或测查实际工作能力，比较难以作答。

一、新瓶老酒——换个问法

申论客观题，传统上主要有概括、分析、对策三大类。为了满足试题的创新要求，命题专家常会设计一些新颖的提问方式，但其实质仍是传统题型。对此，我们只需把它还原为相应的传统题型，依据传统思路作答即可。

练习一：【2012年国考省部级】

给定材料

材料8：

2010年2月9日，农历十二月廿六。在北京做建筑工程的孙先生回到天津，原定与暂住在天津的家人和弟弟聚一天再回武汉，但他查看天气预报了解到，此后几天，天津至武汉沿线的高速公路，部分地区可能因雨雪封路。他决定赶在封路前赶回武汉，给先回武汉的民工发放工钱。春节前发放工钱，是他对民工的承诺。当晚，孙先生提取26万元现金，带着妻子和三个儿女出发了。次日凌晨，他驾车驶至南兰高速开封县陇海铁路桥段时，由于路面结冰，发生重大车祸，20多辆车连环追尾，孙先生一家五口全部遇难。第二天早上，弟弟打电话回家，发现哥哥仍未到家，手机也联系不上。预感不妙的弟弟开车沿途查找，结果在河南兰考县人民医院太平间发现了哥哥及家人的遗体。弟弟撬开撞得扭成一团的轿车后备箱，捆好的26万元现金还在。"我们家这个年是过不成了，但不能让跟着哥哥辛苦一年的工友们也过不好年。"沉浸在痛苦中的弟弟含泪决定，先替哥哥完成遗愿。十二月廿九，两天未合眼、没吃饭的弟弟赶回家中，通知民工上门领钱。因为哥哥离世后，账单多已不在，弟弟让民工们凭着良心领工钱，人家说多少钱，就给多少钱！钱不够，弟弟就贴上了自己的6.6万元和母亲的1万元。就这样，在新年来临之前，60多名民工都如愿领到了工钱，弟弟如释重负。孙先生弟弟在接受记者采访时说，"新年不欠旧年薪，今生不欠来生债"，"包工头也要讲诚信，不能赚昧心钱，这是自己的良心账。"

徐先生是N市某希望小学教师，在婚检时被查出患有严重的肾衰竭及尿毒症。得知病情，他毅然和未婚妻解除婚约，作出一个旁人想象不到的决定——回到讲台前，将自己的余生奉献给教育事业。多年来，他忍受常人无法想象的痛苦，坚持自己在宿舍完成透析，坚守在教师岗位。2008年初大雪封山，他不顾病情严重，一次又一次护送山里的孩子回家；汶川大地震发生后的第二天，他就主动捐出了当月工资寄往灾区。多年来，他一直默默地从微薄的薪金中抽出钱来资助那些需要帮助的孩子，即使在他病情危重时刻也从未间断过。徐先生在日记中写道："我无法选择自己的命运，但我可以选择对待命运的态度；我无法延伸生命的长度，但我却可以拓展生命的宽度！"

31岁的年轻母亲吴女士有了一个她始终都有些不好意思接受的新名字——最美妈妈。2011年7月2日，某市一住宅小区，2岁女童妞妞从10楼的窗台坠落。在楼下人们惊呼的一刻，吴女士甩掉高跟鞋，伸开双臂向妞妞掉落的位置冲去，在即将落地的一刹那，她接住了妞妞。"事情发生在一瞬间，我根本来不及多想。我只知道她是一个孩子，我是一个母亲，孩子是母亲的心头肉，母亲救孩子是天经地义的事！"为了接孩子，吴女士左臂尺桡骨断成了3截，可她的脸上仍挂着明朗的微笑。在家人看来，吴女士能这样做"既意外也不意外"。她丈夫说："她继承了父母的朴实和善良，她今天所做的事情是平时养成的善良之心，关键时刻只是这种善良的习惯性流露。"吴女士所在社区的居民们自发以系黄丝带和点燃蜡烛的方式为吴女士和妞妞祈福。该省省委书记也于第一时间前往病房探望。美联社等欧美媒体赞扬她"勇敢""无私"，是真正的"守护天使"。

问题："给定材料8"介绍了最近社会上涌现出的先进人物事迹，某单位党委决定编印一期《内部学习材料》，宣传他们的事迹，号召本单位全体人员向先进人物学习。请你为这期《内部学习材料》撰写一则"编者按"。（10分）

要求：概括全面、准确，揭示各位先进人物的精神实质；不超过200字。

答题思路与方法

作答本题时，很多考生纠结于"编者按"的写法，不知如何入手，有的"文绉绉"地乱写一番，得分很少。其实，只要紧扣住"概括全面、准确，揭示……精神实质"的答题要求，本题就是一道概括题。事实上，本题的主要得分点即是对相关"精神实质"的揭示,而不是编者按的具体写法。

 参考答案

编者按:胡锦涛同志在七一讲话中指出,要坚持把干部的德放在首要位置。为此,广大党员干部要积极向社会各界先进人物学习,真正地做到"德才兼备"。

本期刊物主要介绍了"信守承诺、诚信仁义"的孙氏兄弟,"爱岗敬业、无我奉献"的徐老师,"朴实善良、无私勇敢"的最美妈妈吴女士。

希望广大党员认真学习他们的道德情操,并及时转化成行动,带动社会真正形成一种知荣辱、讲道德、促和谐的文明风尚。

练习二:【2012年安徽省A卷】

 **给定材料**

材料1:

《中共中央关于加强和改进党的作风建设的决定》指出,"作风建设是党的建设的重要组成部分。我们党历来高度重视作风建设,在长期革命和建设的实践中,形成并坚持发扬了理论联系实际、密切联系群众、批评与自我批评等优良作风。这是党的工人阶级先锋队性质和全心全意为人民服务宗旨的体现,是中国共产党区别于其他政党的显著标志,也是党千锤百炼更坚强的重要原因。""党的作风方面也存在一些亟待解决的问题。主要是在一些地方、部门和领导干部中,教条主义、本本主义滋长,形式主义、官僚主义盛行,弄虚作假、虚报浮夸严重,独断专行、软弱涣散问题突出,以权谋私、贪图享乐现象蔓延。这些问题,归根到底都是脱离实际、脱离群众的,其消极影响和后果不可低估。历史和现实一再告诉我们,执政党不注重作风建设,听任不正之风侵蚀党的肌体,就会损害党群关系和干群关系,甚至失去民心,丧失政权。"

材料2:

中部某省规定,全省乡以上党政主要领导每人包一个人均收入2500元以下的村子,实地帮助指导农民开辟新的生产门路,实现"十二五"收入翻番。村民说,"以前对那些坐着小车转,隔着玻璃看的下乡干部非常反感,现在看到干部干着活淌着汗,吃着土豆喝米汤感到很亲切。"该省负责人明确要求,干部下乡驻村要力戒形式主义,要立足发展、结合实际,与农民一道确立发展目标和发展措施,夯实发展基础,不能简单地给钱给物给项目。

南方某省组织10万多名干部进村入户,访民情、送政策、办实事、促发展,把脚印"印"在农户家里,也"印"在农民的心坎上。中部某省从2011年9月~2012年2月底,开展"省、市、县、乡、村"五级党组织书记带头大走访活动,要求各级领导班子和广大党员干部进农村、进企业、进社区、进学校。

北方某市每年派500名市级机关年轻干部到基层锻炼。该市市委组织部负责人表示,基层是社会变革体现最直接的地方,也是群众工作生活的地方,年轻干部只有到基层锻炼,才能真正与群众打成一片,增强服务群众的本领。

西南某市要求,市级机关干部每年至少用1周时间,县级机关干部每年至少用半个月时间,新提任科以上干部、新招录公务员每年至少用1个月时间,下基层、到村庄、入农户,解决群众生产生活中遇到的困难和问题,并对党政领导干部公开接访作出具体安排。

南方某市交管、交委、城管以及城建委等部门负责人通过电视、网络直播就承诺的交通秩序、便民自行车等问题公开接受群众评议。一个多小时的"问政直播"让局长们"如火上烤"。这档节目成了当地收视率最高的节目,也成了媒体关注的热点。

东部某县组织开展"心连心，面对面"公开征求意见、城市建设咨询服务等活动，在公众信息网上开通"党风廉政舆情在线"、"书记信箱"等栏目，拓宽民意反映渠道，使群众的需求得到及时回应。

东南部某县农村党员本人对照党章要求，根据自身特长选择具体承诺事项。具体内容因人而异，量力而行，能做到什么就承诺什么，能做到几条就承诺几条。致富能力强的党员主要在传授技术、筹措资金、扶贫济困、联系项目等方面作出承诺；流动党员主要在提供致富信息、输出剩余劳动力等方面作出承诺；女党员主要在孝敬老人、教育子女等方面作出承诺；平时表现不太好的党员主要在自律方面作出承诺。

西部某县以评选"最满意"和"不满意"公职人员和治理乡镇干部"走读"（即住在城市，工作在农村）为重点，把干部对群众的"知名度"和群众对干部的"知名度"作为干部提拔重用和奖惩的硬指标，促进干部作风的好转。

在信访工作中，东北某县结合实际，首创领导干部包案工作载体，畅通了信访渠道，收到良好的效果。中央领导同志指出，这是联系农村群众的好办法，该县要求干部克服困难，晚上主动带案入农户，驻村进行夜访，与群众面对面，说理讲法，使群众的合理诉求能够及时得到解决。

中南部某省双龙乡干部纷纷到群众家中，倾心交谈，走访调研，体察民情。一是建立组织，分包到户。按照"带着问题去下访"的工作要求，细化分解工作任务，每名成员分包10户群众，确保活动不流于形式；二是设立问卷，征求意见。结合实际，开展问卷调查，内容包括家庭成员基本情况、居住情况、生产情况、基本经济情况、家庭成员幸福指标、生态环境、群防群治、干部作风等；三是认真总结、建章立制，对走访活动所征求到的意见，结合实际，完善密切联系群众的各项规章制度，使干部联系群众工作制度化、经常化、普遍化。

随着互联网的发展，各级政府不断改进政府运行方式，通过建立政务微博，直接与群众互动。据最新数据显示，经过新浪网认证的政府机构微博已有2万家，覆盖所有省级行政区，扩展到政府机构的各个领域。

社科院专家表示，"深入实际、深入基层、深入群众，知民情、解民忧、暖人心，始终把人民群众的利益放在第一位，这样我们的工作就一定能够获得最广泛、最可靠、最牢固的群众基础和力量源泉。"

材料3：

总的来说，我们党同人民群众的关系是好的，绝大多数党员和干部也是好的，涌现出了一大批先进典型，树立了新时期党员干部密切联系群众的光辉形象。

（1）沈浩"以忠诚和大爱，以创新和奋斗，以青春和生命，抒写了当代中国农村优秀基层干部的崇高精神，诠释了优秀共产党人的政治品格，树立了新时期基层干部的良好形象。"他的日记部分摘录如下：

2004年2月17日：小岗村与邻村比，基础条件还是好的，但是村容村貌太差，尤其是卫生状况，即便是学校环境也不是很好。我看工作就先从卫生开始，同村干部一起商量，订制一些制度，坚持下去，养成习惯会好起来的。

2004年2月24日：我认识到小岗人并不像外界所传的那样素质差。小岗人绝大多数是想发展、想富裕的。一定要严格要求自己，同时也要求村"两委"全体成员，一定要严格要求自己，按干部的要求去做。

2004年8月17日：今天小岗村东段1200米大道终于开工了！开工第一天，村干部带头上阵，大家都表现得很卖力。尤其是以姓唐的四川籍妇女干得特别出色，实在令人感动。谁说小岗人不能干，这位妇女的行为就是最有力的回答。

（2）"杨善洲，杨善洲，老牛拉车不回头，当官一场手空空，退休又钻山沟沟；二十多年绿荒山，拼了老命建林场，创造资产几个亿，分文不取乐悠悠……"这首流传于云南省西部保山市施甸县的民谣，不仅唱出了当地群众对云南省原保山地委书记杨善洲的敬重，还生动地向世人诠释了一名共产党人的60年如一日对理想信念的坚守。杨善洲一辈子爱和群众一起劳动，被群众称为"草帽书记"。他担任领导干部30多年，工作思路、工作方法是典型的"从群众中来，到群众中去"。他很少待在机关，大部分时间都在乡下跑。戴一顶草帽，穿一双草鞋，随身带着锄头、镰刀、嫁接刀等各种农具，碰到插秧就插秧，碰到收稻就收稻，哪块地里的草长高了就锄两把，谁家需要嫁接苗木就帮着嫁接。地里看过了，群众访问过了，这才到乡上、县上。群众觉得他没有"官架子"，劳动中和他唠家常、诉委屈，就像邻居老农一样。在深入基层、深入群众中，他发现问题，剖析矛盾，提出了许多切合实际并受到群众认可和欢迎的发展生产、改善生活的有力措施。杨善洲说："我与农民群众一起劳动是了解基层、了解农民疾苦很重要的方式，和农民在一起了解到的情况最真实。"

随着新时期社会利益格局的变化，社会矛盾的突显，少数党员干部中也存在着一些不容忽视的问题。

根据有关报道，中原地区某镇原党委书记黄某在驻村走访过程中摆架子、走过场，事后却在报纸上发表文章，吹嘘自己深入"问题村"，与农民"同吃、同住、同劳动"，帮助农民排忧解难。他在文中写自己为了帮助、感化全村出了名的"难缠户"，四进其家，帮他栽菜苗、红薯苗，帮他挑水、劈柴、烧火，为他处理宅基地纠纷，受感动的"难缠户"主动补交欠税。事实上，黄某从未登过他家的门。

近年来，个别官员"雷人"语录视频，引发社会关注。仅举几例：

2011年，某官员："我怎么知道有没有？你也不能打我的电话，一打都打给局长，局长很不值钱是不是？你随便的群众就打我的电话，我认为你是一般群众。"记者："一般群众不能给您打电话是吗？"该官员回答："当然不能打电话，我的私人电话为什么要让你打？"

某市市民致信市长信箱，质疑该市创建办不实地考察、仅限于网上作答的创建方式，认为"创建办网上创建要不得。"该信称，政府曾投入资金改造光明街一段，但目前光明街是杂草丛生、污水横流，占道经营问题严重。该市"市长信箱"就此信回复："我办没时间跟你闲扯，你有意见到创建办面淡"（回复者打了错别字，应为"面谈"）。记者查询发现这封信件的处理部门显示是"创建办"，处理情况为"办结"。

据媒体报道，北方某县103名农民工到处奔波讨要被拖欠的近13万元工资，一直没有结果。他们向当地政府反映时，该县副县长曾写下书面保证：3天之内解决，否则从县财政支出。然而，时隔一年有余，农民工的工钱仍没影儿。对此，该副县长接受采访时说，他当时去做劝解工作，本来就是想让农民回去算了。

材料4：

部分网民对少数干部脱离群众现象的评论：

网友A：问题形成的主要原因有两个：一是素质问题；二是学习问题。这个素质主要指政治素质，就是某些官员骨子里还有那么一股官气、霸气、匪气和痞气，还有一种官本位、权本位的思想；某些官员自我感觉真是好极了，总以为他振臂一挥，应者云集，全是因为自己的能力和魅力，而不是权力和职位的作用。

网友B：官员脱离群众背后是权力张狂，是对"衣食父母"缺乏敬畏之心。

网友C：这些官员，不是把自己当官，就是太不把自己当官，根本不把人民放在心上。说到底，还是缺乏"民本"意识。

网友D：某些官员不注重自身学习，不看书，不读报，甚至内行人说外行话。

网友E：在这个"人人都是传播者"的网络时代，政府公职人员随时有可能被置于聚光灯下，被送到麦克风前。但少数公职人员显然还没有做好思想上的准备，还很不适应面对媒体，不能与时俱进。

网友F：官场的熏染尤其是权力的浸染，已经使一些官员产生内在的俯视众生感，使他们不知道怎么跟民众交流，不知道怎么说群众喜闻乐见的话，出口就是训话、命令，甚至连媒体也当成下级，翘起二郎腿指手画脚起来。

网友G：当前一些地方和政府部门中官僚主义气息浓厚是不争的事实，他们"踢皮球"的作风，以及拿"没时间"、"没精力"等借口当挡箭牌的工作作风的确是不同程度存在的。

网友H：有些公仆文明素养低下，不会使用文明用语说话；有些公仆民生情怀缺失，群众本是衣食父母，却成了他们的眼中钉、肉中刺；有的公仆骄横跋扈，无法无天，唯我独尊，以为什么事都能自己说了算。他们的行为，损害的是党和政府的形象和威信，直接影响的是"水能载舟，亦能覆舟"的干群关系。

问题：假定本题"给定材料"是领导要求你编辑的内部材料，为方便领导阅读，请在"给定材料"前加150字左右的内容提要。

答题思路与方法

作答本题需要阅读的材料有6000字左右（本书有删减），但作答字数仅为150字，且问题设计新颖，给很多考生增加了不少心理负担。其实，内容提要可以理解为内容简介，就是概括材料的主要内容。因此，这是传统概括题的变种。作答时，完全不必理会内容提要该怎样写，只需提炼出每段材料的主旨句，分类归纳，并按一定的逻辑顺序写出来即可。

参考答案

《中共中央关于加强和改进党的作风建设的决定》指出了党风建设存在的问题，以及密切联系群众的重要性。各地党员干部深入实际、基层、群众，知民情、解民忧、暖民心，涌现出沈浩、杨善洲等先进典型。但也存在少数脱离群众的现象，网民认为是由于官本位思想浓厚，为民之心和民生情怀缺乏。

二、模棱两可——问题模糊

有的申论试题有多个问题杂糅，作答侧重点不明确，要么问题简短笼统，连答题方向都找不到。这种题目的出现，部分原因是命题不严谨，但更多是有意为之，旨在测查考生的全面分析能力和发散思维能力。作答这种题目，考生一定要考虑到尽可能多的主体，从尽可能全面的角度、层次入手作答。

练习一:【2012年北京市】

给定材料

材料1:

1978年以来,中国的经济增长速度平均达到9.8%(人均GDP平均增长率超过8.6%),是世界同期经济增长速度的4倍,经济规模在30年内翻了4番。2010年第二季度中国GDP总量超过1.33万亿美元,中国经济总量超越日本跃居世界第二。目前,中国已成为世界第一大出口国,第二大进口国,是世界第一大外汇储备国,第二大外资吸引国和重要资本输出国。2010年,中国外贸进出口总额比1978年增长144倍。外汇储备1978年仅有1.67亿美元,目前已经突破3万亿美元。1998~2008年,中国大学入学率平均每年增长20%,是同期中国GDP增长率的两倍。中国大学在校生数量世界第一,高等教育规模世界第一。中国高铁创造了每小时480多公里的世界最快速度,中国的大飞机项目正在加速研制中,中国的"天河一号"计算机也是世界运算速度最快的。中国载人潜水器"蛟龙"号成功深入5188米海底,创造了中国载人深潜新的历史。"神舟八号"与"天宫一号"交会对接成功,为中国突破和掌握航天器空间技术奠定了基础。

我国"十二五"的主题和主线是要贯彻科学发展和转变发展方式。国家"十二五"规划中确定的经济发展速度是7%。之所以这样做,就是要把工作的重点放在提高经济增长的质量和效益上来,就是要把发展和所得到的成果用在民生上来。多位全国人大代表表示,7%只是一个预期性目标、指导性目标,如果各地在实际执行中缺乏严肃性和执行力,国家"十二五"降速提质增效的目标就会落空。因此,需要在政绩考核等方面提出硬约束,如要求一些地方淡化GDP考核,进一步严格节能减排、保障房建设等指标考核,来约束一些地方片面追求发展速度的行为。

日本大阪大学一名经济学教授说,那些提出中国应当放缓发展节奏来解决社会问题的主张有失偏颇,因为这不是慢下来就能解决的问题,不能把个别行业的问题视为整体社会发展速度有问题。毕竟在中国各方面建设及国民生活水平与发达国家仍有巨大差距的时候,中国社会保持快速增长是一件难能可贵的事情。而对于为"失速"而担忧的西方国家来说,"中国速度"成为一种可望而不可即的发展动力。"中国人面临的问题正是欧洲人梦寐以求的",法国《费加罗报》曾以此为题刊登过一篇社论。一名经常往来于中日两国的日本商人对《环球时报》记者说:"上世纪80年代,在北京办理一些商务手续最快也要3个月的时间,现在中国人的速度已经跟上了世界的步伐,还出现了各种代办公司,几天就可以拿到所有手续。这种快节奏的生活还能制造出很多行业,比如快递公司、快餐馆等,让在北京生活的人们感到非常方便。"

材料3:

2005~2010年,中国铁路基本建设投资额平均复合增长率达到52%,投资额6年增长了8倍。2011年7月23日晚,甬温线永嘉站至温州南站间,北京南至福州D301次列车与杭州至福州南D3115次列车发生追尾事故后,8月10日的国务院会议室暂停审批所有新的铁路建设项目,对已获批项目重新进行安全评估;开展高铁及其在建项目安全大检查,有隐患的项目立即停止运营或建设。同时强调适当降低新建高速铁路运营初期的速度,以利于增加安全冗余,改进技术和管理,积累安全管理经验。8月16日起,铁道部(现以分拆为中国铁路总司和国家铁路局两部分)开始实施新的全国列车运行图,部分高铁不同程度降速。同日,已投入京沪高铁运营的54列动车组被召回进行全面整修。此次降速是经历了十余年跨越式大发展,以不断提速为标志的中国铁路第一次降速。有专家认为,适当降速将让"中国速度"更加令人信服。

在"十一五"时期,北京市地区生产总值平均增长11%以上,总量超过1.3万亿元,北京人均GDP(国内生产总值)超过1万美元,服务主导型和消费拉动型的经济特征已经形成。同时,作为特大型城市,面临发展动力转换、产业结构深度调整和升级的需求,世界范围对经济、科技制高点以及国内地区间对高端要素和产业资源的竞争也日益加剧,需要更注重提升城市的整体竞争能力。由于受历史、自然地理影响,北京发展中城北重、城南轻，东北部快、西南部慢，城里快、城外慢的特征明显，区域的发展不平衡。目前，北京市常住人口近2000万，机动车保有量近500万辆，人口膨胀、交通拥堵、水资源短缺、污染较重、垃圾处理难，人口资源环境矛盾更加突出，"摊大饼"的粗放发展越来越背离首都功能定位。后来在"十二五"规划中，北京市主动降速，把今后五年年均增速确定为8%，在全国31个省区市（不含港、澳、台）中最低。2011年上半年，北京市在调结构、转方式上加大力度，按照中央保障民生的精神，对房地产、汽车和金属工业同时进行主动调控，先后出台了房屋、汽车的限购措施，使近年来机动车过快增长、房价居高不下的状况得到了有效遏制；主动对北京工业支柱企业首钢进行搬迁调整，使工业生产带来的环境矛盾得到有效缓解，加快了北京产业的升级。这三大调控，吃掉了北京1.8%的增速，也就是北京与全国平均增幅的距离。统计数据显示，2011年上半年北京的GDP增速为8%，比往年两位数以上的增速明显放缓。

从发展的速度上看，近年来中西部地区的发展确实有可喜的一面。数据显示，2011年上半年中西部的GDP增速总体超过了东部地区，两者在总量上的差距已出现缩小的趋势。但是，前者的高速发展在很大程度上依然是以"高投入、高消耗、高污染"的粗放增长方式取得的，速度越快，粗放的程度也越深。中国科学院2011年7月29日发布的《中国科学发展报告2011》中对全国各地GDP质量指数（包括经济质量、社会质量、环境质量、生活质量、管理质量五大子系统）进行的排序中，北京、上海、浙江、天津和江苏位列中国各地区GDP质量排行前五位，而西部省份GDP质量排序处于比较落后的位置。有专家指出，上述报告的公布有助于"让公众科学地认识GDP，既不盲目崇拜GDP，也不盲目抛弃GDP"。并强调"科学认识GDP的核心是不断追求'品质好的GDP'"。

问题： 根据"给定材料"，结合当前现实，从北京市经济发展主动减速、坚决调转的举措说开去，简要谈谈我国怎样才能逐步实现"品质好的GDP"。（20分）

要求： 分析合理，条理清楚，语言简练；字数不超过300字。

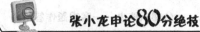

答题思路与方法

本题的难点有：如何"结合当前现实"，如何"说开去"？答题侧重点是北京的举措，还是我国如何才能实现"品质好的GDP"？

细看题目："从北京市经济发展主动减速、坚决调转的举措说开去，简要谈谈我国怎样才能逐步实现'品质好的GDP'"，可以把它还原为一个综合分析题。一方面，北京经济发展为什么要"主动减速、坚决调转"？由此"说开去"，问题即指向分析当前追求GDP中存在的种种问题，指出北京举措的意义；另一方面，由北京的举措"说开去"，回答"怎样实现'品质好的GDP'"。这首先要理解"品质GDP"的内涵；再论述实现"品质GDP"的措施，两方面同等重要。

通过对题目要求的分解，答题思路就易于把握了。定位与该题相关主要材料1、3，结合自身知识背景，按照"分析合理，条理清楚，语言简练"的要求作答即可。

参考答案

（1）北京面临区域发展不平衡、交通拥堵、人口资源环境矛盾突出等问题。对此，北京市主动降速，通过转方式、调结构等重大举措缓解了资源环境矛盾、加快了产业升级、改善了民生；实现了"品质GDP"——经济增长要适当控速，提高质量，增加效益，把发展成果返惠于民。

（2）可借鉴的举措：①坚持科学发展观。转变发展方式，经济增长追求由片面、短期、传统、粗放向全面、持续、创新、集约转变；②完善机制。规范政府绩效考核机制，淡化GDP指标，实现考核元素多元化；健全节能减排激励机制；③重视民生工程。加大资金投入，积累经验，改进技术和管理；④区域统筹。调整区域格局，推动均衡协调高效发展，提升整体竞争能力。

练习二：【2012年上海市B卷】

材料9：

温家宝同志在第十一届全国人民代表大会第三次会议上所作《政府工作报告》中明确提出要改革收入分配制度。合理的收入分配制度是社会公平正义的重要体现。我们不仅要通过发展经济，把社会财富这个"蛋糕"做大，也要通过合理的收入分配制度把"蛋糕"分好。要坚持和完善按劳分配为主体、多种分配方式并存的分配制度，兼顾效率与公平，走共同富裕的道路。一要抓紧制定调整国民收入分配格局的政策措施，逐步提高居民收入在国民收入分配中的比重，提高劳动报酬在初次分配中的比重，加大财政、税收在收入初次分配和再分配中的调节作用，创造条件让更多群众拥有财产性收入；二要深化垄断行业收入分配制度改革。完善对垄断行业工资总额和工资水平的双重调控政策，严格规范国有企业、金融机构经营管理人员特别是高管的收入，完善监管办法；三要进一步规范收入分配秩序。坚决打击取缔非法收入，规范灰色收入，逐步形成公开透明、公正合理的收入分配秩序，坚决扭转收入差距扩大的趋势。

材料10：

比尔·盖茨1975年创办微软，不到20年即于1994年登上福布斯全球首富之位，在长达十几年的时间内一直雄踞此位，成为梦想的象征及全球追逐财富者的偶像。比尔·盖茨2006年声明退出微软一线管理事务，在引退之前，他对他的巨额财富盖棺论定："我们决定不把财产分给我们的子女，我们希望以最积极的方式回馈社会。"此时已经很难分清，究竟是比尔·盖茨用巨额财富回馈了社会，还是比尔·盖茨对待财富的态度构成了更大的社会财富。

社会学家说，文明是人类社会创造的一切财富的总和，但从财富到文明，并非仅通过财富的累积即可步入文明社会。从比尔·盖茨身上，我们亦看到了两种财富态度。在积累财富之时，比尔·盖茨的财富以及商业投机行为，"总是让人想起以前的强盗式贵族"，关于微软的垄断争议，至今未息，在前些年他经常被批评为富不仁。纵然富甲天下，却不见得就能安享财富。在走出微软之后，被《财富》称为"理想主义者"的比尔·盖茨，"将有更多的机会出现在公众面前，为了全世界的贫穷百姓与政府和企业作斗争"，盖茨说："我会同那些幸运地获得了巨额财富的其他人谈谈，告诉他们如何将财富返还给社会。"走出一己财富的比尔·盖茨，才真正懂得了如何运用财富。

舍天下之财，成天下之善。千金散去，财富归于社会，而又臻于文明，正是财富累积的正道。比尔·盖茨希望自己对世界有"正面的贡献"，使个人财富之一粟归于人类文明之沧海，诚所谓沧桑正道，而西方文明早在慈善的事业中孕育了一句名言："在巨富中死去是一种耻辱"。

材料11：

现在的社会有一种物质财富至上的现象，即使是青年，也有相当一部分人放弃了精神文明追求，这样的人固然走不远。然而，对于有精神追求的人，也必须有一个告诫：千万不要看轻物质财富的作用。到底什么是财富，什么是精神，需要相当长的时间才能理解透彻。而在透彻理解两者之前，过早否定物质财富的作用，可能会遭到反噬；或者轻易成为物质的牺牲品，或者成为进一步贪图物质财富的人。

物质财富和精神文明的争执，对于具体的个人而言，其胜负很难说。自以为倾向精神为主的人，很可能他还没有遇到真正的物质财富，如果有够大数量的诱惑，很可能抗拒不了。自以为倾向物质财富为主的人，也很可能他还没有遇到真正的精神。也许有一天，他会认识到，再多的物质财富也有解决不了的精神问题。精神文化高度丰富的人，即使全世界的物质财富堆积在面前，他也会弃之如敝屣，丝毫不动心。

随着物质财富的丰富和提高，增加文化和精神的供给，增强软实力，将增进社会整体幸福的导向。党的十七届六中全会《关于深化文化体制改革推动社会主义文化大发展大繁荣若干重大问题的决定》指出：当代中国进入了全面建设小康社会的关键时期和深化改革开放、加快转变经济发展方式的攻坚时期，文化越来越成为民族凝聚力和创造力的重要源泉、越来越成为综合国力竞争的重要因素、越来越成为经济社会发展的重要支撑，丰富精神文化生活越来越成为我国人民的热切愿望。我国仍处于并将长期处于社会主义初级阶段，人民日益增长的物质文化需要同落后的社会生产力之间的矛盾仍然是社会主要矛盾。全面建成惠及十几亿人口的更高水平的小康社会，既要让人民过上殷实富足的物质生活，又要让人民享有健康丰富的文化生活。

问题：结合"材料"，就"富了以后怎么办"提出对策。（15分）

要求：观点明确，语言流畅，对策可行；字数不超过300字。

答题思路与方法

本题题目要求模糊、开放,且与材料的对应关系不明显。临场考试,难以明确答题方向、侧重点。这就要求考生能从多主体、多角度、多层次全面作答。

立足材料,结合常识,可以从个人(修养、奉献……)、企业(传承、回报社会……)、国家(教育,公平分配……)等角度和层次切入作答。

参考答案

(1)保障富裕的可持续性:①合理运用财富,协调精神和物质财富关系;②保持创造性,继续增加社会价值。

(2)传承、转化财富:①加强对下一代的教育培养;②将个人财富转换成人类文明成果。

(3)提高生活品质:①协调劳动和消费之间的关系,提升生活质量;②节制欲望,抵制骄奢淫逸,好逸恶劳;③加强文化学习,涵养人格,丰富生活;④提升个人修养和精神品格。

(4)先富带动后富:①积极参与慈善事业;②关心社会发展,为更多人创造机会。

(5)平衡差距,促进公平。①建立合理的收入分配机制,抑制贫富分化;②加大二次分配调节力度,让全社会共享财富。

(6)完善保障制度,保证长远利益。在住房、医疗、教育等各方面保障全社会利益。

三、别出心裁——新难怪题

申论考试中,还有一些出题方式新颖或作答要求别具一格的题目。这种题目对考生的知识背景、独立的分析判断能力、切实的贯彻执行能力等要求较高,一般难以从材料中直接提取答题要点。对此,考生必须掌握一些实用的应对技巧。

1. 有礼有节——回应公众题

如何有效与群众沟通,实现官民和谐,是当前转变执政方式的重要内容。回应公众质疑类的题目自然成了申论常考新题型。回答这类题目必须明确质疑点,有针对性的作答;同时要注意态度诚恳,有理有据,有礼有节;"表示感谢——澄清事实——改进计划"是答题的基本环节。

给定材料

材料1:

孔子学院在海外受到极大欢迎的同时,国内关于孔子学院的讨论也开始更加热烈。以下是两个网友关于孔子学院的一些评论。

网友A:孔子学院大部分钱来自于政府的投入。据国家汉办《2009年孔子学院总部工作计划的汇报》显示,2008年中央财政给孔子学院的投入达5亿多元。而国内的教育投入呢?中国的农村中小学的人均教育经费,每年300元都难以保证,外来务工子女因为教育资源的不均衡而流离失所,读书越来越难,这真是一个巨大的反差。难道不应该把有限的银子用到解决中国国内儿童失学等问题上吗?

网友B:我们知道,孔子学院受到了国外热烈的欢迎,甚至掀起一股"汉语热",这也确实使中国的传统文化传播了出去，可是，国内似乎对中国的传统文化没有那么重视。对于孔子的"仁说"，有多少青年朋友信奉？中国的节日，甚至没有国外的"洋节"受欢迎，为什么不在国内加强传统文化的宣传和推广呢？

材料2：

"虽然中国加工的玩具布满了发达国家市场，但真正有着影响力的文化形象却还是奥特曼、变形金刚、芭比娃娃、史努比，而且这种现状暂时不会改变，"学者们对此深表忧虑，"作为一个拥有五千多年文明史的文化发源地，只出口电视机，不出口电视机播放的内容，也就是不出口中国的思想观念，就形成了一个硬件加工厂"，一位文化官员说："文化不是化石，化石可以凭借其古老而价值不衰，文化是活的生命，只有发展才有持久的生命力，只有传播才有影响力，只有有影响力，国之强大才有持续的力量。"

文化需要发展，发展需要传播，文化传播的力量有多大？这似乎是一个难以量化的命题，但有一点可以肯定：文化交流与传播会成为一个趋势，一种时尚和一股推动力量，在中国日益走向世界、融入世界的进程中，对外文化交流与传播的作用和影响日益广泛和深入人心。胡锦涛指出"要着眼于推动中华文化走向世界，形成于我国国际地位相对的文化软实力，提高中华文化国际影响力"。

材料3：

与德国、英国、法国等西方国家相比，中国人向海外推广了中华文化的自觉虽不算早，但速度却也不慢。2004年11月21日，全球第一所孔子学院在韩国首尔揭牌。如今，387所孔子学院和509所中小学孔子课堂，覆盖108个国家和地区，这已然超过歌德学院60年来的建院数，仅2011年，就开设各种层次汉语课程2.4万班次、注册学员达50万人，逾700万人参加上万场次文化交流活动……这项浩大工程的具体承办者就是1987年成立的"国家对外汉语教学领导小组"（简称为"国家汉办"）。孔子学院严格遵循的是中外合作办学的模式，而非中方单独行为。

年轻的孔子学院与古老的歌德学院、英国文化委员会及法语联盟相比仍有差距。歌德学院中国总院前院长阿克曼说，歌德学院之所以成功是因为一开始就重视建立职业化队伍，现有专职人员3000人。据了解，英国文化委员会有专职人员7000多人，法语联盟有专职人员2万人。孔子学院呢？每一年，孔子学院总部都要外派中方院长、汉语教师、志愿者等非专职人员近万人，至今仍在"抓壮丁"。25岁的北京志愿者小王，在匈牙利布达佩斯"匈中双语学校"孔子课堂教汉语，她说："孩子们很喜欢中国老师，近年来因为报名入学的匈籍考生越来越多，教课压力越来越大，公派教师和志愿者都不是专职人员，缺乏稳定性、连续性，不利于孩子们学汉语。"

由孔子学院派到海外教学的志愿者们，现在有几千人的队伍。在菲律宾的志愿者刘先生感慨："对于当今的中国，许多外国人的认识远远跟不上其发展的步伐，有的人就知道故宫、长城等传统符号。我们作为传播中国文化的使者，为他们解读着水立方、调整铁路等新的符号。"在印度尼西亚的志愿者杨先生的话更是道出了广大志愿者的心声："我们都有一个美好的梦想，因为这个梦想，我们学会了友好交流、理性处世，把悠久而有魅力的中国文化播撒在一个个学堂。"

材料4：

语言作为文化载体和交流工具，架起了文明之间对话的桥梁。文化作为民族智慧和心理特征的精神反映，促进了国家之间的相互了解，孔子学院蕴涵着"语言"和"文化"两大特征，使它不仅成为国际汉语教育与推广的重要品牌，更成为中华文化传播的重要载体和开展民间外交的友好平台。世界各地的孔子学院结合中国传统节日和特色文化，举办形式多样、主题鲜明的活动，在树立中国良好形象、提升中国软实力、促进中外人文交流方面起到了举足轻重的作用，可谓21世纪文化的"新丝绸之路"。但这条路并不好走，既有国家投入不够的问题，又有社会参与不足的问题。还有不少人认为，目前国内教育发展也不平衡，国家应该在国内教育上投入更多。国外的经验表明，语言和文化的推广是一个缓慢的过程，如果要等国内的教育发展平衡了，再去推动自己国家的文化交流，恐怕为时已晚。

材料5：

歌德学院像德国大部分文化机构一样，从政府得到资助，德国联邦政府每年投入80亿欧元用于文化事业，占据全部文化投入的90%以上，而来自企业的资助只有5.5亿欧元。"在美国这个数字是反过来的，10%的经费来源于国家，90%来源于市场。所以，美国人会说，实际上德国是一个社会主义国家。"歌德学院慕尼黑总部科学与历史事件部的负责人图格斯认为，文化的根基来源于文化在一个国家的合法地位，而文化的合法地位来源于"独立、远离政府、自由"这三个要素，有了这样的保证，国家为文化"买单"的模式反而在经济危机中发挥了意想不到的作用。"如果大部分经费是由私人出的，像美国那样，文化会成为经济的牺牲品，比如在经济危机的时候，文化就会惨遭损失，进入寒冬，我们特别高兴的是，我们的经费是安全的。"图格斯说。

在德国，虽然国家投入经费很多，但是专款专用，不入市场，经费管理非常严密。联邦、州、地方都有文化委员会，委员会由各个党派的人士组成，他们会决定哪个文化机构得到多少钱。花出去的钱做报告，经过检查和审计看其是不是在合理使用。联邦政府还有一个专门的检查资金使用的审计机构。虽然这带来了很多繁琐的工作，年月、每季度、半年乃至全年，每一个单据都要审查，对任何一笔经费的使用都要报告，对每个项目也要进行审计，但是资金非常安全，使用也很到位。

绝大部分的国家都像德国一样，设有专门统管文化事业的政府部门，但是，美国这样一个政府职能完美的国家，却单单没有所谓的文化部。在美国看来，自有其一套贯彻政府的逻辑，他们声明之所以不设文化管理部门，甚至不制定文化政策，就是为了保护言论自由和产业自由。美国对文化产业采取的是多方投资和多种经营的方式，在文化市场的刺激下，美国的文化产品占据了国际文化贸易市场42.6%的份额，而中国仅占1.5%。美国文化商品可谓是四处泛滥，好莱坞的大制作电影、福克斯的电视新闻、MTV频道的流行音乐、《时代》杂志封面、ESPN的体育直播、广告形象和包装形式、牛仔裤风格……这些都被打上了"美国制造"的商标，而且，这种文化商品的传播又跨越了地域时空的限制，在地球卫星的覆盖之下，五大洲的每个角落美国文化都能达及。美国的电影产量仅占全球的6%，而市场占有率却高达80%。美国非常擅长在电影中输出自己的文化和价值观。《功夫熊猫》中富有中国元素的"熊猫"、"功夫"，一经好莱坞文化商人改造，在创造出巨额利润的同时，也悄悄将美国文化和价值观输送出去。相比之下，国内某些电影惨遭诟病的原因之一也在于其一味迎合国外市场，有贬低甚至丑化中国形象的嫌疑，中国电影所传达的内容与当代社会的经济发展、与改革开放以来国人的精神面貌不太符合。

材料6：

深圳曾经被叫做"文化沙漠"，但近年来深圳的文化产业取得了长足的发展，2009年深圳市的文化产业增加值达到531.3亿元，占全市GDP的6.5%。在全国，孔子所代表的传统文化广泛受到欢迎。2005年9月1日，中国人民大学国学院成立，作为国内首个开设传统国学教育的学院，这些年的教学开展得如火如荼。《弟子规》等书也开始作为许多幼儿园的必读教材及中小学课外阅读的优秀读本，这种变化，折射出了国内对传统文化的重视，以及文化产业发展模式的更新。某大学国学研究中心主任评论道："只有从国内基础文化建设开始，建立良好的文化环境，从根本上获得人们对传统文化精神的认同，才能使本国文化声音不湮没，文化精神不迷失。'走出去'的文化离不开它的根源，缺乏肥沃土壤和优良生长环境的文化，即使能'走出去'，也一定'走不远'。只有注重'修内功'，从长远的、战略上的意义出发，从本国文化建设的自我完善做起，文化才有可能健康地'走出去'，并且走得更远、更好。"

问题： "给定材料1"中提到了两位网友的观点，假如你是国家汉办的一名工作人员，请结合"给定材料"，针对这两位网友的观点，分别给他们写一个回帖。（25分）

要求： 立场正确，内容全面，论述有力，不考虑格式；不超过400字。

答题思路与方法

（1）定位材料，辨析网友A的观点。

网友A：孔子学院大部分钱来自于政府的投入。据国家汉办《2009年孔子学院总部工作计划的汇报》显示，2008年中央财政给孔子学院的投入达5亿多元。而国内的教育投入呢？中国的农村中小学的人均教育经费，每年300元都难以保证，外来务工子女因为教育资源的不均衡而流离失所，读书越来越难，这真是一个巨大的反差。难道不应该把有限的银子用到解决中国国内儿童失学等问题上吗？

——得出网友A观点：孔子学院资金来自政府；资金应用到国内教育。

（2）判断网友A对错的标准。

材料2：文化需要发展，发展需要传播，文化传播的力量有多大？这似乎是一个难以量化的命题，但有一点可以肯定：文化交流与传播会成为一个趋势，一种时尚和一股推动力量，在中国日益走向世界、融入世界的进程中，对外文化交流与传播的作用和影响日益广泛和深入人心。胡锦涛指出"要着眼于推动中华文化走向世界，形成于我国国际地位相对的文化软实力，提高中华文化国际影响力"。

——得出：中华文化要走出，意义很重大，因此网友A的观点很片面。

（3）分析论证网友A的观点。

材料3：与德国、英国、法国等西方国家相比，中国人向海外推广中华文化的自觉性虽不算早，但速度却也不慢……这项浩大工程的具体承办者就是1987年成立的"国家对外汉语教学领导小组"（简称为"国家汉办"）。孔子学院严格遵循的是中外合作办学的模式，而非中方单独行为。

——得出：孔子学院是中外合作办学的模式，而非中方单独行为，资金并非完全来自政府。

材料4：语言作为文化载体和交流的工具，架起了文明之间对话的桥梁。文化作为民族智慧和心理特征的精神反映，促进了国家之间的相互了解，孔子学院蕴涵着"语言"和"文化"两大特征，使它不仅成为国际汉语教育与推广的重要品牌，更成为中华文化传播的重要载体和开展民间外交的友好平台。世界各地的孔子学院结合中国传统节日和特色文化，举办形式多样、主题鲜明的活动，在树立中国良好形象、提升中国软实力、促进中外人文交流方面起到了举足轻重的作用，可谓21世纪文化的"新丝绸之路"。但这条路并不好走，既有国家投入不够的问题，又有社会参与不足的问题。还有不少人认为，目前国内教育发展也不平衡，国家应该在国内教育上投入更多。国外的经验表明，语言和文化的推广是一个缓慢的过程，如果要等国内的教育发展平衡了，再去推动自己国家的文化交流，恐怕为时已晚。

——得出：孔子学院的作用，树立中华形象，提升中国软实力，促进中外文化传播和人文交流。

——得出：孔子学院发展的迫切性，语言和文化的推广是一个缓慢的过程，如果要等国内的教育发展平衡了，再去推动自己国家的文化交流，恐怕为时已晚。

——得出对策：政府和社会共同参与。

材料5：歌德学院像德国大部分文化机构一样，从政府得到资助，德国联邦政府每年投入80亿欧元用于文化事业，占据全部文化投入的90%以上，而来自企业的资助只有5.5亿欧元……

——得出：政府投资有道理。

在德国，虽然国家投入经费很多，但是专款专用，不入市场，经费管理非常严密。联邦、州、地方都有文化委员会，委员会由各个党派的人士组成，他们会决定哪个文化机构得到多少钱。花出去的钱做报告，经过检查和审计看其是不是在合理使用。联邦政府还有一个专门的检查资金使用的审计机构。虽然这带来了很多繁琐的工作，年月、每季度、半年乃至全年，每一个单据都要审查，对任何一笔经费的使用都要报告，对每个项目也要进行审计，但是资金非常安全，使用也很到位。

——得出对策：专款专用，严格管理，使用到位。

（4）网友B观点辨析

网友B：我们知道，孔子学院受到了国外热烈的欢迎，甚至掀起一股"汉语热"，这也确实使中国的传统文化传播了出去，可是，国内似乎对中国的传统文化没有那么重视。对于孔子的"仁说"，有多少青年朋友信奉？中国的节日，甚至没有国外的"洋节"受欢迎，为什么不在国内加强传统文化的宣传和推广呢？

——得出网友B的观点：国内要重视传统文化教育，做好宣传推广。

（5）判断网友B观点正误的标准。

材料6：深圳曾经被叫做"文化沙漠"，但今年来深圳的文化产业取得了长足的发展，2009年深圳市的文化产业增加值达到531.3亿元，占全市GDP的6.5%。在全国，孔子所代表的传统文化广泛受到欢迎。2005年9月1日，中国人民大学国学院成立，作为国内首个开设传统国学教育的学院，这些年的教学开展得如火如荼。《弟子规》等书也开始作为许多幼儿园的必读教材及中小学课外阅读的优秀读本。这种变化，折射出了国内对传统文化的重视，以及文化产业发展模式的更新。某大学国学研究中心主任评论道："只有从国内基础文化建设开始，建立良好的文化环境，从根本上获得人们对传统文化精神的认同，才能使本国文化声音不湮没，文化精神不迷失。'走出去'的文化离不开它的根源，缺乏肥沃土壤和优良生长环境的文化，即使能'走出去'，也一定'走不远'。只有注重'修内功'，从长远的、战略上的意义出发，从本国文化建设的自我完善做起，文化才有可能健康地'走出去'，并且走得更远、更好。"

——得出：国内传统文化传播的重要作用，是根基，是基础，是土壤。

——得出：国内传统文化传播的成就：人大国学院开设国学教育，《弟子规》等成为青少年读本。

——得出对策：完善本国文化建设；国内国外文化传播辩证统一，都要重视。

（4）整合关键信息。将信息梳理按照逻辑呈现出来。

参考答案

关于网友A、B的回应稿。

对网友A的回帖：您的观点有一定道理，加大国内教育投入有必要，但与建孔子学院并不矛盾，应该全面、辩证看问题。

（1）孔子学院是中外合作模式，非中方单独行为，政府投资不是太多，且国家投资为国外通行做法，如歌德学院。

（2）孔子学院对树立中华形象，提升中国软实力，促进中外文化传播和人文交流，带动文化产品出口有重要作用。

（3）语言文化推广缓慢，等到国内教育发展平衡再推广时已晚。

我们会发挥国家、社会、国外力量，多方筹集，专款专用，严格审查，做到每分钱使用到位，欢迎您的监督。

对网友B的回帖：您的观点很有道理。

（1）加强国内传统文化教育有必要，是文化走出去的基础、根源、土壤。

（2）国内传统文化教育有成就：人大国学院开设传统国学教育；《弟子规》等作为幼儿园、中小学读本；国内正重视传统文化，更新文化产业发展模式。

今后统筹抓好国内、国外传统文化传播，加大对青少年宣传教育；发挥孔子学院对中国传统文化传播的影响力。

练习二：【2012年联考】

给定材料

材料3：

有网民公布了一组虐猫视频截图：一女子用尖尖的高跟鞋鞋跟对一只小猫肆意践踏，手段极其残忍，这就是轰动一时的M县女子虐猫事件。"虐猫事件"一夜之间成为在各大网站的热帖，评论成千上万，数天内席卷了国内几乎所有的主流媒体。网友们愤慨万分，对虐猫女子声讨谴责，誓言要揪出凶手。网上掀起"缉凶"狂潮，经过网友收集信息、搜索、排查，"疑犯"身份陆续曝光——除了虐猫女，M县有关单位工作人员也参与了虐猫的拍摄过程。

虐猫视频中关键人物被披露后，引起了M县的高度重视。县政府当即派出工作人员对"虐猫事件"当事人展开调查，并召开了紧急专题会议，纪检、宣传、检察、法制、监察、公安、文化等部门参加了会议，对"虐猫事件"调查处理情况作了汇报。从调查情况看，"虐猫事件"拍摄现场为M县一沿江风景区，参与者中有一名已经主动承认了事实。虽然参与者参与的原因、动机及是否被其他组织引诱、利用还有待进一步查证，但此事在M县发生并有M县人参与，县政府对此表示愤慨、谴责和遗憾。"考虑到参与者的行为已经严重违背了社会公德，其行为与其从事的职业极不相称，所以，从即日起由当事人所在单位立即停止其工作，接受调查。鉴于其中一名可能参与事件的嫌疑人不知去向，责成其所在单位和有关部门采取多方面、有力度的措施，尽快取得联系，使其主动返回本单位，就本事件作出明确的解释。"有关部门汇报道。据称，在这次会议上，M县人民政府还对可能涉及到的法律问题进行细致研究，并向上级主管机关和法律权威部门请求协助，为今后对参与者进行处理提供事实依据和法律依据，最后责成有关部门依照党纪、政纪和法律做出严肃公正的处理，给社会、媒体和网民一个满意的交代。

问题：为了维护M县的声誉，挽回"虐猫事件"造成的负面影响，请以M县政府的名义就"虐猫事件"的处理情况写一份宣传稿，在县人民政府网站上公布。（30分）

要求：态度诚恳，对象明确；内容全面，条理清楚；不超过500字。

答题思路与方法

宣传稿一般用于宣传好人好事。本题的难点在于针对负面事件,而且"文中有文"。针对坏人坏事,把政府的处理措施向社会公布,这本身就是一种公文。但本题不是单纯公布处理措施,还要达到一定的宣传目的:消除负面影响,挽回形象。这就要求明确宣传对象,针对他们的质疑点一一回应;态度明朗、诚恳,勇于承认不足,提出切实的改进措施;对一切偏激片面的误解,尽量澄清事实,以正视听。

 参考答案

敬畏生命,我们在行动。

网民朋友,全国同胞:

近日引起网民强烈反响的"虐猫事件",据初步调查,我县人员涉嫌参与其中。在本县发生这种儿戏生命的荒唐事件,我们表示极大愤慨和强烈的谴责。

对此,我们已召开了纪检、检察等部门参加的紧急会议,做出如下处理:

(1)当事人由所在单位停止其工作,积极配合组织和媒体的调查工作,指证并交代其他参与者。对于其他参与者，有关部门已采取多方面措施，使其尽快返回本单位做出解释。

（2）责成有关部门对可能涉及到的法律问题进行细致研究，并向上级主管机关和法律权威部门请求协助，为今后对参与者进行处理提供事实依据和法律依据。

（3）这件事暴露了我县公德教育的不足。我们会认真反省，将这次事件当作一次精神文明建设和道德建设的历史机遇，做好文化和精神文明建设工作，引领良好的社会风气。

此事件为极个别人的个人行为，不能代表本县人民的整体道德素质。M县是一个民风淳朴，充满爱心，热情好客的好地方，请相信我们人民的道德水准经得起检验。

M县人民政府
2012年4月21日

2. 客观公正——观点评析题

当前政府着力解决的不只是千头万绪的民生问题，来自专家学者、网民等等的各种言论，汹涌激荡……分析澄清各方观点，科学有效引导舆情，成为治国理政的重要内容。近年申论考试中，观点评析类题目频频出现，应引起考生高度重视。

作答观点评析类题目最有效的思路是"正——反——合"的辩证思维，分别列举正、反两方面的理由和证据，然后做出权衡。

练习一：【2013年国考省部级】

给定材料

材料1：

"良辰吉时已到，婚礼开始！一拜天地，二拜高堂……" 2012年6月6日中午，在江南某村，一对"85后"新人的传统结婚仪式正在举行。

大学生村官策划了一场农村传统婚礼。他们十分看好传统婚庆仪式的前景，也希望能借此施展自己的策划能力。某位记者在婚礼结束后向婚庆策划人表达了自己观摩婚礼的感动心情。当被问到为什么要策划一场传统婚礼的时候，W说："与新式婚礼比较，传统婚礼更注重过程和仪式，半年前这对新人就按严格的传统习俗精心策划和准备，这种漫长的筹备过程让新郎新娘都显得格外郑重，他们也非常接受这种传统婚礼，我相信对这一对新人来说，这也是一次心理和精神的升华过程，这种传统婚礼仪式会影响他们一辈子。" Z则补充说："传统婚庆仪式不仅仅是一种世代沿袭的乡村习俗，也承载着传统精神的内涵，甚至是传统文化的某种载体和形式。传统文化与习俗在某种意义上承载着农村青年的文化和精神归属感，甚至传承着某种民族精神。"

材料2：

与有形文物的流失比起来，那些无形的非物质文化遗产的毁灭更加触目惊心，譬如鲁迅笔下的"社戏""五猖会"，我们小时候看过的皮影戏，农村过去家家过年的剪纸和年画……也许有人会说，这也是"文化遗产"？这些不登大雅之堂的东西有什么价值？这些问号，正好反映了中国非物质文化遗产面临的危机。

从某种意义上说，这些无形的非物质文化遗产是比长城、故宫还要重要的财富。长城、故宫是古老文明留下的躯壳。和博物馆中的恐龙标本一样，失去了实用性，是死的东西，而那些无形文化遗产大多是活着的。活生生的文化遗产的流失，就更令人感到心痛。中国的无形文化遗产之丰富，在世界上首屈一指，然而伴随着现代经济的迅速发展，民国文化形态迅速消亡。村村寨寨的节庆活动没人张罗了，流行歌曲取代了地方戏，动画片挤走了民间故事和皮影戏。过去的农村姑娘个个会绣嫁妆，现在结婚时则到集市上去买廉价而缺少灵气的印花纺织品。

民间文化的消失，其速度远快于生物物种的灭亡速度，而后果却和生物物种的灭亡同样严重。祖先留下的千姿百态的民间文化和历经数千年的乡土艺术、民俗器物，大部分在还没有得到完整的记录和保存前，就已经消失。它们一旦毁灭，就无法再生。

另一个值得重视的问题则是某些政府官员在文化理解上存在误区。不少地方斥亿万巨资生造"文化"和虚假民俗，拆掉古城而改建的粗制滥造的"仿古街"比比皆是，有些地方还把一些历史传说和文学故事中有道德污点的人物也尊为"名人"供奉。以上种种均反映了对文化的曲解，这种曲解不仅没有增加文化内涵，反而是对文化的一种伤害。

材料3：

游客张女士说，来豫园本来只是随便逛逛，听导游讲解之后才发现好些建筑都有故事有门道。站在豫园九曲桥上，还可以看到远处的东方明珠、环球金融中心等建筑，景观确实不错。

豫园旅游区是上海老城厢的发源地，近年来逐步形成了以豫园、城隍庙、上海老街等为中心的旅游风景区，九曲桥、湖心亭尤其享有盛名。民俗工艺小商品、上海及全国特色小吃、上海本土文化及民间文化在此得到重生与发展，成为市民节庆庙会地。豫园作为留存完好的江南古典园林，被誉为"东南名园冠"。豫园商城于上世纪九十年代初经过大规模扩建，成为规模宏伟的仿明清商业建筑群，既有历史渊源，又有民族风格，豫园被塑造成一个文化综合体。为了再现民俗风情，豫园商城推出了"豫园中国节"的概念。正月有新春民俗艺术灯会，三月有中华美食节，四、五月是春季庙会和茶文化节，夏季有少数民族风情节，秋季有庙会和赏菊啖蟹节，冬季有冬至膏方节等。尤其是元宵灯会在春节期间的上海最有人气，充分显示了民俗文化强大的生命力，并因此成为上海的一项非物质文化遗产。

材料4：

妈祖，又称天妃、天后、天上圣母、娘妈，是历代船工、海员和渔民共同信奉的神祇。古代在海上航行经常受到风浪的袭击而船沉人亡，航海者就把希望寄托于神灵的保佑，在起航前要先祭天妃，祈求保佑顺风和安全，在船上还立天妃神位供奉。

在民间有着广泛影响力的佛教也将妈祖演绎进自己的神话世界，称林默是东海龙王的女儿，有一次游玩遇险，被观音菩萨挽救，从而成为观音的侍女，并渐渐幻化为可与观音菩萨平起平坐的主神。儒家也对这一优质的"文化"载体予以高度重视，对妈祖神话进行了儒家式的"改造"，增添了惩恶扬善故事，力图去除妈祖浓厚的巫女色彩，将其塑造成为儒家的道德楷模和精神典范。

信仰妈祖的范围在明清时代不断扩大，很大程度上和当时的移民潮有关。譬如四川，明清时代的客家移民由广东福建等地迁入，妈祖作为老家的神明也就在巴蜀扎根落户。清代中后期，巴蜀地区的妈祖庙已超过200座。

当贫瘠的土地无法提供足够的粮食时，明清时代大量广东福建的民众不断流动，每到一处，都要兴修妈祖庙。譬如澳门妈阁庙，起初便是由漳州泉州潮州三地商人修建，称为三州会馆，距今已有五百多年的历史。既便是澳门（MACAU）的名字，也与妈阁庙有关。台湾的妈祖信仰也十分普遍，全岛共有大小妈祖庙510座。妈祖的信仰，也随着先民的南渡遍布于南洋各地。

材料5：

平阳鹤溪百年缸窑不仅有着厚重的历史，而且还曾在中国外交史上留下一段佳话。去年，平阳县公布了第一批县级历史文化村镇，鹤溪因缸窑而榜上有名。

鹤溪镇缸窑村位于平阳县西北部，距县城18公里，属半山区，以农业生产为主。境内有大溪流经。缸窑就坐落于缸窑山西麓，这里背山面水，风光秀丽、陶土资源丰富。烧陶必备的水、柴、土三个条件在这一应俱全，难怪缸窑村的先祖不远千里从闽迁移于此建窑烧缸。缸窑整个布局错落有致、依山就势。总占地面积9000平方米，共有三进单层简易砖木结构陶瓷作坊，每进作坊大概有17间房子。解放初期，缸窑共有4条完整的窑床，现尚保留两座。每座窑床长约30米，最多一个窑一次可烧500个左右器物。据缸窑传承人之一的谢孝夏先生介绍，上世纪七十年代间，缸窑手工艺人达百余人，然后逐年减少，现今只剩8人。这些还在以传统工艺制陶的工人，或许是这座百年缸窑的最后守护人了。

鹤溪缸窑作为温州地区保留至今为数不多的原始活陶瓷作坊，是浙南山区传统民间手工艺的缩影。它的保留为研究浙南地区陶瓷发展史提供了鲜活的史料。

材料6：

作家F被人誉为"民间文化的抢救人"，F认为，在民间文化遗产保护过程中一直存在困难，但每个阶段的情况不同。初期的困难是你的声音没有反响，像在空气里呐喊，没人回应，现在好了，上上下下都有了反响。但这项工作在很多地方又被政绩化，表现出来往往是在"申遗"之前下工夫，"申遗"一旦成功反而不用了。因为不少地方喜欢做面上的，能够很快出效果的事情，而"申遗"以后日常的保护期与政绩"脱钩"。实际上文化遗产更需要"申遗"之后的保护，F提出了两个观念：一是不应该只是政府保护或专家保护，因为文化是属于全民的，只有全民行动才能保护好，全民保护是个关键；二是科学保护，无论"申遗"前后的保护，还是后来的资源开发，只有从学科上和科学性上使出一整套的方案，遗产保护才能做好，文化遗产的保护是多方面的，如博物馆保护、传承人保护、教育保护、法律保护等，但科学保护也是非常重要的。

此外，当国人开始普遍关注对非物质文化遗产的推介和保护的同时，也存在一个对非物质文化遗产去粗取精、批判继承的问题，其间或许昭示的是非物质文化遗产与物质性文化遗产之间的差异性。

联合国教科文组织在1972年公布的《保护世界文化和自然遗产公约》中指出，所谓文化遗产，是指从历史学、美学、人类学、艺术或科学观点看来具有突出普遍价值的文物、建筑群和名胜地。

问题："给定材料2"中的文章作者认为："从某种意义上说，这些无形的非物质文化遗产是比长城、故宫还要重要的财富。"请结合"综合材料"，谈谈你对这一说法的见解。（15分）

要求：全面、简明；不超过250字。

第二篇 一分都不能少——客观题作答绝技

 答题思路与方法

　　这道题目是对于观点的评价，难度是比较高的，一方面难在源于材料定位难，涉及材料多；另一方面，难在对观点的理解。"从某种意义上说，这些无形的非物质文化遗产是比长城、故宫还要重要的财富。"对这句话首先我们要搞明白"长城、故宫"是什么？结合材料，长城和故宫是非物质文化遗产相对的，指代的是物质文化遗产，因此题目翻译为：无形的非物质文化遗产是比物质文化遗产重要的财富。很明显，我们作答的重点是非物质财富的重要性。此外，对于这一说法我们要表明态度，态度的来源是材料透露的观点，是命题人的观点，很明显这句话很有道理。

　　从对通篇材料的逻辑梳理中发现，涉及非物质文化遗产的材料有1、2、3、4、5、6，即通篇材料。

 答题过程演示

材料1：

　　记者在婚礼结束后向婚庆策划人表达了自己观摩婚礼的感动心情。当被问到为什么要策划一场传统婚礼的时候，W说："与新式婚礼比较，传统婚礼更注重过程和仪式，半年前这对新人就按严格的传统习俗精心策划和准备，这种漫长的筹备过程让新郎新娘都显得格外郑重，他们也非常接受这种传统婚礼，我相信对这一对新人来说，这也是一次心理和精神的升华过程，这种传统婚礼仪式会影响他们一辈子。"Z则补充说："传统婚礼仪式不仅仅是一种世代沿袭的乡村习俗，也承载着传统精神的内涵，甚至是传统文化的某种载体和形式。传统文化与习俗在某种意义上承载着农村青年的文化和精神的归属感，甚至传承着某种民族精神。"

　　注：传统婚礼仪式，是乡村习俗，是非物质文化遗产。Z的观点，强调的是传统婚礼仪式的重要性。

　　——得到：非物质文化遗产，如传统婚礼习俗承载传统精神，是传统文化的载体和形式。

材料2：

　　从某种意义上说，这些无形的非物质文化遗产是比长城、故宫还要重要的财富。长城、故宫是古老文明留下的躯壳。和博物馆中的恐龙标本一样，失去了实用性，是死的东西。而那些无形文化遗产大多是活着的。活生生的文化遗产的流失，更令人感到心痛。中国的无形文化遗产之丰富，在世界上首屈一指，然而伴随着现代经济的迅速发展，民国文化形态迅速消亡……

　　民间文化的消失，其速度远快于生物物种的灭亡速度，而后果却和生物物种的灭亡同样严重。祖先留下的千姿百态的民间文化和历经数千年的乡土艺术、民俗器物，大部分在还没有得到完整的记录和保存前，就

· 143 ·

已经消失。它们一旦毁灭，就无法再生。这样下去，中国数千年的民族民间文化将面临断裂的危险。

——得出：非物质文化遗产具有实用性，是活的东西；非物质文化消失速度快，不可再生。

材料3：

豫园旅游区是上海老城厢的发源地，近年来逐步形成了以豫园、城隍庙、上海老街等为中心的旅游风景区，九曲桥、湖心亭尤其享有盛名。民俗工艺小商品、上海及全国特色小吃、上海本土文化及民间文化在此得到重生与发展，成为市民节庆庙会地。豫园作为留存完好的江南古典园林，被誉为"东南名园冠"。豫园商城于上世纪九十年代初经过大规模扩建，成为规模宏伟的仿明清商业建筑群，既有历史渊源，又有民族风格，豫园被塑造成一个文化综合体……尤其是元宵灯会在春节期间的上海最有人气，充分显示了民俗文化强大的生命力，并因此成为上海的一项非物质文化遗产。

注：豫园、城隍庙、上海老街是物质文化遗产，民俗工艺、饮食文化、民俗风情是非物质文化，而豫园旅游风景区是物质文化和非物质文化的综合体，且非物质文化具有强大的生命力，对物质文化有推动作用。

——得出：非物质文化有强大的生命力，可与物质文化融合，并推动物质文化发展。

材料4：

信仰妈祖的范围在明清时代不断扩大，很大程度上和当时的移民潮有关。譬如四川，明清时代的客家移民由广东福建等地迁入，妈祖作为老家的神明也就在巴蜀扎根落户。清代中后期，巴蜀地区的妈祖庙已超过200座。

当贫瘠的土地无法提供足够的粮食时，明清时代大量广东福建的民众不断流动，每到一处，都要兴修妈祖庙……台湾的妈祖信仰也十分普遍，全岛共有大小妈祖庙510座。妈祖的信仰，也随着先民的南渡遍布于南洋各地。

——得出：非物质文化可以传播和交流。

材料5：

鹤溪镇缸窑村位于平阳县西北部，距县城18公里，属半山区，以农业生产为主。境内有大溪流经……据缸窑传承人之一的谢孝夏先生介绍，上世纪七十年代间，缸窑手工艺人达百余人，然后逐年减少，现今只剩8人。这些还在以传统工艺制陶的工人，或许是这座百年缸窑的最后守护人了。

——得出：非物质文化不可再生（这点在材料2中已经有所涉及）

材料6：

当国人开始普遍关注对非物质文化遗产的推介和保护的同时，也存在一个对非物质文化遗产去粗取精、批判继承的问题，其间或许昭示的是非物质文化遗产与物质性文化遗产之间的差异性。

——得出：非物质文化遗产需要鉴别，可以提高公众的鉴赏能力和素质水平。

参考答案

（1）这种观点很有道理，突显了非物质文化遗产保护的重要性。

（2）具体表现在：①承载传统精神，是传统文化的载体和形式；②具有实用性，是活的东西；③消失速度快，不可再生，会使民族文化面临断裂的危险；④有强大的生命力，可与物质文化相互促进，并推动物质文化的发展；⑤非物质文化可以传播和交流；⑥非物质文化遗产需要鉴别，可以提高公众的鉴赏能力和素质水平。

（3）此外，长城、故宫等也具有重要的历史文化价值，代表着物质文化遗产的最高水平。因此，保护文化要全面保护，物质与非物质并重，将两者的保护有机结合。

练习二：【2012年河北省】

 给定材料

材料1：

2012年2月13日，新华网刊发新华社通讯：沿着京沪高速公路通过天津进入青县界，一座写有"道德青县，爱心之城"的巨幅宣传牌让过往行人印象深刻。这是一个并不太出名的小县城，来到这里你不仅可以看到干净整洁的街道，而且可以感受到朴实的民风和积极向上的精神风貌。从大街小巷到楼堂馆所，从街道宣传牌到电台、电视台节目，初到青县的外地人都会捕捉到这样一种信息：青县好，青县好人多！

有一个青年叫张强，他是一名企业家，更是一位出了名的孝子，出外洽谈业务时带着患有小脑萎缩症的母亲以便随时照顾，被传为佳话。

有一个个体户叫王俊岗，20余年义务救助车祸伤者近30人，他不图回报，还经常为伤者垫付医疗费，人称活雷锋"王老救"。

青县为何好人多？除了制度、机制作用外，还是坚持走群众路线进行思想道德教育的结果。宣传的是发生在群众身边看似平常却不平凡的好人好事，推出的道德模范都是土生土长的乡亲，老百姓看得见、摸得着、记得住、容易学、效果好，拉近了道德建设和老百姓的距离，在老百姓中营造出了道德养成的氛围。群众的道德观念强了，是非标准对了，社会风气好了，很多社会矛盾、纠纷和冲突自然而然得到有效化解，实现了道德教育与社会管理的统一，好人好事增多，争做道德模范蔚然成风，信访量连年下降，刑事治安案件年均减少10%。

青县的道德建设经验表明，社会和谐与否，很大程度上取决于社会环境、社会风气的好坏。通过弘扬社会正气、宣传高尚情操，引导人们形成一个良好的主流价值观，在好人好事成为普遍现象的同时，自私、狭隘甚至抱怨、仇恨、敌视等不和谐的因素也自然失去了生存的土壤。

材料2：

青县县委认为，作为地方党委、政府，不仅要发展经济，改善民生，还要教育民众，倡导良好的社会风气。公民道德是软实力，软实力也是硬道理。由于领导重视，认识到位，青县一直把公民道德建设摆到与经济建设同等重要的位置来抓，把看起来不好量化、很容易做"虚"的思想道德建设做"实"。大力选树既体现先进性又体现社会性的道德典型，大张旗鼓地表彰、宣传、推广好人好事，充分发挥典型的示范带动作用，让好人好事在该县形成规模、声势和氛围，发挥规模效应，凝成一股正气，使先进感到光荣，后进感到难容。公民道德建设不仅营造了良好的社会风尚，也为经济发展注入了强大的生机和活力，经济建设和社会事业都实现了又好又快的发展，加快了"经济强县、和谐青县"的建设步伐。

材料3：

学者G认为，道德、精神和价值观念都属于文化的范畴。文化是社会发展的先导，经济发展越来越依赖于文化的支撑，这已经成为世界经济发展的一大趋势。健康的社会文化，能把坏人改造成好人，使人舍生取义，使人在不弃义的前提下取利；低俗的社会文化，不但笑贫不笑娼，还夸赞个人主义，拿雷锋的手表、皮夹克和陈光标的"高调"说事，把高尚的人抹成黑色，以掩盖大众低俗的内心黑暗，使人见利而忘义。

学者K说，近年来我一直在思考，为什么三十多年的发展，我们中国人捡了垃圾风俗却丢掉了优良传统？中国改革开放三十年来的社会精神文化，从最初单纯的社会经济思想解放，逐渐演变成以经济为中心，只看重经济利益，越来越背义趋利。社会精神文化的变形，让依靠勤劳致富的大多数人看不到希望，让一些人把希望寄托在波涛汹涌的股票、概率极低的彩票上，让年轻人越来越浮躁、越来越功利、越来越难以接受高尚

的道德文化。一些人根本不懂得，如果社会缺少高尚的社会文化指引，市场常常把社会价值扭曲，民主常常把政治扭曲，把凤凰打压成落汤鸡，把少见的垃圾炒上天，甚至为出名赚钱而自炒丑闻，把善的泼污成脏的，把假的伪造成真的。因此，结论就是市场经济放大了人们好逸恶劳、见利忘义的人性弱点，导致社会价值观错位，社会道德水平下滑。

W教授指出，河北青县道德模范的不断涌现，良好社会道德环境的形成，用事实至少说明了三个问题：①青县涌现出的大量道德典型，无不印证了市场经济社会同样可以形成良好的道德风尚。那种把社会道德堕落归咎于市场经济的观点和市场经济导致道德堕落的论断都是片面的。②青县十年涌现出720多名道德模范的广泛性，进一步说明我国目前社会良好道德仍是主流，不应该用个别不道德现象来否定社会主流道德的进步性。③提高道德教育成效的有效途径，不是单纯地说理性宣传教育，而是发挥好道德典范的示范性作用。

材料4：

早在2001年中央颁布《公民道德建设实施纲要》时，青县县委就提出了"孝敬、友善、诚实、勤俭"的青县人道德标准，开展了评选"孝敬模范"和"教子模范"活动。此后，逐渐建立了以公民道德建设促进会、老年道德评议会和青年敬老协会为主的群众道德建设组织体系，形成了由党委统一领导、群众组织具体负责、百姓广泛参与的道德建设管理机制，搭建群众喜闻乐见的参与平台，吸纳参与者2.8万人，群众参与率达到60%以上，形成了村街（社区）"月评好人""季评好人"，年底镇（局）评出道德模范、全县评出"感动青县"道德模范的好人海选机制。对涌现出的道德典型，大张旗鼓地进行表彰宣传，他们将一年一度的县乡村"三干会"变成"群英会"，胸戴红花、手捧奖状的普通百姓、优秀公民成为会议的主角。他们通过电视专题栏目《德化人生》直播"青县好人"的事迹，让群众家喻户晓、人人敬重。对"感动青县"道德模范，不仅给予物质重奖，还铭刻在"道德楷模荣誉墙"上，让他们的名字世代相颂、万古流芳。此外，还发动单位、企业、个人成立了"青县好人后援会"，设立了"道德建设公益金"，对困难的道德模范家庭进行帮扶和救助，"让好人出名，让好人好报，让好人不吃亏"。

一个只有40万人口，名不见经传的北方小县，怎么能涌现出如此多的道德模范？县委书记说："十年来，我们把公民道德建设作为一项基础性、根本性、长期性的工作，纳入经济社会发展全局，形成制度，常抓不懈，使全县上下形成了'人人崇尚好人，人人争做好人'的局面，促进道德感召的氛围始终聚而不散，愈加浓郁"。

问题：社会道德下滑问题是近期社会关注和议论的热点问题。"给定材料7"中学者K和W教授就此表达了各自的观点，请你指出他们的观点，提出自己的看法并说明理由（20分）

要求：观点明确，理由充分，简明扼要；300字。

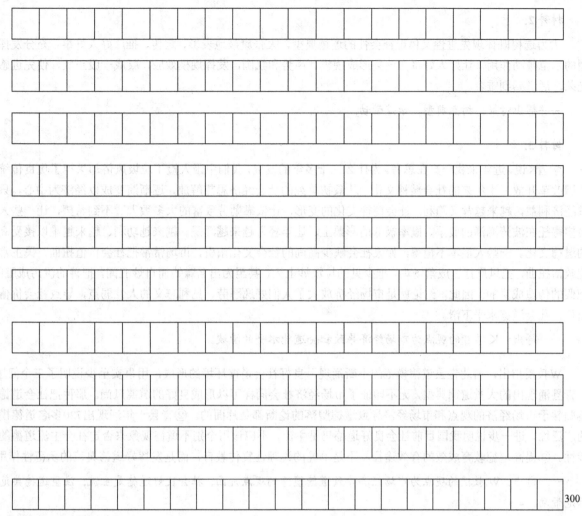

答题思路与方法

这是一道观点评论类的问题,要求对别人的某种观点发表见解。对于这类题目而言,仍然是客观题,反驳或支持或辩证分析的论据均能从材料中找到依据,且要尽量从材料中找依据。题目要求观点明确,因此答题的时候可以中立、支持或反驳。

答题过程演示

材料1:

从青县为何好人多?除了制度、机制作用外,还是坚持走群众路线进行思想道德教育的结果。

——得出对策:完善制度和机制,加强道德教育。

大街小巷到楼堂馆所,从街道宣传牌到电台、电视台节目,初到青县的外地人都会捕捉到这样一种信息:青县好,青县好人多!

有一个个体户叫王俊岗,20余年义务救助车祸伤者近30人,他不图回报,还经常为伤者垫付医疗费,人称活雷锋"王老救"。

——得出:市场经济与道德滑坡的关系为市场经济条件下涌现了青县好人现象,如活雷锋"王老救"。

材料2：

大力选树既体现先进性又体现社会性的道德典型，大张旗鼓地表彰、宣传、推广好人好事，充分发挥典型的示范带动作用，让好人好事在该县形成规模、声势和氛围，发挥规模效应，凝成一股正气，使先进感到光荣，后进感到难容。

——得出对策：树立典型，示范带动。

材料3：

学者K说，近年来我一直在思考，为什么三十多年的发展，我们中国人捡了垃圾风俗却丢掉了优良传统？中国改革开放三十年来的社会精神文化，从最初单纯的社会经济思想解放，逐渐演变成以经济为中心，只看重经济利益，越来越背义趋利。社会精神文化的变形，让依靠勤劳致富的大多数人看不到希望，让一些人把希望寄托在波涛汹涌的股票、概率极低的彩票上，让年轻人越来越浮躁、越来越功利、越来越难以接受高尚的道德文化。一些人根本不懂得，如果社会缺少高尚的社会文化指引，市场常常把社会价值扭曲，民主常常把政治扭曲，把凤凰打压成落汤鸡，把少见的垃圾炒上天，甚至为出名赚钱而自炒丑闻，把善的泼污成脏的，把假的伪造成真的。因此，结论就是市场经济放大了人们好逸恶劳、见利忘义的人性弱点，导致社会价值观错位，社会道德水平下滑。

——得出：K学者的观点为市场经济导致社会道德水平的滑坡。

W教授指出，河北青县道德模范的不断涌现，良好社会道德环境的形成，用事实至少说明了三个问题：①青县涌现出的大量道德典型，无不印证了市场经济社会同样可以形成良好的道德风尚。那种把社会道德堕落归咎于市场经济的观点和市场经济导致道德堕落的论断都是片面的。②青县十年涌现出720多名道德模范的广泛性，进一步说明我国目前社会良好道德仍是主流，不应该用个别不道德现象来否定社会主流道德的进步性。③提高道德教育成效的有效途径，不是单纯的说理性宣传教育，而是发挥好道德典范的示范性作用。

——得出：W教授的观点为市场经济导致道德堕落的观点片面；社会良好道德是主流；注重道德典范的示范带动。

材料4：

早在2001年中央颁布《公民道德建设实施纲要》时，青县县委就提出了"孝敬、友善、诚实、勤俭"的青县人道德标准，开展了评选"孝敬模范"和"教子模范"活动。

——得出：市场经济与道德滑坡的关系是市场经济鼓励孝敬、友善、诚信、勤俭的道德风尚；市场经济可能会让人趋利背义，好逸恶劳。

参考答案

二者围绕市场经济是否会导致社会道德下滑展开争论。学者K认为市场经济导致道德水平滑坡。教授W认为：市场经济导致道德堕落的观点片面；社会总体上道德良好；注重道德典范的示范带动。

我的看法是市场经济并不会必然导致道德下滑。

（1）市场经济可能会让人趋利背义，好逸恶劳，但是市场经济同样鼓励孝敬、友善、诚信、勤俭的道德风尚；同样涌现了青县好人现象，如活雷锋"王老救"。

（2）任何经济模式都会导致道德下滑。导致道德下滑的原因很多，社会价值观的多元化冲击、社会文化建设的滞后、法律对道德约束乏力等。

（3）政府通过完善制度和机制、典型示范、道德教育、改善民生等，可以推动社会道德水平的提高。

3. 一网打尽——特殊疑难题

一些地方的申论考试，时常会做出创新尝试，题目设置和作答要求独树一帜，旨在测查考生的知识背景、文化修养，或举一反三的即学即用能力。国考、联考常常会借用这种新颖题型，例如，2013国考地市级卷中的"讲座内容"，要求对材料排列组合，并按照话题要求进行归类和整理；2012年915联考的"水"的理解。

练习一：【2013年国考地市级】

材料8：

下面是H县文化局一名工作人员搜集的10则材料：

①美国商务部前高级官员大卫·罗斯科普曾经说："如果世界趋向一种共同的语言，它应该是英语；如果世界趋向共同的电信、安全和质量标准，它们应该是美国的标准；如果世界正在由电视、广播和音乐联系在一起，节目应该是美国的；如果共同的价值观正在形成，他们应该是符合美国人意愿的价值观。"

②美国《混合语》杂志揭秘：美国中央情报局在1996年后加紧了对发展中国家学术界的渗透，出巨款让一些人宣传推进全盘美国化，打压发展中国家那些保护和振兴本民族文化的人。而弗朗西丝·斯托纳·桑德斯的《文化冷战与中央情报局》一书则披露：为了渗透美国的霸权思想，中央情报局在文化领域展开了长达半个多世纪的文化输出活动：举办讲座和研讨会，创办学术刊物，开设图书馆，资助学者互访等。

③中国文化越来越多地被他人利用，比如《孙子兵法》成为某国谍报人员的必读书，大量中国元素、中华民族文化符号进入国外影视作品，很多中国风景区成为国外拍摄影视作品的外景地等等。甚至国外还有盗用中国文化资源的现象，比如源于中国的端午节，就被某国以"江陵端午祭"的名义，向联合国教科文组织申报并已经被确定为"人类口头和非物质文化遗产代表作"。

④改革开放以来，我国的文化立场多在于强调求同存异，鼓励和加强超越意识形态和社会制度的文明对话。第一个海外孔子学院诞生于2004年，中国目前已经开办几百所孔子学院和语言文化学院，传播汉语和中国文化，影响越来越大。

⑤国外有些别有用心的人，对中国古代"四大发明"进行否定甚至掠夺。比如某国学者以他们发现的据称刊印于公元706~751年的文献为世界上最早的印刷品，强调他们国家才是雕版印刷的发源地，甚至呼吁召开国际学术会议，邀请联合国教科文组织参加，要求国际社会予以公认。其实，早在1906年于新疆吐鲁番出土的卷子本雕版印刷品《妙法莲华经》已经证明中国是印刷术的故乡，1974年在西安西郊出土的单页雕版印刷品《梵文陀罗尼咒》（公元650~670年）再次证明中国是雕版印刷的发源地。

⑥直到今天仍有西方人坚持认为，活字印刷（铅字印刷术）是德国人约翰内斯·谷登堡15世纪"创造"的，有人甚至怀疑毕昇的存在，认为沈括的《梦溪笔谈》中所记载的只是一个传说。造纸术方面，除了一些18~19世纪西方传教士认为纸是文艺复兴时期（14~15世纪）德国人或意大利人发明的，还有造纸术是"埃及发明"的，"印度发明"的等种种说法。

⑦有人戏言，美国用三大片（薯片、芯片、影片）策略就征服了世界。从1996年开始，美国的文化产业成为美国最大的出口产业，占美国GDP的25%左右。有着五千年文明的中华民族面临巨大"文化逆差"的尴尬，文化商品进口数量几倍甚至几十倍于同类出口商品。中国网民数量为世界第一，然而中国的网络基础建设水平和互联网普及率还无法和这个世界第一相称，中国网民不断抱怨网速慢、不稳定、服务差、价格贵。同时中文网页数量在世界互联网中仍只能占据很少的比例，中国网民很大程度上仍是外界信息的被动接受者而非互联网信息的主动提供者。

⑧新闻媒介反映出来的政府、机构、企业和公民的行为，与国家形象的关联最直接，新闻媒介的报道是否客观、公开、透明，体现了新闻媒介塑造国家形象的硬功能，相对而言，通过文学艺术作品所反映的国家

形象，更具有持久的潜移默化的作用。例如中国的功夫文化、茶文化、饮食文化，以及京剧、民俗、民间文化等，都是国家形象的重要塑造手段。

⑨北京奥运会开幕式，作为一个文化事件，它的华丽、丰富、恢弘，特别是对中国"和"文化精神以及中国与时俱进的民族精神的阐释，对于塑造一个文明灿烂、文化独特、改革开放、求新求变的中国国家形象，产生了无可替代的作用，不仅震撼了世界，而且也使一些对中国国家形象比较负面的评价发生了改变。原国际奥委会主席罗格先生在闭幕词中指出，"通过本届奥运会，世界更多地了解了中国，中国更多地了解了世界"，"这是一届真正的无与伦比的奥运会"。

⑩2012年诺贝尔文学奖，颁发给了中国作家莫言，既是中国文学繁荣进步的体现，也是我国综合国力和国际影响力不断提升的体现。

问题：假如你是H县文化局的干部，要在有村官和社区工作人员参加的培训班上做一次关于繁荣和发展社会主义文化的讲座，综合"给定材料8"中提供的信息，你认为应该重点讲哪几方面的内容？（20分）

要求：紧扣"给定材料"，分条作答，观点明确，有针对性，不得摘抄原文；不超过300字。

答题思路与方法

这道题目是难度较高的题目，写的是繁荣和发展社会主义文化的讲座要点，到底要写什么？重点是什么？这要根据"给定材料"，从根本上讲，这道题目是对材料的归纳和概括。材料中涉及：繁荣和发展社会主义文化面临的严峻形势、取得的成就、重大意义，因此这些内容是本题的作答重点，或者说是讲座的逻辑框架。当然，讲座的背景是"在有村官和社区工作人员参加的培训班上"，因此有必要提出关于繁荣和发展社会主义文化的基层工作建议，还需强调，对策建议不是宏观的，不是针对高层管理者的，而是对村官和社区基层服务人员的建议，因此，所提建议肯定不是法律、法规、机制、体制、投入等，而是思想认识、宣传的途径和渠道等具体的、有操作性的建议。

题目要求不得摘抄原文，这要求作答题目要去概括梳理，而不是简单的摘抄。

材料定位方面，题目要求综合"给定材料8"，而不是根据"给定材料8"，因此材料定位难度大，不仅仅涉及材料8，还涉及到社会主义文化相关的材料。例如，第一道题，是关于基层文化建设工作的启示，与这道题目的对策部分会有交叉。但是侧重点不同，材料1~3是作答第一题的重点材料，而本题只需要提纲挈领的点到即可。

答题过程演示

第一步：定位材料1、2、3、8。

第二步：定位材料关键信息。

材料8：

下面是H县文化局一名工作人员搜集的10则材料：

①美国商务部前高级官员大卫·罗斯科普曾经说："如果世界趋向一种共同的语言，它应该是英语；如果世界趋向共同的电信、安全和质量标准，它们应该是美国的标准；如果世界正在由电视、广播和音乐联系在一起，节目应该是美国的；如果共同的价值观正在形成，他们应该是符合美国人意愿的价值观。"

②美国《混合语》杂志揭秘：美国中央情报局在1996年后<u>加紧了对发展中国家学术界的渗透，出巨款让一些人宣传推进全盘美国化，打压发展中国家那些保护和振兴本民族文化的人</u>。而弗朗西丝·斯托纳·桑德斯的《文化冷战与中央情报局》一书则披露：为了渗透美国的霸权思想，<u>中央情报局在文化领域展开了长达半个多世纪的文化输出活动：举办讲座和研讨会，创办学术刊物，开设图书馆，资助学者互访等。</u>

——得出面临的国际形势：美国渗透霸权思想，宣传美国价值观，推进全盘美国化。

③中国文化越来越多地被他人利用，比如《孙子兵法》成为某国谍报人员的必读书，大量中国元素、中华民族文化符号进入国外影视作品，很多中国风景区成为国外拍摄影视作品的外景地等等。<u>甚至国外还有盗用中国文化资源的现象，比如源于中国的端午节，就被某国以"江陵端午祭"的名义，向联合国教科文化组织申报并已经被确定为"人类口头和非物质文化遗产代表作"。</u>

——得出面临的国际形势:中国文化资源遭盗用。

④改革开放以来,我国的文化立场多在于强调求同存异,鼓励和加强超越意识形态和社会制度的文明对话。第一个海外孔子学院诞生于2004年,中国目前已经开办几百所孔子学院和语言文化学院,传播汉语和中国文化,影响越来越大。

——得出成绩和影响:孔子学院促进文化交流传播。

⑤国外有些别有用心的人,对中国古代"四大发明"进行否定甚至掠夺。比如某国学者以他们发现的据称刊印于公元706~751年的文献为世界上最早的印刷品,强调他们国家才是雕版印刷的发源地,甚至呼吁召开国际学术会议,邀请联合国教科文组织参加,要求国际社会予以公认。其实,早在1906年于新疆吐鲁番出土的卷子本雕版印刷品《妙法莲华经》已经证明中国是印刷术的故乡,1974年在西安西郊出土的单页雕版印刷品《梵文陀罗尼咒》(公元650~670年)再次证明中国是雕版印刷的发源地。

⑥直到今天仍有西方人坚持认为,活字印刷(铅字印刷术)是德国人约翰内斯·谷登堡15世纪"创造"的,有人甚至怀疑毕昇的存在,认为沈括的《梦溪笔谈》中所记载的只是一个传说。造纸术方面,除了一些18~19世纪西方传教士认为纸是文艺复兴时期(14~15世纪)德国人或意大利人发明的,还有造纸术是"埃及发明"的,"印度发明"的等种种说法。

——得出面临的国际形势:对中国古代"四大发明"进行否定甚至掠夺。

⑦有人戏言,美国用三大片(薯片、芯片、影片)策略就征服了世界。从1996年开始,美国的文化产业成为美国最大的出口产业,占美国GDP的25%左右。有着五千年文明的中华民族面临巨大"文化逆差"的尴尬,文化商品进口数量几倍甚至几十倍于同类出口商品。中国网民数量为世界第一,然而中国的网络基础建设水平和互联网普及率还无法和这个世界第一相称,中国网民不断抱怨网速慢、不稳定、服务差、价格贵。同时中文网页数量在世界互联网中仍只能占据很少的比例,中国网民很大程度上仍是外界信息的被动接受者而非互联网信息的主动提供者。

——得出面临的国内形势:文化产业落后,文化逆差大;网络建设水平低。

⑧新闻媒介反映出来的政府、机构、企业和公民的行为,与国家形象的关联最直接,新闻媒介的报道是否客观、公开、透明,体现了新闻媒介塑造国家形象的硬功能,相对而言,通过文学艺术作品所反映的国家形象,更具有持久的潜移默化的作用。例如中国的功夫文化、茶文化、饮食文化,以及京剧、民俗、民间文化等,都是国家形象的重要塑造手段。

——得出文化(文学作品)的作用:反映和塑造国家形象,如中国的功夫文化、茶文化、饮食文化,以及京剧、民俗、民间文化等。

⑨北京奥运会开幕式,作为一个文化事件,它的华丽、丰富、恢弘,特别是对中国"和"文化精神以及中国与时俱进的民族精神的阐释,对于塑造一个文明灿烂、文化独特、改革开放、求新求变的中国国家形象,产生了无可替代的作用,不仅震撼了世界,而且也使一些对中国国家形象比较负面的评介发生了改变。原国际奥委会主席罗格先生在闭幕词中指出,"通过本届奥运会,世界更多地了解了中国,中国更多地了解了世界","这是一届真正的无与伦比的奥运会"。

——得出成绩和影响:奥运会诠释民族精神。

⑩2012年诺贝尔文学奖,颁发给了中国作家莫言,既是中国文学繁荣进步的体现,也是我国综合国力和国际影响力不断提升的体现。

——得出成绩和影响:如莫言获诺贝尔奖,体现综合国力和国家影响力不断提升。

第三步：整合关键信息。

材料的逻辑虽然很乱，但是乱中层次感还是很明确的，材料涉及繁荣和发展社会主义文化面临的国内和国际形式；取得的成绩和积极影响；发展和繁荣社会主义文化的重要性。因为是给村官和社区工作者的关键基层文化建设的讲座，最后应该提出基层文化建设的对策，对策部分和第一题呼应，简单总结即可。

参考答案

（1）繁荣和发展社会主义文化形势严峻。①文化产业落后，文化逆差大；网络建设水平低；②美国渗透霸权思想，宣传美国价值观，推进全盘美国化；③国外否定和掠夺中国文化，如否定中国古代"四大发明"。

（2）繁荣和发展社会主义文化取得的成绩和积极影响。①孔子学院促进文化交流传播；②北京奥运会塑造国家形象；③莫言获奖，体现中国文学的繁荣进步和综合国力的提升。

（3）繁荣和发展社会主义文化的重要性。关系到群众幸福指数，有利于塑造国家形象和提升综合国力。

（4）基层文化建设的建议。①重视基层文化，增强对文化渗透的防范意识；②保护文化多样化，注重人才队伍建设，多渠道宣传、推广科技、道德、知识。

练习二：【2012年915联考】

给定材料

有人用水来比喻文化，"文化似水，水成于无形，隐于其中，却凝结一切；文化似水，润物无声，又难阻挡"。文化的交流是人类心灵的交流、情感的沟通，作为一种"软实力"，文化交流具有其他交流所不能替代的作用。在经济全球化的背景下，文化交流在国际关系中的作用和地位越来越突出，世界各国尤其是西方大国普遍重视利用文化手段来展示本国文化，宣传自己的价值观，提升和扩大国家的影响力。加强文化交流与合作，主动置身于国际文化交流之中，是责任，也是使命。

语言作为文化载体和交流工具，架起了文明之间对话的桥梁；文化作为民族智慧和心理特征的精神反映，促进了国家之间的相互了解，孔子学院蕴涵着"语言"和"文化"两大特征，使它不仅成为国际汉语教育与推广的重要品牌，更成为中华文化传播的重要载体和开展民间外交的友好平台。世界各地的孔子学院结合中国传统节日和特色文化，举办形式多样、主题鲜明的活动，在树立中国良好形象、提升中国软实力、促进中外人文交流方面起到了举足轻重的作用，可谓21世纪文化的"新丝绸之路"。但这条路并不好走，既有国家投入不够的问题，又有社会参与不足的问题。还有不少人认为，目前国内教育发展也不平衡，国家应该在国内教育上投入更多。国外的经验表明，语言和文化的推广是一个缓慢的过程，如果要等国内的教育发展平衡了，再去推动自己国家的文化交流，恐怕为时已晚。

我们在对外文化交流中，较多考虑的是"要让外国人看到我们"，较少考虑国外受众的欣赏习惯和审美情趣，更没有琢磨外国人想看什么，喜欢看什么，能看懂什么。对中国考生来说，"愚公移山"、"孔融让梨"是传统的美德，可是把这些故事讲给别的国家的考生去听，却不一定能接受。孔子学院的汉语教材究竟应当坚持中国的传统文化呢，还是要考虑与当地传统文化的不同？有人提出要实现教材的本土化，但也有人认为，西班牙塞万提斯学院和德国歌德学院在编写教材时只根据本国情况进行编写，目的就是让外国人去学习和了解他们的问题。到底是应该实现教材本土化，还是应该固守中国传统文化，目前孔子学院仍在摸索中。

由于一些历史问题的影响，汉语的推广在中国周边一些国家仍具有一定的敏感性，虽然A国和B国今年来均出现汉语热，各院校和怨言学校都开设了汉语课，但孔子学院至今仍未能在中国的两个邻国建立。可以说，孔子学院的发展同周边国家与中国关系的复杂性相关。有些国家在签证发放上对中国人管理较严，使中国志愿者教师入境的手续复杂。中国驻A国使馆教育处负责人黄先生表示，A国针对来该国的汉语教师有较为严苛的签证政策，使得几年来，仅有几名中国派来的中文教师能够短期执教。中方已经多次呼吁A国能够尽快改善有关中国派遣汉语教师的相关政策，尤其是签证政策，以促进人员往来与交流。

中国一直在努力改变这些国家对于孔子学院的认识，正如日本北陆大学理事长、孔子学院理事长北元喜朗评价的那样："非零和、非排他、非竞争、非暴力，孔子学院为世界各国提供了一个互惠双赢的语言文化推广模式，也是首个发展中国家利用有限的资金推广本国语言文化的先驱性实践。"孔子学院并没有文化的扩张性或文化占领的野心，它是一颗和平、友善的种子，在世界扎根、开花、结果，影响的是世界文化生态。孔子学院信奉的是，只要沟通和交流，不同文明之间都会有启发。

问题："给定材料6"中提到"有人用水来比喻文化，'文化似水，水成于无形，隐于其中，却凝结一切；文化似水，润物无声，又难阻挡'。"请结合"给定材料"，谈谈你对这句话的理解。（15分）

要求：全面、准确、简明，不超过200字。

答题思路与方法

此题是一道语句理解题，结合材料和此句话联想"水"和"文化"的共性，主要参考"给定材料6"。

"全面、准确、简明"等说明该题会以客观题的赋分形式进行阅卷，需要考生要把握住要点。

根据作答安全性的考虑，全面作答，将可能涉及的文化发展的特点、问题、措施等包含在答案内。

答题过程演示

有人用水来比喻文化:"文化似水,水成于无形,隐于其中,却凝结一切;文化似水,润物无声,又难阻挡"。文化的交流是人类心灵的交流、情感的沟通、作为一种"软实力",文化交流具有其他交流所不能替代的作用。在经济全球化的背景下,文化交流在国际关系中的作用和地位越来越突出,世界各国尤其是西方大国普遍重视利用文化手段来展示本国文化,宣传自己的价值观,提升和扩大国家的影响力。加强文化交流与合作,主动置身于国际文化交流中,是责任,也是使命。

——得出文化的特点:无形性、流动性、融合性、隐蔽性、韧性、不可替代、有力量。

——得出文化的作用:沟通交流,促进了解;滋养心灵,提升涵养;提升国家影响力。

语言作为文化载体和交流工具,架起了文明之间对话的桥梁;文化作为民族智慧和心理特征的精神反映,促进了国家之间的相互了解,孔子学院蕴涵着"语言"和"文化"两大特征,使它不仅成为国际汉语教育与推广的重要品牌,更成为中华文化传播的重要载体和开展民间外交的友好平台。世界各地的孔子学院结合中国传统节日和特色文化,举办形式多样、主题鲜明的活动,在树立中国良好形象、提升中国软实力、促进中外人文交流方面起到了举足轻重的作用,可谓21世纪文化的"新丝绸之路"。但这条路并不好走,既有国家投入不够的问题,又有社会参与不足的问题。还有不少人认为,目前国内教育发展也不平衡,国家应该在国内教育上投入更多。国外的经验表明,语言和文化的推广是一个缓慢的过程,如果要等国内的教育发展平衡了,再去推动自己国家的文化交流,恐怕为时已晚。

——得出文化的作用:促进国家之间的了解;树立良好形象。

文化发展的问题:国家投入不够,社会参与不足,存在异议,归根结底是重视程度不足。

我们在对外文化交流中,较多考虑的是"要让外国人看到我们",较少考虑国外受众的欣赏习惯和审美情趣,更没有琢磨外国人想看到什么、喜欢看什么、想看懂什么、能看懂什么。对中国考生来说,"愚公移山""孔融让梨"是传统的美德,可是把这些故事讲给别的国家的考生去听,却不一定能接受,孔子学院的汉语教材究竟是坚持传统文化呢,还是要考虑与当地传统文化的不同?有人提出要实现教材的本土化。但也有人认为,西班牙塞万提斯学院和德国歌德学院在编写教材时只根据本国情况进行编写,目的就是让外国人去学习和了解他们的文化。到底是应该实现教材本土化,还是应该固守中国传统文化,目前孔子学院仍在摸索中。

——得出文化传播的问题:文化传播缺乏战略,本土化与坚持传统不定。

由于一些历史问题的影响,汉语的推广在中国的周边国家仍具有一定的敏感性。虽然A国和B国近年来均出现汉语热,各院校和语言学校等都开设了汉语课,但孔子学院至今仍未能在中国的两个邻国建立。可以说,孔子学院的发展同周边国家与中国关系的复杂性相关。有些国家在签证发放上对中国人管理较严,使中国志愿者教师入境的手续复杂。中国驻A国使馆教育处负责人黄先生表示,A国针对来该国汉语教师较为严苛的签证政策,使得几年来,仅有几名中国派来的中文教师能够短期在A国执教。中方已经多次呼吁A国能够尽快改善有关中国派遣汉语教师的相关政策,尤其是签证政策,以促进人员往来与交流。

——得出文化传播的问题:人为设卡,传播阻碍较多。
——得出优秀文化是不可阻挡的。

中国一直在努力改变这些国家对于孔子学院的认识,正如日本北陆大学理事长、孔子学院理事长北元喜朗评价的那样:"非零和、非排他、非竞争、非暴力,孔子学院为世界各国提供了一个互惠双赢的语言文化推广模式,这是首个发展中国家利用有限的资金推广本国语言文化的先驱式实践。孔子学院并没有文化扩张抑或是文化占领的野心，它是一颗和平、友善的种子，在世界扎根、开花、结果，影响的是世界文化生态。孔子学院信奉的是，只要沟通和交流，不同文明之间都会有启发。

——得出对策：推动沟通交流；加大投入；和平传播，互惠共赢。

参考答案

（1）文化的特点：流动性、融合性、包容性、隐蔽性。

（2）文化的功能：①滋养心灵，提升智慧；②沟通交流，促进了解，消除隔阂；③提升国家影响力。

（3）文化发展中的问题：不够重视，对传播中华文化缺乏积极性、主动性和战略规划；外国设置障碍；忽略文化发展带来的经济价值。

（4）对策：重视本土文化，推广中华传统文化，加大文化发展投入，和平传播，增进理解，做好文化发展的长期规划。

第三篇

争创一流
——申论大文章写作

第五章　必知必备——议论文的三要素

第一节　明确文章三要素

申论文章写作通常为议论文，要想写好议论文，首先要了解议论文的三要素：论点、论据和论证。论点明确、论据充实、论证合理是申论文章写作的根本要求。所以，一定要对这三要素有个明确的认识。

一、论点

论点就是作者的观点和主张，是整个论证过程的中心。它常常是一个正确而鲜明的判断。我们在写议论文的时候，一般有一个总的主张和观点，即中心论点（一篇议论文只能有一个中心论点）和几个分论点，分论点紧扣中心论点，为中心论点服务。另外，文章的中心论点必须正确、鲜明、有针对性。正确，就是实事求是，符合科学真理；鲜明，就是旗帜鲜明，不含糊其辞，有针对性，即从客观实际出发。有的放矢，能解决实际问题。中心论点可以在文章的开头、过渡段或结尾提出来，具体在后面讲突出主旨句的时候会提到。

二、论据

论据是作者树立自己观点的理由和依据。是证明论点的材料，它分为事实论据和道理论据两种。事实论据包括现实和历史的人和事；道理论据包括马列主义的基本原理、革命导师和名人的言论，以及科学的定义。无论运用事实论据还是道理论据，都必须注意论据本身的准确性和可靠性，并以论点为统帅，为论点服务。

三、论证

论证是用论据来证明论点的过程和方法。论证要通过摆事实、讲道理说明作者观点的正确性，它反映论点和论据之间的逻辑关系，使论点和论据有机地统一起来，以便使人信服。论证的方法很多，主要有举例论证、道理论证、比喻论证、对比论证等。

总之，论点、论据和论证是议论文不可缺少的"三要素"。我们在写议论文时，一定要做到论点正确、鲜明；论据真实、典型、新颖；论证清晰、严密。正确处理好"三要素"的关系，才能写出成功的议论文。

例：【2013年国考地市级】

题目：请以"让……大放异彩"为题，写一篇内容充实的文章。（35分）

要求：用恰当的文字替换"让……大放异彩"中省略号部分，使之构成一个完整具体的文章标题；主题应与"给定材料"相关，但素材不必拘泥于"给定材料"，要结合生活中的具体感受，切忌空谈对策；观点鲜明、结构完整、语言流畅；总字数为800~1000字。

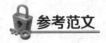
参考范文

让中华文明大放异彩

——重拾文化自信

我们号称有上下五千年的文明，号称是唯一一个文脉和人脉都没有断绝过的文明，在文化方面我们曾经是自信甚至自大的。鸦片战争以来，我们先是被动的被文化殖民、文化侵略，后来自己主动打倒孔家店，甚至自愿接受文化殖民。

中华文化真的应该被打倒、被抛弃吗？遥想"五四"时期，对中华文化批判得最厉害的鲁迅、胡适等诸先生恰恰是对中华文化研究得很透、爱得最深的。我们必须继承先辈们的遗志，重拾文化自信，为中华文化的复兴而努力。

——概括出：摒弃殖民心态，树立文化自觉，重拾文化自信，是让中华文化大放异彩的前提条件。

如果说曾经的文化殖民是被动的，是为了救亡图存；现在的文化殖民则是主动的，是惯性思维，是崇洋媚外。一百多年过去了，我们主权独立了，经济独立了，有一部分没有亡国的危险，但是却有亡文化的危险——我们的文化殖民的心态可能不减反增。以我这种非外语专业、外语学得很差的人为例，在读书期间，花在学习英语的时间比任何学科都多。

文化的自觉和自信来自于对自身文化的理解和热爱。以汉字为例，让汉字大放异彩我们就必须理解汉字，亲熟汉字，学习汉字。汉字是世界上最独特的文字，含义最丰富的文字，最具有美感的文字。汉字不仅是字，而且是诗，是歌，是哲学，是生活，是生动的世界本身；汉字不仅可以写出来，还可以画出来，唱出来；中国的书法是世界上独一无二的。面对如此丰富、如此厚重、如此迷人的文字，作为这种文字的实用者，我们有什么理由不珍惜她，爱护她，尊重她，保护她，传播她？

——得出：扎根基层，深入群众，加大交流，走向世界是中华文化大放异彩的重要手段。

中华文化的无穷魅力在于文化是活的，生动的，是融入人民的生活中的。中华文明要大放异彩必须把文化的根深深扎进人民的生活中，植入人民的心理。中华文化绝不仅仅是陈列在博物馆里的文物，不仅仅是长城冷冰冰的石头，不仅仅是故宫等无声的建筑，而更多地体现在群众日常的衣食住行中。

文化也不能只是少数"文人骚客"的玩物，而是"百姓日用而知"的常识。文化的光彩不仅仅体现在莫言等作家的小说里，不仅仅体现在一两个冷冰冰的奖杯上。莫言获得诺贝尔文学奖很重要的原因是他的写作根植于人民的生活，因为他的小说是对人民喜怒哀乐、中华民族的苦难最真实的记录。莫言的小说放出的光彩不仅仅是文学的光彩，更是人民的光彩。

文化不仅要走"下"去——下到人民群众中间去；还必须走"进"去——走进人民心里去；更需要走"出"去，走出国门，走向世界。文化走出去必须反对文化帝国主义心态，我们绝不能如美国等国家一样，抱着文化侵略的傲慢态度走出去，而是应该以一种平和、和平、理性、谦虚的态度，本着相互尊重，相互理解，相互包容的态度走出去。正如习近平同志说"中国需要更多地了解世界，世界也需要更多地了解中国"，这种了解不能仅靠一些记者只言片语的报道，只有通过文化交流才能达到更深层次的了解。

——得出：制定政策，完善制度，统一标准是中华文化大放异彩的长期保障。

文化的光彩不能仅靠自觉，靠宣传，更为根本的是应该有制度保障。从小国马来西亚到大国俄罗斯，从文化相对弱势的俄罗斯到文化强国的法国，无一不从政策制度上对自身的文字、文化加以保护。法语与英语同宗同源，同属印欧语系，尚且知道保护自己文化的纯洁性，我们对网络语言、英语的入侵不能坐视不管。

英语成为强势语言最根本的一个原因在于其有标准化，统一化的考试——从国际标准的雅思、托福到国内的CET、PETS。新东方、英孚、环球雅思……这些培训机构之所以能门庭若市，就是因为有考试这个标准。有了这个标准就可以通过市场的方式吸纳社会资金、人才来帮助英语传播文字和文化。有了这些标准，这些企业融资的融资，上市的上市，成为文化产业化运作的典范。尽管这些培训机构本身没有传播多少文化，但是它们却传播了文字，为文化传播打开了通道和可能。我们为英语制定了统一的考试标准，偏偏没有为自己的汉语制定一个标准化的考试标准，这不能不说是这个国家的悲哀。

中华文化是最文明、最平和、最具有包容性的文化之一，让我们一起学习中华文化，践行中华文化，传播中华文化。让我们自信大方大声地告诉世界：我们来了！

范文评析

这是一篇未删减的文章，字数超过了申论考试的要求，但是内容非常充实、丰富。我们只以它为例来说明论点、论据和论证。如果要作为申论文章可自行删减些内容。纵观全篇：观点十分明确——我们必须继承先辈们的遗志，重拾文化自信，为中华文化的复兴而努力。下面的几个分论点——摈弃殖民心态，树立文化自觉，重拾文化自信，是让中华文化大放异彩的前提条件。——扎根基层，深入群众，加大交流，走向世界是中华文化大放异彩的重要手段。——制定政策，完善制度，统一标准是中华文化大放异彩的长期保障。都是为论证整个中心论点服务的。论据更是种类繁多，丰富多彩，古今中外，包罗万象。有材料当中涉及到的，也有自己的深厚知识积淀；有事实，有道理，又有名人讲话。使整个文章读起来充实饱满，论述深刻，知识性强。论证更是有中外、古今对比论证，又有汉字、小说等举例论证，使整个文章精彩纷呈。

第二节　论点、论据的来源

一、论点的来源

中心明确、观点正确是所有申论文章的基本要求，所以正确把握文章主旨，找出正确的论点是保证申论文章不跑题的重中之重。随着近几年考试难度的加大，很多题目不太容易把握住命题人渴望看到的文章主旨，也就是中心论点。

2011年424联考中考到的：结合"给定材料"，以"家底"为题，联系实际，写一篇文章。（40分）

要求：中心明确，联系实际，内容充分；语言通顺、条理清楚、结构完整；不少于800字。

2012年国家地市级考试中考到的："给定材料5"画线部分写道："无论我们认为自己已变得多么高明和安全，自然灾难与人为灾难始终是我们生命的一部分。"请结合你对这句话的思考，联系自己的经验或感受，自拟题目，写一篇文章。(40分)

要求：自选角度，立意明确，有思想性；参考"给定材料"，但不拘泥于"给定材料"。

对于这样一些题目，不太好判断文章写作的主题，也就是中心论点所反映的观点或问题。这就需要我们做到两点：认真审题和结合材料。从审题过程中得出的信息能够帮助我们了解出题人的意图和考查方向，而材料能够帮助我们证明审题过程中判断出的主旨的正确与否，并且可以提供大量可用来证明文章中心论点的分论点或可靠的论据。如上面说到的2012年国考地市级考试中的题目，从审题过程中能够得出：无论我们怎么样，灾难总是如影随形，成为生命的一部分。那论点也就很容易得出：面对灾难，我们的态度。也就是面对灾难，我们做了什么或是该如何做。再回到材料当中，材料2直接提到人防和技防，都是直接面对灾难的解决办法，也提到了目前人防做得还不够的问题；也就是说我们前面得出的论点并不是脱离材料的，是符合材料内容的。这样既明确了论点，又有了支撑论点的论据。

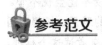
参考范文

灾难——福兮祸兮

——韩　敏

灾难，总是不期而遇；灾难，总是如影随形。汶川地震、印尼海啸、日本核爆炸、甬温铁路出轨、上海高层大火……多少人命丧其中，多少家庭分崩于旦夕。面对自然、人为的诸多灾害，我们惊恐、无措、无奈、哀嚎，仿佛这一切都不应该发生，因为我们对于灾难的防备还远远不够。
……

 范文评析

范文紧扣题目要求的申论主题，开篇简明扼要地列举了一年来的系列相关事件，抒发了自己的感同身受（惊恐、无措、无奈、哀嚎），并由此提炼出了文章的中心论点：我们对于灾难的防备还远远不够。

而对于2011年424联考中考到的"家底"，从审题中很难直接得出相应的论点，那就需要全面把握"给定材料"，从材料中找出命题人所指的"家底"究竟是什么？而通过材料我们可以知道通篇在说的是"人口普查"和"养老"问题，再与题目"家底"联系起来也就是要了解目前整个国家的"家底"，如人口的数量、分布、收入、性别比例、年龄结构等，就可以从中选取几个点来重点展开。

 参考范文

家 底
——家底的三个基础

第六次人口普查兴起了对家底的大清查。调查的内容很多包括人口的数量、分布、收入、性别比例、年龄结构等。在这些林林总总的调查内容中，有三个东西是非常基础的——人口健康状况、知识水平和价值取向。
……

从材料中找文章写作的主旨，还有一个比较简单实用的方法，就是通过材料中的一些政策文件或重要领导人讲话，也就是一些政策理论性的材料，去判断通篇材料的中心话题，再看这一话题是否与审题过程中得出的主要观点一致或有哪些相关联的地方。总之，要想明确论点，不跑题，一靠审题，二靠材料。

二、论据的来源

如果说一个中心论点和几个分论点是一篇文章的骨架，那么论据部分就是组成这篇文章的血和肉，才能使整个文章丰满起来，才能更好地证明论点。那么论据都来源于哪里呢？前面说过，论据一般分为事实论据和道理论据两种。对于这两种论据而言都可以来自两个方面：一是材料；二是自身的知识积累。这里面要注意的是来自材料的部分不可过多，最好是将材料中涉及到的可以做论据的部分进行简单概括，避免直接摘抄。自身积累的部分也要做适当概括，不可过于具体和罗嗦，只要能起到证明论点的作用即可。

题目： 结合"给定材料"，自拟题目写一篇文章，谈谈你对"人与动物"关系的体会与思考。（40分）
要求： 自选角度，立意明确，有独立见解；可联系自己的经验或感受；语言流畅；总字数为800~1000字。

人与动物
——论正确对待动物的基本态度

在对待动物的态度上，人类的行为是如此矛盾，既有虐猫、活熊取胆汁的残忍，也有拦截运猫车、救助流浪狗的义举。动物与人之间到底是什么关系？利用与被利用？保护与被保护？差等还是平等？

在我看来，对待动物的态度总结起来三句话：合理利用，保护尊重，适当学习。
……

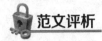 **范文评析**

①紧扣申论主题,把材料反映的事件和相反的新闻事件做对比,既保证了申论文章不偏题,更显示了作者对此类话题的关注和熟悉;②从鲜明的对比中发出疑问,既有材料内容,又有自身积累,紧接着给出答案(中心论点);③这样的行文既能显示出作者的知识背景,又能彰显缜密独到的分析推理能力。

从审题和材料中得出论点,结合材料内容和自身积累充实论据,练习使用多种方式进行合理有效论证,申论文章必能取得良好的效果。

第六章 四点一线——文章的四个支点

第一节 如何让标题更醒目

标题是申论文章写作的重要组成部分。从设题方式上可分为命题作文和话题作文。命题作文直接给定题目，话题作文需要自拟题目；从主次上有正标题和副标题两种。标题主旨可以开明宗义的反映文章中心论点，也可以不点明主题。但是标题的内容要尽量做到新颖、醒目，才能更有把握赢得高分。

一、对仗式标题

对仗式标题的特点是结构基本相同、字数相等、意义上相互联系的两个词组或短句，工整、成对地排列。主要形式有三种：正对、反对和串对。正对是从两个角度讲一个道理，内容上相互补充。反对是从矛盾对立的两个方面来说明问题，意义对立统一，相反相成，需要辩证看待。串对指上、下句间的内容与同一事物相关联，也就是前后两个语句从事物的发展过程或事物的承接、转折、条件、因果、假设关系等方面紧密衔接，表示相承相连的意思。

【示例】：
- 积极而为 量力而行
- 攻得破难题 守得住底线
- 仓廪殷实心灵虚 精神饱满和谐生
- 坚定不移抓改革 心无旁骛干实业

二、双关语标题

双关的含义是词语、句子除表面意思外，还关涉、隐含另外的意思。双关是一种修辞手法，利用词的多义和同音的条件，有意使语句具有双重意义，言在此而意在彼。使用双关词语做标题，能达到含蓄、幽默的效果，而且能加深寓意，给阅卷人以深刻印象。

【示例】：
- 高温关怀离不开法律护航
- 信任缺失已成潜在"杀手"
- 下基层心中要有"红绿灯"
- 关注"菜篮子"莫忘"菜园子"

三、递进式标题

递进关系是指能够表示在意义上进一层关系的，且有一定逻辑的词语。词与词之间必须用恰当的关联词语来表示。递进式标题的特点是层次感强，作用是通过递进的方式突出观点。表示递进的关联词有更、进而、不仅……还……等。

【示例】：
- 从感动到行动
- 知足·知不足·不知足

- 要"开门",更要"进门"
- 从会风看作风 从作风看形象

四、个性化标题

个性化标题的特点是打破传统思维的束缚,不拘泥于特定形式或固有格式。题目的形式和内容都别出心裁。个性比标题的取材空间很广,网络热词、书名、品牌、电影、电视剧、乡间小调、城市文明等。但是个性化不是简单的照搬,而是结合题意进行巧妙地加工和雕饰。

【示例】:
- 最是书香能致远
- 为流动者铺筑向上的路
- 用什么带走幸福的忧伤
- 求解"幸福"的方程式

第二节 如何让开篇更出彩

2011年以来,申论写作的主流形式是话题或主题作文(广东等个别地方除外),要求围绕一件事或一段话,"结合自身体会,联系社会实际"来写。这样,能否从新颖的角度入手,在充分驾驭、摘抄和整合好材料内容的基础上,突显出自身知识文化积淀,使文章更加深厚、丰满就成了高分范文的标志。开篇是展现自我的最佳地方。

申论文章的精彩开篇要起到两个效果:吸引阅卷人;突出中心主旨,让阅卷者瞬间明白你整篇文章要写什么。

根据与部分高分学员,以及阅卷老师的交流,我们总结出以下几种开篇的经典方法。

一、点题式开篇

点题式开篇是申论写作最保险、最好用的开篇方法。一般有两种手法:以经典名言、名句或领导人的经典论述点题,提出自己的中心论点,展现出自己深厚的政治文化底蕴;②从近期社会热点新闻中提炼出自己的中心论点,以小加大,从具体到抽象,展现自己的社会见闻,以及独到的分析判断能力。在实际考试中,可以根据自身情况,选用或混合使用这两种手法。

例1:【2012年安徽省真题A卷】

问题:近期《××日报》拟开辟"进一步密切联系群众,着力提高党的凝聚力、战斗力"专版,为此,该报邀请部分党员干部撰写文章,并附参考材料(本题中的"给定材料")。根据领导要求,请你结合参考材料,以"权为民所用"为主题,写一份800~1000字的议论文。

要求:题目自拟;观点正确,理论和实践相结合,论述深刻,有说服力;层次清晰、结构紧凑、语言流畅;不能写成对策性议论文。

参考范文一

扎根沃土 承接地气
——人民日报 宣言

源浚者流长,根深者叶茂。毛泽东同志曾经形象地把共产党人比作种子,把人民比作土地,强调我们党只有同人民结合起来,才能在人民中间生根、开花。这种扎根沃土、承接地气、始终同人民群众保持紧密联

系的优良传统和作风，让我们党赢得了人民群众的热情支持和信任，也是我们在新形势下做好各项工作的有力法宝。春节期间广泛开展的"走基层、送欢乐"活动，是新闻文艺工作者坚持群众路线，贯彻"三贴近"要求的成功实践，充分证明只有扎根沃土、承接地气，才能与人民群众同呼吸、共命运、心连心，才能把工作做到群众的心坎上。

……

范文评析

范文开篇改用了《荀子·劝学篇》中的经典名言，接着引用毛泽东同志的经典论述，再接着概述材料中心话题，结合当前时政热点，得出中心论点"只有扎根沃土、承接地气，才能与人民群众同呼吸、共命运、心连心，才能把工作做到群众的心坎上"。很好地展现了作者的政治文化积淀和时政知识背景，并点明文章的中心论点。

需要指出的是，作为应试文章，本文开头太长，显得臃肿冗余，其中毛泽东同志的论述可以适当简化。开篇字数控制在150字以内为宜。

例2：【2013年联考】

问题："给定材料2"中提到"他们不仅要安身立命，也要有尊严，甚至还要抬头仰望星空。"这句话引发了你什么思考？请结合"给定材料"，自拟题目，自选角度，写一篇文章。（40分）

要求：中心明确，思想深刻；内容充实，有说服力；语言流畅，800~1000字。

正视工人"理想缺失"之痛

"工欲善其事，必先利其器"，同样，国家要想发展，对于人才也要"先利"。自古以来，从手工业生产发展到机器大工业，技术的每次突破总是以技术工人为先锋。然而，如今的现实告诉我们，工人不仅物质待遇低，社会观念上缺乏应有的尊重，更值得担忧的是，工人的理想和信念越来越淡漠。

……

范文评析

范文引用《论语》中的名言开篇，自然过渡到本文的内容上——同样，国家要想发展，对于人才也要"先利"。点名了人、人才的重要性。接着通过转折引出本文写作的中心主题：工人的待遇低，缺少应有的尊重，理想信念缺失。层层递进，主题明确突出。

二、追问式开篇

追问式的开篇，主要适用于具有批判色彩的申论文章。一般以申论题目和材料反映的问题为中心，对一系列类似热点问题或现象进行追问，提炼出文章的中心论点。这样的写法既能反映出作者对时政热点的熟悉，又能展现自己的感情倾向，以及独到的分析判断能力。这种开篇主要有两种手法：

- 反问，只问不答：带有强烈的批判性，引人深思，激起阅卷者的兴趣，并以激烈的反问句确立中心论点；
- 设问，自问自答：设置疑问，引起阅卷者的注意，激发兴趣，引导思路，给出答案（中心论点）。

需要提醒的是，追问式中的追问应该是正义的、客观公正的、朝向公共利益的追问。

例1：【2012年安徽省真题A卷】

问题： 近期《××日报》拟开辟"进一步密切联系群众，着力提高党的凝聚力、战斗力"专版，为此，该报邀请部分党员干部撰写文章，并附参考材料（本题中的"给定材料"）。根据领导要求，请你结合参考材料，以"权为民所用"为主题，写一份800~1000字的议论文。

要求： 自拟题目；观点正确，理论和实践相结合，论述深刻，有说服力；层次清晰、结构紧凑、语言流畅；不能写成对策性议论文。

 **参考范文一**

把根扎深
——半月谈 苏北

翻开报章，重庆的"三进三同"全面推进，湖北的"三万活动"进村入户，云南的"新农村指导员"实事实干……一时间，干部下基层热浪阵阵，扑面而来。来自人民，植根人民，服务人民，这是我们须臾不可忘却的根本；官僚主义，形式主义，本本主义，这是我们须臾不可忽略的危险。如何去培固根本，抵御危险？如何把干部下基层的传统激活创新，把下基层的路子走得更加坚实更加宽广？

……

 范文评析

（1）开篇立足题目主题，概述了一系列近期较有影响的干部下基层活动，很好地展现了作者的时政素养。

（2）使用了反问句，既能引导读者思路，激起阅读兴趣，又点明了文章中心论题。

（3）语言简洁流畅，很好地表达忧国忧民的情怀。

例2：【2013年413联考】

问题： 以"新时代的工人力量"为题，自选角度，写一篇文章。

要求： 中心明确，思想深刻；内容充实，有说服力；语言流畅，1000~1200字。

 **参考范文二**

新时代的工人力量
——经济发展的核心引擎
——陈鲁

民工荒，一直是困扰企业发展的难题；就业难，也一直是工人群体内心最真实的呼唤。民工荒与就业难的困境为我们的经济发展提出了质疑，工人真的短缺吗？就业真的难吗？实际上，工人不短缺，短缺的是工人的技术和力量；就业并非真的难，难的是缺乏就业的技能。总而言之，民工荒与就业难的困境要求释放新时代的工人力量！

……

范文评析

（1）紧扣申论主题，把材料反映的两个主要问题同时提出，既保证了申论文章不偏题，更显示了作者对文章整体材料和主题把握得深刻和透彻。

（2）从鲜明的问题中发出疑问，紧接着给出答案（中心论点）。

（3）这样的行文既能显示出作者深厚的知识积累和高度的理解、概括能力，又能彰显缜密独到的分析推理能力。

三、递进式开篇

递进式开篇，比较常用的有时间-历史结构："过去……今天……"；空间结构："我国……发达国家……"。这种开篇很有纵深感和条理性，能很好地展现出作者博古通今、学贯中外的知识背景，以及严密清晰的分析推理能力，具有很强的说服力。

例1：【2012年湖南省选调】

问题："给定材料9"画线部分写道："农村公路，是全心全意为民之路，是和谐社会建设之路，是人民群众幸福之路。"请结合你对这句话的理解，联系自己的经验和感受，自选角度，自拟题目，写一篇文章。（50分）

要求：观点明确，有思想高度；内容充实，结构完整，语言生动流畅；字数在1000字以上。

论农村公路建设的双重价值

改革开放以来，我国的道路交通得到了很大的改善，尤其是近几年，从机场的扩建到高铁网的建立，从城市地下交通到城际高速公路网的密布。2008年金融危机以来中央四万亿投资很大部分用在了道路建设上。美国人来了中国都大呼上当，认为应该将中国定位为发达国家。

……

范文评析

（1）本文开篇以时间纵深和空间拓展为架构，很好地体现了作者的历史感和知识面，容易使阅卷人感到此人"功力不浅"，这对文章档次的划定极为关键。

（2）作为应试文章，开篇没有点明中心论点，不能让阅卷者马上明白通篇要写什么。这一点，是本文的缺点。

例2：【2012年江苏省】

问题：通读"给定材料"之后，你对当代中国农村正在发生的深刻变化一定有所感触。请你以"守望家园"为题，写一篇文章。（40分）

要求：紧扣"给定材料"，结合个人体会；观点鲜明，语言流畅，议论深刻，结构严谨；总字数为800~1000。

用制度关爱纾解"空心化"之痛

——人民时评 詹勇

"她比沈从文笔下的翠翠更让人感动。"这几天，一组题为《弟弟要睡了》的照片在网上广为传播，湿润了千万网民的眼睛。在摄影师定格的画面中，一个不到10岁的小女孩带着弟弟，一边听课，一边哄着怀里闹困的弟弟……

一些农村地区，空巢老人"老无所依"，留守儿童"幼无所靠"，已经不仅仅是个体的生活困扰，更是社会面临的严峻挑战。

……

范文评析

（1）将标题换为"守望家园"，本文的开篇即可用来作答以上真题。

（2）本文开篇递进结构从小到大，由近及远，由"个体的生活困扰"上升到"社会挑战"。

（3）从热点新闻中引出中心论题也是本文开篇的特色。

第三节　如何让主旨更突出

一、主旨句的位置

　　与客观题一样，申论文章写作的阅卷时间是很短的，我们要把最重要的信息放在最关健、最显眼的地方，才能让阅卷人看得更加清楚。有一个真实的故事：在一次国考结束之后，我们请几个国考阅卷人来了解情况，并且顺带让他们就几篇申论文章给一个大致的分数。其中有一篇文章阅卷人看了不到十秒就给了一个分数——15分左右（总分为40分），后来再请他仔细看——35分左右。问他为什么同样一篇文章前后分差这么大，他说文章主旨不够突出，阅卷的时间很短，文章虽然写得好，但是看不清楚。事后我既感谢这个阅卷人的诚实——他说了真话；又愤怒阅卷人的不负责，影响个人工作事小，影响国家人才选拔事大。当然这样的事情不能完全怪阅卷人，因为参加考试的人太多，能够阅卷的人太少，阅卷的时间又很短，为了提高效率，减少误差，他们约定看不太清楚的文章都给15分左右是正常的。

　　作为考生我们不能改变阅卷人，也不能改变阅卷流程，我们可以改变自己。在申论文章正文部分一定要记住一个原则：主旨句要突出，不能写成散文。在写申论文章的时候要突出两个点：一个是文章的核心观点；另一个是精彩的句子。有人好不容易写了一句很漂亮的话却把它放在文章的中间，白白浪费了自己的才情。我曾经开玩笑说"如果一句话比较重要，那句话的字可以要比其他的字大一点"。

　　突出主旨句就要将主旨句放在一个好地方，这个好地方主要有5个：标题、开篇、过渡段、正文段首、结尾。这5个地方可以同时放在主旨句，也可以选其中的两三个地方来放。

　　下面例举正反两个方面的例子来说明。

知足·知不足·不知足

——徐文秀　人民日报

　　日前，一位老同志对换届提拔的干部说了这样一番意味深长的话：走上新的岗位，要始终记得把责任举过头顶、把名利踩在脚下、把百姓装在心中、把本色进行到底，记住做官知足、做人知不足、做事不知足。

　　这番话言简意赅、语重心长，它提醒得及时，说得实在，对领导干部尤其是年轻干部为官、为人和为业很有启发。

　　做官知足，这既是一种清醒，更是一种心态。现在有一些干部热衷于做官、满足于做官、陶醉于做官，"官瘾"十足。有的精心设计自己的当官路线图，步步为营、"小步快跑"；有的看到他人特别是与自己条件相当的人提拔了，就眼红心热、坐立不安；还有的板凳都还没有坐热，就急于"走人"，甚至伸手"跑官要官"，人们为其画像：两年不提拔，心里有想法。三年不挪动，就想去活动。

　　做官要知足，就应端正"官念"、淡化"官欲"、克服官本位。从本质上讲，共产党的"官"更多意味着一份责任和奉献，意味着一种风险和挑战。做官绝不是做老爷，更不可以谋一己私利。"看庭前花开花落，任天外云卷云舒"，只有看淡名利、保持平常之心、知足之心，才能正确看待手中的权力，扛起肩上的职责，尽到一个人民公仆应尽的本分。

　　做人知不足，这既是一种自律，更是一种自觉。人生在世，说到底得凭做人而安身立命。一些干部总是自我感觉很好，常常孤芳自赏、自以为是，不能正确地看待自己。有的盲目自大，有的盲目自我，还有的盲目自恋。金无足赤，人无完人，问题的关键在于是不是"看得清"、敢面对，是不是"改得了"、能战胜。

古人云："志之难也，不在胜人，在自胜也。"做人知不足，就是要以"吾日三省吾身"的精神和自觉，常常以人为镜，照差距；以事为例，看不足；以己为训，查过错。人不怕有过错、有不足，就怕错过了知错、纠错，知不足、改不足的机会。做人知不足，才会不断完善自我、修正自我，使自己逐渐成为一个高尚、美好的人，一个脱离了低级趣味、少犯错误的人，一个有益于他人、有益于社会的人。

做事不知足，这既是一种责任，更是一种精神。以怎样的态度对待工作，不同事业心和责任心的人会有不同的追求。有人视之为事业甚至生命，但也有人做"公事"懒洋洋，干私活打冲锋；对工作马马虎虎，只求"过得去"，不求"过得硬"；有人刚开始做一件事情时，有一股子劲，时间一久，便开始懈怠，一旦遇到一点挫折或失败，更是变得无精打采起来。

做事不知足，需要有一种强烈的事业心和责任感，有奋发有为、积极进取的精神状态。要带着责任、带着感情，扑下身子想干事。当前，我们国家进入了一个既快速发展，又矛盾集中的新阶段，有大量的事情要去破题、破解，迫切需要一大批对工作有热情、对事业有激情的人去推动，迫切需要一大批做事情不知足、做工作不满足的人去开拓，齐心协力地攻坚克难、打开新局面。

知足者乐，知不足者勇，不知足者进。做官知足、做人知不足、做事不知足，才会内心和谐快乐，个人成长进步，事业兴旺发达。

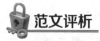

这篇文章就是典型的在标题、开篇、正文、结尾4个地方都突出主旨。优点是主题非常突出，但是主旨句出现的频率过高也可能导致给人文章重复罗嗦、散乱的感觉，所以在写的时候要把握好度。

加强德育　振兴中华教育文化

1979年，中美互派代表团考察对方的基础教育状况，发现中国的孩子无不纪律好、听话、勤于学业，而美国的孩子大都散漫无礼、崇尚空谈。双方都预言中国科技会很快超过美国。三十年后，这个预言错了。这是为什么呢？难道是我们的教育方式出了问题？是的！德育缺失、教育脱节成了我国教育短板，制约了科技文化根本性的长足进步。以德为首，德、智、体、美、劳全面发展的国民教育方针还需加强贯彻实施。

德育缺失是我国教育的一个短板。许多家庭"重智轻德"，只注重培养孩子的智商和胆识等能适应竞争社会的利己品质，偏废了尊老爱幼、诚信守序等利他品质的教育，降低了孩子的人生基调。学校教育则过分注重考生的考试成绩，对孩子的体育、美育重视不够，德育更是流于形式，限制了考生的成长空间。社会德育失效，"潜规则"，"厚黑学"盛行，扭曲了青年们的成长道路。德是体，学是用，体用不二，二者须臾不可偏废。如果德育只停留于文辞宣传和抓典型、树形象的老套路，而不是在长期的家规家训，以及学校教育和社会实践方面得到全面落实，不但会流于空洞无物，还会招致考生因蔑视、逆反而失足。一切学习和实践如果脱离德行和志趣引导，就会成为机械的劳役而使人疲累怠惰，学业很快就会碰到瓶颈。德是动力之源，打开了一个人、一个民族的深广视野，学乃德之躬行。德育失效，确实是国民在学业、科技和社会各项事业上动力不足，创新、创业后劲枯竭的主要原因。

教育脱节是国民教育健康发展的又一块短板。政府教育规划对家庭、学校和社会统一性的认识不足，在思想知识引导、体制机制规范和资源配备方面过分偏重学校。由此造成的教育脱节，很大程度上限制了学校教育的综合成效。要加强统筹规划和全面督导国民教育事业。家庭是每个人出生成长的根本，是其品德和体质、智力等素质的萌芽之地；家教决定了一个人的成长基础和方向。要加大对家教的扶持力度，鼓励良善之家。学校是培育和夯实考生品行和知识的地方，要切实把德育贯穿在教学活动的各个环节中。社会则是规范指导青年的职业和公共行为的大世界，要扶持各级各类单位对员工的职业道德和社会公德教育。国家充分重视公民教育的每一个环节，在法律规范、政策引导和资金投入各方面充分照顾到家庭和社会。这样，我国在学术发展、社会进步方面赶上甚至超越美国才是可能的。

总之，我国科技文化和一切社会事业的长足发展的根本在于教育，教育的根本在于德、学、思、行四合一，良性互动。各级政府、家长、学校和工作单位或村社组织要共同为孩子的终身教育和社会成就负责，要明确各自的权责奖惩，形成一个良性循环、永续发展的国民教育联动机制。这是我国教育和科技文化发展的根本方向。

范文评析

这篇文章是我同事罗成兴同志写的，主旨是很突出的，不过文章在标题上对称一点会更好，同时，这篇文章正文部分有写得很精彩的地方，但是文章没有突出出来，尤其是第二个自然段。我们可以对段落进行切分，让主旨更加突出一点。下面是修改后的文章，大家可以对比一下。

加强德育 振兴教育

——罗成兴

1979年，中美互派代表团考察对方的基础教育状况，发现中国的孩子无不纪律好、听话、勤于学业，而美国的孩子大都散漫无礼、崇尚空谈。双方都预言中国科技会很快超过美国。三十年后，这个预言错了。这是为什么呢？难道是我们的教育方式出了问题？是的！德育缺失、教育脱节成了我国教育的短板，制约了科技文化根本性的长足进步。以德为首，德、智、体、美、劳全面发展的国民教育方针还需加强贯彻实施。

德育缺失是我国教育的一个短板。许多家庭"重智轻德"，只注重培养孩子的智商和胆识等能适应竞争社会的利己品质，偏废了尊老爱幼、诚信守序等利他品质的教育，降低了孩子的人生基调。学校教育则过分注重考生的考试成绩，对孩子的体育、美育重视不够，德育更是流于形式，限制了考生的成长空间。社会德育失效，"潜规则"、"厚黑学"盛行，扭曲了青年们的成长道路。

德是体，学是用，体用不二，二者须臾不可偏废。如果德育只停留于文辞宣传和抓典型、树形象的老套路，而不是在长期的家规家训，以及学校教育和社会实践方面得到全面落实，不但会流于空洞无物，还会招致考生因蔑视、逆反而失足。一切学习和实践如果脱离德行和志趣引导，就会成为机械的劳役而使人疲累怠惰，学业很快就会碰到瓶颈。

德是动力之源，打开了一个人、一个民族的深广视野，学乃德之躬行。德育失效，确实是国民在学业、科技和社会各项事业上动力不足，创新、创业后劲枯竭的主要原因。

德育不能是一句空谈，要通过教育去实践去落实。德育的理念不能和教育脱节，要从政府、家庭、社会各方面做好教育工作。（这段话既是过渡句，也是主旨句）

政府教育规划对家庭、学校和社会统一性的认识不足，在思想知识引导、体制机制规范和资源配备方面过分偏重学校。由此造成的教育脱节，很大程度上限制了学校教育的综合成效。要加强统筹规划和全面督导国民教育事业。

家庭是每个人出生成长的根本，是其品德和体质、智力等素质的萌芽之地；家教决定了一个人的成长基础和方向。要加大对家教的扶持力度，鼓励良善之家。学校是培育和夯实考生品行和知识的地方，要切实把德育贯穿在教学活动的各个环节中。

社会则是规范指导青年的职业和公共行为的大世界，要扶持各级各类单位对员工的职业道德和社会公德教育。国家充分重视公民教育的每一个环节，在法律规范、政策引导和资金投入各方面充分照顾到家庭和社会。这样,我国在学术发展、社会进步方面赶上甚至超越美国才是可能的。

总之,我国科技文化和一切社会事业的长足发展的根本在于教育,教育的根本在于德、学、思、行四合一,良性互动。各级政府、家长、学校和工作单位或村社组织要共同为孩子的终身教育和社会成就负责,要明确各自的权责奖惩,形成一个良性循环、永续发展的国民教育联动机制。这是我国教育和科技文化发展的根本方向。

二、主旨句的表达

我曾经遇到一个考生告诉我:我的文章写得不好,有的没的写一堆,想蒙混过关,如果写得清楚,被阅卷人看清楚就麻烦了。大家不要以为我是在开玩笑,很多人主旨句是很突出,但是写得很差。一些人主旨句就出现错别字,还有一些人主旨句中就出现如"书中自有黄金屋"这种反动的句子,要么就是写一些大话空话。写文章的时候不仅要让阅卷人看见,还要让他们看见写得漂亮、写得精彩的主旨句。要把主旨句写得漂亮有两个小的诀窍:第一,用排比句,让主旨句有气势,有文采;第二,引经据典,让主旨句有深度,有高度。

 参考范文一

老板与老板

面对金融危机的冲击,很多企业和企业家都遇到了前所未有的挑战。东莞某鞋厂的林老板就是一个例子。他现在既不愿进行产业转移,又没有能力通过自主研发来提高企业竞争力,用走投无路来形容林老板的困境实不为过分。

同样作为制造行业的徐老板,在1995年就将自己的工厂转移到广东内地,很好地利用了当地劳动力成本低的优势,节约了生产成本,增加了企业竞争力,在产品内销上取得很好的成绩。

通过两个老板的截然不同的命运,我们可以发现,一个企业要生存,要发展,需要做好一些基础性的工作。

——时变而事变,事变而时变,洞察时事,随机应变,未雨绸缪是企业生存的基础。

世界是不停运动变化的,市场也不例外,从消费格局,到经济走向,再到消费者的需求……跟不上市场的变化就容易造成一步错步步错的被动局面。企业家必须要善于把握周围环境变化,走到市场的前面,走到危机的前面,才能做到有备无患。根据这样的变化早做准备,才能避免在危机来临的时候手足无措。

——把握中道,顺势而为,平衡关系,把握资源,挖掘内需是企业发展的制胜法宝。

一方面要利用好国内资源。作为制造业,劳动成本和物流成本是两项很重要的成本。企业要充分利用我国地区发展不平衡,内地的工资水平相对较低的优势,抓住时机进行产业转移。这样不仅可以降低生产成本,还可以减低内销的运输成本。另一方面企业应该协调好国内、国外两个市场的关系,要特别注意对国内市场的开发,随着我国社会经济水平的不断提高,我国居民的消费能力也越来越强,要根据国内群众的需要,调整自身的生产,增加国内市场在销售额中的比重,减少对国外市场的过分依赖。

——抓住根本,练好内功,注重研发,掌握核心,扩展视野,提升层次是企业长足发展、走向世界的支点。

我们的目光必须面向世界面向未来。随着我国社会经济不断地发展,地区之间差距将逐步缩小,内地资源优势也将不存在。同时随着我国社会经济的不断发展和人口的减少,劳动力成本将逐渐提高,比起一些相对落后的国家,我们也将没有任何优势可言。不仅如此,随着技术的进步和国际竞争的日益激烈,劳动力的成本在企业的成本中所占的比例也越来越小。要使企业真正走出困境,产业转移只能是权宜之计。面对激烈的国际竞争,我们不能逃避问题,更加不能走回头路。具有核心竞争力是在未来的国际竞争中取得一席之地的基础。通过技术改造提高产品的技术含量,大力推进产业升级,努力促使企业得到跨越式发展才是解决问

题的根本之策。徐老板们要有危机感，要再接再厉，加强合作，加快转变发展方式，努力发展成为具有国际竞争力的大企业集团，这样才能避免自己成为下一批的林老板！

我们相信，我们企业家在这场危机中能够得到各自的经验教训，也相信他们有信心，有能力在政府的大力扶持下，通过自身拼搏奋斗，走出危机，再创辉煌！

范文评析

这篇文章是前年写的，当时写得不是很清楚，现在修改了一下。前两句主旨句引用了经典，所有的主旨句都用了排比的手法，这样不仅看起来更加清晰，同时覆盖更加全面。下面是两个引经据典的例子，不一一说明。同时提醒大家，一定要多读书，如果实在没有读过什么书就老老实实的写，不一定要引经据典，用日常语言来写一样可以写得好。

参考范文二

说"沟通"

——刘良军　人民论坛

作为"一切社会关系的总和"，人与人之间最需要沟通。在一定意义上说，没有沟通就没有人的社会，沟通如同社会的"空气"。

管理学家西蒙曾经说过：管理的全过程就是决策。而决策要科学、民主、正确，就非有一个充分的沟通过程不可。否则，所谓的决策就只能是眉头一皱，计上心来，或者属于官僚主义的"拍脑袋"，或者属于主观臆断的"闭门造车"。刘备所以会于"创业"之初选择西进路线，并最终缔造蜀国，原因就在于行动之前有了与南阳诸葛亮一番彼此交心的促膝沟通。毛泽东同志曾经说过：没有调查就没有发言权。这里的"调查"，就是放下身份，去与下属、群众作深入恳切的沟通。我们强调"问政于民、问需于民、问计于民"，前提就是要拜人民为师，与群众保持密切沟通。

中医中有一句名言：通则不痛，痛则不通。说的是人身上某一处血管或经脉不通畅时，一定会感觉那里疼痛。其实在人际关系中，又何尝不是这个道理？如果领导对下属有偏见、下属对领导有看法、群众对机关工作有质疑，一般说来，这中间都有一个缺乏有效沟通、充分沟通的缘由。特别是面对一些流言蜚语、明显缺乏事实依据的讹传，更需要勇于沟通、主动沟通、善于沟通，以沟通及时还原事实真相、消除大众的主观疑虑、校正人们的错误视听。延安时期，针对外界对延安情况的不了解、对中共当时的革命政策有偏见，毛泽东同志大胆地邀请外国媒体与民主党派人士到延安去，通过窑洞里一番番开诚布公的长谈、延河边一次次深入细致的沟通，外界对中共的偏见渐消，共产党赢得了更多的了解、信任、支持与称赞。

没有沟通，便没有和谐。沟通是有效化解矛盾、促进和谐、增进团结的一剂良药。通过沟通，将内心里的真实想法、意见与建议和盘托出，就能知道双方各自暗藏的"底牌"，就能知道双方各自所能承受的底线，就能互换角度考虑问题，就能达成互相之间的谅解，就能彼此照顾到对方的切身利益。"负荆请罪"的故事我们都不陌生：如果蔺相如不与廉颇作积极主动的沟通，不在沟通中说清楚"革命无贵贱、分工有不同"的真谛、分析透彻将相不和的严重后果，相信蔺、廉二人的矛盾会逐渐激化。同样的道理，面对部分群众的不满心声、针对下属不理解所产生的抵触情绪，只有主动沟通，才能畅通言论、化解误会、达成共识、共建和谐。

沟通强调身份的对等、姿态的相近、语言的平和、态度的友好。很多时候，沟通双方在身份与地位上的不同，容易成为沟通的障碍。在这种时候，位高、强势的一方，尤其要做到平易近人，拿出"甘当小学生"的恭敬态度，让对方感到被尊重、被理解、被信任。在做群众工作时，如果依然时刻不忘自己的"官"身份、依然要端官架子、依然说着霸气十足的官话，有意将自己身份与普通群众区别开来，也就难怪沟通不和谐、沟通无结果、沟通没效果了。

参考范文三

读"好"书

　　一个没有文化的民族是可怜的,一个有文化却不知道传承和珍惜的民族是悲哀的。读书不仅关系民族的兴衰成败,也关系到个人的前途命运,关系到历史的进退,人类的福祉。一个号称有着上下五千年文明的民族,我们没有理由不读好书。

　　古语言：磨刀不误砍柴工,读书也一样,选书不误读书功,读书前要选好书,选准书。现代社会是一个信息爆炸的时代,图书数以亿计,我们不可能读完所有的书。书的质量参差不齐,一些粗制滥造,东拼西凑的书也横行于市。选好书可以减少机会成本,提高读书的效率。淘汰低质量的图书,为促进图书市场的健康发展提供保障。

　　选好书必须搭建图书推荐平台,通过网络、报纸、电视等媒介对好的图书进行推荐。凤凰卫视有一个叫开卷八分钟的节目就是一个不错的平台,这类节目我们可以复制和借鉴。平台只是一个框架、一个中介,单纯靠媒体的力量解决不了问题。需要专家学者放下身段,担负责任,积极主动地支持平台建设,通过写书评,做讲座等方式参与图书推荐。选好书必须靠读者身体力行,要知道什么是好书,必须亲自看一看,必须有直接的阅读经验。对于优秀的图书相互推荐,相互讨论。

　　哲学家休谟说：习惯是人生的伟大指南。书非借而不能读,有书不等于会读书,选好了书却束之高阁是很多人都有的经验。如何真正读好书,这是一个问题。良好的阅读习惯是持续读好书的关键。阅读习惯的培养可以从选书、买书、看书、背书、写读书笔记等方面下工夫。规律的作息时间也是培养阅读习惯的关键。温家宝曾说：绝大部分的时候晚上睡觉前都要读一点书。良好的外部条件对阅读习惯也很重要。马克思在大英图书馆留下了脚印与图书馆丰富的藏书分不开。我国公共图书场馆的建设还很落后,需要在图书馆面积、数量、藏书上多下工夫。

　　清人黄景人有言：百无一用是书生。用好书是读书的最终目的,我们读书不能仅仅把书作为消遣,不能只是为了读书而读书。读书主要目的是为了指导人生,改造世界,而不仅仅是玩词弄句。马克思主义哲学从来都强调要将理论用于实践,明代思想家王阳明强调知行合一,都是在强调书的实践意义。对于书上的知识我们一方面要活学活用,另一方面还应该有孟子说的尽信书不如无书的独立思考和批判精神,通过实践去检验、去调整、去纠正书中理论。

　　选好书,读好书,用好书,干好事,做好人就能够过上好的生活,能够促进社会和谐,文明延续,民族的兴盛和世界的进步。这个伟大的事业需要的不仅仅是理论和口号,也需要点滴的积累和不懈的坚持。

第四节　如何让结尾更突出

　　结构完整是高分文章的基本要求。部分考生的文章能做到"凤头"、"猪肚",却很难达到"豹尾"的力度。让结尾更有力的写作手法没有固定刻板的形式,但其总体要求是呼应主旨、干净利落。文章最常见的结尾风格主要有两种：铿锵有力与意味深长。

一、铿锵有力的结尾

　　铿锵有力是结尾的一种风格,这种风格可以通过升华中心论点、发出号召、展望未来等手法实现。这种风格的特点是简洁明了,掷地有声。

　　例1：【激励式结尾】

海洋不仅是浙江的希望，也是中国的希望，更是21世纪人类的希望。浙江人一向具有敏锐眼光、开创精神和担当意识，让我们一起保护、利用、开发好海洋，为包括浙江人民在内的人类幸福开创千秋基业！

例2：【号召式结尾】

放眼宇宙，人与动物都很孤独，人与动物作伴是一种缘分。我们要珍惜这种缘分，彼此依靠，彼此尊重，彼此拥抱，建立一种人与动物的和谐关系，将中国传统文化中天人合一思想化作生动的实践！

例3：【展望式结尾】

人无常心，习以成性；国无常俗，教则移风。一个强大的国家，一个良好的社会，不仅应向全体成员提供公平的环境、公正的秩序，还应对其成员进行道德引导和精神塑造。以榜样的力量扶正祛邪，以制度的威力惩恶扬善，相信亿万民众焕发的道德热情，定能成为中国现代化进程中的重要"支持性资源"！

二、意味深长的结尾

通过警醒、忧虑的文风声明问题的严重性和紧迫性作为结尾，达到欲说还休的效果，使文章意犹未尽，引发阅卷人的思考与共鸣，进而使文章的结尾有力。

例1：【警醒式结尾】

做好移民工作不能只动嘴，还要用心；不能只是说，还要做；不能只说虚话，要做好实事，让群众移得安心，移得放心。移民不仅要让群众安身，还要让群众安心，不仅要夯实经济基础，还要做好文化和精神文明建设。《易经》有言："穷则变，变则通，通则久"，愿移民的群众移出一个更加美好的未来。

例2：【忧患式结尾】

今天，中华民族已经从近代以来国弱民穷的深重灾难中走出来，重新走上了大国崛起之路。离开了传统美德和社会主义道德的维系和滋养，这是无法想象的。河北青县能否成为道德社会建设的"小岗村"，这是摆在全国人民面前的时代主题。

第七章 锦上添花——文章的深加工

第一节 面子工程——形式加工

一、如何让文章更加自然

在申论文章写作的正文部分，很多考生最喜欢给主旨句编号，编号方式有这样几种：一是用一，二，三的数字；二是在数字前加一个"第"字；三是用首先、其次、再次。用这些编号的好处是很明显的，可以让文章更加清晰。但是坏处也是很明显的——表达方式呆板单一，文章写得像文件。用这些编号本来是没有问题的，但是用的人多了就成了问题。为了让考生把文章写得自然一点，在2012年的江苏省考的阅卷规则中出现了一个要求：凡是用原因一、二、三；对策一、二、三的，文章直接判定为四类，四类为倒数第二类，仅次于看不清具体的内容的第五类，以40分计算四类文的分值在10~20分之间。在官方媒体的文章中不是没有用一、二、三这类编号的，但是总体上来说用得比较少，十篇文章中也挑不出一篇。建议各位考生需要表达自然的地方主要有以下几个：第一，开篇；第二，过渡句；第三，主旨句；第四，结尾。在开篇的时候有很多常用的套路：随着……什么问题越来越严重，因此……势在必行。这种套路化，千篇一律的开篇写法往往让阅卷人都会感到恶心。过渡句几乎千篇一律的是：原因有以下几点；我们要采取如下措施。正文喜欢用一、二、三。结尾都是在升华，都是在拔高，都是和谐社会、科学发展观这些套话和废话。开篇和结尾的问题在本书的前半部已经解决，过渡句放在下一个部分，这里主要谈如何让主旨句写得自然。

让主旨句写得自然的最简单直接的方法是：把一、二、三这些编号删除。以我以前写的一篇文章为例：

 **参考范文**

文章一：命脉

中国古代有金、木、水、火、土五行之说，在印度佛教中有地、水、火、风四大的说法。在这两种说法中，土、地占有重要的位置。土地受到古人的如此尊重与它作为人类衣食的来源具有密不可分的关系。古人对土地的这种崇敬足以让我们现代人汗颜！

反观我们现在的情况，既有抛荒，将良田闲置的现象；也有随意征用耕地建房的事件；更为严重的是在一些工农业生产过程中，由于种种原因对土壤的结构构成破坏，给土地的生产造成了长远的不可估量的损失！

是什么在破坏我们的生存基础？！是谁在破坏我们几千年赖以生存并将继续赖以生存的命脉？！有人说是受利益驱使，有人说是因为管理的混乱，还有人说是生存的需要。这些说法都有道理，不过在我看来，制度不完善才是其中的关键因素。我们在制度上既存在法律概念的界定不清的问题，也有补偿标准不合理的问题，还有审批权的混乱的问题。抓好制度建设，理清责任界限是做好土地工作的重中之重。

保护土地，（一是）要从立法的高度加强对土地的管理。要通过立法加大对耕地的保护力度，要在立法上加大对乱占用耕地、破坏耕地的处罚力度，将耕地的保护作为考核领导干部的重要指标。同时完善征地的法规，从立法上加强对征地中违法违规操作的监督力度。对一些严重违法的行为，可以考虑纳入刑事处罚范围。同时完善政府的行政法规，对土地的审批权进行规范、限制和回收。

保护土地，（二是）要制定合理的补偿标准，完善安置制度。首先是要根据不同地区的经济发展状况制定相应的标准，其次是要根据社会经济的发展提高补偿标准，再次要对公共利益和商业利益的范围作出明确的界定和区分，根据不同土地使用性质制定不同标准。同时对于以公共利益征地应该给予特别照顾。此外还应该做好资金使用的规划,为农民提供相应的社会保障并积极引导农民就业。

保护土地,(三是)要改善土地交易制度。要打破政府对土地交易的一级市场的垄断,给予农民土地的参与定价的权利。可以根据不同土地使用性质赋予农民不同的权利。在商业利益的征地中,可以让农民直接将土地在市场进行交易,而对于公共利益的征地,也应该广泛通过问卷调查、听证会等多种形式听取农民的意见。

土地问题错综复杂,涉及方方面面的利益,解决好土地的问题是一个系统的工程,我们只有通过对制度的完善,从全局出发,从长远着手,才能很好地兼顾各方利益,优化土地资源的开发和利用,从根本上保住我们的命脉!

我把序号加了括号,看看如果不要这些一、二、三句子是不是通顺的。删除一、二、三这些需要之后就剩下了保护土地的三个要,主旨句与主旨句之间表述统一,给人整齐划一的感觉。采用同样的表述方式写主旨句是主旨句的写作手法之一。主旨句也可以用不同的语言方式去表述。下面是修改后的主旨句,可以对比一下。

文章二:命脉

完善法律制度是基础,我们必须从立法的高度加强对土地的管理。要通过立法加大对耕地的保护力度,要在立法上加大对乱占用耕地、破坏耕地的处罚力度,将耕地的保护作为考核领导干部的重要指标。同时完善征地的法规,从立法上加强对征地中违法违规操作的监督力度。对一些严重违法的行为,可以考虑纳入刑事处罚范围。同时完善政府的行政法规,对土地的审批权进行规范、限制和回收。

补偿制度是完善制度的重要环节,我们必须制定合理的补偿标准,完善安置制度。首先是要根据不同地区的经济发展状况制定相应的标准,其次是要根据社会经济的发展提高补偿标准,再次要对公共利益和商业利益的范围作出明确的界定和区分,根据不同土地使用性质制定不同标准。同时对于以公共利益征地的应该给予特别照顾。此外还应该做好资金使用的规划,为农民提供相应的社会保障并积极引导农民就业。

交易制度是完善制度的终端,必须打破政府对土地交易的一级市场的垄断,给予农民土地的参与定价的权利。可以根据不同土地使用性质赋予农民不同的权利。在商业利益的征地中,可以让农民直接将土地在市场进行交易,而对于公共利益的征地,也应该广泛通过问卷调查、听证会等多种形式听取农民的意见。

概括起来,主旨句表述自然就要有两种方式:统一表达方式和差异化的表达方式。有考生会担心,统一表达方式岂不是又是模式化了。这个担心是有必要的,不过统一表达不是用一种表达方式来统一。同样以上面的文章为例,可以用三个"要"来表述,三个"必须",三个"强化",三个"完善"……此外,还可以用多种不同的语言表述方式。

不同语言表述举例

原始表达	修改一(统一表达)	修改二(差异化表达)
要从立法的高度加强对土地的管理	完善法律制度,从立法的高度加强对土地的管理	加快立法进程,要从立法的高度加强对土地的管理
要制定合理的补偿标准,完善安置制度	完善保障制度,制定合理的补偿标准,完善安置制度	提升保障水平,要制定合理的补偿标准,完善安置制度
要改善土地交易制度	完善土地交易制度,维护市场秩序	理顺土地交易制度

主旨句表达方式多样化可以避免文章雷同,还可以增强文章的流畅性,很好地展示考生的文字功底。

二、如何让文章更有逻辑

一些申论题目中明确要求逻辑严谨,文章的逻辑简单地说就是文章部分与部分的关系。很多考生说我的文章很有逻辑啊,我问:你文章部分与部分之间有什么关系?答曰:第一和第二的关系。一篇好的申论文章,部分与部分之间一定是环环相扣的。逻辑层次清晰的文章与不清晰的文章读起来感觉大不一样，我们用两篇文章比较一下就知道了。

参考范文

文章一：进一步加强农民工工作

经济初步复苏时，企业难招人、难留人的现象屡见不鲜，一些企业高薪高福利留人，体现了新时期我国部分经济发达地区农民工工作中的问题。

沉思反省，造成农民工短缺原因何在，有企业城乡户籍制度的限制，农民工住房、医疗、子女上学都得不到保证；也有企业近利，重使用轻培训，农民工在城市中的发展也得不到延续；新时代，80后的新生代农民工涌入市场，就业观念的新转变，吃苦耐劳的精神逐渐退去；城市的高房价、看病难等种种原因，让农民工待在城市的机会成本越来越高，最终逼迫离城归乡。

问题的出现并不可怕，政府、企业各方面已经意识到了问题的严重性，针对出现的种种原因，建议可以采取以下措施来加强农民工工作：

第一、推进户籍制度改革，促进新型城乡关系的建立。加快取消对农民工的不合理限制，引导农民工在城乡、地区间有序流动。

第二、监督企业提高农民工工作待遇，保障农民工合法权益。一是监督企业改善工作环境，制定合理工作时间，及时发放工资；二是提高农民工工资待遇。

第三、完善农民工社会保障体系。一是创造条件解决农民工子女上学问题；二是推进农工医疗、工伤、失业、养老等保障制度；三是积极改善农民工居住条件。

第四、政府引导，完善农民工就业环境，取消限制农民进城的不合理政策。建立城乡统一的劳动力市场，降低农民进城门槛，推动农民进城就业。

第五、提高农民工就业能力。一是加大企业对农民工技能的培训，多渠道促进农民工就业；二是创建以职业能力为导向的技能人才评价体系。

第六、建立覆盖城乡的公共就业服务体系。一是整合资源，加强培训；二是提高新型农村合作医疗筹资水平、政府补助标准和保障水平；三是建立全国信息查询服务系统，发行全国通用的社会保障卡。

农民工是统筹城乡发展的桥梁，是社会主义新农村建设的重要力量。"农民兄弟、同城待遇"是我国中央及各级地方政府应该坚持的方向。相信，在党的领导下，农民工问题会得到圆满的解决。

文章二：进一步加强农民工工作

一直以来，政府在各个方面都非常重视农民工问题，从温家宝同志为农民工讨薪到工伤保险条例的修订，从生活中的住宿条件到劳动技能的提高，从农民工自身的保障到子女的利益。成绩永远都只能意味着过去，我们要面向的是未来，要看到农民工作还存在很多不足的地方，要再接再厉做好农民工作。

导致农民工作不足的原因是多方面的：第一，投入不足；第二，政策落实不到位；第三，农民工技能不足；第四，保障体系不完善。

我们要继续推动农民工各项保障工作的开展。第一，进一步扩大工伤保险覆盖面，对发生工伤的农民工，要做好工伤认定和工伤待遇支付的工作。第二，抓紧解决农民工医疗保障问题。进一步完善农民工医疗保障。研究制定更加适合农民工参加的基本医疗保险制度，进一步扩大基本医疗保险覆盖面，逐步提高农民工基本医疗保障水平。第三，继续抓好农民工参加职工基本养老保险工作。逐步扩大农民工参加职工基本养老保险的覆盖面。做好农民工养老保险关系的转移、接续工作，保障农民工的养老保险权益。

要大力改善农民工的待遇。第一是要提高工资待遇。要大力提高工资水平，同时通过股权分配和福利水平的提高增加农民工的收入。企业要通过打造自主品牌，积极开拓市场，改变生产方式来为工资待遇提高提供良好的空间。第二要大力改善农民工的工作条件。一方面是硬件条件。要对生产环境进行改造，做好劳动保障措施，避免因工作对工人的身体健康造成损害。要改善工厂的住宿条件，尽可能地为工人的生活提供便利。另一方面是软件条件。要避免大量长时间的加班现象，要推行人性化的管理、完善娱乐设施。

要为农民工提供良好的发展空间。良好的素质是发展的先决条件。要加大对农民工的教育培训，通过学校教育、培训机构短期专业培训、企业内部培训等多种方式提高农民工的劳动技能。企业自身的发展是农民工发展的基础。要推动鼓励扶持企业积极进行改造，推动企业的产业升级。此外还要帮助农民工做好自己的职业规划，尤其要引导一些好高骛远的80、90后的新生代农民工在有长远规划的同时脚踏实地的工作。

只要我们社会为农民工提供了可靠的保障，良好的工作环境和对未来美好生活的可预见的希望，我们就一定能够做好农民工工作，为社会经济的全面发展提供良好的人才基础。

对比一下前后两篇文章很容易可以看出，从形式上来说，前一篇文章比较零散，后一篇文章比较紧凑。后一篇文章按照保障—待遇—发展这样的逻辑结构展开，文章的思路特别清楚。由于申论阅卷的时间特别短，文章虽然有很强的逻辑性，但是阅卷人不一定能够看得出来。另外，文章中多次出现了"第一、第二、第三"，就是我们前面说过的这样会使通篇文章看起来不够自然。因此，为了让阅卷人清晰看到文章的逻辑层次，有几个小的技巧：第一，调整主旨句的语言表达；第二，还可以在文章部分与部分之间加入过渡段；第三，去掉编号式的表达。下面文章做了修改，我们来看看效果。

文章三：进一步加强农民工工作

一直以来，政府在各个方面都非常重视农民工问题，从温家宝同志为农民工讨薪到工伤保险条例的修订，从生活中的住宿条件到劳动技能的提高，从农民工自身的保障到子女的利益。成绩永远都只能意味着过去，我们要面向的是未来，要看到农民工作还存在很多不足的地方，要再接再厉做好农民工作。

农民工的问题很多，既有农民工自身的原因，也有社会和体制的原因，还有历史遗留问题。要解决好问题，我们不能一把抓，必须做好规划，合理布局，有条不紊，循序渐进地进行。就当前来说，我们需要从保障，待遇，发展空间等多方面来做好农民工工作。

——完善保障是基础。

进一步扩大工伤保险覆盖面，对发生工伤的农民工，要做好工伤认定和工伤待遇支付的工作。同时抓紧解决农民工医疗保障问题。进一步完善农民工医疗保障。研究制定更加适合农民工参加的基本医疗保险制度，进一步扩大基本医疗保险覆盖面，逐步提高农民工基本医疗保障水平。继续抓好农民工参加职工基本养老保险工作。逐步扩大农民工参加职工基本养老保险的覆盖面。做好农民工养老保险关系的转移、接续工作，保障农民工的养老保险权益。

保障问题的解决只是第一步，我们不能仅仅停留在保障说事，还要努力延伸农民工的发展空间，在更高层次满足他们的要求。

——改善、提高待遇是农民工更加核心诉求。

首先要提高工资待遇。大力提高工资水平，同时通过股权分配和福利水平的提高增加农民工的收入。企业要通过打造自主品牌，积极开拓市场，改变生产方式来为工资待遇提高提供良好的空间。其次要大力改善农民工的工作条件。一方面是硬件条件。要对生产环境进行改造，做好劳动保障措施，避免因工作对工人的身体健康构成损害。要改善工厂的住宿条件，尽可能地为工人的生活提供便利。另一方面是软件条件。要避免大量长时间的加班现象，要推行人性化的管理、完善娱乐设施。

解决好农民工问题我们还应该有长远的眼光，站在历史的高度看待问题，不仅要对他们的现在负责，还要对他们未来负责。

——搭建平台，提升素质，为农民工提供良好的发展空间是长远之计。

良好的素质是发展的先决条件。要加大对农民工的教育培训，通过学校教育、培训机构短期专业培训、企业内部培训等多种方式提高农民工的劳动技能。企业自身的发展是农民工发展的基础。要推动鼓励扶持企业积极进行改造，推动企业的产业升级。此外还要帮助农民工做好自己的职业规划，尤其要引导一些好高骛远的80、90后的新生代农民工在有长远规划的同时脚踏实地的工作。

只要我们社会为农民工提供了可靠的保障，良好的工作环境和对未来美好生活可预见的希望，我们就一定能够做好农民工工作，为社会经济的全面发展提供良好的人才基础。

这篇文章内容上没有太多变化，形式上进行了调整，比前一篇逻辑性更强，更有立体感，也更加自然。逻辑关系有很多种，大小、内外、高低、远近、深浅……这些都是逻辑关系。同一种逻辑顺序可以用不同的方式排列组合。以大小逻辑为例，排列顺序可以是从小到大、从大到小、从中间到两边。比如很多考生喜欢用的个人—社会—国家，这就是属于从小到大。也可以把这个逻辑倒过来，国家——社会——个人，把国家放在首位，就是从大到小的逻辑。再调整一下，分成两个部分，社会——国家，社会——个人，就是从中间到两边。根据逻辑关系的多少，我们可以把文章分为单一逻辑和复合逻辑两种形式。单一逻辑比较简单，前面这篇范文就是属于从保障到发展的单一逻辑，复合逻辑相对复杂一点，文章有多重的逻辑关系。我们选几段国家"十二五"规划纲要的章节作为例子。

例1：第一节 坚持和完善农村基本经营制度；第二节 建立健全城乡发展一体化制度；第三节 增强县域经济发展活力；从农村——城乡——县域，这是一个从小到大的关系。

再看一段复合逻辑：

例2：第一节 提高乡镇村庄规划管理水平；第二节 加强农村基础设施建设；第三节 强化农村公共服务；第四节 推进农村环境综合整治。

第一节规划管理是软件，第二节基础设施属于硬件，前面两节就是软硬件的搭配；第三节是服务，第四节整治属于管理，构成了恩威并施、相辅相成、软硬态度的搭配。四节内容包涵了两种逻辑关系，这两种逻辑关系之间又是并列的，而有些逻辑是交叉重叠在一起的。

例3：第一节 增强粮食安全保障能力；第二节 推进农业结构战略性调整；第三节 加快农业科技创新；第四节 健全农业社会化服务体系。

第一节是保障和后面三节之间构成递进的关系。第二节是战略调整，与第三、四节之间是总分关系。第三节是科技，第四节是服务，科技比服务更加根本，更重要，构成主次关系……逻辑关系越多就越复杂，相应的文章内在联系就越紧密，看起来也更加紧凑。不过申论文章本来字数就不多，没有必要把逻辑关系弄得太复杂。下面是我写的两篇范文供大家参考。

文章一：流行语背后的秘密

语言是思想和观念的载体，流行的语言背后隐藏的是共同的心理积淀和情感诉求。历史上流行过很多语言，近代以来，变法、共和、革命、抗战、阶级斗争、改革开放、和谐社会……这一串的流行语都是时代精神的载体。它们都有一个共同的特点：自上而下。都是由先知先觉者提出，由社会去传播。很少有语言是群众创造，被主流运用和认同的。

随着时代进步，网络的兴盛，自媒体时代的到来，民众可以说出由自己的创造的词汇，并且引领时代的风尚。"被……"、"给力"都是群众创造的。

我们必须尊重群众的创造，认真倾听群众呼声，深入分析流行语背后的深刻含义。以"被"字流行语隐喻着公共诉求得不到完美的实现，给力隐喻的是群众对快速、全面解决问题的期待和渴望。前者是对我们的鞭策，后者是对我们的期望。要努力搭建沟通交流的平台，大力推动民主改革进程，如温家宝说的"创造机会让群众批评政府"，完善公共服务，保障民生，打造一个"给力"政府。

对网络流行语的滥用必须加强沟通与对话，加强引导与教育。以"被高铁"为例，这个流行语对高铁的开通、普通车次减少表示不满。中国人口流动的不平衡，决定了中国铁路运输淡季人少，旺季供不应求。一部分人选择乘坐高铁，适当地减少平时的车次不会影响到群众出行，还能节约资源。旺季铁路部门增加的车次不比没有高铁的时候少。这有什么不可以的呢？我们还可以去问问开通高铁地区的群众，无论是经济收入状况如何，他们对高铁的开通都是欢迎的。大肆宣传"被高铁"的网友，很多时候是越俎代庖，没有真正的反映群众的呼声，而是民心"被代表"。不仅如此，有人没有经过任何调查就宣传中国公务员有1000万人，而真实的数据是600多万，公务员莫名其妙地被增加了三、四百万……

对于这样的情况，一方面要本着"不患人之不己知，求为可知"的态度，要做好沟通工作，主动公开信息；另一方面我们的网友也有必要加强自律，本着实事求是的态度，谨言慎行。对于社会存在的问题，我们不能总是冷嘲热讽，一味地诅咒、抱怨，应该多提一些建设性的意见。

网络流行语不仅包括这两个，还有如"你妈妈叫你回家吃饭"预示着一些人的空虚和无聊，从侧面反映加强文化和精神文明建设的重要性。"我的爸爸叫李刚"流行预示大家对权力滥用的憎恨；"小三"的流行预示着对家庭伦常遭到的破坏的担心……

好的流行语是时代的风向标，我们一定要认真关注风向标，及时调整政策，引领时代潮流。坏的流行语是这个时代的"谶语"，我们要消灭"谶语"，为流行语"正名"。

逻辑结构分析：文章第三段强调要尊重群众，第四段强调要引导，体现对网络流行语需要辩证地看，构成正反的逻辑关系。倒数第二段引申出更多的流行语，与前面的内容构成递进关系。正反和递进构成文章的双重逻辑关系。

文章二：文化创意的基础在哪里

文化创意产业是指依靠创意人的创新思维，借助高科技对文化资源进行创造与提升的产业，其包括影视、动漫、网游、音乐创作、广告设计、时装设计等。这个产业目前发展非常迅速，有人甚至认为它会代替IT、金融，成为全球经济新的引擎和增长点。作为经济的宠儿，它受到了各个国家的热捧。怎样才能在这个产业中成为最大的获益者呢？这需要很多条件，坚实的基础是其中最重要的条件之一。

这个产业的基础在什么地方呢？这个基础就是我们最缺的东西——人才！

——必须转变观念，认识到培养人才的重要性、艰巨性、长期性，重视对人才的培养。

十年树木，百年树人。很多人一谈到培养人才就一百个不愿意，培养人才周期长，见效慢，所以大家都喜欢去找现成的，去"挖"人，一两个企业可以这样，但是一个社会，一个国家绝不能这样。我们的社会和国家一定要有远见。历史的经验告诉我们，在知识经济时代，无论是哪个行业，如果没有人才作为基础，都只能是昙花一现。

认识到人才的重要性只是一个开始，在这个基础之上我们还面临如何培养人才，谁来培养，培养什么样人才等问题。

——做好人文教育是培养人才的基础。

我们曾经流行一种说法叫：学好数理化，走遍天下都不怕。文理分科中的文科是被很多考生看不起的，选专业的时候都要选择工科等一些有用的专业，那些历史学、哲学等无用的专业都只能招收一些调剂的考生。我们并不是要考生都去读历史、哲学，但是这些人文学科是基础学科，缺乏了这些学科的基本素养，文化创意创出来只能是没有文化创意。

——培养考生的开创精神是必备条件。

社会上有这样一种说法：中国人怕自己的孩子和别人的孩子不一样，美国人怕自己的孩子和别人的孩子一样。在我们的教育中，孩子的创新意识从小就受到很大的压制，我们给孩子制定出了很多没有必要的规定，从"兴趣"的选择到报考"专业"的选择。在学校，提出不同意见的考生都被认为是捣蛋的考生，老师给予的不是引导，更多的是批评。在这样的一种教育氛围中，能够培养出什么创新精神呢？我们并不是要鼓励孩子去标新立异，但是对于孩子和考生的"奇怪"的想法，我们应该多一份理解和宽容。

文化创意产业现在很"热"，在这个"热"中我们一定要保持冷静的头脑，在培养人才上下大功夫，花大力气。人才培养虽然需要的时间长，但是培养好了人才能够做到厚积薄发，能够为产业的长足发展奠定良好的基础，最终达到后发制人的跨越式发展的效果。

逻辑结构分析：文章的中心论点是人才，和后面的内容构成总分关系。从观念转变到做好人文教育是从意识到行动的关系。从做好人文教育到培养开创精神是递进关系。这三重关系可以让整个文章结构紧凑，浑然一体，不可分割。

第二节 有的放矢——内容加工

我一再强调申论文章写作没有固定的模式和套路，要具体问题具体分析。在已经出版的《十五天突破申论文章》写作中我将文章分成了五大类，十个小类。文章内容写什么，如何加工，都是要根据题目要求。这里重点讲四种文章：小角度的文章；深刻的文章；生动的文章；个性化文章。选这四类主要是根据申论命题变化趋势，尤其是国考和联考的变化趋势。最近几年申论文章命题最大的两个变化趋势就是：情感化和个性化。这四类文章都是符合这两种趋势的要求。

一、以小见大——小角度文章

很多考生申论分数低，找原因的时候都在想是不是自己在写文章的时候少写了一个点。申论文章属于主观题，和面面俱到的客观题不一样。除了广东省等个别地方以外，大部分都不要求写得全面。甚至在一些考试中特别要求考生不能写得全面，其中以北京市和安徽省的申论命题为代表。这类题目文章千万不能写得全面，而要写得"片面"。申论命题是相互借鉴的，在国考2009年地市级的题目也有类似的要求：

【2009年北京市】：结合"给定材料"，以你认为减少交通事故的最重要因素为话题，联系实际，自拟题目，请写一篇议论文。（40分）

要求：观点鲜明、主题明确、分析合理、论述深刻、语言流畅；字数不少于800字。

【2009年安徽省】：请根据"给定材料"，围绕"城管·摊贩"这一话题，自选角度，自拟标题，写一篇1000字左右的议论文。（50分）

作文须知：观点明确，重点突出，论证有力，思路清晰，语言简洁流畅；切忌泛泛而谈，大而化之，尽量做到就某个侧面或某一点展开论述；不要整篇文章照搬、堆砌"给定材料"。

【2009年国考】：胡锦涛同志到河南、安徽考察，引发我们许多思考。请联系"给定材料"，整理自己的思考，自拟题目，写一篇文章。（40分）

要求：观点明确，内容充实，结构完整，语言生动流畅；可结合"给定材料"中所反映的一个主要问题，写一篇见解比较深刻的文章。

写这类文章就要小题小做，从具体的小问题入手，以小的角度展开分析。文章的内容应充分分析"小角度"的内在因素，然后就每一个因素对问题的原因、影响及解决办法展开分析，扩展内容。只要没有要求写得全面的，所有的文章都可以小题小做。下面是我就北京市2009年真题写的一篇范文，选了一个人的角度，供大家参考。

参考范文

交通事故九分是人祸

车祸猛于虎。据有关方面统计，我国每年死于交通事故的人数达十余万之多，远远超出一场战争的死亡人数。如此严重的问题症结到底在哪里？交通事故十有八九都是人为因素引起的，解决交通事故问题一定要抓"人"这个关键。

有人会反对：制度才是关键。这个看法是不合理的。首先制度是由人来制定的，其次制度是由人来执行的，第三制度是死的，人是活的。酒驾入刑之后交通事故大量减少主要原因不在于处罚标准提高，更多的因素是有关部门开展了执法的专项整治行动，加大了人力的投入。即便是酒驾不入刑，只要相关部门严格执法，一样能够缓解酒驾的问题。反之，即便是酒驾入刑，如果有执法不严的情况，法律制度也会形同虚设。

人为因素最重要的人是执法者。我国从来都不缺制度，缺少的是执行和落实好制度的人。第一个人为因素就是执法者。执法者要提升自身的素质，增强责任心，严格执法。要懂得执法的技巧，提高执法的效率，对于事故多发的人群和领域要给予重点关注。违法人太多，执法人太少，人力资源不足是执法面临的困境。一方面要加大警力配备，另一方面要发动社会力量来协助执法。

人的观念偏差是造成交通事故的重要因素。中国人的规则意识不强，这是受中国传统文化强调变通的影响。在农业文明中一切都是要顺应自然，自然的变化并不遵守严格的规则。这种观念和现代社会生活尤其是城市的生活是有冲突的。我们必须做好说服教育工作，通过说理、举例等方式，让大家认识到现代城市运作模式和农业生产的根本不同，帮助大家转变观念，树立强烈的规则意识。此外还要大力培养注重细节、谨小慎微的意识。

人的能力是比观念更加重要的环节。造成交通事故的人很大一部分是"新手"，据有关数据统计，由于"新手"造成交通事故占到整个交通事故的40%。一些驾校交钱就可以拿驾照，一些人为了满足自己的虚荣心，在技术不娴熟的情况下迫不及待地驾车……必须提高驾校从业人员的素质和水平，严把驾驶考核关，对于乱发驾照造成交通事故的要纳入法律处罚范围之内。

造成交通事故的人为因素还包括汽车制造中的缺陷、对车的维护和保养不及时、道路的养护工作不到位、道路标志标识不清晰、预警机制不完善……

这些所有的问题归根到底都是人的问题。要减少交通事故，生产者、驾驶者、行人、执法者都必须做到尽人事，为减少交通事故来参与，来担当，来奉献。让我们每个人都成为安全出行这辆大车上的螺丝钉吧。

范文评析

该题目考查"交通事故"问题，比较微观，作者从"人"这个小角度入手，分析交通事故产生的原因。文章指明"人"是关键的观点后，从人的属性展开分析，依次从人为因素、人的观念、人的能力三个微角度解读人为什么是减少和防止交通事故的关键。另外，文章的亮点在于，人为因素、人的观念、人的能力三个微角度或递进关系，体现出明确的逻辑关系，而且使文章结构更具层次感。

小结：写小角度的文章最大问题有两个：①偏题。小角度的文章只能选一个观点，开放式的题目还好，如果是封闭式的题目，选错了后果就很严重。为了防止偏题，要做到两点：一是认真审题，通过题干所反映出的观点和题目要求来把握出题者的意图。二是全面把握材料内容。通常情况下，选材料中最突出，论述内容最多的问题作为角度是最安全的。如果实在不行，写的时候可以选两个角度，一个重点写，一个略写，这样可以避免完全偏题的风险。②字数不够。一般的文章写作都会选四五个角度，如果只选一个，只能写出几百字。解决这个问题有两个办法：一是把角度选大一点，采用总分式的写法；二是将一个角度和其他的角度结合起来。以上面的文章为例，我选择了人这个角度，把人为因素分为几个具体的角度，同时将执法、意识、技术等角度和人为因素结合起来写。

二、体察精微——深刻的文章

对申论文章深刻性的要求是从2009年国考开始的，从此以后，每年的国考题和联考题都要求考生写得深刻。对深刻的要求除了直接用深刻这个词外，还包括分析透彻、有思想性、深入思考等。下面来看看两篇范文。

【2011年国家地市级】："给定材料7"的画线部分写到："有位知识分子说，'我已经无家可归，我在城市是寓公，在家乡成了异客'。这样，无论在乡村少年身上，还是在农民工那里，以及这些出身农村知识分子的群落里，我们都发现了'失根'的危机。"请结合你对这段话的思考，参考"给定材料"，自拟题目，写一篇文章。（40分）

要求：自选角度，立意明确；联系实际，不拘泥于"给定材料"；语言流畅。

这个题目中没有直接的要求，但是暗含了深刻性的要求：第一，这段话具有很强的思想性；第二，题目中要求考生"思考"；第三，要求"不拘泥于"给定材料，暗含了要深入推理分析的要求。根据我手里拿到的申论真题阅卷规则，最主要的要求是深入分析原因。

农村"失根"的背后

当前，在全国急速推行城镇化，全民族由农牧文明向城市工商文明急剧转型的进程中，我国数以亿计的"农民"变成了"市民"。他们有形或无形的"家"都留在乡村，但生计或梦想却在城市。

对于乡村孩子，家乡不再是令人愉悦的乐园，他们企盼城里人的"富有"和"流行"生活。农民工，留乡务农会被耻笑为"土包子"，进城打工又很难熟稔城里人的心思和仪规。农村大学生和知识分子总想"又回到遥远的故乡"，但哀叹不能"又"回去了！

——造成农村"失根"首要原因是传统的消失。

在经历十年浩劫的破坏和现代西方文明的冲击后，传统的乡村文化已经被边缘化。民间节日、宗教仪式、戏曲等传统文化已经被麻将、电视、网络等现代文明取代。这些现代文明在形式上取代了传统文化，但是却没有起到传统文化应有的作用。

现代文明消解了农村的传统文化，却没有给农村和农民指出一条新路。这在很大程度上造成了价值观的严重混乱。在弄不清对错的时候，就只剩下唯利是图这一个标准。麻将等赌博之风盛行就是这种价值观的直观体现。

民间节日、宗教仪式等是具有很强的价值导向和社会整合功能的。很多戏曲都包含了孝敬老人、勤劳勇敢、诚实守信等等优良朴素的价值观。而现在的电视和网络中却天天播着各种致富经、商品广告，以及各种稀奇古怪的故事。

要化解这个问题必须续接我们的传统。政府要发挥主导作用，要从组织、财政、人力、宣传等方面下工夫重建传统。首先要在机制层面解决文化建设的经费问题。领导干部一定要意识到农村文化建设也是民生工程，民心工程，老百姓不仅有物质需求，也有精神需求。同时文化重建一定要依靠民间力量，广泛发动群众参与。要大力挖掘和保护农村的传统艺人，要善于发挥对文化重建充满热情和理想的知识分子的力量，让他们在文化重建中发挥重要作用。

——未能充分利用资源、发挥现代媒体的作用是"失根"的关键因素。

不得不承认，即便是我们续接了所有的传统，都不足以满足群众文化需求。戏曲再好听，总比不过电视剧、电影有吸引力。妄图回到过去，恢复传统就解决农村文化失根的所有问题是不现实的。对于现代媒体我们不是要去拒绝它、否定它、打倒它，而是应该去认识、面对、改造它。

我们必须要占领现代媒体这块阵地，要从电视、电影、图书等全方位的支持农村的文化建设，要打造出健康、积极、贴近农民生活的老百姓喜闻乐见的影视作品，去滋养他们的心灵，让他们安身之外还可以安心。

文化失根更根本的原因还在于经济。当农村人看到城市灯红酒绿，看到城里人大把地赚钱，他们自己却只能面朝黄土背朝天，再好的文化也不可能有吸引力。文化失根说到底还是经济问题，协调城乡差距，推动城市化进程，这是我们整个21世纪都需要思考的问题。

寻根的路还很长，让我们满怀希望和憧憬，上路……

范文评析

这篇文章标题就有点"深刻性"，"……的背后"这种标题结构本身就暗含了要挖掘农村"失根"的内在要素的要求。后面分别分析出"文化传统消失、舆论媒体资源未充分利用、农村经济发展滞后"三个原因，呈现递进关系。既联系了材料所反映的内容，又"不拘泥于"给定材料，将问题分析得深入透彻。

【2009年地市级】：胡锦涛同志到河南、安徽考察，引发我们许多思考。请联系"给定材料"，整理自己的思考，自拟题目，写一篇文章。（40分）

要求：观点明确，内容充实，结构完整，语言生动流畅；报考行政执法类、市（地）以下综合管理类职位的考生，可结合"给定材料"中所反映的一个主要问题，写一篇见解比较深刻的文章；总字数为1000~1200字。

民工真的"荒"吗

中国什么都缺，就是不缺人。现在这个说法可能要倒过来——中国什么都不缺，就是缺人。作为世界第一人口大国的中国竟然出现了劳动力不足，工厂里闹起了民工荒，农村也出现大量抛荒现象，这就像世界首富竟然缺钱用一样让人感到不可思议。

我们的劳动力真的不足？我们的民工真的荒吗？我们到工厂去走走，到农村去看看就会明白这个说法并不是危言耸听。但是我们如果深入地分析很容易就会发现民工荒只是一种假象。

——造成"民工荒"假象的背后是产业布局的不合理。

就现在来说，我国的劳动力在数量上是充足的。我们还有大量的人找不到合适的工作，尤其是内地一些农民。很多劳动密集型的产业都集中在沿海地区，而很多劳动力则在内地。这种产业和劳动力的布局失调导致了民工荒。有人说劳动力不是可以流动吗？是的，但是这种流动是需要成本的，一个工人去沿海地区打工需要交通费用，同时沿海地区的生活成本比内地要高，此外对沿海地区的生活方式和气候条件等不适应，到外地打工对子女和老人的照顾不方便等原因都限制了劳动力的流动。在这些条件的影响下，大量的农民宁愿在家乡找一个月800元工资的工作也不愿去沿海地区工作。所以只要我们调整好各方面的政策，做好产业转移，用工的数量荒很快就能得到缓解。

——"民工荒"并不是数量的荒，而是一种劳动力资源的结构性失调。

很多工厂不是招不到工人，而是招不到技工。这个问题的背后和我们长期忽视职业教育有很大关系。不仅一些地方政府忽视，我们整个社会都忽视了这个问题。首先是家长不愿意送自己的孩子去职业技术学校，宁愿去念一个不入流的大学也绝不去技校；其次是我们的企业总是想坐享其成，只想招聘人才，很少花功夫去培养人才。针对这样的问题我们要调整人才培养的战略，从政府到民间都要重视职业教育的发展，从财政政策、办学条件、办学模式、观念转变等多方面下工夫做好职业教育。

——民工荒背后最深层次的问题是产业结构问题不合理，生产率低下。

当前我们国家还有很大一部分劳动力被束缚在了农村的土地上，还有很多地方农业耕作采用的是非常原始落后的生产方式。这一部分劳动力是一笔巨大的财富，需要我们去挖掘。此外，我们的产业结构不合理，大部分都是一些劳动密集型的低端旧产业，很多国外已经自动化生产的领域，在我国还是主要依靠人工，这也造成了一些不必要的劳动力消耗。所谓的民工荒不是人太少，而是我们太落后，否则就不会出现一方面民工不足，另一方面却又有大量的大学生就业难的"怪异"局面。

对待民工荒的问题我们一定要保持清醒的头脑，要透过现象看本质，从产业布局、民工素质和劳动生产率等多方面上下工夫，为企业和国家找到一条科学的可持续发展之路。

范文评析

这篇文章针对民工荒的问题，先指出其是"假象"的观点，然后分析为什么是假象。我们用倒推的手法揭开文章的内在逻辑。文章的亮点和深刻性是抓住了产业结构失衡、生产率低这一本质原因。在引出产业结构失衡之前，作者先说明劳动力资源结构性失调；在交代劳动力结构之前作者先说明了劳动力数量充足与否的问题；这就回到了作者的观点：民工荒是假象，劳动力数量是充足的。文章的深刻性在逻辑的演绎下浮现眼前。

小结：很多考生都在问我，怎么才能写得深刻。文章深刻是对考生人文素养和思维能力的考察，要将文章写得深刻，一方面要通过读书、实践积累知识和经验；另一方面要勤于思考。这个老掉牙的说法很枯燥，很抽象，很笼统，很没有操作性。这里还是推荐一些让文章写得有点深刻的材料。初级材料《人民论坛》，中级材料《读书》，高级材料经典原著；推荐三套：毛选、邓论、论语。抛开政治立场，作为一个公务员，无论是反对还是赞成这些人的观点，都是有必要读的。除了这些之外，最直接的学习材料是我写的一些申论参考范文，多少有点深刻性。

三、感情真挚——生动的文章

申论文章就是官样化文章，有很多考生一定听说过这样的说法。确实有一部分申论文章是官样化的，但是不是所有的文章都是官样化的。从2008年开始，国家申论考试文章写作部分就要求考生写得"语言生动"，到2012年直接要求考生结合自身体会和感受来写，申论文章写作开始变成了真情写作，不光是说套话、虚话。要求结合自身感受和体会是对考生的人文情怀甚至是思想道德的考察。一说起公文就是很严肃的，其实公文一样可以写出感情色彩，历史著名的诸葛亮出师表就是一篇有很强烈的感情色彩的公文。在很多考生熟知的《半月谈》半月评论中，十篇起码有三四篇是有强烈感情色彩的。下面是一篇半月评论的文章。

第一代农民工的新梦想

——苏北

中国的第一代农民工，已经步入人生的一个转折性时刻。

20多年前，成千上万的农民勇敢地从土地上走出来，更多地从西部涌向沿海，从乡村涌向城市，开始了新一波历史大迁徙，汇聚起中国大地上汹涌澎湃、蔚为壮观的潮流，后来被称为"第一代农民工"。他们怀揣着与贫穷抗争的渴求，开始了对新生活的追寻，同时以自己粗糙的双手和坚挺的脊梁，撑起"中国制造"的奇迹。他们依靠自己的奋斗，赢得了举世钦敬的尊严和光荣。

20多年后，成千上万的第一代农民工重新背起行囊，挥挥手，告别朝夕相处的城市、车间和工友，告别人生中一段最沧桑的经历，毅然踏上西行的列车，与他们的后辈新生代农民工擦肩而过，开始了又一波历史大迁徙。

这不是完全的退出，也不是简单的回归。第一代农民工为生活、为梦想而打拼的人生大幕，并没有就此落下。城市是他们的坐标，市场是他们的学校，磨难是他们的财富，坚韧是他们的品牌。烈士壮年，雄心不已，他们还要行进，还要播种，还要耕耘新的天地。

他们的返乡，为乡村社会建设、乡土文明振兴，撬动起坚实的支点。历史会记住第一代农民工：所在城市每一天茁壮的成长中，都有他们身心的投入；所在城市每一样幸福的民生中，都有他们默默的奉献。

他们努力融入城市的视野和襟怀，把自己的根深深扎下，但最后还是回到天地更为博大的乡土。他们真切感受城市的包容和友爱，但毕竟与土地还有着更多的千丝万缕的情结，村庄留守的亲人无时无刻不在他们心中牵挂。

如今，他们回来了。赡养老人，教育子女，成为他们眼下的一个生活重心。"我们宁可回来之后收入低一点，也要把娃娃的教育抓好。今后的社会肯定不会像我们当初那样有把力气就能找到活干，多学点知识才有出路。"

同时，他们也为乡村社会带回了不一样的生活理念和发展方式。他们的城市体验，是一场名副其实的穿越之旅——从乡村文明进入都市文明。他们用勤劳的双手，建筑起一座座高楼大厦，那是城市形象最朴实厚重的底色；他们用满腔的激情，喷涌出一首首打工诗歌，那是城市文化最真挚深沉的心声；他们用全部的才智，书写着一篇篇创业传奇，那是城市精神最鲜活清澈的滋润。

当他们再次回到故土家园，除了家庭生活的充实和修复，更重要的是，他们以其对乡土文化、草根道德的坚守和传承，以其对工业理念、都市文明的濡染和传播，成为乡村的新型主体力量。

在村庄日益显露的原子化、空心化、边缘化演变中，在村落社区、公共空间的重构和基层民主、乡村治理的推进中，他们将为新农村建设夯实更为坚固的发展基础，为新乡村文明平添生动、活跃的现代元素。

他们的转岗，为传统产业转移、草根经济升级，催生着巨大的动力。承接沿海地区劳动密集型产业的大规模西进，推进新一轮工业化的追赶式加速，西部地区富余劳动力就地消化能力日益增强，第一代农民工也在回归中找到了新的平台。他们是西部的优势性资源，是西部的基础性人才。他们的眼界更高了，头脑更活了，底气也更足了，立志要建设一种跟城里人一样"体面"的生活。

"在家门口就能拿到同样的工资，干嘛要跑那么远？"他们的忠诚敬业、吃苦耐劳，依然是就业竞争的本钱。他们还想更进一步，依靠自己初步的观念、技术、经营和资本的"原始积累"，自谋职业，自己创业，开自己的店，办自己的厂。

地方政府也是慧眼识才，相关的扶持政策接连出台，劳动力技能培训普惠制度不断完善，一个个"农民工创业园"应运而生。即使再回到土地上，他们也要尝试做一回新型农民，职业化农民。政策和市场的双重激励，科技创新和专业合作展示出来的现代农业光明前景，吸引着他们寻找更适合自己的用武之地。

他们的梦想，为西部城镇勃兴、县域加速发展，蓄积了深厚的能量。这些返乡农民工心底都沉淀着浓浓的城市情结。毕竟，他们已经打开了窗子，领略了不一样的风光，他们曾经流连在城市，拼搏过另一种人生。这种情结的释放，也是西部城镇化不可忽略的强大动力和有力支撑。

我以为，中国的城市化有一个误区：竞相走大都市道路。城市化绝不等于都市化。发展大城市固然更有利于节约用地，也具有比较明显的规模经济效应。但是，我们不可掉入单一经济思维的陷阱，还得有社会、民生的考量。小城镇，尤其是西部的小城镇，对于西部工业化的推进、三农问题的破解，都有着特别重大的意义。

而且，第一代农民工旧时的城市梦想，正是从家乡的小镇酝酿、发酵、升腾的。毕竟，家乡的城镇门槛更低，抬起脚跟就可轻松跨过；血缘、地缘、亲缘，家乡的亲友关系更多，熟人社会的传统网络资源就是他们的社会资本；家乡的田地庄稼更近，创业打工务农持家都不耽误。

西部一些城市在招工与招商同等重要的竞争中，已经鲜明地亮出了"身份留人"的重要砝码，明确提出，农民工转户进城可享受与本地城镇居民一样的待遇，农村权益依然可以保留，继续享受，在户籍改革中为第一代农民工打开了更为明亮、宽敞的机会之门。

岁月终将流逝，青春终将交替。但是，在第一代农民工的眼中，生活不会老去，梦想不会老去。

祝福他们，创造新的生活，成就新的梦想！

这篇文章用了排比、比喻等修辞手法，同时结合例子，引用经典，句子上使用了一些感叹、疑问句。用这些表述方式表达出忧虑、困惑、欣喜、期待等各种感情，这类的范文非常符合现在申论文章写作的命题趋势。

下面是我写的两篇真题的文章，可以和半月谈的文章进行交叉对比。

【2012年湖南省选调】："给定材料9"画线部分写道："农村公路，是全心全意为民之路，是和谐社会建设之路，是人民群众幸福之路。"请结合你对这句话的理解，联系自己的经验和感受，自选角度，自拟题目，写一篇文章。（50分）

要求：观点明确，有思想高度；内容充实，结构完整，语言生动流畅；字数在1000字以上。

这篇文章的要求是很高的，既要有感受，又要有高度和深度；既要有感情色彩，又要有思想性，做好两者兼顾才是好文章。

参考范文

算算农村公路建设这笔账

改革开放以来，我国的道路交通得到了很大的改善，尤其是最近几年，从机场的改扩建到高铁网的建立，从城市地下交通到城际高速公路网的密布。2008年金融危机以来中央4万亿投资很大部分用在了道路建设上。

在城市飞速发展的同时，农村的道路建设没有引起足够的重视。以我的家乡四川资阳市为例，资阳市地处成渝之间，离国际化大都市成都不到100公里，我家所在的农村离市区不过30公里。就是在这样一个算是处于中心地带的地方，在已经是2012年的今天，我们家现在都还不通公路，不要说路面硬化，连基本的泥巴公路都没有通。

这其中原因是多方面的。既有体制的原因——土地承包到户后公共事务处于瘫痪状态；也有农民自身不团结，缺乏发展眼光和公共意识等因素。但是最核心的还是我们观念上对农村公路不重视。

不重视最根本的原因是经济因素——在农村修公路在经济上是不划算的。以修一条单行道的硬化水泥路为例，一公里的成本最少都要20万左右，10公里就是200万。农村的人口分散，花200万可能只能惠及几百人甚至几十人。以现有的生产力计算，这几十人可能一辈子也无法为国家创造200万的收益。建高速公路投入虽然大，但是几年就能够完全收回成本，并且还能赚钱。

在农村建公路眼睛不能只看着钱，要更多地看到农村公路建设的社会意义甚至政治意义。公路建设能够减轻群众的负担，提高农民的生活水平，提升群众生活的幸福指数，增强农民对政府、国家和党的认同，这些价值是很难甚至无法用经济利益去衡量的。从历史角度来说，为农村修公路义不容辞。中国建国以来，农

民交了几十年的公粮和上交款，国家对农村大部分时候都是索取，很少付出，现在富裕了，该是我们还账的时候了。

对农村修路要有长远眼光，修农村的公路不一定就赚不到钱。公路和农村的发展是基础设施和上层建筑之间的关系，把路修好了，可以促进农村生产力的发展。原来几万的产值可以变成几十万，甚至几百万。有句俗语叫要想富，先修路。路在富前，历史和现实经验都证明，先有发达交通，后有发达的经济。对农村的经济发展，我们要有信心！

对于农村公路建设，不仅要修，还要修好。那种路面不足两米宽，今天修了明天补的公路，不仅劳民伤财，还会伤了群众的心。此外还要维护好公路，农村公路是为农民修的，要避免为了偷逃高速公路上的过路费，占用、破坏农村公路的情况。最后还要用好农村公路，利用搞运输，促生产，把公路经济社会价值都发挥到极致。

农村公路建设关键是观念转变，眼光要放开一点，放长远一点，把路修好一点，修多一点，把农村公路建成农民的致富路、幸福路、通向农业现代化的大路！

【2010年国家地市级】：结合"给定材料"中的具体事例，以"海洋的健康"为题目，自选角度，写一篇文章。（40分）

要求：中心明确，事实与观点紧密结合；言语畅达，条理清楚；总字数为800~1000字。

这篇文章虽然没有明确要求写得有感情、生动，但是文章的标题本身就用了拟人的手法，同时要求事实与观点紧密结合，就是要举例，这本身就是让文章生动形象的一种方式。

海洋的健康

海纳百川，有容乃大。一滴水放入大海就不会干涸……海洋一直以来都是包容的象征，是净化能力的象征，但是如今，这百川之海容的都是一些污垢，曾经蔚蓝的海洋现在开始变得浑浊。

是什么改变了海洋在我们心目中亘古不变的容颜？是什么破坏了海洋在我们心中的形象？是什么在威胁到海洋的健康？

是我们的贪婪！大海给我们带来了很多很多，既有可供食用的鱼虾，也有可供欣赏的美景，还有可供遨游的航线……但是我们还想要更多。

是我们的短视！大海并不是不能提供更多给我们，而是需要以它自己的方式循序渐进地提供给我们，而我们却想着立即让大海倾其所有。

是我们自以为是的愚昧！以为大海的资源是取之不尽，用之不竭的。

——谁破坏了自然，自然就会报复谁。

以靠海吃海的日本为例，由于缺乏长远规划，早年日本大量填海造地，并大力发展有运力优势的水泥、钢铁、炼油等高污染的行业。这些行业给日本带来了经济利益的同时，也破坏了海洋的生态。现在日本政府不得不投入巨资治理环境，几十年的污染需要上百年甚至几百年的时间治理。日本的教训告诉了我们什么叫得不偿失，什么叫聪明反被聪明误！

——转变观念，端正态度，维护海洋的健康是我们必然的选择。

只有树立正确的观念才能有正确的行动。我们必须树立科学的发展观念，改变经济效益优先的态度，将生态效益放在突出位置，协调保护与开发之间的关系。要牢牢把握住协调和可持续发展的原则，大力调整产业结构，大力改进生产技术。要广泛发动群众，利用好民间力量，做好宣传教育工作，认清海洋污染的严峻形势，群策群力做好海洋保护工作。要理顺工作机制，完善监督和检测制度，做好顶层设计，从根本上维护海洋的健康。

海洋是一面镜子，你要对她笑她也对你笑，你只是想占有她，掠夺她，她就抛弃你，报复你。让我们抛开贪婪自私和狭隘的态度，以奉献共享和包容的态度面对海洋。请相信，我们给海洋一个今天，海洋一定会还我们一个明天！

范文评析

作者先用真挚的感情引出问题——海洋已变浑浊；然后连用人类的"贪婪"、"短视"、"愚昧"三个强烈的谴责词语说出原因；紧接着说明了破坏自然的严重后果；顺理成章地又给出了对策；文章结尾又带有感情色彩的发出对海洋保护的呼吁！

文章的每个支点都流露出作者强烈的感情色彩，排比式的反问，恰到好处的感叹句，将作者对海洋健康的思考和深刻认知发挥得淋漓尽致！

岁月失语，唯石能言

"岁月"，一个诗意化的词，古往今来的文人、骚客、诗人和作家赋予了岁月千百姿态。"岁月"是从墙上流过的光影，是从指间荡过的脂水，是人们睡眠中悄悄过往的来客……著名诗人海子和国风不约而同的以岁月为题作诗。

每次对岁月的找寻，都是对自己、对民族和对人类心灵成长史的一次回忆；每次找寻都是对人从哪里来、是什么和要到哪里去的一次再回答；每次找寻都是人试图回到自己本身，回到最真实、最自然、最美好生活的一次努力；每次找寻都是对污浊心灵洗礼，是对生存方式的反省，对发展方向的调整……

我们不能要求每个人都热爱岁月，但是起码不能破坏岁月。呵护岁月，是权利，更是义务和责任。

找寻岁月，拯救历史，保护文化是首要条件。第一，全民保护。文化保护不仅仅是政府的事，而是大家共同的事。文化本身不是属于哪个政府，哪个集体的，而是大家共有的。保护文化一定要走群众路线，广泛发动群众，让人民群众自觉自愿的保护文化。第二，整体保护。文化保护不能只保护一个牌坊、一栋建筑，而是一条街、一道河、一个古镇、一座古城。不仅是对建筑物的外在保护，更多的是对人及其生活方式的内在保护。第三，长期保护。全方位、多层次、多类型的立体保护。要根据文化特点，通过博物馆保护、传承人保护、教育保护、法律保护等多种手段进行保护。让保护形成习惯、形成制度，使保护是可持续的、不间断的。第四，重点保护。一要重点保护活着的文化，重点保护非物质文化遗产；二要重点保护濒临灭绝的文化。

保护文化只是第一步，对文化不能仅仅停留在保护上说事，对于文化遗产我们还需要做得更多、更好。

要认识、热爱、真心对待文化遗产。文化保护不能是绣花枕头，不能是面子工程，不是为了保护给谁看，不是为了获得什么联合国认同。文化之所以需要保护是因为现实的需要，群众的需要，保护文化是为了让我们自己当下过得更好、更安心、更幸福。

对文化遗产热爱要付出行动，不能只是在口头上。一些年轻人用系统的仪式举行婚礼，吴良镛院士设计的"菊儿胡同"，妈祖圣象的建设……这些都是对文化遗产保护的行动，是值得学习的，推广的。对于文化遗产的传承我们也要有选择性，有些东西我们可以保护它，但是绝对不能践行。

要将经济效益、保障民生、文化保护结合起来。我们要的文化是活的文化，而不是死的文化。文化要活离不开经济的支持，以"鹤溪缸窑"为例，曾经的辉煌是源自其市场需求和潜力大。任何一种文化兴盛都离不开经济的支持，文艺复兴在佛罗伦萨开始，因为其经济发达，中国的瓷器造诣高深，因为欧洲人喜欢。总之要大力挖掘文化遗产的经济价值，对于一些市场效益差的，要加大财政扶持力度。文化要活，离不开百姓的喜爱。妈祖信仰之所以千年不绝，恰恰因其表达了群众的美好愿望，皮影戏传到今天和群众的支持是分不开的。对于传统文化要创新形式，主动融入百姓生活，让百姓尤其是年轻人多认识了解，这样文化才能扎根于群众中,成为活生生的文化。

保护文化遗产、热爱文化遗产、传承文化遗产、创造性地利用文化遗产,让失语的岁月再次发出高亢嘹亮、万年不绝的动听乐章……

小结:文章要写得感情真挚、生动形象,首先需要我们用真心、真情去对待文章写作,"登山则情满于山,观海则意溢于海",心有所感才能写得出有感情的好文章。我一再强调我们要设身处地的考虑问题,要用心去关心时代发展和群众痛痒,而不是用技巧和套路去应付考试。从操作层面来说,文章要有感情、生动可以从如下几个方面入手:第一,善用包括排比、比喻、顶真、对仗等修辞手法;第二,适当举例,联系实际;第三,很好地使用叹号、问号、省略号等标点符号。

四、特立独行——个性化文章

这几年我不遗余力地倡导个性化写作,这种倡导毁誉参半,挺我的把我捧上天,骂我的认为我完全是外行、偏执狂、是"穷酸秀才"。如果说以前申论文章只是个别地方要求写得有个性,现在的申论写作就是全面要求写得有个性;如果说以前是可以写得有个性,现在有的申论文章就是一定要有个性。在2012年国家命题421联考文章写作的第一条要求就是"有独立见解"。看到题目要求我真是百感交集,当时就写下了一段句话:

刚刚考完的421申论考试,文章写作部分印证了申论文章要写得有自己独立见解和个性的理论。模板死了,独立思考的人时代到来了。让那些只会写套路和模板的文章都见鬼去吧。我即兴作文一篇,一吐我胸中的闷气。

题干要求:结合"给定材料",自拟题目写一篇文章,谈谈你对"人与动物"关系的体会与思考。(40分)

要求:自选角度,立意明确,有独立见解;可联系自己的经验或感受;语言流畅;总字数为800~1000字。

论对待动物的三种态度

在对待动物的态度上,人类的差别是如此之大:既有"虐猫事件"、"活熊取胆汁"的残忍,也有拦截运猫车、救助流浪狗的义举。动物与人之间到底是什么关系?利用与被利用?保护与被保护?差等还是平等?

在我看来,对待动物的态度总结起来三句话:合理利用,保护尊重,适当学习。

合理利用动物是必然选择。对于绝大部分人来说,生存都必须依靠动物。我们饲养猪是为了获得肉食,养牛是为了耕地,养狗是为了看家……把狗当做宠物是少数人的奢侈行为,要求每个人都如佛祖一样有割肉喂鹰的牺牲精神毕竟太高调。我支持动物保护,理解动物保护组织的努力,但是不支持那种与熊同吃同住,为熊剪指甲的行为。孔夫子有云:鸟兽不可与同群,我们要以人为本。以人为本不能成为虐待动物的借口,对动物的利用,一定是合理的,有限度的。"活熊取胆汁"就是属于不合理的利用,我们一定要用熊胆汁吗?没有别的治疗途径了吗?我们不要求人有多少牺牲精神,但是节制人的欲望总是不过分的吧?

对于动物不能一味地利用,而应该去了解、认识动物,并且尽可能地加强保护,充分尊重。

北宋理学家张载有言:民吾同胞,物吾与也。在六界之内的都是我们的朋友,人是,动物是,植物也是。我们知道保护植物,爱护花草,对于更有灵气的动物我们为什么不能尊重呢?在以前动物都是作为牺牲,是被献祭和宰割的对象,即便如此孟子中也有"以羊易牛"的不忍心的典故。保护动物可能需要一些成本,可能需要牺牲人的利益为代价,但是这种保护换来的是人的善良,生态的平衡,即便是有代价,也是值得的。

动物不仅拿来利用,拿来尊重的,也可以是用来学习的。

我们还要向动物学习。学习动物的节制。根据极端进化论的观点,人是进化最完善的高级动物,但是正是这种高级动物,恰恰是最残忍的动物。即便是最凶狠的豺狼虎豹在吃饱喝足之后,都没有攻击性。反而是我们的人,欲望无限。吃饱了还不够,还要吃肉,吃肉还不行,还要边吃边扔,吃动物肉不过瘾,还要活吃。广东有道菜名"三叫",就是把动物生吞活剥。我们要学习动物的忠信,以狗为例,大部分的狗都通人性,无论是穷还是富,忠于主人,尤其以藏獒为最。对于这样的动物,我们不仅要尊重,还学习,而一些人恰恰是大吃狗肉。

一方面我们要对合理利用动物做法给予理解和支持,不能总是一副君子远庖厨的清高态度;另一方面要加大对动物的保护力度,从观念,制度,行为上建立起完善的动物保护体系。对恶意虐待动物的不仅要在舆论上谴责,还要在法律上给予惩罚。

放眼宇宙,人与动物都很孤独,人与动物作伴是一种缘分。我们要珍惜这段缘分,彼此依靠,彼此尊重,彼此拥抱,建立一种人与动物的和谐关系,将中国传统文化中天人合一的思想化作生动的实践!

范文评析

该篇文章既具创新性又充满个性色彩。文章主旨明确——三种态度:合理利用,保护尊重,适当学习。然后对每种态度的论述,既有分析,又有对策,另外在深入剖析时引经据典,尤其是在适当学习部分又带有学术观点。文章结构合理,行文逻辑一线三点,三点又铺成面。在文章的最后提升到"天人合一"的哲学高度。整篇文章一气呵成,值得品读和学习。

【2012年915联考】:"给定材料3"中提到:"'互相取长补短,用一盏灯点燃另一盏灯,'300多年前,德国先哲莱布尼茨对中西方文明这样期待。"请根据你对这句话的思考,参考"给定材料",自拟题目,写一篇文章。(40分)

要求: 中心明确,思想深刻;内容充实,有说服力;语言流畅,1000字左右。

论文化交流中的长长短短

中国是文明古国,从古至今我们在文化上是非常自信的,文化心态上都是趾高气扬的。即便是在元、清两个朝代被异族征服,我们还是抱着阿Q心理:是我们的文化征服了异族,不是异族征服了我们。近代西方文明用枪炮打碎了中国人的文化自大心态,一时间孔家店被打倒,西方文化成为新宠,文化心态趾高气扬变或低三下四,从文化扩张变成文化殖民。

古语有言:文无第一,武无第二。其实对于文化,我们无需争个你死我活,你高我低。应该本着互相学习,相互包容的心态,相互"取长补短","用一盏灯点燃另一盏灯",促进文化的融合、交流、互信。

弥补自己短处,发扬自身长处,夯实自身文化基础是文化交流的前提。中华文明经过鸦片战争,十年文革,现代商品经济的工业文化冲击,已经出现断裂,变得支离破碎。当今的中国,即便是在大学生中,十个有八个没有完整的读过《论语》。我们轰轰烈烈地在世界各地大建孔子学院的时候,带着外国人读《论语》,弹古琴,我们自己的国民却天天在背单词,这是一种典型的文化交流错位。以我自己为例,一个韩国朋友想和我探讨四川的茶道,我却对此一无所知,这不能不说是天大的讽刺。要加大对传统文化人才的培养力度,在中小学中开设传统文化课程,适当将传统文化纳入中高考,开设专题讲座等一系列方式,提升文化素养,增加文化自信。

只读传统文化很容易偏执一端，夜郎自大，盲目排外，出现一叶障目不见泰山的自闭心态。时代在变化在发展，仅靠传统文化无法满足时代的需要，对此我们必须反思。

发现自己的短处，学习其他文化的长处是文化交流的重要条件。文化交流的一大禁忌就是过度的美化自己的文化，妖魔化别人的文化。中世纪十字军东征，一百多年前我们驱逐传教士，前段时间部分孔子学院在美国被查封，都是属于这类事件。首先我们要摆正心态，善于反省，同情理解，以开放心态看待其他文化。其次要加大对外来文化的引进，尤其是要加以文字为载体的图书翻译。中华文明第一次文化大交流——佛教思想的传播，主要归功于大量的翻译工作。如果没有唐三藏等人的翻译，很难想象佛教对中国文化会有如此大的影响。最后要进一步做好外语教育工作，尤其要提升外语的口语水平，争强国民之间的直接对话能力。

我们不仅要创造优秀的文化，还要学习优秀文化，更要传播、分享优秀文化，让中华文化为世界文明作出贡献。我们或许不能分享石油、黄金和美元，但是我们却可以分享文化——前者越分越少，后者越分越多。我们一定要用好孔子学院这个平台，把它作为我们的文化的扩音器。要加大软、硬件设施的建设，大力培养引进人才，把孔子学院做实办好。

费孝通先生有言："各美其美，美人之美，美美与共，天下大同"，这应该成为我们文化交流的金规则。在这个规则的指导下，中华民族的文化复兴，世界文明的繁荣，必将得到很好的实现！

范文评析

文章从题目到行文都充满个性化和强烈的感情色彩，对中国从古至今的文化形态的变化提出自己鲜明的观点，并且从"发扬自己的长处"和"发现自己短处"两大方面展开论证，对中国文化工作提出警示。既有经典警句的运用，又有自己对当前文化形态的深刻理解，使得文章有血有肉，个性鲜明。

对个性化的要求，有些是很明显的，在2012年的国考题目要求中，要考生"结合自身体会、感受、经验"，就是在要求考生有独立的见解，每个人的经验是不同的，写出来的文章自然也不一样。对个性化的要求最突出的是浙江和安徽，尤其是安徽的题目，创新程度是史无前例的。国考这几年命题或多或少地借鉴了安徽省的命题，我们来看安徽2011年的真题。

【2011年安徽省】

材料：

1979年6月，中国曾派一个访问团去美国考察初级教育，回国后写了一份3万字的报告，在见闻录部分有如下一段文字："美国学生无论品德优劣，品德高低，无不趾高气扬、踌躇满志，大有'我因我之为我而不同凡响'的意味。小学二年级的学生大字不识一斗，加减法还得掰手指头，就整天奢谈发明创造，在他们手里，让地球掉个儿好像都易如反掌似的。重音体美，轻数理化。无论是公立还是私立学校，音体美活动无不如火如荼，而数理化则乏人问津。课堂几乎处于失控状态，考生或挤眉弄眼，或谈天说地，或翘二郎腿，更有甚者如逛街一般，在教室里摇来晃去。结论是美国的基础教育已经病入膏肓，可以这么预言，再用20年，中国的科技和文化必将赶上并超过这个所谓的超级大国。"

在同一年，作为互访，美国也派了一个考察团来中国，他们在看了北京、上海、西安的几所学校后也写了一份报告，在见闻录里有如下一段文字："中国的小学生在上课时喜欢把手放在胸前，除非老师发问举起右手，否则轻易不改变；幼儿园的学生则喜欢把胳膊放在身后，室外活动除外。中国的学生喜欢早起，七点前在中国的大街上见到最多的是学生并且他们喜欢边走边吃早点。中国学生有一种作业叫'家庭作业'，据一位中国老师的解释，它是学校作业在家庭中的延续。中国把考试分数最高考生称为学习最优秀的考生，他们在学期结束时一般会得到一张证书，其他人没有。结论是中国的考生是世界上最勤奋的，起得最早，睡的最晚。他们的学习成绩和任何一个国家同年级学生比较都是最好的。可以预测再用20年时间中国在科技文化方面，必将把美国远远甩在后面。"

30年过去了，两份预言都错了！

问题： 请根据"给定材料10"（中美互访部分的材料），自选角度，自拟题目，写一篇1000字左右的评论。

要求： 观点明确，立意新颖，逻辑严密，分析评论透彻，语言精炼、流畅。（45分）

题目分析： 这个题目要求立意新颖就是要把文章写得和别人不一样，发人所未发。下面是我写的一篇范文，供大家参考。

中国式的教育过时了

30多年前，中美互派代表团对对方的基础教育状况进行调查，结果是中国的孩子纪律好、勤奋、听话、踏实，而美国的孩子相反，自由散漫、崇尚空谈、喜欢发表自己的意见。双方都预言中国会超过美国，但是30年后的今天，这个预言错了。

很多人就会说这个结果意味着中国的教育方式有问题，美国式的教育才是好的，才是对的。真是这样的吗？

我们看看30年来中国和美国在科技文化等各方面的差距是拉大了还是缩小了？30年前的中国技术落后，文化闭塞、苍白；美国则是一片欣欣向荣，科技领先，文化繁荣。30年后的今天，美国的先进和繁荣依旧，但是中国的则从一清二白变成了全面开花。别的不说，在技术领域，从整体上来说，我们的差距是缩小了而不是扩大了。这种缩小是和基础教育有很大关系的。

还需要思考的另一个问题是，美国今天的成就是30年前美国的学生带来的吗？这需要打一个大大的问号。美国的成就有两个重要的外在因素：一是对人才的吸纳；二是借助美元对世界金融的掠夺与控制。抛开后面的因素不说，就第一个因素来说，中国每年有多少中学生留学美国，这些中学生很多都是非常优秀的。除了中国之外，印度、欧洲、非洲……每年都有大量的人才去美国。与此相对的是中国，可以说中国今天的成就绝大部分是靠中国人自己一点一点积累起来的，是靠中国培养的人才一分一分创造出来的。这从一个侧面说明中国式的教育方式有道理的，是取得了很大成就的。

不可否认的是中国的基础教育确实存在很多问题，学生的动手能力差、对孩子的创新的引导不足、基础教育与高等教育之间缺少有效的对接、教育内容与社会经济发展存在严重的脱节。但是这些所有的问题不能全部算在基础教育头上，并且这些问题并不是因为考生勤奋、听话、遵守纪律造成的。

对教育，我们是应该有一个开放的心态，虚心地向别人学习。不过我们也应该有独立的判断，杜绝人云亦云。最重要的是我们应该有平和的心态、长远的眼光和良好的洞察能力，只有这样我们才能辨别到底哪些是问题，哪些是经验，哪些问题是教育的问题，哪些问题是社会的问题。

范文评析

文章的要求：观点明确，立意新颖，逻辑严密，分析评论透彻，语言精炼、流畅。作者的标题"中国式教育过时了吗？"以反问的形式给出，达到了立意新颖的效果，也明确地给出"中国式教育不过时"的观点。

文章的逻辑有三个层次：第一层次，用历史与现实比较的方式论证中国式教育不过时；第二层次，用中国经济社会发展取得成就进一步说明中国教育不但不过时，而且还取得巨大成功；第三层次，照应材料，理性、客观地看待中国教育存在的问题，并给出相应的建议。

文章的架构合理，该篇文章要求分析深刻透彻。作者前三段深刻分析说明为什么不过时，第四段正面论证说明成功之处，第五六段则是回到问题上，并简要提出针对性建议。

小结：由于很多考生都有按照材料的基本含义来写的习惯，所以要做到新颖有个很简单的办法：逆向性思维。在不违背国家的基本方针政策的情况下，反其道而行之，能够起到出其不意的效果。这段材料中倾向认为，美国的教育比中国教育好，我们就可以写一篇文章来为中国教育辩护。当然，如果大家都用逆向性思维，都为中国教育辩护，文章有没有新意了。除了逆向性思维外，小题大做，深入分析，多角度看问题都是讲文章写得个性的方法。文章要做到有新意，只是简单靠思维方法和技巧是不行的，积累知识，多看多写才是写出个性化文章的根本。

第四篇

申论阅卷规则高频关键词、句

在收集整理阅卷规则过程中，我发现很多地方、年份的阅卷规则中，有很多词是重复的，一个词在今年能得分，明年也能得分，在这个地方能得分，在另外的地方也能得分。现在特将这些规则归纳概括出来，供大家参考。

第一节　思想、意识、观念

【2012年国考省部级第1-1题】

"给定材料2~6"反映了市场经济背景下社会生活中的种种问题，请对这些问题进行概括和归纳。（10分)

要求：准确、全面、有条理；不超过250字。

评分标准参考

（1）概括出食品安全等存在的问题并归纳出问题的实质，如企业诚信缺失等（2分）。

（2）概括出医疗、教育、文化艺术、社会管理等领域存在的问题并归纳出其本质是缺乏职业操守等（2分）。

（3）概括出社会生活或人际交往方面存在的问题并归纳出问题实质是诚信缺失等（2分）。

（4）概括出媒体、网络虚假报道、恶意炒作并归纳出其本质是道德失范等（2分）。

（5）概括出政府监督管理方面存在的问题并归纳出法律、法规还不健全等（2分）。

参考答案

（1）食品生产领域，企业主盲目追求利润，素质低下，不讲良心，违法生产销售，自律、他律不足，其实质是企业诚信缺失，道德失范。

（2）社会人际交往领域，麻木不仁，道德滑坡，互不信任，人际关系紧张，其实质是信任缺失。

（3）医疗、教育、文化艺术等领域从业者以假乱真，以权谋利，其本质是缺乏职业道德与操守。

（4）媒体、网络领域，虚假报道、恶意炒作，其实质是信仰缺失，道德失范。

（5）社会管理领域，政府监管监督不力，官员忽视自身道德建设，其实质是社会管理水平不高，法律法规不够健全完善。

【2012年国考省部级第1-2题】

"给定材料8"介绍了最近社会上涌现出的先进人物事迹，某单位党委决定编印一期《内部学习材料》，宣传他们的事迹，号召本单位全体人员向先进人物学习。请你为这期《内部学习材料》撰写一则"编者按"。(10分)

要求：概括全面、准确，揭示各位先进人物的精神实质。不超过200字。

评分标准参考

（1）编者按的形式（背景、目的、语言、逻辑）（4分）。

（2）孙氏兄弟的行为体现了守信、仁义的美德（2分）。

（3）徐先生的行为体现了无私奉献的精神（2分）。

（4）吴女士的行为集中体现了善良、大爱的品质。归纳出"善良"或"大爱"给2分，归纳出"见义勇为"给1分。

 **参考答案**

编者按:胡锦涛同志在"七一"讲话中指出,要坚持把干部的德放在首位。在建设社会主义核心价值体系的今天,广大党员干部要向先进人物学习,真正做到"德才兼备"。

本期刊物主要介绍了"诚信仁义、信守承诺、敢于担当"的孙氏兄弟,"爱岗敬业、无私奉献"的徐老师,"朴实善良、勇敢无私、彰显大爱"的最美妈妈吴女士。

希望广大党员认真学习他们的道德情操,并及时转化成行动,带动社会真正形成一种知荣辱、讲道德、促和谐的文明风尚。

【2012年四川省考第二题】

叶志平校长的先进事迹体现出哪些优良品质和崇高精神?请根据"给定材料"予以归纳,并做简要分析阐述。(30分)

要求:内容全面,条理清晰,逻辑性强;不超过500字。

 **评分标准参考**

依据参考答案评分。5对,共10个关键词,10分,一对中答出一个关键词即得2分,答出两个也是2分。简述部分就是概括叙述材料中的事例,用以支撑关键词所表达的观点。有的要点里面涉及几个材料,如第2点有几个事例,答出其中1个就可得3分。

条理性和语言方面5分:条理清楚,段落分明,每条每段里面观点明确,阐述简要而内容充实。

参考答案

(1)爱岗敬业,淡泊名利(答出一个关键词即得2分,答出两个也是2分,下同)。30多年坚守农村中学,干一行爱一行,曾有机会调到好的单位,有民办学校高薪聘请也没去。(简述3分,下同)

(2)认真负责,做事执著。坚持抓安全教育,坚持安全疏散演练,排除教学楼的安全隐患,一丝不苟,注重细节。

(3)开拓创新,勤思善学。最早引进电脑设备,学习新知识,安排老教师对新教师的传帮带等。

(4)清正廉洁,无私奉献。灾后重建中,拒绝建筑老板的贿赂(钱、物等)。

(5)宽厚待人,深情顾家。关心教师的生活,比如给工作忙碌的教师打饭;关爱考生,比如让考生吃上米饭、到家洗澡等;关爱家人,挤时间照顾生病的妻子,和儿子一起玩耍等。

其他真题阅卷关键词汇总:

【2013年国考地市第二题】观念、风气偏差:汉语有用性认知不足,缺少尊敬、热爱。

【2012年国考地市第二题】市民保险意识不强。

【2011年国考地市第一题】对孩子教育不重视,辍学问题严重。

【2011年联考第二题】直接指出问题:受普查群众的信任危机、入户难、群众不配合、担心泄露隐私、人户分离导致无法联系登记人(3分)。

【2012年国考省部级第二题】市场经济条件下,同样存在着讲文明、树新风,诠释民族道德的例证;同样在市场经济条件下,也出现了好人好事,给例子(包工头讲诚信、美丽妈妈、道德模范等);任何经济模式下,都存在道德失范现象,负责任的政府应加强管理、监督,两手抓精神文明建设等。

第二节 政策、法律、法规

政策不合理，制度不完善，法律法规缺失、滞后、不健全（立法执法）不严、不统一、力度不够

【2010年9月联考第一题】
认真阅读"给定材料"，简要概括山西省煤炭资源整合过程中出现的几种主要争议。（15分）
要求：简洁，准确；200字以内。

评分标准参考

本题依据给定参考答案的关键词赋分；共有4个采分点，每个采分点3分；语言表达分3分。

参考答案

（1）政府主导资源整合，是否过多、过度干预经济，出现"拉郎配"现象。
（2）在兼并重组过程中，是会产生国有企业做大做强，民营企业被迫退出的"国进民退"现象，还是会大进小退，优进劣退。
（3）在兼并重组过程中，是否会侵犯中、小投资者的合法权益，是否会有及时、合理、充分的补偿。
（4）在资源整合中，是否符合相关法律法规，是否会出现违法操作，造成国有资产流失。

其他真题阅卷关键词汇总：

【2013年国考地市第二题】 政策、制度不合理：强制普及英语；招聘、晋级以英语为首要因素。
【2012年国考省部级第1-1题】 社会管理领域，政府监管监督不力，官员忽视自身道德建设，其实质是社会管理水平不高，法律法规不够健全完善。
【2010年国考地市第一题】 缺乏法律有效支持。

第三节 人才、教育、培训

【2010年广东省考第一题】
自2000年以来，我国部分地区陆续出现企业用工短缺的现象，大致可以分为4个阶段，请根据"给定材料1~9"，用不超过350字的篇幅，概括各阶段用工的特征极其原因。（本题30分）
要求：概括准确，条例清楚，语言流畅。

评分标准参考

按参考答案给定关键词赋分，同意表述酌情给分。

参考答案

- 第一阶段。特征：各地部分工厂、企业出现不同程度的用工短缺（2分）；农民工初显不足（2分）。原因：一是东南亚爆发金融危机，为促进经济发展，中央采取了扩张性的财政政策和宽松的货币政策；二是正式加入世界贸易组织，经济步入快速发展期，增加就业岗位（2分）。
- 第二阶段。特征：企业缺工主要发生在珠三角、闽东南、浙东南（2分）等加工制造业聚集地区（2分）；原因：一是工资待遇、权益无保障、企业扩张等多种原因（2分）；二是取消农业税后（2分），出现了大量往年开春就外出务工的农民留家种地，吸引了部分在城市经常"吃不饱"，岗位低薪的农民工返乡种田地。

- 第三阶段。特征：沿海经济较为发达地区（2分）技工短缺（2分）。原因：一是产业结构升级换代，对技术工人与高技能人才需求量大大增加；二是技术工人不能满足企业需求；三是企业对员工技能培训严重不足；四是没有合理的人才评价方式；五是没有给技能人才创造灵活的流动环境（4分）。
- 第四阶段。特征：广东各地企业（2分）用工短缺的现象再次出现（2分）。原因：一是2009年初金融危机之后的经济复苏；二是农民工外出打工的机会成本越来越大（沿海地区工次水平增长相对缓慢与国家的"三农"投入开始增加）；三是产业结构的不合理及产业链的不完善导致劳动力增加；四是新生代农民工就业观点的转变（4分）。

其他真题阅卷关键词汇总：

【2011年广东省考第一题】原因：一是产业结构升级换代，对技术工人与高技能人才需求量大大增加；二是技术工人不能满足企业需求；三是企业对员工技能培训严重不足；四是没有合理的人才评价方式；五是没有给技能人才创造灵活的流动环境。（4分）

第四节 财物、技术、服务

【2011年国考地市第二题】：根据"给定材料4"中的有关内容，谈谈对文中"困境中的不绝希望"这一表述的理解。（10分）

要求：准确、简明；不超过150字。

评分标准参考

按参考答案的关键词赋分。

参考答案

（1）困境（4分）：农民子女受教育成本高（1分）、农民子女就业难（1分）、农村生源比例下降，辍学率高（1分）、许多家庭出现了因教返贫、因教致贫现象（1分）。

（2）不绝希望（4分）：农民对子女通过教育摆脱贫穷寄予希望，或者农民明知道子女受教育难，仍然不惜血本、倾家荡产送孩子上学，把希望寄托在教育上（2分）；农民工对中国教育和教育改革寄予希望或农民希望教育难问题得到解决（2分）。

（3）概括或评价（2分）：这种知其不可为而为之的努力给人以悲壮感。困境中的不绝希望为中华民族教育的希望之所在。

【2010年国考地市第二题】："给定材料3"中，环保专家认为"兵库县堪称'环保错位'的典型。"请结合"给定材料"内容，对"环保错位"的实质进行阐释。（10分）

要求：准确、简明；不超过150字。

评分标准参考

按参考答案的关键词赋分。

参考答案

环保错位的实质是：先污染后治理，具体而言是牺牲环境发展经济，而后花费更大的代价去治理环境（4分）。后期治理周期长，代价大，成本高（4分）。因此，要走经济和环境和谐发展的道路（2分）。

评分标准参考

【2012年9月联考第一题】

本题15分,每个要点3分。每一条答有五个关键词:"师资条件"、"文化沟通"、"教材内容"、"外国管控"、"经费不足",答题内容与关键词含义相符或相近,计3分,不相关计0分。

参考答案

(1)建院速度快,师资非职业化,缺乏稳定、连续性。

(2)国外误解中国,认识片面,不利于学院海外发展。

(3)教材内容在固守中国传统文化与实现本土化之间难以取舍。

(4)历史问题及复杂、敏感的外交关系,致筹建和教师入境困难。

(5)国家投入经费不够,社会参与不足。

【2010年4月联考第1-2题】:"给定材料1"中说"连健康都算不上"指的是什么问题?问题存在的原因是什么?(10分)

要求:全面、准确,有条理;不超过100字。

评分标准参考

本题参照参考答案按关键词给分。

参考答案

"连健康都算不上":市政建设与城市改造不同步,公用事业供给严重滞后社会需求,市政设施功能难以满足城市化的需要(3分)。

原因:第一,我国城市化进程处于迅速上升阶段,市政设施相对不足(3分);第二,各地对城市公用事业的关注,投资力度不够(3分);第三,市政建设与城市改造不同步(1分)。

【2010年4月联考第三题】:我国市政公用事业发展面临一些亟待解决的问题。某市政部门准备起草一份推进公用事业改革的方案,请结合"给定材料",指出该方案应明确解决哪些问题。(20分)

要求:准确全面,条理清楚,有针对性;表达简明扼要,不超过400字。

评分标准参考

本题采取要点赋分与表达赋分相结合的方式。本题共6个得分点,每个要点3分,共18分;表达分2分,根据逻辑层次的清晰度,语言表达的规范化程度酌情给0~2分。

参考答案

(1)要解决市政公用事业建设投入资金不足,缺口大,占政府财政支出的比例小,规模不大问题,加大市政公用事业投资力度。

(2)要解决公用事业建设投入渠道单一的问题,拓宽融资渠道,建立多渠道、多元化的城市市政融资机制,积极推进城市公用设施的市场化改革。

(3)要解决公共事业特许经营中政策法规、标准、管理措施、管理能力不配套、细则欠完善的问题,明确政府与获得特许经营权企业之间的权利和义务。

（4）要解决公用事业盲目市场化的问题，公用事业改革不能"甩包袱"，不能打包全卖出去，不能都交给社会资本经营。

（5）要解决资源超消费和浪费、公共设施不合理利用的问题，通过宣传教育，使人民树立节约资源的观念、意识，引导人们对城市资源（公共设施）合理使用形成正确认识。

（6）要解决水资源等价格构成不合理和价格偏低的问题，充分发挥市场机制和价格杠杆的作用，进行价格调整（水价改革），促进共用资源的合理利用。

【2010年北京市市考第一题】：根据"给定材料"，概括说明导致各种环境污染事件频发的主要原因。（30分）

要求：概括准确、语言简练；字数不超过200字。

  评分标准参考

四个点，每个点7分，条理性2分，不能超过200字，多30字扣1分，最多扣2分。

 参考答案

（1）政府片面追求经济效益，不顾环境与健康，举例说明。

（2）企业和公众片面追求利益，不顾环境与健康，举例说明。

（3）监管不力，不能根除问题，处罚单一，力度不够，举例说明。

（4）环保标准没有考虑人民健康，公害病补偿标准低。

【2011年浙江省省考第二题】："给定材料1~6"反映了诸多民生问题，谈谈如何理性看待当前存在的民生问题。（15分）

要求：准确、简洁、有深度；字数不超过200字。

  评分标准参考

（1）基础分：理性看待，观点合理，逻辑清晰（7分）。

（2）扩展分：当前出现的诸多民生问题，已经对社会和谐稳定和经济持续快速发展产生了重要影响（产生影响，2分）。

（3）这些民生问题，既是由社会主义市场经济初级阶段的大背景决定的，又是经济社会加速转型的结果（产生原因一，2分），也是由于人民群众的民生需求全面开放，民生需求尚未得到充分满足导致的（产生原因二，2分）。

（4）这些民生问题是改革发展中出现的问题，需要进一步加快发展来解决（解决途径，2分）。

 参考答案

（1）我国经济取得重大成就，但正处于转型的初级阶段，许多民生问题是必经过程，处理不当将影响社会稳定，加剧社会矛盾。

（2）民生问题的原因：①经济发展方式不合理，民生需求提高；②经济增长过度依赖投资、出口，内需不足；③分配机制不合理，居民收入水平低.

（3）解决措施：①统筹协调民生工程与经济建设；②建立健全社会保障体系；③提高居民收入，扩大内需；④树立正确的政绩观，淡化经济指标，关注民生。

其他真题阅卷关键词汇总：

【2012年国考省部级第1-1题】食品生产领域，企业主仅追求利润，素质低下，不讲良心，违法生产销售，自律、他律不足，其实质是企业诚信缺失，道德失范。

【2012年国考地市第三题】硬件设施不完善，路况差，停车成本高，黑车盛行。

【2011年国考地市第一题】办学条件差，数量有限，设施简陋，经费紧张。

【2011年国考地市第三题】软硬件条件差。办学成本高。农村税费改革引发农村学校经费紧张。

【2010年国考地市第二题】后期治理周期长，代价大，成本高（4分）。

【2012年联考第二题】问题：打狗行动扩大化，存在"以杀代管"现象，造成养狗者的痛苦，忽略养狗人的权利，损害政府行为的合理性（3分）；建议：对于狗的捕杀应该分情况给予免系或以治疗代替屠戮，政府行为应该把握平衡原则，在社会利益和个人权力之间寻求合理界限（3分）。

【2010年北京市市考第一题】没有注意保护生态环境。（实现自然、人文、生物之间和谐——从最后的反规划得出的，大多人漏了）

【2010年广东省省考第一题】原因：一是工资待遇、权益无保障、企业扩张等多种原因（2分）。

【2010年9月联考第一题】在兼并重组过程中，是否会侵犯中、小投资者的合法权益，是否会有及时、合理、充分地补偿。

【2011年四川省省考第一题】主要问题：难鉴乞拐真伪。难以鉴别"乞讨儿童"和"被拐儿童"；侵犯弱者利益，可能侵犯弱势群体利益；难动打拐根本。自发性的网络行为难以从根本上解决问题；难解决深层问题。难解决保障儿童权益、完善社会救助体系等深层问题。

【2011年四川省省考第二题】硬件设施：硬件设施不够，无法容纳更多的流浪儿童。

【2010年广东省省考第一题】原因：一是2009年初金融危机之后的经济复苏；二是农民工外出打工的机会成本越来越大（沿海地区工资水平增长相对缓慢与国家的"三农"投入开始增加）；三是产业结构的不合理以及产业链的不完善导致劳动力增加；四是新生代农民工就业观点的转变（4分）。

第五节　管理、监督、监管

【2010年国考地市第一题】：《渤海碧海行动计划》近期目标难以实现有多方面的原因。请依据"给定材料1"分别进行概括。（10分）

要求：准确、全面；不超过200字。

评分标准参考

按关键词赋分。每点2分，每个要点不论分出多少小点，均是2分。
（1）各管理部门存在交叉真空，缺乏有效管理。
（2）各级地方政府相互推诿，职责权不清，没有有效机制加以协调。
（3）属于内海，无法与外界交换，污染无法自洁。
（4）积重难返，污染问题无法短期解决。
（5）缺乏法律有效支持。

参考答案

（1）客观原因：①渤海自身。内海封闭，与外界交换难，自我更新慢；②客观状况。污染严重，污染源多，导致积重难返，治理时间长、难度大。

（2）主观原因：①计划自身。不切实际、目标过高、时间规划不合理；②执行不到位。多头管理，涉及省市多、部门多，管理职能独立分散；职责不清、缺乏协调机制，难以综合治理；《计划》不具法律效力，众多主体分享利益，政府治理的积极性和效率低下。

【2011年广东省省考第二题】请根据"给定材料6"，用不超过200字的篇幅，分析说明"张海超事件"中职业病诊断鉴定难的主要原因。（本题20分）

要求：分析全面，思路清晰，语言流畅。

评分标准参考

本题答案有4个要点，每个要点5分。
（1）诊断机构处于垄断地位（只有指定机构有资格做职业病的诊断，不作为，乱作为）。
（2）监管缺失（鉴定机构不履行职责）。
（3）诊断鉴定程序多，所需时间长。
（4）企业不配合，不提供诊断鉴定所需材料。

参考答案

（1）诊断机构处于垄断地位。指定机构业务能力差，所需材料多；非法定机构诊断结果不被承认。
（2）监管缺失。鉴定机构不履行职责，工作人员服务意识差。
（3）诊断鉴定法律法规不完善。诊断鉴定程序繁琐，环节多；所需时间长。
（4）企业不配合。拒绝提供诊断鉴定所需材料，逃避责任。

【2011年北京市市考第一题】根据"给定材料"，概括当前我国城市规划工作中存在的主要问题。（15分）

要求：概括准确，语言简约；字数不超过300字。

评分标准参考

5个小点，一点3分，采点给分。
（1）城市规划中跟风攀比，不切实际，个性不明（没有特色，缺乏个性，不注重多样性等词均可）。
（2）多头规划，他们之间的规划打架，不协调（多头管理，执行困难）
（3）规划重地上，轻地下，对安全因素考虑不周，缺乏防灾、防突发事件的意识。
（4）规划缺乏前瞻性，朝令夕改，缺乏长久性（稳定性、约束性）。
（5）没有注意保护生态环境，实现自然、人文、生物之间和谐。

参考答案

（1）规划盲目。不切实际，与实际需要和地方财力情况不符；求新求大，盲目搞"大规划"、"大项目"；跟风攀比，设计抄袭趋同，缺乏个性和特色，千城一面。
（2）规划不科学：缺乏前瞻性、可持续性和系统性，缺乏城市安全保障规划；朝令夕改，因旧而非质量问题拆除建筑，导致建筑短命。
（3）政出多头：规划不统一，各部门和各地区间缺乏协调性和控制性，执行困难；
（4）规划不全面：缺乏对生态和人文的保护，破坏了历史文化遗产。
（5）执政观念错误：只重形象工程，忽视城市公共服务功能；牺牲公平，未能协调好各方利益关系；乱作为，强拆强建，损害群众利益。

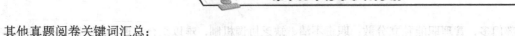

其他真题阅卷关键词汇总：

【2012年国考省部级第1-1题】概括出政府监督管理方面存在的问题并归纳出法律、法规还不健全等。（2分）

【2011年四川省省考第一题】存在的问题：管理人员观念陈旧；管理机制老化。

【2010年北京市市考第一题】监管不力，不能根除问题，处罚单一，力度不够，举例说明。

第六节　政论文关键句

政论文重在分析评判。重在对事务的属性，相互关系，职责的归属，以及问题的原因、危害、政策举措的意义等作出分析判断、评估、权衡和阐述说明，阐明利害，提出对策。评论对象较广，可以是原因、影响，也可以是对策、举措。分论点一般由揭示原因或评估影响的句子构成。

政论文典范

应该提倡什么样的文风

——习近平

提倡什么，反对什么，是改进文风的首要问题。针对上面所说的不良文风的三个字，我想另外提出三个字，就是短、实、新。

一是短。就是要力求简短简练、直截了当，要言不烦、意尽言止，观点鲜明、重点突出。能够三言两语说清楚的事绝不拖泥带水，能够用短小篇幅阐明的道理绝不绕弯子。古人说"删繁就简三秋树"，讲的就是这个意思。毛泽东同志为人民英雄纪念碑起草的碑文，只有114个字，却反映了一部中国近代史。1975年，邓小平同志负责起草周恩来总理在四届全国人大一次会议上的报告，只用了5000字。后来谈到这件事的时候，邓小平同志说："毛主席指定我负责起草，要求不得超过5000字，我完成了任务。5000字，不是也很管用吗？"江泽民同志和胡锦涛同志也有许多短小精炼、言简意赅、思想深刻的文章、讲话。鲁迅先生说过，文章写完至少看两遍，竭力将可有可无的字、句、段删去，毫不可惜。现在，不少地方和部门按照中央改进文风会风的要求，提出以"能少则少、能短则短、能精则精、能简则简"为原则，尽可能开短会、讲短话、发短文。这"三短"，就是我们应当大力倡导的风气。

当然，也不是说长文章一概不好。有内容、有见解的长文章，人们也是喜欢读的。文章长短要视具体情况而定，宜短则短，宜长则长。要坚持内容决定形式，有些非长不可、篇幅短说不明白的事情则可以长些。《庄子》上有这样几句话："长者不为有余，短者不为不足。是故凫胫虽短，续之则忧；鹤胫虽长，断之则悲。"意思是说，野鸭子的腿虽然很短，给它接上一截它就要发愁；仙鹤的腿虽然很长，给它截去一段它就要悲伤。这个道理同样适用于写文章。就今天来说，把"野鸭子的腿加长"的文章太多了，提倡短文章、短讲话、短文件是当前改进文风的主要任务。

二是实。就是要讲符合实际的话不讲脱离实际的话，讲管用的话不讲虚话，讲有感而发的话不讲无病呻吟的话，讲反映自己判断的话不讲照本宣科的话，讲明白通俗的话不讲故作高深的话。这就要求我们的文件、讲话和文章，力求反映事物的本来面目，分析问题要客观、全面，既要指出现象，更要弄清本质；阐述对策要具体、实在，要有针对性和可操作性。要实事求是，有一说一、有二说二，是则是、非则非，不夸大成绩，不掩饰问题。要深入浅出，用朴实的语言阐述深刻的理论。要有感而发，情真意切。毛泽东同志笔下的愚公、白求恩、张思德，我们今天记忆犹新，就是因为这些人在他的心灵深处产生过激烈震荡，所以讲出的话饱含深情、富于哲理，能深深植入人民心里，引起共鸣。

这里需要说明，一些关于党和国家工作的总体性要求，事关全局，事关党和国家前进方向及政策连续性，事关党的团结和社会稳定，需要在重要文件和重要讲话中反复强调。这和形式主义的套话、穿靴戴帽是两回事。

三是新。就是力求思想深刻、富有新意，正所谓"领异标新二月花"。如果一个文件、一篇讲话毫无新意，那么制定这样的文件、做这样的讲话还有多少意义呢？可以说，能不能讲出新意，反映一个领导干部的思想水平、理论水平、经验水平以及语言表达能力。这里所说的新意，既包括在探索规律、认识真理上有新发现、前人没有讲过的话，又包括把中央精神和上级要求与本地区本部门本单位实际结合起来，在解决问题上有新理念、新思路、新举措的话；既包括角度新、材料新、语言表达新的话，又包括富有个性、特色鲜明、生动活泼的话。需要指出的是，讲出新意，并不是要去刻意求新，甚至搞文字游戏。更不能背离马克思主义立场观点方法，背离党的路线方针政策去标新立异。

……

1. 纵式政论文

纵式政治论文

标题	段落	内容	字数
开篇 （是什么）	第一段	点明主题。简要概括问题，分析其种种表现	150字左右
	第二段	过渡句，作出总判断，即指出某个主要原因或重大影响作为中心论点，可与第一段合一	50字左右
正文 （是什么——为什么） （怎么办）	第三段	分析性分论点一。指出原因或影响的某个方面，再作出更具体翔实的阐释说明	200字左右
	第四段	分析性分论点一。指出原因或影响的某个方面，再作出更具体翔实的阐释说明	200字左右
	第五段	分析性分论点一。指出原因或影响的某个方面，再作出更具体翔实的阐释说明 注意，此段可为对策	150字左右
	第六段	提出对策	150字左右
结尾	第七段	总结论点，发出希望和号召	

【示例】

化解社会戾气，每一个人都该担负起责任

——李泓冰　（资料来源：人民网-观点频道，2012年09月06日）

一直告诉孩子们，咱是"文明古国，礼仪之邦"，不知道老师现在讲课讲到这茬儿时，会不会有点犹疑？最近诸如打架斗殴、扇耳光的事件层出不穷，主角不光有升斗小民，还有官员武将；不光在地面打，还打到了高空；甚至连全武行还从国内打到境外。

尽管物质生活日渐丰裕，然而我们并未迎来"衣食足而知礼仪"，相反，不患寡而患不均，似乎很多人如今都身染"屌丝综合征"，自认弱势群体，一触即跳，怀着极大的不满与火气。路人因细故相争，都可能拔刀相向；不知对谁苦大仇深，却总挑无辜的弱小实施伤害……社会矛盾反复堆积，导致戾气深重，礼崩乐坏，一些人在公共场合也撕下了最后的遮羞布，哪怕只为"人群中多看了你一眼，"都会冲冠一怒。我们曾经欣赏的温柔敦厚、互相揖让的君子之风，哪里去了？中国人这是怎么了？

戾气之源，或来自于一些领域的改革滞后。"比太阳还有光辉"的公平正义在一些地方成了稀缺品，导致严重的社会失衡，也使人们心中的戾气易燃易爆。而一些体制性的有组织的暴力行为未得到根本性制止，上梁不正下梁歪，也使暴力与准暴力行为走向泛化。比如有的地方暴力强拆屡禁不绝，一些城管暴力执法屡见不鲜，其网络形象走向固化和妖魔化：棍棒执法、拳脚相加，甚至立毙人命……同样的套路也走进街巷，走进乡村，走进公共场所。包括一些官员的失当行为，也给社会起了负面的示范作用。

应该承认,我们的社会导向有一种偏差,经常过于强调我们的利益,而忽略了职业责任和社会责任。于是,"拼命占便宜,永远不吃亏"成了很多人的人生信条,为了"不吃亏",有权力的不用白不用,有体力的不打白不打,有智力的不骗白不骗……视法律如草芥,社会成了丛林法则盛行的"角斗场"。

如果社会弥漫着追逐物质、崇尚暴力、不屑读书的风气,肯定会日益与"高贵、力量、优雅和美"绝缘,挡住中国走向现代化的路途……兹事体大,不可不惕惧警醒。

要想让社会正常运行在文明、理性和法制的轨道,要营造一个公平正义的社会环境。就如温家宝同志所强调的"尊重每一个人,维护每一个人的合法权益,在自由平等的条件下,为每一个人创造全面发展的机会"。这是化解社会戾气的根本之策,也是政府应尽的责任。

要想消除戾气,迎来祥和,我们每一个社会角色都得负起该负的责任。决策层要加强民主法制建设,促进社会公平正义。各级官员要遵纪守法,为民表率,尊重社会管理的规则意识。百姓也要兼顾公民应尽的责任与该当的权利,不能耽于本能冲动而拙于理性表达。不如把打架的力气省省,多读几本书。

毕竟,对我们每一个人而言,体制性缺陷、他人的堕落,都不是我们抛弃公民基本文明素养的理由和借口。

【2012年国考省部级第四题】请参考"给定材料",以弘扬黄河精神为主题,自选角度,自拟题目,写一篇文章。

要求:中心论点明确,有思想高度;内容充实,有说服力,语言流畅;1000字左右。

评分标准参考

- 一类文:31~40分。对黄河精神的内涵有充分地认知并清楚表述出来;能恰当联系实际充分论证;结构完整合理;行文流畅。结构完整,指的是按照黄河精神是什么、为什么要弘扬黄河精神、如何弘扬黄河精神这三个方面来展开论证。或者每一个黄河精神按照这样的逻辑来论述,形成一个个小分论点也可以。
- 二类文:21~30分。对黄河精神的内涵有明确认知并表述出来;结构较完整;论证充分;行文流畅。对黄河精神内涵的认知六个至少有一个。
- 三类文:11~20分。明确提及黄河精神内涵,但无论证;或者有论证,但无主题明确观点。不说黄河精神是什么,大谈弘扬黄河精神,11~14分。说出来一个内涵,论证跑题了,如大谈如何治理黄河,16~20分。
- 四类文:0~10分。脱离黄河精神。字数严重不足的(不足300字),直接给0~5分。有一定文字能力,6~10分。

无标题,在原得分基础上直接扣2分。

参考范文

弘扬黄河精神 复兴中华文化
——罗成兴

黄河源远流长,生生不息、厚德载物,"中国"由黄河而来,黄河精神是中华文化的核心命脉。在深化文化体制改革,促进社会主义文化大发展大繁荣的关键时期,弘扬黄河精神,复兴中华文化,是培养国民文化自觉自信,砥砺民族凝聚力、创造力,增强国家文化软实力和综合竞争力的必由之路。

弘扬黄河生生不息、锲而不舍的坚定执着精神。黄河从青海源头,磅礴蜿蜒5000余里,沿河植被繁茂,山溪密布,奔流十万余年而不涸。我们勤劳勇敢的祖先在此劳动不息,延续了近百万年的民族血脉,独创了摄人心魄的古老文化。他们植根于黄河,桀骜不驯,卓然立世。当此中华复兴之际,我们能不召唤这般魂魄吗？

弘扬黄河勇往直前、不避艰难的开拓进取精神。黄河之水天上来，翻高岭、过草原、入深壑、覆平野、注渤海，冲决奔突、不避险滩、一往无前，开辟沃野千万里。华夏先民有感于斯，斩荆棘、辟篙莱、创文字、铸青铜、建国立业，在此兴建了夏官商城、上演了秦腔豫剧。这里曾百家争鸣，群星灿烂。我们能不继承这番开拓进取的勇毅之志吗？

弘扬黄河胸怀博大、兼收并蓄的开放包容精神。黄河善收、善淤，集百川之流而成其大，聚亿万泥沙而有华北大平原。中华由黄河而来，文化因开放而博大，胸怀天下；文明因包容而兼收，并蓄万物。永葆此心怀，我们的文化建设才会有根、有源。

弘扬黄河自我否定、自我调节的主动适应精神。黄河善决、善徙。"三年两决口"，溃千里之堤而广布华夏；"百年一改道"，徙万里之野而贯通中国。黄河适应天时地利之变，而至中土人和，生成了西起长安巴蜀，东至洛阳开封，北抵燕京，南及江南的中原文明。唯有主动适应大改革大发展大调整的世界潮流，华夏古老文化方能复兴。

弘扬黄河滋养万物、孕育生命的无私奉献精神。黄河以占全国河川径流2.4%的水源，灌溉15%的耕地，滋养全国12%的人口。"民吾同胞，物吾与也"，先贤早已领受如斯精髓。大力弘扬此精神，人民共富、人与自然和谐相处的小康社会，天下太平、万民大同的共产主义社会才是可以想象的。

最后，弘扬敬畏自然、尊重规律的治黄精神是弘扬上述精神的内在要求。一要深刻认识黄河精神的文化价值。毛泽东视黄河为"中华民族的象征"，认识黄河就是在寻找我们的生命本源和精神依归。二要认真培育和维护"黄河文化圈"。它扎根土地、取法自然，是全球仅存的农牧文化圈。它对今日以工业生产和消费为主导，不断吞噬自然而致生态危机频发的工商文化有终极参照价值。三要注重将文化创意融入沿黄河生态旅游区，尽快为黄河精神的广扬占领这一新兴产业高地。四要积极融入全球价值链。黄河精神曾经整合了东亚文化的核心价值。今后还要积极整合全球价值，使黄河成为全世界人民的母亲河。

2. 横式政论文

模式政治论文

标题	段落	内容	字数
开篇（是什么）	第一段	点明主题。简要概括问题，分析其种种表现。	150字左右
	第二段	过渡句，作出总判断，即指出某个主要原因或重大影响作为中心论点，可与第一段合一	50字左右
正文（为什么——怎么办）	第三段	分析性分论点一。指出原因或影响的某个方面，再作出更具体翔实的阐释说明。给出相应的对策	200字左右
	第四段	分析性分论点一。指出原因或影响的某个方面，再作出更具体翔实的阐释说明。给出相应的对策	200字左右
	第五段	分析性分论点一。指出原因或影响的某个方面，再作出更具体翔实的阐释说明。给出相应的对策	200字左右
	……	……	?
结尾	第六段	总结问题，总结对策，提出展望	100字左右
注意：			

【示例】

改文风 写新风

（资料来源：人民日报，2012年12月10日）

社区工厂、田间地头跃动着记者身影，版面屏幕、电波网络传递着百姓声音。虽是隆冬时节，新闻战线开展的"学习贯彻十八大"大型主题采访活动依然有声有色、热潮涌动。

空谈误国，实干兴邦。把党的十八大描绘的新蓝图化为现实，需要把思想统一到党的十八大精神上来，把力量凝聚到实现十八大确定的各项任务上来，新闻记者有责任、有义务参与并记录这一历史进程。宣传报道工作的质量高不高、成效大不大，就要看能否以激扬文字鼓舞干部群众士气，以优良文风凝聚党心民心。

改文风，重在转变作风，多接地气才能求真务实。作风是文风的基础，文风是作风的体现。毛泽东同志说过："没有满腔的热忱，没有眼睛向下的决心，没有求知的渴望，没有放下臭架子、甘当小学生的精神，是一定不能做，也一定做不好的。"当脱离实际远离百姓的记者，写不出动人文章。学习贯彻十八大精神，必须深入一线、实地调研，在路上心里才会有时代，在基层心里才会有群众，在现场心里才会有感动，才能写出深入浅出、入耳入心的好文章，肩负起宣传群众、动员群众、服务群众的职责使命。

改文风，难在创新表达，多下基层才有源头活水。空话连篇、夸张浮泛的不良文风，读者生厌、群众反感。改进新闻报道文风，关键是"说实话、说新话、说老百姓的话"。善于从群众语言中汲取智慧，用更鲜活的事例展示十八大对中国发展的强大推动作用，用更生动的报道呈现十八大精神在基层落实的时代新风，力避"长空假"，践行"短实新"，让群众愿意看、看得懂，愿意听、听得进，宣传报道就会不断提升传播力和影响力。

"只有在生活的激流中，才能写出时代的篇章"。范长江真切感知人民困苦，才创作了力透纸背的《中国的西北角》。穆青深入兰考田间地头，才写出了感动几代人的《县委书记的榜样——焦裕禄》。在学习贯彻十八大精神的新征程上，广大新闻工作者发扬"走转改"精神，落实"三贴近"要求，在"改文风"方面创新突破、奋发有为，就一定能书写无愧时代、不负人民的崭新篇章。

……

【2011年国考地市第四题】"给定材料7"的画线部分写到："有位知识分子说，'我已经无家可归，我在城市是寓公，在家乡成了异客'。这样，无论在乡村少年身上，还是在农民工那里，以及这些出身农村的知识分子的群落里，我们都发现了'失根'的危机。"请结合你对这段话的思考，参考"给定材料"，自拟题目，写一篇文章。（40分）

要求：自选角度，立意明确；联系实际，不拘泥于"给定材料"；语言流畅；总字数为800~1000字。

评分标准参考

结合样卷，采用整体关照，分等、分级赋分的方法进行评阅。

（1）总体阅读，确定等类。

（2）根据等类的基准分，分级赋分。

【评分标准】

- 一类文（36~40分）——全面符合答题要求：立意（写作角度、中心论点、主题思想）明确；思想深刻；论证严密，联系实际恰当；结构严谨，条理清楚，语言流畅。

以38分为基准,适当浮动,基本具备以上条件者,可获基准分;某一方面比较突出的,适当加分;反之,酌情减分。

- 二类文(26~35分)——基本符合答题要求:立意(写作角度、中心论点、主题思想)较为明确;思想较为深刻;论证基本合理,能够联系实际;结构较为完整,条理较为清楚,语言较为通顺。

以30分为基准,适当浮动,基本具备以上条件者,可获基准分;某一方面比较突出的,适当加分;反之,酌情减分。

- 三类文(16~25分)——不完全符合题意:中心(写作角度、中心论点、主题思想)较为模糊;事例和材料不典型、不具体;内容浮浅,论证乏力;结构基本完整,条理基本清楚,语言基本通顺。

以20分为基准,适当浮动,具备以上条件之一者,可获基准分;某一方面比较突出的,适当加分;反之,酌情减分。

- 四类文(16分以下)——看不清具体内容。

说明:文章只谈"农村教育"为四类文;如果能从农村教育谈到农村文化,为二类或三类文。一类文主题是"农村文化失根",不仅指出农村文化目前存在的问题,而且能够指出如何适应时代发展要求,发展乡村文化。重点在于能够指出"农村文化失根的原因"。

参考范文

农村文化"失根"的背后

当前,在全国急速推行城镇化,全民族由农牧文明向城市工商文明急剧转型的进程中,我国数以亿计的"农民"变成了"市民"。他们有形或无形的"家"都留在乡村,但生计或梦想却在城市。对于乡村孩子,家乡不再是令人愉悦的乐园,他们企盼城里人的"富有"和"流行"生活。农民工,留乡务农会被耻笑为"土包子",进城打工又很难熟稔城里人的心思和仪规。农村大学生和知识分子总想"又回到遥远的故乡",但哀叹不能"又"回去了!

造成农村文化"失根"首要原因是传统的消失。在经历十年浩劫的破坏和现代西方文明的冲击后,传统的乡村文化已经被边缘化。民间节日、宗教仪式、戏曲等传统文化已经被麻将、电视、网络等现代文明取代。这些现代文明在形式上取代了传统文化,但是却没有起到传统文化应有的作用。民间节日、宗教仪式等是具有很强的价值导向和社会整合功能的。很多戏曲都包含了孝敬老人、勤劳勇敢、诚实守信等等优良朴素的价值观。而现在的电视和网络中却天天播放着各种致富经、商品广告,以及各种稀奇古怪的故事。现代文明消解了农村的传统文化,却没有给农村和农民指出一条新路。这在很大程度上造成了价值观的严重混乱。在弄不清对错的时候,就只剩下唯利是图这一个标准。麻将等赌博之风盛行就是这种价值观的直观体现。

要化解这个问题必须续接我们的传统。在这个问题上政府要发挥主导作用。要从组织、财政、人力、宣传等方面下工夫重建传统。首先要在机制层面解决文化建设的经费问题。领导干部一定要意识到,农村文化建设也是民生工程,民心工程,老百姓不仅有物质需求,也有精神需求。同时文化重建一定要依靠民间力量,发动群众广泛参与。要大力挖掘和保护农村的传统艺人,要善于发挥对文化重建充满热情和理想的知识分子的力量,让他们在文化重建中发挥重要作用。

不得不承认,即便是我们续接了所有的传统,都不足以满足群众文化需求。戏曲再好听,总比不过电视剧、电影有吸引力。妄图回到过去,恢复传统就解决农村文化失根的所有问题是不现实的。对于现代媒体我们不是要去拒绝它、否定它、打倒它,而是应该去认识、面对、改造它。我们必须要占领现代媒体这块阵地,要从电视、电影、图书等全方位的支持农村的文化建设,要打造出健康、积极、贴近农民生活的老百姓喜闻乐见的影视作品,去滋养他们的心灵,让他们安身之外还可以安心。

文化失根更根本的原因还在于经济。当农村人看到城市灯红酒绿，看到城里人大把地赚钱，他们自己却只能面朝黄土背朝天，再好的文化也不可能有吸引力。文化失根说到底还是经济问题，协调城乡差距，推动城市化进程，这是我们整个21世纪都需要思考的问题。

第七节　策论文关键句

策论文重在行动，针对待解决的问题，提出对策，并从其针对性、必要性等方面入手论证之。对策是其唯一论证的对象。中心论点和分论点一般都是陈述对策的句子。在具体写作上，一是传统的纵式结构，二是当前主流的横式结构。

策论文典范

怎样大力改进文风

——习近平

文风不正是多种原因造成的。克服不良文风、提倡优良文风，真正使讲短话、讲实话、讲新话蔚然成风，需要多管齐下，标本兼治。这里强调三条。

第一，各级领导机关和领导干部要起带头作用。文风问题上下都有，但文风改不改，领导是关键。从领导干部自身说，文风不正主要由这样几个因素、几种情况所导致的：一是有的干部由于知识、经验都不够，功底、能力达不到，故而难以讲出新话、管用的话来。二是有的干部思想懒惰，不愿去下深入调查研究和独立思考的苦功夫，只会在现成的文件、书本上讨生活、照抄照讲。三是有的干部认为只有照讲文件上的话、报刊上的话，才是同上级和中央在思想上政治上"保持一致"。这完全是一种误解。四是有的干部认为讲长话就是对工作重视和认真的表现，给那个部门讲的话长就是重视那个部门。这也是一种误解。五是有的干部不负责任，别人写什么念什么，写多长念多长。明明知道用处不大，但照念不误。六是还有的干部认为讲大话、空话、套话、歌功颂德的话最保险，不会犯错误。其实这是个人患得患失的思想在作怪，本身就是错误的。

这些因素和情况，都与领导干部的素质能力有关。文如其人。作文与做人、与人的素质是紧密联系的。领导干部改进文风，需要在两个方面努力：一要学习。学习什么？学习党的基本理论，掌握马克思主义立场观点方法，以此作为政治上的望远镜和显微镜；学习新知识，了解新事物，不断拓宽视野，提高自己的综合素质；学习古人语言中有生命力的东西，充分合理地继承和运用。理论功底扎实了，知识积累厚实了，肚子里装的东西多了，才能厚积薄发，言之有物、深入浅出地讲话、写文章。二要增强党性修养。坚持以德修身，努力成为高尚人格的模范。只有自己的境界高了，没有私心杂念，才能做到言行一致、表里如一，讲出的话、写出的文章人们才愿意听、愿意看。如果言行不一、表里不一，台上台下两个形象，圈内圈外两种表现，即使讲得天花乱坠，也不会有人相信你。

各级领导干部要把改进文风作为一项工作要求，带头讲短话、讲实话、讲新话，通过自己以身作则带出好文风来。这里很重要的是自己要亲自参与重要文稿的起草。邓小平同志说过，拿笔杆是实行领导的主要方法，领导同志要学会拿笔杆。现在各级领导干部的理论素养和知识素养在不断提高，如果时间和条件允许，还是要尽可能自己动手。一些重要讲话和文章应当全程参与，出思想、谈看法、拿主意，在大的方面把好关。

第二，把改进文风同改进干部工作作风结合起来，尤其要加强调查研究、深入了解群众呼声。文风不实，反映出思想作风不纯、工作作风不实。没有调查就没有发言权。写文件、作报告、发表文章，都是为了解决问题。办法从哪里来？只能从调查研究中来，从群众的实践和创造中来。胸有成竹才能出口成章，找准症结才能对症下药，源于实践才能指导实践。领导干部改进文风，应当走出机关，深入基层，在实际生活中"望闻问切"，在充分占有和分析第一手材料的基础上概括出新思想、新观点、新论断、新举措,把群众的创造吸收到文件、讲话、文章中来,使我们的思想和文字体现时代要求,符合实际情况,能够解决问题。

群众是真正的英雄,是创造历史的动力。不能和群众谈心,你说的话群众听不懂,怎么会有感召力?怎么指导实践、推动工作?一些地方开展作风整顿年活动,不少干部住村蹲点后感慨地说:"在老乡家拉家常与在办公室接待群众来访不一样,睡在农家硬板床上考虑问题与坐在办公室沙发上考虑问题不一样,能够发现平时在办公室看不到、听不到的问题,学到在办公室学不到的新思想、新话语,拿出在办公室想不到的新思路、新举措。"这些体会给我们许多启示。改进文风,必须从思想和感情深处把人民群众当主人、当先生。群众的思想最鲜活、语言最生动。深入群众,你就来到了智慧的大课堂、语言的大课堂,我们的文件、讲话、文章就可以有的放矢,体现群众意愿,让群众愿意看、看得懂、愿意听、听得进。

第三,把改进文风同改进党风统一起来,特别要大力改进会风。不良文风的总根源,主要在于形式主义和官僚主义。形式主义和官僚主义的一个重要表现,就是会议太多,会风不正。现在以会议落实会议、以文件落实文件、以讲话落实讲话的现象依然存在,这对文风不正起了推波助澜的作用。要改进会风,能不开的会尽可能不开,没准备好的会坚决不开,能合并的会最好合并开,必须开的会也要能短则短,对会议的时限、数量、质量、规格等加以规范,提出明确要求。条件具备,会议可以直接开到基层,多利用现代通信和技术手段召开电视电话会议或者网络会议。改进文风会风,要努力活跃党内生活,扩大党内民主,大力倡导独立思考的风气,创造鼓励讲真话、提倡讲新话的宽松环境。

……

1. 纵式策论文

从开头到结尾以"是什么—为什么—怎么办"的纵向展开,在提出和简要分析问题的基础上,直接提出对策,不对对策进行详细论证。

参考范文

保护个人信息安全必须尽快立法

——白靖利(资料来源: 新华网-新华网评, 2012年12月19日)

据央视报道,江苏警方近期破获一起倒卖个人信息案,犯罪嫌疑人称,不仅能搞到手机号、户籍信息,甚至能用5分钟定位一部手机,误差不超200米。在享受高科技带来便利的同时,网民也深受个人信息泄露之苦。据上海社会科学院信息研究所的一项调研显示:97.4%的受访者表示曾收到垃圾短信或骚扰电话,六成受访者认为个人信息环境不太安全。【点明主题】

层出不穷的案例表明,网民缺乏信息安全知识普及教育、不法分子利用个人信息谋利甚至形成灰色利益链、缺乏有效的保护机制成为个人信息泄露严重的主因。个人信息泄露,轻则影响心情,重则危及公民人身财产安全,因此保护个人信息安全势在必行。【简要分析原因和影响,提出总对策,即中心论点。】

保护公民个人信息安全,应当形成"政府主导、社会协同、公众参与"的立体保护伞。具体而言,政府工作人员当起表率作用,把保护公民信息当作职业操守。为此,除了加强保密教育,形成保密观念之外,还应健全监督约束机制。既要打击泄露公民信息的行为,更应全程监控收集、使用和披露公民信息的行为,从源头上遏制缺口。【对策的具体展开多用关联词】

对公民个体而言,应该具有一定的保护个人信息的意识。认真关注信息安全知识,在上网注册、登记填表时注意个人信息的保护。当个人安全信息遭遇侵害时,应当挺身而出,坚定与此类现象作斗争。

要想解决个人信息泄露"顽疾",最终还应回归法治轨道。目前,我国缺乏相关标准规范和专门保护公民个人信息的法律,对采集公民信息的机构网站缺乏相应的规定,给不法分子留下可乘之机。当务之急,应当加快立法,形成公民个人信息保护法律体系。

今年4月,广州市法制办邀请有关大专院校、科研机构进行公民个人信息保护研究,提出公民个人信息保护条例专家建议稿。与此同时,中国工业和信息化部也宣布,《信息安全技术公共及商用服务信息系统个人信息保护指南》已编制完成,正按照国家标准审批程序上报国家标准化管理委员会批准。我们也希望国家相关部门尽快立法,切实保护公民个人信息安全。【结尾能联系当前实际,呼应中心论点】

【2011年广东省省考第三题】请针对材料所反映的问题(仅限所给的材料),以"加强我国职业病防治工作"为题,写一篇800字左右的策论文章。(本题50分)

要求:结构完整、条理清晰、行文流畅;措施全面、针对性强、具有可操作性。

评分标准参考

一、大作文一共50分,文章结构占10分,内容占40分。结构就是要有提出问题——分析问题——解决问题的框架。

二、文章结构(10分)

(1)提出问题:根据材料内容,提出问题(4分)。

(2)分析问题:对问题进行简要分析(6分)。

三、内容(40分)根据考生对各措施的回答细节,参考要点给分。

(1)完善职业病定义及鉴定的法律法规(4分);更新职业病标准(2分)、健全职业病鉴定机构(2分)。

(2)健全监管网络,提高监管能力(4分);监管中小企业职业病防治工作责任与管理(2分);明确告知职业病的危害(2分);加大不作为、乱作为的处罚力度(4分)。

(3)加大投入,引导企业对职业病防治法律法规的宣传、培训、教育(4分);增强企业对职业病危害的重视(2分);提升职工的自我保护意识(2分)。

(4)简化职业病鉴定程序,规范职业病索赔程序(4分)。

(5)借鉴国外职业病防治经验以及不断总结自身经验,完善职业病防治体系(4分);健全医保制度与行政司法制度(2分);专业化职业病防治工作(2分)。

参考答案

加强我国职业病防治工作

——罗成兴

所谓职业病,是指劳动者因接触粉尘等有毒、有害物质等因素而引起的疾病。近年来,我国职业病危害因素呈多元化趋势,职业病更新速度加快,种类不断增多。就广东而言,随着高新技术产业的发展,传统病种外,新兴职业病也有较突出表现。

然而,与新老职业病层出不穷的现状相比,我国防治工作长期滞后。主要表现在:一是相关法律法规不完善,一些新兴病种还没有纳入法定职业病范围;二是诊断、鉴定难;三是监管工作不到位;四是重视不够,投入不足,宣传教育不到位,许多员工缺乏自我防护意识。

鉴于此,我们应从以下几个方面入手加强职业病防治工作。

第一,完善职业病定义、诊断和鉴定相关法律法规。一要更新职业病标准,尽快把一些新兴病种纳入法定职业病目录。二要扩大法定职业病诊断机构,使患者得到及时诊断和治疗。三要健全职业病鉴定机构,提高鉴定效率。

第二，健全监管网络，提高监督监测能力。一要督促对中小企业，尤其是个体私营企业承担起职业病防治责任，加强管理；二要严格规范劳动关系，并于员工签订合同时履行告知义务；三要提高监督监测水平，严惩对相关危害因素隐瞒不报、防治上消极不作为的企业。

第三，加大投入，引导企业开展职业病防治工作。一要加强对职业病相关法规和知识的宣传力度，提高企业的重视程度和防治意识。二要加强教育和培训，提升员工自我防护意识，以及正确使用个体防护设施的技能。

第四，简化职业病诊断鉴定程序和环节，严格赔偿规范。一要加强对劳动合同、职业史证明等材料的认定工作，缩短诊断鉴定时间，使患者得到及时补偿；二要完善赔偿程序，提高赔偿标准。

第五，借鉴外国经验，完善职业病综合防治体系。一要健全医院保险和行政司法制度，切实保障患者权益。同时，走专业化防治之路，形成工程技术、个体防护和精细管理三位一体的综合防治格局。

尤其需要重视的是，一些农民工家庭因职业病致贫、返贫的现象在广东等地区大量存在，职业病危害已经成为影响公共卫生安全和社会和谐的大问题，形势严峻，防治工作极为紧迫。这需要政府和社会各界通力合作，才能完善综合防治体系，切实保障好广大劳动者的就业安全。

【2010年广东省省考第三题】针对材料中所反映的问题（仅限所给材料），以"进一步加强农民工工作"为题，写一篇800字左右的策论文章。（本题50分）

评分标准参考

进一步加强农民工工作，提出问题（4分）；分析问题（6分）；解决问题（40分）。

（1）推进户籍制度改革，促进新型城乡关系的建立。
（2）监督企业提高农民工工作待遇，保障农民工合法权益。
（3）完善农民工社会保障体系。
（4）完善农民工就业环境，取消农民工进城就业的政策，保障农民工平等就业。
（5）提高农民工就业能力。

对策一个点8分，首句提炼语言4分，后面展开写具体对策一般4分。

参考答案

进一步加强农民工工作

——罗成兴

近年来，我国各地部分工厂、企业陆续出现不同程度用工短缺现象，长三角、闽东南、浙东南、珠三角等地的加工制造业聚集地区尤其突出。今年春节过后，广东各地企业工厂再次出现了用工短缺。

究其原因：一是受户籍限制，农民工在城乡、地区之间的流动不通畅；二是监管不到位，企业用工不规范，克扣工资等侵犯农民工权益的现象仍然普遍，导致了员工的高流失率；三是农民工的工伤、医疗和养老等社会保障标准不高；四是管理和服务工作不到位，农民工就业环境差；五是农民工的培训投入不足，职业发展空间有限。

鉴于此，我们应从以下几个方面进一步做好农民工工作。

第一，推进户籍制度改革创新，建立新型城乡关系，引导农村富余劳动力在城乡、地区之间有序流动。一要改革城乡分割的就业制度，取消对农民进城就业的不合理限制；二要打破垄断和地区保护，取消各地区针对外来人口制定的限制性就业政策。

第二，加大监管力度，督促企业提高农民工工资待遇，维护好农民工权益。一要推进建立预防和解决拖欠农民工工资问题的长效机制，严格规范用人单位工资支付行为，提高支付水平。二要加强贯彻落实《劳动合同法》，监督企业依法签订劳动合同，改善工作环境，明确加班报酬，缴纳社会保险，构建稳定和谐的劳动关系。

第三，完善农民工社会保障体系。一要依法将农民工全部纳入工伤保险范围，基本解决医疗保障问题，逐步解决养老问题；二要完善保险关系异地转移接续，加快建立全国统一的社保机构信息库，发行通用的社会保障卡；三要进一步做好农民工子女义务教育工作。

第四，做好就业管理和服务工作，大力改善农民工就业环境。一要依法维护好农民工平等就业、劳动保护、劳动报酬、社会保障、休息休假等合法权益；二要建立覆盖城乡的公共就业服务体系，努力促进农民工就业创业。

第五，加大对农民工的职业技能培训，提升就业能力，拓宽职业发展空间。加快完善以企业为主体的技能人才培训，建立科学的人才评价体系，创造灵活的流动环境；针对新生代农民工就业观念的转变，要注重给员工一个稳定、有发展空间的职业环境。

广大农民工已成为我国产业工人的重要组成部分，影响巨大。我们相信，各级党委和政府会继续努力改善农民工待遇，而且力度会进一步加大。

2. 横式策论文

开篇点明主题，提出并简要分析问题后，每个分论点以"怎么办——是什么——为什么——具体对策"的结构横向展开，先提出对策，再分析其针对的问题、原因、影响等，最后给出具体可行的对策。

【示例】

织好保护个人信息的"法网"

——任俊明（资料来源：新华网-新华网评，2012年12月18日）

买了新房，装修公司电话就"接踵而至"；孩子还未出生，手机已被奶粉推销电话打爆……这样的公民个人信息是怎样泄露出去的？对此类问题寻根究底的同时，网络个人信息安全的问题也暴露在公众面前，如何保护好此类信息，是全社会共同面临的问题。【点明主题】

事实上，随着网络成为人们学习、工作和生活的重要组成部分，随之而来的，与现实世界相类似的各种特征也越来越多地展现在人们面前，比如说网络犯罪、网络欺诈、垃圾信息、黑客攻击、侵犯个人隐私和网络恐怖主义等越来越多的网络犯罪行为不断出现，其危害对象已经不仅仅是个人，甚至已发展到严重影响国家政治、经济、军事和文化安全的程度。对此，唯有织好网络个人信息安全的"法网"，才能促进互联网的健康发展。【简要分析问题表现及其影响后，提出中心论点。】

织好这张"法网"，就必须斩断利益链。在信息时代，个人信息所带来的巨大经济利益，正是不法分子铤而走险，贩卖个人信息的驱动力。保护公民个人信息，首要的是从源头上堵住个人信息"流出"的漏洞。环顾现实我们发现，能够导致个人信息泄露的途径确实不少，在互联网领域而言，各类个人注册信息是危险系数最高的。斩断利益链，就要加强对网络运营公司的管理，对发生的违法违规行为，要在法律的框架内严格处理。

织好这张"法网"，需健全个人信息保护机制。目前，我国涉及保护个人信息的法律虽多，但相关规定条款过于分散、操作性不强，由此也导致公民维权面临成本高、取证难等问题。同时，在涉及个人信息保护的法规中，金融、电信等领域的相关规定较为具体，而对职业中介等一些机构的个人信息保护规定则比较缺失。解决这些问题，建立一部专门、权威的法律必不可少，提高执法力度，为公众建立一道信息泄露"防火墙"也很重要。

【2012年联考第四题】"给定材料6"结尾画线部分写到："我们只有认真了解了天空才能扎根大地，我们只有认真了解了地球才能使生命扎根于地球，我们只有认真了解了生命才能扎根生命。"请结合你对这段话的体悟，参考"给定材料"，自拟题目写一篇文章。（40分）

要求：自选角度，立意明确；不拘泥于"给定材料"；语言流畅；字数不少于800字。

评分标准参考

- 一类文：33~40分。文章紧扣主题，框架结构完整，各部门功能表现到位，语言表达流畅，格式规范，卷面整洁，条理清晰。
- 二类文：25~32分。文章与主题相关但有一定距离，框架结构基本完整，所写部分功能表现到位，语言较为通顺，卷面较为整洁，条理清晰，格式较为规范。
- 三类文：15~24分。文章与主题相关但相距甚远，框架结构不完整，内容空洞，卷面不够整洁，条理不清晰。
- 四类文：0~14分。作文跑题或文章言之无物，逻辑混乱。

范文提纲：

<h3 style="text-align:center">保护动物生命 构建生态和谐</h3>
——以完善动物福利立法为举措

第一段：100字背景：社会现状及影响或高调谈生态和谐；
　　　　引出保护生命，建设生态和谐，点出中心主题。
第二段：200~300字为什么要保护生命，保护动物生命的意义。
第三段：过渡段。
第四段：保护生命的对策一：动物福利立法，执法过程中有法可依。
第五段：对策二：加强人文教育，提高公民素质意识。
第六段：对策三：完善制度管理，学习发达国家经验。
第七段：结尾，再扣题目。

参考答案

<h3 style="text-align:center">为动物福利正名</h3>

"我们只有认真了解了天空才能扎根大地"，这句话对大多数中国人来说都有点莫名其妙。中国人不太关注天上的事情，更多是关心地上的事情——杞人忧天在中国被当作笑话。动物福利就如天上的事情一样，在很多人看来也是笑话——人的福利都没有解决好，哪里有工夫搭理动物福利。

有人认为动物福利只有在西方发达国家吃饱饭没事干提出的一个伪命题。强调动物福利是东施效颦、邯郸学步，还是真的有必要？真的不过是杞人忧天吗？这需要我们仔细分析。

保护动物就是保护我们自己。地球是一个整体，是所有的生命生存的依托，少了任何一种生命对整个地球的生命系统都会造成不可预估的影响。"我们只有认真了解了地球才能使生命扎根于地球"，人的生存是扎根于整个地球中的。"我们只有认真了解了生命才能扎根生命"人的生命是需要依托熊、猫、狗等各种生命体才能存在，把人的生命扎根在其他生命中这样的生命生命力才旺盛，生命才能长久。

动物福利不仅仅是动物的福利，它是人的福利的延伸，是文明发展的必然趋势。人本身属于动物的一种，是"高级"动物，如果一个社会连低级动物的福利都会主动自觉地维护，何况人这种"高级"动物呢？保护动物福利是对弱者的一种爱护，推及到人类社会就是对弱势群体的爱护。一个社会和时代文明程度最重要的标志在于强者对弱者的态度。在丛林法则中，强者赢者通吃，稍微文明的社会是强者克制减少对弱者的伤害，更文明的社会是强者尊重并帮助弱者。最文明的社会不仅尊重处于弱势的人，也尊重处于弱势地位的动物。

对于动物的保护不能只是做，关键在于行动和落实。一方面要端正态度，转变观念，将保护动物内化为我们的意识；另一方面要加强立法，强调对动物保护的外在约束。

保护生命，维护生态和谐，必须树立对生命普遍性的尊重。中国儒家文化是非常注重爱的，不过这个爱是有等级和顺序的，先爱自己的亲友，然后陌生人，最后再推及到爱动物、植物。当这些爱出现矛盾的时候，人的利益总是放在第一位的。孔老夫子在马厩失火之后"只问人不问马"，既可以解读为对人的尊重，也可以解读为对其他生命的漠视。要加大宣传力度，大力倡导平等的伦理观念，让尊重生命，爱护动物的观念深入人心。

保护生命维护生态和谐更为根本的在于加强立法保护。要通过立法明确动物福利的内容、范围、对动物利用的方式、虐待动物的处罚标准等等。一方面借鉴国外立法经验，一方面广泛听取群众尤其是动物保护组织的意见。此外立法过程中充分考虑到对动物的合理利用的范围，避免出现极端片面保护动物权益忽略人的权利的情况。

保护动物，尊重生命，维护生态和谐不是天的事情，而是天大的事情。我们的视野要开阔一点，不仅要关注民生，也要关注"畜生"；不仅要关注个体，也要关注整体；共建一个人与人，人与动物，人与自然和谐共处的大和谐社会。

【2011年4月联考第四题】结合"给定材料"，以"家底"为题，联系实际，写一篇文章。(40分)

要求：中心明确，联系实际恰当，内容充实；语言通顺，条理清楚，结构完整；不少于800字。

评分标准参考

本题40分，先定档次，再给分数。

- 一类文：（33~40），紧扣主题，观点鲜明，能恰当联系实际，说理充分、条理清楚、结构完整、语言流畅。
- 二类文：（24~32），能够紧扣主题，观点比较鲜明，说理比较充分，结构比较完整，语言比较流畅。
- 三类文：（15~23），扣题，观点不够明确，结构不合理或不完整（叙述过多，论证不足，论证逻辑不清），语言不流畅；文章内容与材料有关，与"家底"关联不尽合理，表达比较清楚，结构基本合理，语言比较通顺。
- 四类文：（0~14），文章与材料有关，但与"家底"无关；完全跑题；体裁错误；大段摘抄材料；立场错误；观点不明；思路混乱；结构严重不完整；语言表达差。

无标题，扣2分；标题无"家底"，扣2分；不足800字，扣2分。

补充：给定范文脉络

（1）33分作文

- 第一段：家底是什么：人口结构、年龄比、性别比……只有摸清……才能……（8行）
- 第二段：出现了一些问题……（4行）
- 第三段：过渡。（4行）
- 第四段：解决好人口老龄化问题。（7行）
- 第五段：解决好城市人口管理问题。（9行）
- 第六段：解决好人口结构问题。（3行）
- 第七段：解决好户口问题。（3行）
- 第八段：结尾，只有家底，才会……

（2）32分作文

- 第一段：人口关系重大，因此科学普查，对"摸底"意义重大。（6行）
- 第二段：客观的人口信息意义：（1）、（2）、（3）、（4）……篇幅很长。（22行）
- 第三段：怎么做，论证后提出几条对策，较单薄。（11行）
- 第四段：结尾。（5行）

（3）29分作文

- 第一段：摸清家底重要。（7行）
- 第二段：重要。（4行）
- 第三段：出现问题。（7行）
- 第四段：过渡。（2行）
- 第五段：继续普查。（3行）
- 第六段：增加普查项目。（4行）
- 第七段：宣传。（3行）
- 第八段：制度建设。（4行）
- 第九段：增加形式。（2行）
- 第十段：结尾。

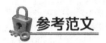

参考范文

家 底

——罗成兴

2010年，包括我国在内的224个国家和地区普查了全球99%以上的人口。人口普查是各国收集人口材料、摸清人口家底的基本方法。人口家底涉及人口规模、分布与人口管理、人口结构与社会发展等方面。细查家底，发现了一些关系我国可持续发展的突出问题。

城市管理难度加大。城市常住和流动人口规模不断扩大，但分布不均，有的城市人口密度过大，资源、环境达到承载极限。城区住房建筑面积不足且分配不均，许多外来务工者无家可安。工作单位过于集中在市中心，引发交通拥堵等长期难题。幼儿园、公厕等公共建设不足，困扰市民生活。政府管理能力跟不上人口增长的需要，传统以户籍为基础的管理模式已不能适应人口不断流动的现状。高素质人才在各地各行业间分配不均，有的城市因此缺乏产业结构调整和经济社会协调发展的强大动力。

人口结构失衡。人口老年化加剧，养老问题日益突出。目前我国60岁以上的老人达1.6亿，随着城市生活成本的攀升，"421"家庭的居家养老不堪重负。老人在物质和精神层面上的身心安康标准也需要重立。新生婴儿性别比例失衡，男多女少现象堪忧。"重男轻女"的传统观念，儿子单方养老的传统习俗，加上现代性别鉴定和堕胎技术的进步，使得男女比例严重不协调，成为国家长治久安的隐患。

要解决以上问题，夯实家底，我们必须做好如下事情。

加强城市规划和管理。按照主体功能定位清晰、布局合理的原则建设城市基础设施。根据本地资源环境可承载的人口规模和城市发展所需的人才结构，以户籍制和城市居住证合理调控和管理城市人口。精简政府机构和人员编制，提升管理效率和服务水平。扶持匹配企业在功能区内发展，有效分流人口。鼓励社区在幼儿教育、养老、卫生和治安等领域自治管理。

加强和完善养老工作。完善法律服务、统筹养老保险，财政上补贴老人居家养老。鼓励社区自建老年人护理和活动中心，丰富老人的学习和娱乐生活。总之，养老工作要走出一条国家主导、居家为主、依托村社的集体养老长效机制。

加强和完善计划生育工作。继续鼓励少生、优生政策。还要把合理调控人口性别比、年龄结构纳入计划。国家在法律和体制上加大对私自鉴定性别和丢弃女婴行为的处罚力度，支持男女比例失衡过于严重的省市区多方资助生养女孩的家庭。"子女不分男女均有义务赡养父母"的法律和政策还需加强宣传和贯彻落实，改变靠儿子一方养老的传统习俗。

人口普查工作耗资大，核查难度大，还存在部分住户不信任、不配合等问题，但摸清这些家底，是全面把握基本国情社情，促进我国经济社会全面协调可持续发展的重要依据，我们要按照科学发展观的要求，坚持依法普查、科学普查，把这项工作有序进行下去。

第五篇 申论高频考点

本篇内容是根据国家和各地方考试统计出的申论常考话题，申论考试话题是具有长期性、普遍性的，从时间上来说，申论考试的话题短时期很难解决，考过的话题会继续考；从空间上来说，各地方考试的话题会相互交叉。

第一节　经济转型

在国内外经济格局发生深刻变化的关键时期，不失时机地推进工业结构调整与升级，这关系到改革开放与社会主义现代化建设全局，是摆在我们国家面前的重大战略任务。中央经济工作会议强调，要更加注重结构调整和经济发展方式转变。今后一个时期，我国工业面临的形势错综复杂，任务艰巨紧迫。伴随着国家的战略规划和工作重点，经济转型也一直是申论考试中常考的主题之一。国考、联考和浙江省的申论考试中都涉及到产业结构调整、优化升级、发展海洋经济等。

经济转型举例

考查频次	真题聚焦	考试角度	新角度预测
6次	2012浙江	海洋经济	转型升级
	2012上海B卷	财富观与收入分配调节	
	2010年下半年联考	山西煤炭资源整合	物价上涨
	2010年国考	海洋开发与保护	
	2009浙江	金融危机下浙江经济转危为机	促进消费
	2009年国考	产业升级和粮食安全	

★★★转型升级

政策必读

《工业转型升级规划（2011~2015年）》宏观对策：①着力提升自主创新能力；②推进信息化与工业化深度融合；③改造提升传统产业；④培育壮大战略性新兴产业；⑤加快发展生产性服务业。

《2012年政府工作报告》具体对策：①推动战略性新兴产业健康发展。建立促进新能源利用的机制，加强统筹规划、项目配套、政策引导，扩大国内需求，制止太阳能、风电等产业盲目扩张；②控制增量，优化存量，推动企业兼并重组，提高产业集中度和规模效益；③落实并完善促进小型、微型企业发展的政策，进一步减轻企业负担，激发科技型、小型、微型企业发展活力；④实施有利于服务业发展的财税、金融政策，支持社会资本进入服务业，促进服务业发展提速、比重提高、水平提升。

热点必知

我国工业和信息化发展面临深刻变革和挑战。从外部发展环境看，全球经济结构加速调整，新的格局正在形成。发达国家重新重视发展实体经济，提出了"再工业化"、"低碳经济"、"智慧地球"等新的理念，加快布局新能源、新材料、信息、环保、生命科学等领域发展，抢占未来科技和产业发展制高点，这从客观上对我国经济发展形成了巨大的压力和制约。从内部发展环境看，在国际金融危机的冲击下，我国工业的深层次矛盾和问题更加突出。主要表现为产业结构不合理、部分行业产能过剩严重、过度依赖投资和出口、自主创新能力不强、缺乏核心技术和品牌，总体上处于国际产业分工体系的中低端。我国工业目前仍主要依靠大量消耗物质资源，资源环境难以支撑，发展不可持续。

考点必背

1. 命题切入点一：意义分析

问题：根据"给定材料"，用不超过150字的篇幅指出调整产业结构有哪些积极意义。

要求：分析深入，概括准确、条理清晰。

（1）促进发展方式从粗放型转向集约型，提高产业的整体素质和经济增长的质量效益。

（2）促进产品从低附加值转向高附加值转变，提高产业竞争力。

（3）促进从高能耗高污染转向低能耗低污染，实现可持续发展。

2. 命题切入点二：问题表现

问题：阅读"给定材料"，结合实际，用不超过300字的篇幅概括我国产业结构存在的问题。

要求：概括全面、准确，条理清晰、语言简洁。

（1）传统制造业"大"而不"强"。我国传统制造业总量扩张明显，但生产结构不够合理，结构升级较慢，经济增长质量不高。产业处于全球价值链底端，产品的附加值难以提高。同时，产业研发投入不足，技术创新能力差。

（2）战略性新兴产业占领产业制高点任重道远。缺乏核心基础技术支撑；制度环境尚不健全；缺乏资金支持；产业创新动力不足；人才培养和利用不充分；尚未形成国家整体竞争力。

（3）现代服务业不能适应经济快速发展的需要。一是服务业总量偏低，所占比重与世界平均水平相比仍然偏低，还处于中等收入国家中比较低的档次。二是服务业结构不合理，服务业总体水平和质量不高。三是服务业市场化程度不高，体制障碍很多。

3. 命题切入点三：对策措施

问题：针对材料中的问题，请谈谈如何进行产业结构调整，促进转型升级，字数不超过500字。

要求：建议合理可行，有针对性，条理清晰。

（1）着力提高自主创新能力。①强化关键领域核心技术攻关；②完善自主创新体制机制；③加强政产学研合作；④强化企业创新主体地位；⑤加强知识产权和技术标准建设；⑥大力推进管理创新和商业模式创新。

（2）着力调整优化产业结构，建设现代产业体系。①优先发展现代服务业；②大力发展先进制造业；③加快发展战略性新兴产业；④改造提升优势传统产业；⑤提升现代产业支撑能力；⑥全面提高信息化水平。

（3）着力做好新时期"三农"工作，提高社会主义新农村建设水平。①大力发展现代农业；②提高农村社会事业发展水平；③推进扶贫开发"规划到户、责任到人"。

（4）扩大内需促进内外需协调拉动经济增长，增强经济发展内生动力。①培育和扩大消费需求；②提高投资质量和效益；③积极开拓内销市场；④优化提升对外贸易；⑤推动加工贸易转型升级。

4. 命题切入点四：情况反映

问题：根据"给定材料"提供的信息，用不超过400字的篇幅给上级领导整理一份关于目前我省经济的情况反映。

要求：内容全面，结构条理清晰，语言简明扼要。

受金融危机和国内宏观经济环境复杂多重因素影响，我省经济面临巨大挑战和机遇：

（1）面临的挑战主要有：①经济形势继续恶化，企业发展遭遇困境。大量企业减产、限产、停产、破产倒闭，亏损严重，资不抵债，资金链断裂；②民营体制弊端较多，产业结构不合理。外向型经济，依赖型制造业过多，结构单一，受危机冲击大，民营经济抵御风险能力差；③企业家信心指数急剧下降，悲观情绪蔓延。贷款担保压力大，消极对待未来经济形势。

（2）面临的机遇主要有：①政策调整促进经济发展方式转变。政府"标本兼治、保稳促调"，加大帮扶和投资比重，减免税收，实施内需拉动；②企业倒闭转型。扩大再生产由外延向内涵转变，利用本地优势，创新商业战略和模式，推动科技成果产业化，扩大自主品牌研发；③企业协会组织积极开拓国内外市场。组织企业参与国际洽谈会，深入地方市场调研；④领导干部深入企业，优秀企业家提供信息。深入基层，解决实际问题，鼓励企业贵在坚持。

5. 命题切入点五：矛盾对策

问题：根据"给定材料"，指出我国经济发展遭遇的矛盾，并提出化解的思路。总字数不超过400字。
要求：概括全面准确，对策措施合理可行。

（1）矛盾：①资源少和耗能大的矛盾。资源匮乏，而经济发展推动了能源消费的巨大增长，耗能严重；②节能减排和能源消耗之间的矛盾。工业化加速发展，能源消费快速增长，污染物排放量大，与节能减排的目标不一致；③短期利益和长期利益之间的矛盾。一是以资源消耗型为主的中小型企业难以应对结构调整的压力，生存困难；二是为应对金融危机，出台的投资政策拉动了高能耗产业的增长；④节能降耗和居民生活用能增长之间的矛盾。居民生活水平提高，家用电器普及，推动了生活用能的刚性增长。

（2）解决矛盾的出路：①调整产业结构。发展第三产业和低碳经济，淘汰能耗落后企业；②优化投资结构。扶持低碳产业发展，减少对重化工产业的资金投入；③加强技术创新。以企业自主创新为主，政府扶持为辅，开发低能耗设备，以绿色技术改良生产设施；④推进能源革命。开发风能、太阳能等新能源及节能产品，倡导全民节约、低碳生活。

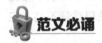

深化改革当前经济工作的重中之重

——（资料来源：半月谈2012年第2期半月评论）

前不久召开的中央经济工作会议把"稳中求进"作为2012年经济工作的总基调，强调要在转变经济发展方式上取得新进展、在深化改革开放上取得新突破。回顾我国经济发展历程，分析当前面临的挑战与机遇，可以看出，要应对美欧债务危机冲击和促进国民经济平稳较快发展，调整经济结构、转变经济发展方式，经济领域改革的实质性推进至关重要。深化改革，是当前经济工作的重中之重。

改革开放30多年来，我国经济社会发展取得了举世瞩目的成就。在1978~2010年间，我国经济年平均增长接近10%，创造了"中国经济奇迹"。成就的取得，很重要的一个原因就是在不同时期、不同发展阶段，我们始终能抓住制约经济社会发展的突出矛盾和体制性障碍，坚持渐次深入的改革，不断释放出推动经济社会发展的强大动力，从而实现了生产力的跨越式发展。

亚洲金融危机发生以后，我国经济增长面临着大幅度滑坡的压力。国家在实施积极财政政策和稳健货币政策，扩内需、保增长的同时，一方面推进了住房制度改革、国有经济战略性调整、国有商业银行改革等，另一方面积极参与经济全球化，加入WTO，深化对外开放，经济增长在经过了1998~2001年的调整后迅速回升，新世纪的头10年经济年均增长达到10.5%。亚洲金融危机以后，正是改革开放的深入推进，为此后国民经济的持续快速增长注入了生机和活力。

当前，受欧美债务危机冲击，全球经济复苏步伐放缓，我国出口增长呈现下降趋势，国内房地产市场在经历了前一阶段的高速发展后进入调整阶段，人口结构、劳动力供求等经济基本面发生变化，经济增长面临下行压力。在国内外环境发生重大变化的情况下，要保持经济平稳较快发展，必须从体制、机制等方面入手，通过改革的实质性推进，在有效防控风险的同时，加快形成新的经济增长动力和新的竞争优势。

"十二五"时期是我国全面建设小康社会的关键时期，是深化改革开放、加快转变经济发展方式的攻坚时期。转变经济发展方式，涉及国民经济结构的一系列重大调整。就其战略重点而言，主要包括以下三个方面：一是加快形成消费、投资、出口协调拉动经济增长的新局面；二是加快发展服务业，促进经济增长向依靠第一、第二、第三产业协同带动转变；三是推动发展向主要依靠科技进步、劳动者素质提高和管理创新转变。简而言之，转变经济发展方式的重点就是要建设消费型、服务型和创新型经济。

建设消费型经济，需要改革现行国民收入分配制度，提高劳动所得占国民收入初次分配的比重，以提高广大居民尤其是中低收入群体的购买能力；需要转变政府职能和深化金融体制改革等，有效增加居民的转移性收入和财产性收入，提高居民收入在国民收入再分配中的比重；需要深化社会保障制度改革，建立统筹城乡、覆盖全社会的保障体系，以改善居民消费预期。

建设服务型经济，需要在文化、教育、医疗、交通、通讯等领域加快改革，彻底解决民营企业进入服务业领域面临的"玻璃墙""弹簧门"等问题；需要建立更加公平、规范、透明的市场准入标准，探索适合新型服务业态发展的市场管理办法；需要改革财税、金融体制，通过结构性减税和大力发展中小金融机构等，为中小服务业企业的成长壮大创造良好环境。

建设创新型经济，需要改革劳动力、土地、资源等要素价格形成机制，使其充分反映稀缺程度和市场供求关系，引导增长动力从要素投入为主向创新驱动为主的转变；需要完善科技创新体制机制，加快教育改革发展，增强科技创新能力。

"十二五"时期推动经济发展方式转变，需要深化改革；应对国际环境的剧烈变化和保持经济平稳较快发展，也需要深化改革。要充分认识到改革的紧迫性、重要性和必要性，坚定改革信心，凝聚多种共识，破除各种阻力，建立新的改革推进机制。深化改革，既要强调顶层设计和总体规划，又要尊重群众的首创精神，鼓励基层积极探索；既要遵循试点、总结、推广的渐进式改革原则，又需要在重点领域和关键环节取得实质性突破。

★★★物价上涨

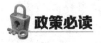
政策必读

海南省人民政府
——海南省人民政府

关于认真贯彻落实国务院有关规定严格控制消费基金过快增长和加强现金管理的通知

各市、县、自治县人民政府，省政府直属各单位：

……但是，在经济发展的同时，仍存在着市场物价上涨幅度过高，通货膨胀形势严峻的状况。

……结合我省的实际，省政府决定，采取有效措施，进一步加强物价管理，抑制物价过度上涨。

一、各级政府要加强对物价工作的领导，切实负起稳定物价的责任。省政府对市、县政府实行物价总水平控制目标责任制，把控制商品零售价格指数和居民消费价格指数作为考核各级政府政绩的主要指标。

二、严肃物价纪律，禁止擅自出台调价措施。中央、省已出台的，地方不能层层加码，搭车涨价。各市、县不得以各种地方建设基金、附加费等形式，在邮电、电力、自来水等行业搞价外加价。

三、努力发展生产，增加市场的有效供应。各级政府要大力抓好农业生产，特别是要花大力气切实抓好粮食生产和"菜篮子"工程。

四、进一步深化流通体制改革，整顿流通秩序。商品流通过程中层层加价、中间盘剥过多是造成物价过快上涨的主要原因。各级政府要抓好市场建设，搞活流通，保证市场供应。

五、加强对消费基金的管理，努力控制集团购买力的过快增长。要加强对消费基金特别是集团购买力、公款消费的审计监督，强化对个人收入所得税的征收工作。

六、加大物价监督检查力度，大力整顿价格秩序。对借改革之机搭车涨价、越权定价以及利用价格进行欺诈、牟取暴利的行为要严肃处理；对居民生活必需品及农用化肥、医疗卫生、教育、行政事业性收费等进行重点检查，未经批准的收费要坚决取缔。

七、切实加强居民生活必需品和服务价格的监审。各级政府要按照有关规定，做好对居民生活必需品和服务价格的监审工作。

八、发挥群众组织和新闻舆论监督的作用。继续发挥各级工会及农场职工物价监督检查站和乡（镇）物价助理员在物价监督检查中的作用；各级物价检查机关要设立举报电话和举报箱，加强社会监督；新闻舆论媒介要加强对物价工作特别是市场物价监督检查的宣传报道，对典型案例予以曝光，充分发挥新闻媒介对市场物价的舆论监督与导向作用。

热点必知

3月5日，十二届全国人大一次会议，温家宝同志在《政府工作报告》中提到，2013年我国居民消费价格（CPI）将增长3.5%左右。物价涨幅控制在3.5%左右，意味今年通胀压力不可小觑。

据了解，十二届全国人大一次会议将审议的国民经济和社会发展计划草案报告，详细解释了CPI预期上涨3.5%的由来。报告说，绝大多数商品供应充足，特别是粮食产量实现"九连增"，库存充裕，保持物价总水平基本稳定有较好的物质基础。但是，推动物价上行的因素不容忽视，主要包括土地、劳动力等要素价格和农产品、服务类价格仍存在上涨压力，输入性通胀压力也会有所抬头，预计新涨价因素在2个百分点左右；上年居民消费价格上涨的翘尾因素约1个百分点；促进资源节约和环境保护，理顺资源性产品价格也需要留出一定空间。

考点必背

1. 命题切入点一：问题概括

问题：请你根据"给定材料"，概括导致物价上涨，通货膨胀的主要原因。

要求：概括全面，语言简练，不超过200字。

（1）生产材料、劳动力和土地价格等刚性上涨渐成常态；促进资源节约和环境保护，理顺资源性产品价格增加成本投入。

（2）天气等短期因素影响，春节等需求旺季带来的短暂供需缺口拉高了蔬菜、猪肉等食品价格上涨，带动非食品类消费品与服务价格随之上涨。

（3）以GDP数字作为考核各级政府官员的政绩指标，使各级政府官员追逐GDP数字。

（4）过度投机造成有效供给不足。

（5）流通成本推高农产品价格。

2. 命题切入点二：影响分析

问题：请结合"给定材料"，分析概括物价上涨给民生领域造成的影响。

要求：分析得当，归纳准确；不超过200字。

（1）低收入群体的基本生活难以得到保障，救助与保障机制的作用小且保障数量有限，无收入者的家庭负担更重，增加政府财政负担。

（2）抑制了城镇低收入家庭的消费欲望，增加了他们的生活压力，影响经济活力，使得他们的生活质量下降。

（3）直接导致工资、储蓄和养老保险等百姓资产缩水，降低普通百姓的生活水准。

（4）扭曲价格信号，误导资源配置，扰乱经济秩序，损坏市场经济机制，严重时诱发经济泡沫化和社会动荡。

3. 命题切入点三：对策措施

问题：请你参考"给定材料"，为解决物价上涨可能引发的问题提出具体建议。

要求：针对性强，具体可行，不超过300字。

（1）把实现物价稳定、民生改善纳入各级政府官员的政绩指标考核，寻求"控物价"与"稳增长"的平衡。

（2）建立健全社会救助和保障标准与物价上涨挂钩的联动机制，提高标准，扩大范围，大力保障低收入群体的生活。

（3）充分实现就业，并让就业人员的工资水平跟上物价上涨。

（4）大力发展生产，保障主要农产品、基本生活必需品、重要生产材料的生产和供应。

（5）建立现代物流体系，降低农产品流通成本，积极开展"农超对接"，畅通鲜活农产品运输"绿色通道"。

（6）加强市场价格监管，加强通胀预期管理，完善应急措施，完善各项物价管理的政策和措施；打击过度投机行为。

稳定物价　保障民生

——（资料来源：新华时评）

今年7月以来，我国价格总水平逐月攀升，以农产品为主的生活必需品价格上涨较快。10月份4.4%的CPI涨幅中，食品类价格上涨"贡献"了74%。民以食为天，价格上涨已实实在在触及到群众基本生活，影响到社会预期。

目前，ＣＰＩ涨幅已超过3%"警戒线"。分析未来走势，由于国际货币泛滥和国内流动性难以快速收紧，物价上涨压力仍然很大。我们必须充分认识稳定市场价格的重要性和紧迫性，及时采取有力措施，把物价涨幅控制在居民可以承受的范围内。

发展生产、保障供应是稳定价格的基础。各地、各部门要通过采取增加冬季蔬菜生产、完善鲜活农产品运输绿色通道政策、组织好煤炭生产供应、优先保证发电用煤运输等措施，在稳定价格的同时，确保城乡居民有便宜菜吃、能取暖、有电用。

价格上涨，受影响最大的是低收入群体。国务院明确提出，要对优抚对象、城乡低保对象、农村五保供养对象发放价格临时补贴，增加对大中专院校家庭经济困难学生和学生食堂的补贴。各地、各部门要确保这些惠民措施落实到位，不打折扣。

在当前这个特殊时期，保持一个良好的价格环境和市场秩序尤为重要。各地、各部门应取消那些不合理的收费项目、降低那些偏高的收费标准，对重要的生活必需品等实行价格临时干预措施，同时重点打击恶意囤积、哄抬价格、变相涨价以及合谋涨价、串通涨价等违法行为，切实维护普通消费者的合法权益。

群众利益无小事，市场供求和物价直接关系群众切身利益。各地区、各有关部门必须高度重视，科学运用市场和行政两种手段，努力稳定消费价格总水平，切实保障群众基本生活，把党和政府的温暖真正送到千家万户，也为今后一段时期经济社会又好又快发展奠定良好基础。

★★★促进消费

《……开展消费者权益保护工作情况报告的审议意见》

对策措施

（1）继续加强消费者权益保护的宣传和教育。

①进一步提高全社会对保护消费者权益工作重要性的认识，深入开展消费者权益保护相关法律、法规的宣传，并在广度和深度上不断有所突破。

②大力开展消费维权和消费教育进社区、进农村、进企业、进商场、进学校的"五进"活动。

③充分发挥新闻媒体的舆论宣传和监督作用,组织和动员社会各界力量参与消费者权益保护工作,积极营造科学、合理、安全、和谐、可持续的消费环境。

(2)进一步加大市场监管的力度。
①严格执行市场准入制度,努力从源头把好关,严禁假冒伪劣商品流入市场。
②开展好各类专项行动,有效保护消费者权益。
③加大执法力度,对违法经营、扰乱市场秩序和生产销售假冒伪劣商品等侵害消费者权益的各类违章违法行为加大打击和处罚的力度。

(3)进一步加强部门协调与配合。
①切实加强对消费者权益保护工作的领导,理顺、明确各部门职能职责,避免职能重叠和交叉,形成分工明确、制度完善、权责统一的管理体系。
②健全协调机构,建立和完善长效的消费维权和市场监管协调机制,加强相关职能部门的工作沟通和协调,增强工作的合力。
③推进资源共享,实行信息互通、整合执法力量,共同把消费者权益保护工作落到实处。

 热点必知

2011年12月12~14日,中央经济工作会议在北京举行。党和国家主要领导人参与了此次会议,中共中央政治局常委、国务院总理温家宝作出了重要讲话。会议指出,随着欧洲主权债务危机的蔓延和美国经济陷入高失业、高负债的困境,世界经济前景低迷。国内中小企业经营出现困难,经济增速逐季回落。面对复杂多变的国际政治经济环境和国内经济运行新情况新变化,我们必须继续抓住科学发展这个主题和加快转变经济发展方式这条主线,牢牢把握扩大内需这一战略基点,把扩大内需的重点更多放在保障和改善民生、加快发展服务业、提高中等收入者比重上来,多策并举提高居民消费能力,进一步研究扩大内需尤其是促进消费持续增长的长效机制。有关专家解读会议精神表示,明年将集中于让人们:有钱花、有处花、花得值。

 考点必背

1. 命题切入点一:原因分析

问题:根据"给定材料",用不超过300字的篇幅概括我国居民"不敢消费"的原因。

(1)居民收入增长有限:工资收入增长缓慢、税收负担较重、投资难以获得收益。
(2)居民开支较大:房价高、看病贵、日常生活用品物价高。

实质:国家经济调控政策不够完善,社会保障机制不健全,各类市场不规范。

2. 命题切入点二:意义分析

问题:根据"给定材料",结合实际,谈谈我国为什么要大力促进消费,字数不超过300字。

(1)能够适应国际政治经济环境和国内经济运行新情况、新变化。国外经济危机持续,国内中、小型企业经营出现困难,出口贸易受阻。
(2)能够促进我国经济持续增长。有利于带动就业、促进相关行业发展、优化我国经济结构。
(3)能够提高人民日常生活水平。便利人民消费,改善消费结构,推动消费升级。

3. 命题切入点三:综合分析

问题:根据"给定材料",结合实际,你如何看待非理性消费现象?字数不超过500字。

非理性消费主要表现在:

（1）节假日突击消费。易造成商家欺诈，消费者投诉增多。

（2）盲目崇尚外国品牌，奢侈消费。影响国内自主品牌发展，炫富现象引发社会"仇富"心态，不利于社会和谐。

（3）随礼习俗日盛。影响社会风气，加重百姓经济负担。

对策：

（1）规范节假日消费市场，严厉打击商业欺诈。

（2）加强教育，提倡艰苦朴素的优良作风，建立积极健康的消费观念，不盲目跟风攀比，杜绝奢侈浪费。

（3）合理调节收入分配，完善税收政策，调节居民消费倾向。

4. 命题切入点四：对策措施

问题：根据"给定材料"，结合我国当前实际，用不超过200字的篇幅分析如何"拉动消费这驾马车"。

（1）加大服务行业的发展，促进服务消费。

（2）推出消费券和家电下乡等政策，促进广大农村地区的消费。

（3）完善社会保障机制，消除人们消费的后顾之忧。

（4）规范各级各类消费市场，打击商业欺诈。

5. 命题切入点五：综合分析

问题：参考材料中有关消费现象：用一句话对"过度消费"作名词解释；概括其的特点；指出其危害性；字数不超过250字。

（1）过度消费指：①超出自己的基本需求和支付能力的一种消费；②是一种扭曲的、不正常消费方式；

（2）特点有：①价值取向混乱导致盲目性、冒险性、冲动性；②受虚荣心、面子驱使造成攀比心理；

（3）危害性：①败坏个人品格和社会风气；②浪费资源；③拉大贫富差距，破坏社会公平；④引发社会矛盾，导致"仇富"现象。

6. 命题切入点六：对策建议

问题：参考"给定材料"，结合实际，用不超过400字的篇幅就"富了以后怎么办"提出你的对策。

（1）保障富裕的可持续性。①合理运用财富，协调精神和物质财富关系；②保持创造性，继续增加社会价值。

（2）传承、转化财富。①加强对下一代的教育培养；②将个人财富转换成人类文明成果。

（3）提高生活品质。①协调劳动和消费之间的关系，提升生活质量；②节制欲望，抵制骄奢淫逸，好逸恶劳。③加强文化学习，涵养人格，丰富生活；④提升个人修养和精神品格。

（4）先富带动后富。①积极参与慈善事业；②关心社会发展，为更多人富裕创造机会。

（5）平衡差距，促进公平。①建立合理的收入分配机制，抑制贫富分化；②加大二次分配调节力度，让全社会共享财富。

（6）完善保障制度，保证长远利益。在住房、医疗、教育等各方面保障全社会利益。

留住消费力

——（资料来源：半月谈2012年第3期半月评论）

展望全球欲振乏力、水波不兴的市场，正有一种力量在聚集，一种消费在涌动，它就是中国人的奢侈品购买热。媒体多有报道：今年春节期间，中国人境外奢侈品消费高达72亿美元，创下历史新高；世界奢侈品协会又有报告：中国已经成为全球占有率最大的奢侈品消费国家。

在全球金融危机阴霾不散、产能过剩更见严峻之际，在中国经济增幅明显回落、扩大内需亟待升温之时，中国人向市场传达的信息，无疑是一个灼人的亮点，是一缕耀眼的希望。

只是，我们如何引导这消费力、留住这消费力呢？

长期以比较优势形成的出口依赖，以政府强势主导的投资驱动，都已进入历史性的转折期。培育中等收入群体，启动新型消费力量，实现以消费为主动力的发展方式转型，这是中国经济走出金融危机再续高速增长的必由之路。

扩大内需，既要提高居民收入，也要开拓市场空间，既要开掘潜在消费力，也要留住现实消费力。在市场规律、国际规则的约束中，在民生权益、消费自由的保障中，更为现实的应对，更为有力的引领，还是靠中国制造的创新和升级，靠中国企业的转型和进步。

升级消费是其一。随着居民收入水平的跃升和现代消费文化的传播，中等收入群体的消费倾向在转换，城乡二元结构的消费鸿沟在跨越，农村消费城市化，城市消费现代化，已是大势所趋。

绿色消费是其二。为什么洋奶粉在中国市场能够横行无忌迅猛扩张、能够连番涨价攫取暴利？为什么一些国际资本大鳄紧紧盯住中国的现代农业不放，争相把食品全产业链作为他们的下一个投资金矿？本土企业的市场伦理建设、社会责任提升，亟应摆上重要议程。

文化消费是其三。从实用消费，到品牌消费，价值消费，这是一个趋势。从文化历史中不断探寻品牌价值，并结合精致的做工，是欧美国家奢侈品遵循的创新之道，却也是中国奢侈品牌的软肋所在。长期为世人称道的瑞士钟表业的"工匠精神"。员工像对待艺术品一样对待每一款产品，专注于手表制作的每一个细节，其中凝聚了设计师与制作者的灵魂和思想。这种"艺术思维"和"工匠精神"，恰恰是我们最需要学习和进步的。

时下，在全球资本的凝望中，在政府战略的蓝图中，中国不仅是活力四射的"世界工厂"，还将是魅力无限的"世界市场"。世界将中国看好，向往着并追逐着。中国本土企业在"走出去"的同时，更当奋起直追，去深耕这一片肥沃的土地，去征服这一方辽阔的疆场。

第二节　社会管理

当前，创新社会的管理方式已经成为社会研究的新课题。如何妥善处理政府和市场、民间组织之间的关系，如何实现"大政府、小市场、小社会"到"小政府、大市场、大社会"的转变，日益引起政府的高度重视。乌坎村事件反映了基层群众强烈的自治意识和对信息公开的渴望；"看病难、看病贵"呼唤医疗体制改革的深层次改革；民间组织迫切需要走向强大，成为政府社会服务功能的补充力量。就申论考试而言，创新社会管理在国考、联考及地方考试中，考试的频率较高，已经成为考试的常考主题。

★★★基层自治

温家宝同志讲话

（1）"村里的事务要坚持由村民做主，一切相信农民，一切依靠农民，依靠村民自治搞好农村社会管理，这是唯一正确的道路。农村办事要广泛听取农民意见，要由农民做主。"

（2）"保障农民的选举权利，坚定不移地做好村民自治和村委会村民直选。做好村委会直选，最基本的是要有严格的法律法规和健全的制度，同时要有公开、公正和透明的程序。反对利用贿选、家族势力操纵等不正当手段破坏和干扰选举，对这种行为应该依法依纪处理。"

中纪委委员、广东省委副书记讲话

（1）紧紧依靠党和人民，坚持以人为本，民意为重，以最大决心、最大诚意、最大努力解决群众的合理诉求；牢固树立群众观点、站稳群众立场，坚持群众为先，怀着对群众的深厚感情做好各项工作。

（2）坚持法律为上，依法依规、讲情讲理，妥善解决问题。

（3）坚持阳光透明，及时公布工作进展，让主流媒体及时地发出权威声音，引导大家正确认识事件性质，压缩谣言的传播空间。

《中华人民共和国村民委员会组织法》第二条：村民委员会是村民自我管理、自我教育、自我服务的基层群众性自治组织，实行民主选举、民主决策、民主管理、民主监督。村民委员会办理本村的公共事务和公益事业，调解民间纠纷，协助维护社会治安，向人民政府反映村民的意见、要求和提出建议。

《中华人民共和国村民委员会组织法》第五条：乡、民族乡、镇的人民政府对村民委员会的工作给予指导、支持和帮助，但是不得干预依法属于村民自治范围内的事项。村民委员会协助乡、民族乡、镇的人民政府开展工作。

《中华人民共和国村民委员会组织法》第十七条：以暴力、威胁、欺骗、贿赂、伪造选票、虚报选举票数等不正当手段当选村民委员会成员的，当选无效。对以暴力、威胁、欺骗、贿赂、伪造选票、虚报选举票数等不正当手段，妨害村民行使选举权、被选举权，破坏村民委员会选举的行为，村民有权向乡、民族乡、镇的人民代表大会和人民政府或者县级人民代表大会常务委员会和人民政府及其有关主管部门举报，由乡级或者县级人民政府负责调查并依法处理。

《中华人民共和国村民委员会组织法》第三十条：村民委员会实行村务公开制度。

村民委员会应当及时公布下列事项，接受村民的监督：

（1）本法第二十三条、第二十四条规定的由村民会议、村民代表会议讨论决定的事项及其实施情况。

（2）国家计划生育政策的落实方案。

（3）政府拨付和接受社会捐赠的救灾救助、补贴补助等资金、物资的管理使用情况。

（4）村民委员会协助人民政府开展工作的情况。

（5）涉及本村村民利益，村民普遍关心的其他事项。

涉及村民利益的重大事项应当随时公布。村民委员会应当保证所公布事项的真实性，并接受村民的查询。

《中华人民共和国村民委员会组织法》第三十四条：村民委员会和村务监督机构应当建立村务档案。村务档案包括：选举文件和选票，会议记录，土地发包方案和承包合同，经济合同，集体财务账目，集体资产登记文件，公益设施基本材料，基本建设材料，宅基地使用方案，征地补偿费使用及分配方案等。村务档案应当真实、准确、完整、规范。

 热点必知

近年来在一些农村，部分村官利用手中掌握的权力，为自己和家族、小团体谋取利益，日渐异化为与村民群众对立的特殊群体。村官腐败、小官大贪的案件频频发生，其背后则是错综复杂的"小圈子"或家族宗派间的利益之争，其对以村民自治为主要特色的基层民主建设形成极大危害，暴露出的监督缺位等问题引人深思。湖南省益阳市检察院的一份调研材料显示，自2008年1月至2011年9月，益阳市村级基层组织工作人员的职务犯罪案件逐年上升，近4年时间内全市检察机关受理举报相关案件109件。

一些村支书、村主任先后"倒下"，与当前农村愈演愈烈的利益之争密切相关。城市化进程不断加快，许多城郊村面临征地拆迁，巨额的拆迁补偿、日益升值的集体资产成为让许多人眼红的"肥肉"。即便一些中部相对落后的纯农区，随着中央惠农政策力度不断加大，村干部掌握的资源也越来越多。在此背景下，"小官大贪"频频出现，少数村官贪污数额之大、腐败程度之深触目惊心。

考点必背

1. 命题切入点一：突出问题

问题：当前村民自治还面临着一些问题，请用不超过250字，概括这些问题。

（1）管理体制不完善。村民自治组织与乡镇政府治理权力冲突，关系紧张，难以形成合力。

（2）选举不规范。贿选、腐败和暴力选举问题多，表现为任意指派、任命村委会成员；威胁、利诱、买卖、伪造选票；村宗派势力甚至黑恶势力参与竞选。

（3）村委会账目混乱。账目不公开不透明，涉农腐败问题常有出现。

（4）征地问题矛盾突显。表现为征地补偿费难保障、农民养老和保险等社会保障体系不完善、失地农民再就业问题突出。

（5）村民利益诉求渠道单一，干群未建立有效沟通平台。

2. 命题切入点二：对策举措

问题：用不超过250字的篇幅，提出有效推动村民自治的举措。

（1）转变管理方式：理顺乡镇和村委会的关系，变领导为真正的指导；转变基层政府对农村的管理方式。

（2）健全监督机制：严格按照选举程序，抓好农村民主选举工作；加强对村民的教育与管理，提高自身素质；加大查处力度。

（3）增强经济实力：建立和健全农村商品市场；发展农村集体经济；规范集体经济运作，合理分配利益；摆脱政府财政，巩固村委会的权威；

（4）完善保障体系：把失地农民纳入保障体系；提高征地补偿的透明度和征地补偿金额。

3. 命题切入点三：综合分析

问题：请用200字的篇幅，分析当前村干部权威丧失现象出现的原因。

（1）村民综合素质低。缺乏大局意识，组织和集体观念淡薄；公德心差，参与意识不强；奉献和责任意识不强。

（2）部分村干部素质不高。贪污腐败严重，公信力下降；服务意识差，沟通能力不足；懂经济、会经营、善管理的村干部严重不足。

（3）干群关系不和谐。村民对干部行为缺乏理解；干群平常缺乏沟通交流；领导干部权威丧失。

（4）制度问题。管理能力弱化，公共服务能力不足。

（5）社会风气影响，价值观单纯以利益为导向。

4. 命题切入点四：公文写作

问题：关于农村征地补偿问题突出，假如你是某省政府的一名工作人员，请写一份《关于征地补偿的指导意见》的提纲，不超过500字。

《关于农村征地补偿的指导意见》的提纲

随着社会主义市场经济的发展，政府征收集体土地所引起的矛盾日益突显，严重影响着社会的和谐稳定。

问题主要有：征地补偿费难以提供长期保障，农民养老和保险制度有待完善；失地农民再就业问题比较突出；村民对土地拆迁的思想认识滞后，抵触情绪较大。

指导原则：公开化、透明化、规范化、合法化；合理分配利益。

具体措施：

（1）完善农村保障体系。失地农民纳入保障体系；确定国家、集体、个人三者合理的费用承担比例。

（2）合理分配土地收益。确定合理的比例，将土地净收益返给村集体经济组织；发展壮大集体经济，提高失地农民公共福利待遇。

（3）放活土地的经营权。土地资本化，鼓励土地入股、租赁或流转，使失地农民可以定期分得红利或租金。

（4）完善征地办法。设立监督委员会和阳光拍卖，提高征地补偿金额；严格征地的法律手续，建立公开、公正的征地程序，提高征地补偿的透明度。

（5）明确职责，加强监管。加强法律法规和政策宣传，提高农民的法律观念和思想认识；制定补偿分配方案，及时调处各种矛盾纠纷；查处违法违规行为。

××省政府
×年×月×日

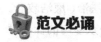

乡村治理需加快转型

——（资料来源：半月谈2011年第18期半月评论）

当今中国正处在一种从未有过的深刻历史变动之中，这就是工业化、城镇化的飞速发展。在这一过程中，以传统农业为支撑的农村很容易沦为边缘地位。为因应这一变化，中央提出了工业化、城镇化和农业现代化同步发展的战略，提出了建设社会主义新农村的举措。要适应这一战略举措，乡村治理必须进行重大转型，其中最重要的是实现以下两大转变。

一是政府向"服务性政府"转变。政府是乡村治理的主导力量。在传统乡村，民众大量"别的事"就是由家族等基层社会组织来处理的。因此，孙中山说："中国人最崇拜的就是家族主义和宗族主义。"

新中国成立后，出于工业化和城市化的需要，农村政策很大程度上表现为"取多于予"。进入新世纪以后，这种取向逐渐改变。国家实行城乡统筹发展战略，一个重大举措及时一举废除农业税。这是一个历史性转变。但这一转变也使得原有的政府与农民间的联系削弱了，新的联系又未能建立起来，由此在某程度上出现了治理"真空"。

那么这种新的联系是什么？服务。在建设新农村过程中，农民对公共服务的要求愈来愈高，政府职能急需向服务转变，建设服务型政府。在新形势下，应该将乡镇政府的职能主要定位于社会服务和社会管理，向下给力，着眼于服务，着力于基层。当然，在向服务型政府转型过程中，基层政府还需要提升自己的服务能力，上级政府也需要更多地向下给力，增强基层政府的服务能力和财政基础。

二是社会向"组织化社会"转变。组织是乡村治理的社会基石。近些年，我国经济有了很大发展，国家有了雄厚的财力，这是能够一举废除农业税的条件，也为改善乡村治理提供了良好的外部环境。但是，国家治理除了经济基础，还需要社会基础。现在一些地方期望以简单的经济方式处理社会问题，这是非常不现实的。

乡村治理的社会基础中，最重要的是社会组织基础。改革开放以来，实行家庭经营体制，农村横向联系的组织化程度降低，呈现"分散型社会"特征。人员分散且处于流动之中，资源分散且处于外流之中，乡村治理缺乏组织依托。孤立的个人是软弱的，孤立的个人可能也是最危险的，他们很容易以极端的方式应对问题，由此导致治理成本高昂。

当前仅仅依靠政府管理"纵向到底"是有限度的，政府无法包办也包办不了大量的社会事务。而村、组两级干部职数有限，也很难将所有社会事务都管起来并管好。农村大量社会事务"无人管"，存在许多"空白点"、"薄弱点"，这就需要建立各种新型的经济和社会组织，加强横向联系，吸纳更多社会成员参与基层社会管理，并在这一过程中提高乡村社会的组织化程度。

胡锦涛同志在十七大报告中指出："发挥社会组织在扩大群众参与、反映群众诉求方面的积极作用，增强社会自治功能。"这一精神同样适用于乡村治理。近年来，一些乡村探索建立了村民理事会、社区理事会、乡民理事会等社会组织，在党和政府主导下，以理事会为制度平台，将农村中有威望的各类人员积聚起来，提高了组织化程度，实行共谋、共建、共管、共享，兴办了大量公益事业，实现了社会管理和社会服务的"横向到边"，成为"纵向到底"服务性管理的重要补充，为乡村治理转型拓展了新的方向。

★★★民间组织

政策必读

《2012年政府工作报告》：加强和创新社会管理。加强社会矛盾化解、社会管理创新、公正廉洁执法。强化政府社会管理和公共服务职能。提高城乡基层群众性自治组织的自治能力。发挥社会组织在社会管理中的积极作用。

推进依法行政和社会管理创新，理顺政府与公民和社会组织的关系，建设服务、责任、法治、廉洁政府。

"十二五"规划：加强和创新社会管理。按照健全党委领导、政府负责、社会协同、公众参与的社会管理格局的要求，加强社会管理法律、体制、能力建设。完善法律法规和政策，健全基层管理和服务体系，加强和改进基层党组织工作，发挥群众组织和社会组织作用，提高城乡社区自治和服务功能，形成社会管理和服务合力。

培育扶持和依法管理社会组织，支持、引导其参与社会管理和服务。改革基本公共服务提供方式，引入竞争机制，扩大购买服务，实现提供主体和提供方式多元化。推进非基本公共服务市场化改革，增强多层次供给能力，满足群众多样化需求。

热点必知

民政部民间组织管理局副局长在接受媒体采访时透露，2010年，全国社会组织的增长率仅为2%~3%，其中社会团体的增长率仅为1%。2009年年底，全国的社会组织总数为43.1万个，到2010年年底仅增长到44万个。2010年全年，社会团体和民办非企业单位净增长仅为5000个，基金会更只是净增长325个。国内大大小小的基金会自身的不完善，使其无法提供更多的帮助给草根NGO，公众对基金会失去信心，草根NGO自身也存在管理不规范不透明的问题。

考点必背

1. 命题切入点一：作用意义

问题：用200字以内的篇幅，概括民间组织的作用意义。

（1）反映公众诉求，成为党和政府与群众之间的桥梁和纽带。

（2）激发社会活力，增强行业自律，为维护市场秩序创造条件。

（3）推进公益事业，促进科教兴国，促进社会公平，提供社会服务。

（4）组织培养优秀的专家学者、专业技术人员和管理人才队伍。

（5）倡导互助友爱，弘扬中华民族的传统美德，有效地促进社会主义精神文明建设。

（6）扩大国际交往的渠道，在一些国际事务中发挥不可替代的作用。

2. 命题切入点二：问题总结

问题：用200字以内的篇幅，概括民间组织面临的问题。

（1）制度方面：法律制度不健全，总体上层次低，数量少，不配套，可操作性不强；缺乏专门的、全面的、严谨的法律规范；缺乏行业自律环境。

（2）政策方面：准入门槛高，登记注册的手续复杂、程序严格；缺少政府资金支持；受政府行政权力的不正当的干预，独立性不强。

（3）管理方面：民间组织管理不规范，账目混乱；信息不公开，不透明；人才缺乏，资金紧张。

3. 命题切入点三：举措对策

问题：用300字以内的篇幅，谈谈如何加快发展民间组织？

（1）完善法规政策。规范民间组织的性质、组织形式和具体运作程序。降低社会公益组织的准入门槛。

（2）制定扶持政策。确保经费来源；通过补贴或购买服务等方式，重点扶持。

（3）健全监管机制。分类管理，规范运作，切实监督；加大对非法和违法、违纪组织的查处力度。

（4）强化自身能力。拓宽筹资渠道；加强组织建设，壮大队伍；注重自律诚信建设，增强信息的公开性和透明性；接受社会监督。

4. 命题切入点四：行业协会问题

问题：请用200字以内的篇幅概括目前我国行业自律中存在的主要问题。

（1）操纵市场价格。

（2）违背法律法规，乱罚款。

（3）缺乏认证资格盲目资格认证、排名，导致认证丧失公信力。

（4）协会与政府关系不清，政府地方保护，影响公平竞争。

（5）弄虚作假，利用专业知识欺诈消费者。

影响：这些问题破坏了诚信，损害行业形象，扰乱市场秩序，败坏了社会风气。

5. 命题切入点五：行业自律问题原因及对策

问题：试分析造成目前我国行业自律问题的原因并给出具体可行的对策建议。

行业自律问题的原因有：

（1）行业协会方面：①法制意识淡薄，缺乏知识；②利益驱动，其背后被指的原因是协会缺乏资金来源。

（2）消费者方面：辨别能力差，协会用专业知识欺诈消费者。

（3）政府方面：执法不到位，政府与协会有利益关系。

（4）评价标准不完善、不统一。

要解决这些问题，需要采取以下措施：

（1）加强宣传教育。深入企业对协会从业人员专业培训，强化社会责任感和诚信意识。

（2）增强消费者维权意识。通过网络、媒体宣传辨别真伪的知识；开通投诉热线，加强社会监督。

（3）加大财政资金扶持，拓展募集渠道。

（4）理清行业协会和政府之间的关系，完善监管机制。

（5）开展专项整顿。整顿打击违法行为；对违法者进行披露惩戒、定期公布，并纳入诚信档案。

（6）完善政策，统一标准。召开听证会，邀请利益关系的各方、专家参加，制定公信力强的行业标准。

6. 命题切入点六：行业协会问题

问题：请从行业协会的角度谈如何提高"中国制造"在世界上的地位。

（1）协助企业提高产品质量和自律意识，相互监督，并配合政府检查。

（2）打造中国企业品牌和产品知名度。保护知识产权；为企业搭建交流平台，加强企业间合作。

（3）拓展市场。搜集市场信息；搭建销售平台；开拓销售渠道。

（4）承担公共服务，维护企业合法权益。聘请律师，与其他国家的协会沟通和交换意见，并进行游说和说服工作。

（5）与政府沟通，争取政府政策、资金、话语权、信息和资本方面的扶持。

社会组织"松绑"考验谁

——江柳依（资料来源：人民时评）

社会组织是政府职能在社会领域的"毛细血管"，可以成为政府管理的得力助手。"可直接向民政部门申请成立，不再需要挂靠主管单位。"近日召开的广东全省深化体制改革工作会议提出，对社会组织"松绑"放权。

尤其引人关注的是，《关于广东省进一步培育发展和规范管理社会组织的方案（讨论稿）》明确，今后大量政府的事务、政府管理的职能，只要可以交给社会来办的，都可以通过购买服务、权力让渡等方式，逐渐分解和转移到社会组织中去。这就从制度上既对社会组织进行"松绑"，又对社会组织进行培育，突显的是在社会管理的新形势和大格局下，社会组织的独特位势和作用。

社会组织，说白了就是因为某一特定目的和诉求，而把单个的人组织起来，为社会和公众提供所具体需要的服务。显然，相对于政府部门而言，这样的组织具有灵活、便利、针对性强等特点。在日益繁重的社会管理任务面前，社会组织不仅能为政府部门分担很多，也能把大量政府干不了也干不好的事务做得有声有色。在这个意义上讲，社会组织是政府职能在社会领域的"毛细血管"，可以成为政府管理的得力助手。

事实上，高度发达的社会总有充分发育的社会组织相伴随。而从社会公众需求的角度看，其多样化、多方面、多层次的特点，迫切要求社会组织补位。近年来，一些农产品价格涨跌明显，不少农民面临丰收不能增收的尴尬局面，一个重要原因就在于缺乏经济类、服务类行业协会和组织，不能很好地与市场对接。只有促进与百姓利益息息相关的社会组织的充分发育，才能更好满足百姓个性化需求、实现群众切身利益。

不仅如此，社团管理的创新成果，也直接关系到社会管理创新的成效。在利益主体多元、利益诉求多样，社会结构深刻变动、社会关系日益复杂的情势下，只有务实地求解社会管理的"多元方程"，科学地回答政府如何对待社会组织这一"时代问题"，稳妥地释放社会组织的优势活力，才能形成制度合力，最终达到为社会公众提供更周到、更便捷、更贴近的服务目的。

当然，社团管理创新之后，对政府部门和社会组织都是一种考验，也提出了更高要求。据称，美国仅夏威夷一个州，就有上千个社会组织，当地政府对非营利性、公益性的社会组织予以税收上的扶持，而社会组织承担的许多职能也让政府减轻了很大负担。对于我们的政府部门来说，不仅要放权"松绑"，更要针对本土实际探寻社会组织运行规律，进而把对社会组织的培育作为提高执政能力的一个具体要求，使社会组织得到充分发育，作用得到充分发挥。

对于社会组织自身来说，"松绑"意味着发展的机遇，更意味着责任。只有明确自身的责任和使命、功能和定位，做到严格依法和自律，远离现今一些社会组织以服务为旗号"敛财"等不当做法，才能充分释放自身的能量和社会影响力。

★★★医疗改革

"十二五"规划

（1）加快医疗卫生事业改革发展。按照保基本、强基层、建机制的要求，增加财政投入，深化医药卫生体制改革，调动医务人员积极性，把基本医疗卫生制度作为公共产品向全民提供，优先满足群众基本医疗卫生需求。

（2）加强公共卫生服务体系建设，扩大国家基本公共卫生服务项目。

（3）健全覆盖城乡居民的基本医疗保障体系，逐步提高保障标准。

（4）建立和完善以国家基本药物制度为基础的药品供应保障体系，确保药品质量和安全，加强城乡医疗卫生服务体系建设，新增医疗卫生资源重点向农村和城市社区倾斜，加强医学人才特别是全科医生培养，完善鼓励全科医生长期在基层服务政策。

（5）积极稳妥推进公立医院改革，探索形成各类城市医院和基层医疗机构合理分工和协作格局。

（6）坚持中西医并重，支持中医药事业发展。

（7）积极防治重大传染病、慢性病、职业病、地方病和精神疾病。

（8）鼓励社会资本以多种形式举办医疗机构，促进有序竞争，加强监管，提高服务质量和效率，满足群众多样化医疗卫生需求。

《政府工作报告》

（1）大力推进医药卫生事业改革发展。加快健全全民医保体系，巩固扩大基本医保覆盖面，提高基本医疗保障水平和管理服务水平。

（2）巩固完善基本药物制度，加强基层医疗卫生服务体系建设。

（3）推进公立医院改革，实行医药分开、管办分开，破除以药补医机制。

（4）鼓励引导社会资本办医，加快形成对外开放的多元办医格局。

（5）充分调动医务工作者积极性，建立和谐的医患关系。

（6）加强公共卫生服务，预防控制严重威胁群众健康的重大传染病、慢性病、职业病。

（7）加强药品安全工作。扶持和促进中医药和民族医药事业发展。

随着我国工业化、城市化进程的不断加快，人民生活水平不断提高，群众对医疗卫生需求快速增长，医疗卫生资源与服务需求之间的矛盾突显出来。"看病难、看病贵"成为全社会广泛关注的热点和难点问题。

卫生部前不久公布的数据显示：中国有约48.9%的居民有病不就医，29.6%应住院而不住院。有70%以上的农村人口是在家死亡的。小病扛、大病拖，实在不行就往家里抬，在农村这是许多农民无奈的选择。据了解，我国人口占世界的22%，但医疗卫生资源仅占世界的2%。就这仅有的2%的医疗资源的80%都集中在城市，而在城市中又有80%的资源集中在大医院。一方面不少人长途跋涉，异地就医，既增加了就医困难，又加大经济负担；另一方面造成大医院人满为患。这就导致了社会普遍抱怨的"看病难"问题。

1. 命题切入点一：构建和谐医患关系的作用意义

问题：用200字以内的篇幅，简要分析和谐医患关系的作用意义。

（1）改善医生行医环境和患者就医质量，促进医疗事业的健康发展。

（2）保障国民基本健康权利，促进国民健康素质进一步提高。

（3）保障医疗的可及性和公平性，提高公民的社会满意度。

（4）形成医者行善，患者感激的有责任、有感恩、互助互信的良好社会风气。

（5）促进社会主义和谐社会的建设进程，促进整个社会发展的稳定与进步。

2. 命题切入点二：医患关系紧张的问题及特点

问题：用200字以内的篇幅，概括医患关系紧张的表现及突出特点。

表现：

（1）医院害怕纠纷，不敢做需要冒险的手术和治疗，最终伤害患者。

（2）患者对医院的日益不信任，助长"诚信"危机，社会风气败坏。

（3）医患纠纷调解成本上升，进而增加了患者的就医成本。

（4）严重干扰了医院的正常工作秩序，扰乱公共秩序，影响社会稳定。

突出特点：矛盾多；影响恶劣；沟通难；多样化；复合性。

3. 命题切入点三：医患关系紧张的原因分析

问题：用250字以内的篇幅，简要分析医患关系紧张的原因。

（1）医疗体制方面：①医疗资源不平衡，医疗保障不到位；②医院市场化运转，相关法律法规不完善，管理体制不健全；③患者利益诉求渠道不畅。

（2）医生与患者方面：①医疗行为专业性强，医患双方信息不对称，患者弱势；②医风医德下降，服务质量不高，服务态度不好；③患者及家属维权意识大大增强；④部分患者欠缺医学常识。

（3）医患纠纷调解机制方面：①统一、长效的专门机构及其处理机制缺位；②鉴定、处理纠纷的部门与医生关系密切；③法庭审理医疗案件，采信的证据也往往依赖医疗权威部门。

4. 命题切入点四：构建和谐医患关系的对策措施

问题：用400字以内的篇幅，有针对性地提出构建和谐医患关系的措施。

（1）政府方面：①加大医疗保险投入，为医院减负，为患者解除经济赔偿上的后顾之忧；②完善相关法律法规，健全纠纷处理机制，构建独立的"第三方调解"机制，保障裁决的公平、公开、公正。

（2）医院和医生方面：①增强法制观念。加强学习《执业医师法》和《医疗事故处理条例》等相关法律法规，增强侵权损害赔偿及自我保护意识，不断提高预防医疗差错与医疗事故的警觉性和责任感；②建立健全各项规章制度、规范各种操作规程，加强病案管理；③实施知情同意，防范医疗争议；④改进服务作风，提高医疗质量，建立良好医患关系；⑤加强医德医风建设，树立良好形象。

（3）患者及其家属方面：①加强学习医疗和护理常识；②学习相关法律法规，提高维权意识；③积极沟通和配合，跟进医疗情况，做好记录，保存好病历本等原始材料。

5. 命题切入点五：医疗体制改革

问题：用300字以内的篇幅，分析医疗体制要从哪些方面进行改革。

（1）加快健全全民医保体系。扩大基本医保覆盖面；提高基本医疗保障水平；加大医疗救助力度；探索建立大病保障机制；大力发展商业健康保险。

（2）完善基本药物制度。完善国家基本药物目录；加强基本药物质量监管。

（3）完善基层医疗卫生机构运行机制。建立完善稳定长效的多渠道补偿机制；落实基层医疗卫生机构公共卫生服务经费。

（4）提高基层医疗卫生机构服务能力。加强基层人才队伍建设。

（5）积极推进公立医院改革。改革补偿机制，破除"以药补医"机制；调整医药价格；发挥监管作用。

如何拆除医患"信任隔离墙"

——张铁（资料来源：人民时评 2011年11月1日）

"八毛门"事件后各方的理性、宽容和清醒，让人看到重塑良好医患关系的希望，两个月里，患儿家长陈刚与深圳儿童医院的关系经历了一个大转弯。

8月底，拒绝费用10万元的手术患儿，在另一家医院凭借8毛钱的石蜡油缓解了病情；9月，家长向医院讨说法，发酵成"八毛门"；10月，患儿病情复发，在武汉的医院做手术，证明最初诊断无误；10月底，陈刚向深圳儿童医院公开道歉。这一过程，既折射医患关系的痼疾，也让人看到去除这一痼疾的可能。

平心而论，陈刚的不信任并非没有道理。在石蜡油产生的短期效果下，在8毛钱与10万元的悬殊对比下，难免产生过度治疗的怀疑。而缝针后"不交钱就拆线"、男性被做"子宫整形术"等极端个案的出现，"大处方"、"大检查"等普遍现象的存在，都给医患关系留下了"不信任"的预设。这样的关系之下，出于对自身利益的保护，即便是小小的误会，也可能触发怀疑的反弹。

信任是医患关系的基石，也是取得良好疗效的前提。"八毛门"之后，一些医院一度连续出现不听医嘱、导致患儿病情加重的事件。最新的案例，是广州妇幼保健院一名重症手足口病患儿的父亲怀疑医院过度治疗，拒做相关检查，耽误诊疗时机。当坦诚相待、和谐信任被警惕和猜疑所取代，受损的不仅是个别人。看病找熟人、拉关系才放心，手术前塞红包、请吃喝"联络感情"，小病也要上大医院找专家，舍近求远去药店买药……信任缺失时，每个人都可能是受害者。而重建医患信任，也有待医患双方合力而为。

医患关系中，医方天然处于强势，是重建信任的关键。"八毛门"事件中，深圳儿童医院始终保持忍耐大度和专业精神，在舆论讨伐下坚持科学地阐述自己的意见，这种态度令人敬佩。事实证明，有了这样的胸怀和作为，不论误解多深，最后都会得到患者的理解和尊重。

重建信任，同样需要患者的主动努力。固然，患者不断增长的权利意识是倒逼医方责任感的一种方式，但医患关系中，患者并非"永远正确"。以怀疑论为前提，将所有医生预设成唯利是图的"坏人"，既不公平，也对医生的正常诊疗不利。更多的时候，患者也应履行自己积极配合治疗、信任医院和医生的义务。

那么，这种信任的尺度究竟应该如何把握？在呼吁医患相互给予尊重、耐心和理解的同时，更重要的是重建双方的信息平衡。心理学认为，不信任感来自不熟悉。及时、详尽、专业的信息，能消除患者的陌生感和警惕心，让医患间的沟通更有效，是建立信任最直接、也最重要的基础。在这方面，深圳儿童医院的做法值得所有医疗机构借鉴。

医院的克制和专业、患者家长的公开道歉、媒体对自身的反思，"八毛门"事件后各方的理性、宽容和清醒，让人看到重塑良好医患关系的希望。"医患双方应该是朋友，而不是互相提防的敌人。"与其陷入不信任的悲叹，不如积极朝着信任努力，这才是拆除"信任隔离墙"最有效的路径。

第三节 文化建设

2008年的金融危机让文化产业成为为引领经济增长的制高点，是文化大发展的契机。但文化从来就不仅仅是发展一个产业的问题，同时也代表着国家的主流意识。国家领导人不断发声，敦促加快文化体制改革。另外，人民日报、光明日报等主流媒体也不断发表如何进行文化体制改革的文章。

2011年，党的十七届六中全会审议通过了《中共中央关于深化文化体制改革、推动社会主义文化大发展大繁荣若干重大问题的决定》。国考及地方考试也从文化建设、"三俗"文化、文化产业等多个角度考察过文化问题。多省提出"建设文化大省"的战略目标，出台了一系列文化经济政策，这些无不说明文化正成为越来越重要的话题。

文化建设题型

考查频次	真题聚焦	考试角度	新角度预测
8次	2012年江西	文化产业	教育改革 公共文化 文化产业
	2012年河南选调	博物馆管理	
	2011年北京市	文化遗产保护	
	2011年国考副省级	黄河精神、中华文化	
	2011年国考地市级	农民工子女教育、无根文化	
	2010年北京市	读书问题	
	2009年上海市	流动人口子女的教育	
	2007年浙江省	文化建设问题	

★★★教育改革

 政策必读

《国家中长期教育改革和发展规划纲要（2010~2020年）》

1. 大作文经典套话

百年大计，教育为本。教育是民族振兴、社会进步的基石，是提高国民素质、促进人的全面发展的根本途径，寄托着亿万家庭对美好生活的期盼。强国必先强教。优先发展教育、提高教育现代化水平，对实现全面建设小康社会奋斗目标、建设富强民主文明和谐的社会主义现代化国家具有决定性意义。

中国未来发展、中华民族伟大复兴，关键靠人才，基础在教育。

国运兴衰，系于教育；教育振兴，全民有责。

2. 问题表现

（1）我国教育还不完全适应国家经济社会发展和人民群众接受良好教育的要求。

（2）教育观念相对落后，内容方法比较陈旧，中小考生课业负担过重，素质教育推进困难。

（3）考生适应社会和就业创业能力不强，创新型、实用型、复合型人才紧缺。

（4）教育体制机制不完善，学校办学活力不足。

（5）教育结构和布局不尽合理，城乡、区域教育发展不平衡，贫困地区、民族地区教育发展滞后。

（6）教育投入不足，教育优先发展的战略地位尚未得到完全落实。

《中华人民共和国国民经济和社会发展第十二个五年规划纲要》

3. 对策措施

（1）大力促进教育公平

①合理配置公共教育资源，重点向农村、边远、贫困、民族地区倾斜，加快缩小教育差距；

②促进义务教育均衡发展，统筹规划学校布局，推进义务教育学校标准化建设；

③实行县（市）域内城乡中小学教师编制和工资待遇同一标准，以及教师和校长交流制度；

④取消义务教育阶段重点校和重点班；

⑤新增高校招生计划向中西部倾斜，扩大东部高校在中西部地区招生规模，创新东西部高校校际合作机制；

⑥改善特殊教育学校办学条件，逐步实行残疾考生高中阶段免费教育；

⑦健全国家资助制度,扶助经济困难家庭考生完成学业。

(2)深化教育体制改革

①改进考试招生办法,逐步形成分类考试、综合评价、多元录取的制度;
②加快建设现代学校制度,推进政校分开、管办分离;
③落实和扩大学校办学自主权;
④进一步明确中央和地方责任,加强省级政府教育统筹。鼓励引导社会力量兴办教育,落实民办学校与公办学校平等的法律地位,规范办学秩序;
⑤扩大教育开放,加强国际交流合作和引进优质教育资源;
⑥健全以政府投入为主、多渠道筹集教育经费的体制,2012年财政性教育经费支出占国内生产总值比例达到4%。

目前教育部门正在和上海、北京研究,逐步推进异地高考。与此同时,2011年,将有10类非上海户籍考生可以在上海市参加全国高考,范围相比前一年有所扩大。

随着我国教育事业的发展进步,人民教育需求的迅猛增长,审视中国教育这个"世界最大规模的教育体系",在教育公平迈出重大步伐的同时,一些教育不公问题也更为突显,进一步促进教育公平成为紧迫的现实课题。

2012年3月5日上午9时,国务院总理温家宝在政府工作报告中强调,要坚持优先发展教育。教育经费要突出保障重点,加强薄弱环节,提高使用效益。深入推进教育体制改革,全面实施素质教育,逐步解决考试招生、教育教学等方面的突出问题。推进学校民主管理,逐步形成制度。

1. **命题切入点一:概括争议**

问题:根据"给定材料",用不超过300字的篇幅概括关于自主招生存在的几种争议及各自的理由。

(1)争议一:自主招生,采取何种考试形式,是联考还是单独考试。
① 支持联考理由:联考可以降低成本;
② 反对联考理由:联考弱化个性化。

(2)争议二:自主招生,能否招到真正的"偏才"。
① 赞同理由:越来越多"偏才"正在实现名校梦;
② 反对理由:培养偏才、怪才不是正确的导向。

(3)争议三:自招考生进入高校,能否自主发展。
① 赞同理由:高校更注重培养创新能力;
② 反对理由:自招进了门,却得不到个性化培养。

2. **命题切入点二:原因分析**

问题:根据"给定材料",结合实际,试分析我国应试教育思维依然存在的原因,字数不超过300字。

(1)社会二元化结构和竞争的加剧。城市和农村及社会各个阶层之间的贫富差距较大;农村孩子寄望高考改变命运,优质教育资源稀缺。

(2)传统文化的原因。家长望子成龙、望女成凤的愿望强烈,按照自身意愿来塑造孩子,认为唯有考上大学才能成名、成龙、成凤。

（3）人才使用的不计成本。社会人才评价机制不健全、用人盲目追求高学历、普遍具有学历情结。

（4）教育考试制度的弊端。传统考试方法重视应试能力的培养、忽略素质的考察。

3. 命题切入点三：问题对策

问题：根据"给定材料"，针对当前我国自主招生考试中存在的问题，提出你的对策，字数不超过400字。

问题：

（1）自主招生院校结盟，结盟方式不科学，考试时间重叠，抢夺生源。

（2）自主招生透明度不高，考试内容和标准不明晰，加重考生负担。

（3）自主招生受"地域性"限制，广大农村地区考生对自主招生信息不了解，经济负担重，造成不公平。

对策：

（1）自主招生试点院校应自觉树立社会公共责任的意识。自主招生试点院校应自觉树立社会公共责任的意识，确立公平、公正、公开的招生标准。

（2）建立自主招生的合法程序，使考试程序和招生程序完善合理、透明规范、减轻考生负担。

（3）加强国家政策调整和宏观指导解决区域经济对自主招生的限制。取消生源范围限制，扩大考生选择机会的自由性，为农村考生提供参与自主招生的平台。

4. 命题切入点四：原因对策

问题：结合"给定材料"，请用不超过250字的篇幅，认真分析研究生考试泄题的原因，并谈谈如何应对泄题事件。

研究生考试泄题的原因有：

（1）考研市场火热。

（2）部分培训机构唯利是图。

（3）政府对市场、机构的监管不力。

（4）试卷的制作、印制、运输过程不严密，有漏洞。

（5）部分工作人员为了利益违法犯罪。

应对措施有：

（1）政府应严肃查处研究生考试泄题事件，严格处罚违法人员，并给予考生相应补偿。

（2）继续加大财政投入，在全国建设标准化考场，安装电子监控设备，监控试卷存放点。

（3）对于作弊的考生要加大处罚力度。

（4）整顿考研市场，加大对培训机构的监管力度，打击违法行为。

（5）完善试卷的制作、印制、运输的过程，堵塞漏洞，防止泄密。

（6）加大对涉密工作人员的监管力度，防止内部人泄密。

5. 命题切入点五：问题表现

问题：结合"给定材料"，请用不超过200字的篇幅，指出我国教育事业现存的种种问题。

（1）教育发展基础较差，人力资源总体水平较低。

（2）教育经费投入不足，教育发展不平衡。

（3）教育产业化问题，人民教育负担过高。

（4）教育目标扭曲，重成才轻成人。

（5）能力结构不能适应产业结构，创新教育薄弱。

6. 命题切入点六：对策措施

问题：结合"给定材料"，用不超过400字的篇幅，谈谈促进我国教育公平有哪些措施。

（1）国家要优先发展教育。要突出保障教育经费，加强薄弱环节，提高使用效益。进行教育体制改革，全面实施素质教育，逐步解决考试招生、教育教学等方面的突出问题。推进学校民主管理，逐步形成制度。

（2）严厉打击考试泄题、作弊等违法违规行为。完善考试流程、堵塞漏洞；增加考场反作弊设备；严惩泄题的相关机构及工作人员。

（3）保障高考公平，高考要逐渐与户籍脱钩，完善异地高考制度，统一全国教材。

（4）合理分配教育资源，不能只照顾大城市，需要保障农村地区，城乡的教育资源要均衡。

（5）缓解大学生就业压力，政府增加就业机会与岗位，引导大学生转变就业观念。

7. 命题切入点七：情况汇报

问题：假定你是一个教育部门的工作人员，"给定材料"是你收集到的近期社情，请用不超过300字的篇幅，写一份"关于考研泄题事件的情况汇报"，供领导参考。

关于考研泄题事件的情况汇报

尊敬的领导：

近期社会上发生了研究生考试泄题事件，包括英语、政治、数学、西医综合等研究生考试科目的试题和答案在考前被泄露，造成极大的负面影响，损害了部门形象与考试公平。

此次泄题的原因有：

（1）考研市场火热。
（2）部分培训机构唯利是图。
（3）政府对市场、机构的监管不力。
（4）试卷的制作、印制、运输过程不严密，有漏洞。
（5）部分工作人员为了利益违法犯罪。

对于泄题事件的建议：

（1）严肃查处研究生考试泄题事件，严格处罚违法人员，并给予考生相应补偿。
（2）继续加大财政投入，在全国建设标准化考场，安装电子监控设备，监控试卷存放点。
（3）对于作弊的考生要加大处罚力度。
（4）整顿考研市场，加大对培训机构的监管力度，打击违法行为。
（5）完善试卷的制作、印制、运输的过程，堵塞漏洞，防止泄密。
（6）加大对涉密工作人员的监管力度，防止内部人泄密。

特此报告

×××
×年×月×日

教育的底色是公平
——詹勇（资料来源：人民论坛 2011年11月14日）

近来，一些学校出现的"颜色标签"颇为引人注目。西安一小学给"差生"戴绿领巾，包头一中学给"好学生"穿红校服，山东一中学用红黄绿三色作业本区分学生成绩好坏。

这些做法，尽管其初衷可能是教育探索、激励上进、缩小差距，但在教育实践中，已然变形走样，甚至背道而驰：戴着绿领巾的孩子一出校门就赶紧摘下领巾塞进书包，领到颜色作业本的孩子经常躲着做作业……"颜色标签"已给一些孩子的精神世界蒙上了一层阴影。

我们有着有教无类、因材施教的古训，在近现代教育视野中，卢梭提倡"尊重儿童，不要急于对他们作出好坏的评判"，著名教育家苏霍姆林斯基也一再提醒，在影响学生的内心世界时，不应挫伤他们心灵中最敏感的一个角落——自尊心。"颜色标签"之所以为人诟病，不仅在于其简单粗暴的教育功利化倾向，更在于无视个体尊严和个性的等级制度，生生将本应在同一片蓝天下并肩成长的孩子分隔开来，给教育公平抹上了暗色。

除了这些看得见的"颜色标签"，社会生活中还存在看不见的教育差别标识。学校有重点校、普通校之分，班级有重点班、实验班、普通班之别，考生有特优生、良好生、普通生、差等生之属，农民工子弟"入学难"背后是户籍制度下本地居民、外来人口的待遇差异，义务教育阶段"择校难"背后是优质教育资源的分布不均。

这些有色无色的标签标识折射出了转型期中国教育事业的难点和痛点。从国际经验看，上世纪60年代以来的教育改革浪潮中，教育公平成为各国政府和教育界最关心的问题。随着我国教育事业的发展进步，人民教育需求的迅猛增长，审视中国教育这个"世界最大规模的教育体系"，在教育公平迈出重大步伐的同时，一些教育不公问题也更为突显，进一步促进教育公平成为紧迫的现实课题。

"教育公平是社会公平的重要基础"、"最大的公平是教育公平"，正是基于这样的共识，近年来，"促进公平"作为工作方针之一写进了《教育规划纲要》，"惠及全民的公平教育"成为教育发展的重要目标；正是着眼于受教育机会公平、教育资源合理配置，义务教育、师范教育免费政策陆续出台，应对名牌大学农家子弟越来越少的"自强计划""圆梦计划"不断推出，让农民工上大学的"农民工高考"火热进行……

在现实的困惑与改善的努力中，教育公平的逻辑越来越鲜明。教育发展需要量的丰富，但更要有质的均衡；需要技术的升级，但更应立足人的发展，"教育的目的在于充分发展人的个性并加强对人权和基本自由的尊重"。

当然，教育公平不可能一蹴而就，这既是一个复杂的社会系统工程，也是一个需要逐步实现的历史过程。面对五光十色的社会现实，五花八门的教育方法，不论是社会管理者还是教育者，都须清醒地看到，教育的底色是公平。只有在公平正义的背景下，教育才会成为人人皆可攀援的"向上阶梯"，学校才会成为每一个孩子的成长乐园，我们的社会才能绘制出色彩斑斓的发展进步图景。

★★★公共文化

政策必读

《中共中央关于深化文化体制改革推动社会主义文化大发展大繁荣若干重大问题的决定》

1. 指导思想

加强公共文化服务是实现人民基本文化权益的主要途径。要以公共财政为支撑，以公益性文化单位为骨干，以全体人民为服务对象，以保障人民群众看电视、听广播、读书看报、进行公共文化鉴赏、参与公共文化活动等基本文化权益为主要内容，完善覆盖城乡、结构合理、功能健全、实用高效的公共文化服务体系。

2. 对策措施

（1）把主要公共文化产品和服务项目、公益性文化活动纳入公共财政经常性支出预算。

（2）采取政府采购、项目补贴、定向资助、贷款贴息、税收减免等政策措施鼓励各类文化企业参与公共文化服务。

（3）鼓励国家投资、资助或拥有版权的文化产品无偿用于公共文化服务。

（4）加强文化馆、博物馆、图书馆等公共文化服务设施和爱国主义教育示范基地建设并完善向社会免费开放服务，鼓励其他国有文化单位、教育机构等开展公益性文化活动。

（5）统筹规划和建设基层公共文化服务设施，坚持项目建设和运行管理并重，实现资源整合、共建共享。加强社区公共文化设施建设，拓展投资渠道。完善面向妇女、未成年人、老年人、残疾人的公共文化服务设施。

（6）引导和鼓励社会力量通过兴办实体、资助项目、赞助活动、提供设施等形式参与公共文化服务。

（7）推进国家公共文化服务体系示范区创建。

（8）制定公共文化服务指标体系和绩效考核办法。

北京市文化局将于近日在全市实施公共文化十大工程，为群众提供更多、更好、更便利的文化产品。

数字化工程将依托北京信息系统，将300万册电子图书、1万种电子期刊、2000种中华文化视频、300部古籍、2万场讲座以及专题视频材料引入社区公共文化站。

来京务工人员文化权益均等化工程，将来京务工人员首次纳入北京公共文化服务体系。这项工程实施后，来京务工人员将与北京市民一样，都有平等享受文化生活的权利，例如，免费获得公共图书馆读者证和全市联网的"一卡通"，免费参加各类文化培训和各项文化活动。

自助图书馆工程提出，三年时间内，本市将在大型交通枢纽、金融商务区、繁华商业区、大型居住区建立一批24小时街区自助图书馆，群众不必进专业图书馆，就能方便地实现免费阅读。

1. 命题切入点一：问题总结

问题：阅读"给定材料"，不超过300字概括当前我国公立博物馆管理上存在的突出问题。

（1）工作人员态度：对肩负使命认识不深、责任感不强、保护意识弱。

（2）资金方面：业务部门偏少，收入来源少；收支不受公众监管，透明度不高；财政拨款不够、资金缺口大、维护费用不足。

（3）藏品方面：缺乏科学管理和保护。文物藏品定级不规范、藏品与账目不符、鉴定意见不准确、无完备的藏品档案、文物自然损坏和人为损坏严重、缺乏有效监督。

（4）服务方面：商业运营影响博物馆人文环境，服务质量不高，缺乏吸引力、感染力，展览陈列内容陈旧无创新。

（5）人才队伍：博物馆专业素质人才奇缺、研究水平不高。

2. 命题切入点二：综合分析

问题：针对中国国家博物馆展出法国著名奢侈品牌路易·威登（LV），各界人士的争论比较激烈，请指出并简要分析争论的实质。

（1）争议的实质：大众对于公立博物馆能否兼顾经营行为和坚持博物馆固有的非营利的公益性性质的担忧。

（2）分析：反对者认为LV属于奢侈品牌，是商业性推广行为；过度商业化违背文化单位的公益属性；公众对展览所得经费的使用去向存有疑虑。而支持者认为LV产业历史悠久，品牌具有独特的文化、艺术创意；是法国形象的展示，社会发展史的缩影和见证；国博引进品牌展览的标准是历史与艺术并重，体现国家博物馆的包容性和时代性。争议双方都认可国家博物馆的公益属性，共同将其功能定位于文化教育、公众引导。博物馆应将本职工作放于第一位，协调把握教育引导和经济利益。

3. 命题切入点三：答复稿

问题：国家博物馆拟对公众质疑进行答复，请你以国家博物馆的名义，草拟一份答复稿的内容要点，不超过500字。

国家博物馆回应公众质疑的内容要点：

（1）表示欢迎和歉意：①对公众的质疑表示欢迎和感谢；②对事先不征求意见，单方面展出LV给公众造成的困惑表示歉意。

（2）说服公众。

①重申国家博物馆的公益性质没有变：仍以祖国历史和革命文物为主，LV展览所占比例小，不意味着商业化和抛弃自己的伟大传统。

②重申展览仍以严肃周正为主基调，以教育和引导为定位，引入LV只是增添了一些新鲜的时代气息，使展览更据包容性，激发观众的兴趣。

③阐明引入LV的理由：历史悠久，有极高的工艺和历史价值，能激发国内企业的品牌创造意识；设计富有创意，会给国内文化创意产业带来启示。

④公开资金的收入和使用状况，公布查阅和监督渠道。

（3）改进计划：①更加注重展品的历史和艺术价值；②更加规范博物馆资金的收支和使用；③更加注重提高服务水平。

（4）欢迎公众继续监督，不断改进工作。

4. 命题切入点四：原因分析

问题：根据"给定材料"，用不超过300字的篇幅概括我国民众读书现状不令人满意的原因。

我国民众读书现状不令人满意的原因有：

（1）图书价格高，成本大，种类少，质量差，且市场混乱，抄袭严重。

（2）政府管理缺位。基础设施不完善，公共图书馆发展不平衡，藏书量少；购书经费投入不足。

（3）教育体制不完善。教师和家长读书心态不健康，对读书的引导不够；考生课业负担重，为应付考试而读书。

（4）读书氛围差。生活浮躁，阅读时间少，未形成读书习惯。

（5）读书功利性强，浅读书和快餐化读物流行，缺少思想性和人文性。图书插图多，内容少，精神性弱，阅读快餐式、浏览式、随意性。

5. 命题切入点五：建议措施

问题：根据"给定材料"，结合当前实际，就解决"现在出书有些滥，一些书质量不高，甚至有些书不起好作用"这一问题谈谈你的建议。

（1）出版部门要加强自律，不能盲目追求经济效益而忽视社会效益，把好书的质量关。

（2）政府要整顿图书市场，加强监管，保护知识产权，打击书籍抄袭。

（3）严格图书准入机制，对图书内容、种类严格审查，严把图书质量关。

（4）图书馆要建立图书的评价推荐机制，筛选高质量书籍。

（5）家庭注重传统文化教育，媒体宣传推广优秀图书，营造全民读书氛围。

（6）作者要提升修养，提高职业道德，进而提高书的质量。

（7）发行部门要增强自律意识，自觉抵制劣质书刊，为消费者提供好书。

从故宫"十重门"事件说开去

作为"冷门"的故宫,最近经历了"十重门"。这些"门"集中暴露出故宫管理混乱、文化缺失、运作不规范、账目不清等一系列的问题,让故宫博物馆被推向风口浪尖。类似的问题不仅存在故宫,中国博物馆,地方博物馆也同样有。这些问题背后都面临着一个共同的难题:在市场化的浪潮下,博物馆如何定位?

博物馆应坚持公益性,以保护文化,传承文明为最基本、最重要的使命,这是国际共识。

博物馆展出的不仅是一些东西,而是人类共同记忆,是人类创造性劳动成果的结晶,是人类历史经验和教训的物质载体,其重要性不言而喻。道理谁都明白,但是困难却很现实。博物馆是需要成本的,这些成本包括管理成本、日常运作成本、保护成本……这些钱怎么来?对策很多人都会提,政府高度重视,加大投入力度,发动社会力量……这些对策在北京、上海等一些经济条件比较好的地区是可行的,但是在一些安徽、陕西等经济落后的地区就成了问题。在这种情况下不得不求助于市场。

博物馆要适当的市场化,这是博物馆生存和发展的必然选择。

市场化被一些人妖魔化了,好像一提市场化就是唯利是图的小人,就是破坏历史文化的罪人。尤其是一些"文化人",子曰:君子喻于义,小人喻于利,文化人都是罕言利的。好像一说起钱就很庸俗,很低级,很不齿。

市场化是博物馆公益性的一个部分。市场化本身就是一个传播文化的平台和窗口。市场化做得好,去博物馆的人多,不仅可以解决经费问题,还能够让更多的人了解文物、了解历史。博物馆的展品不能当做摆设,不能仅仅是历史符号,一具具僵尸,而是有待被激活的人类记忆。博物馆的展品也不能只是一些"高雅"之士的玩物,也可以进入更多寻常百姓视线。博物馆展出的很多文物本身就是市场的产物,扬州八怪的画当初不就是画来的卖的吗?中国的瓷器不正是因为有市场才兴旺发达的吗?

对于是否能市场化,要市场化还必须区别对待。

市场化之前必须搞清两个问题:第一,不是所有的博物馆都能市场化,对于一些比较"冷门",没有名气、公众关注度不高的博物馆的市场化无疑就是自杀,这些博物馆资金来源要以国家投入为主,不惜代价,加大保护力度。第二,对于能够市场化又不影响到文化保护的,要大胆的推向市场,但是不能搞双规制。不能一手拿着国家给的钱,一手拿着市场赚来的钱。两头讨好的机制一方面会让一些博物馆唯利是图,在博物馆里开展纯粹商业的活动,另一方面会养一大批懒人、庸人,不利于博物馆的市场化运作。

无论什么样的博物馆,都必须做好一些基本的工作:加强管理,保障安全,节约成本,提高研究水平,避免十一、十二重门的出现……

★★★文化产业

《中共中央关于深化文化体制改革推动社会主义文化大发展大繁荣若干重大问题的决定》

一、大作文可用语言

文化是民族的血脉,是人民的精神家园。在我国五千多年文明发展历程中,各族人民紧密团结、自强不息,共同创造出源远流长、博大精深的中华文化,为中华民族发展壮大提供了强大精神力量,为人类文明进步作出了不可磨灭的重大贡献。

当代中国进入了全面建设小康社会的关键时期和深化改革开放、加快转变经济发展方式的攻坚时期,文化越来越成为民族凝聚力和创造力的重要源泉、越来越成为综合国力竞争的重要因素、越来越成为经济社会发展的重要支撑,丰富精神文化生活越来越成为我国人民的热切愿望。

没有文化的积极引领,没有人民精神世界的极大丰富,没有全民族精神力量的充分发挥,一个国家、一个民族不可能屹立于世界民族之林。物质贫乏不是社会主义，精神空虚也不是社会主义。没有社会主义文化繁荣发展，就没有社会主义现代化。

二、矛盾问题

我国文化发展同经济社会发展和人民日益增长的精神文化需求还不完全适应，突出矛盾和问题主要是：

（1）一些地方和单位对文化建设重要性、必要性、紧迫性认识不够，文化在推动全民族文明素质提高中的作用亟待加强。

（2）一些领域道德失范、诚信缺失，一些社会成员人生观、价值观扭曲，用社会主义核心价值体系引领社会思潮更为紧迫，巩固全党全国各族人民团结奋斗的共同思想道德基础任务繁重。

（3）舆论引导能力需要提高，网络建设和管理亟待加强和改进；有影响的精品力作还不够多，文化产品创作生产引导力度需要加大。

（4）公共文化服务体系不健全，城乡、区域文化发展不平衡。

（5）文化产业规模不大、结构不合理，束缚文化生产力发展的体制机制问题尚未根本解决；文化走出去较为薄弱，中华文化国际影响力需要进一步增强。

（6）文化人才队伍建设急需加强。

《中华人民共和国国民经济和社会发展第十二个五年规划纲要》

三、对策举措

推动文化产业成为国民经济支柱性产业，增强文化产业整体实力和竞争力。

（1）实施重大文化产业项目带动战略，加强文化产业基地和区域性特色文化产业群建设。

（2）推进文化产业结构调整，大力发展文化创意、影视制作、出版发行、印刷复制、演艺娱乐、数字内容和动漫等重点文化产业，培育骨干企业，扶持中小企业，鼓励文化企业跨地域、跨行业、跨所有制经营和重组，提高文化产业规模化、集约化、专业化水平。

（3）推进文化产业转型升级，推进文化科技创新，研发制定文化产业技术标准，提高技术装备水平，改造提升传统产业，培育发展新兴文化产业。

（4）加快中西部地区中小城市影院建设。

（5）鼓励和支持非公有制经济以多种形式进入文化产业领域，逐步形成以公有制为主体、多种所有制共同发展的产业格局。

（6）构建以优秀民族文化为主体、吸收外来有益文化的对外开放格局，积极开拓国际文化市场，创新文化"走出去"模式，增强中华文化国际竞争力和影响力，提升国家软实力。

热点必知

作为一个新兴产业，文化创意产业在中国已经引起了高度重视。《北京市"十二五"时期文化创意产业发展规划》提出的总体目标是：文创产业增加值继续保持两位数增长，占GDP的比重由目前的12%增长到15%。

在文化产业领域的许多新兴行业，如会展业、网络游戏业、动画制作业、版权业等，专业人才十分缺乏。以版权业为例，目前的版权代理机构仅区区28家，根本无法构成文化产业链中的一环，主要原因是新兴行业的专业人员缺乏。

广电总局下发《关于进一步加强电视上星综合频道节目管理的意见》，提出从2012年1月1日起，34个电视上星综合频道要提高新闻类节目播出量，还要开办一个弘扬中华民族传统美德和社会主义核心价值体系的思想道德建设栏目。同时对部分类型节目播出实施调控，以防止过度娱乐化和低俗倾向，满足广大观众多样化多层次高品位的收视需求。

考点必背

1. 命题切入点一：问题总结

问题：根据"给定材料"，用不超过300字的篇幅概括我国文化产业发展领域存在的主要问题。

（1）起步较晚，与许多国外发达国家差距较大，市场竞争压力较大。

（2）弘扬自身文化能力弱，国内文化资源没有很好地被利用和挖掘。

（3）与文化产业发展相关的法律法规不够完善，不能满足文化产业发展的需要。

（4）文化市场体系还不够成熟，文化服务市场不够发达，文化资金市场、文化设施市场、文化人才劳务市场等发展滞后。

（5）文化体制不够完善，限制文化发展的制约模式模糊地带仍然存在，人才需求大，技术创新能力有待加强。

2. 命题切入点二：对策建议

问题：根据"给定材料"，谈一谈如何才能有效地推动我国动画电影的发展，字数不超过300字。

（1）增加动画电影产业技术创新力度。

（2）采取措施帮助企业拓宽市场发行渠道，积极开拓电影市场份额。

（3）加强政府在政策制度方面的扶持力度，合理调整奖励标准。

（4）加大对于动画电影产业的资金投入，扶持民营企业发展，创建优质品牌。

（5）做好动画电影人才培养工作。

（6）挖掘整合我国自有文化资源。

（7）学习国外先进经验。

（8）支持其他多种类型企业加入到动画电影行业中来，做大做强，合理竞争。

3. 命题切入点三：原因分析

问题：根据"给定材料"，结合实际，用不超过400字的字数分析我国大力发展文化产业的原因。

（1）我国经济体制结构调整经济建设发展的必然要求。推动文化产业成为国民经济支柱性产业我们的国策，文化与经济、政治等相互交融，日益成为经济社会发展的重要战略资源。文化产业能够增加我国的GDP，能够为经济发展做出直接贡献。

（2）建设社会主义精神文明满足我国人民群众文化需要的保证。目前我国文化产品供应不够，产业缺口较大，文化创意产业是供不应求，无法满足人民群众日益增长的文化需求。

（3）建设资源节约型环境友好型社会的保障。文化产业是典型的绿色产业、低碳产业、朝阳产业，其主要依靠的是脑力劳动和智力投入，产品生产及消费一般不会严重损害自然生态环境。

（4）提升我国综合国力增强国际竞争力的需要。国家之间综合国力的激烈竞争，正日益聚集于以文化为核心的软实力的竞争。发展文化产业能够较好地抵御国际文化渗透，增强我国的实力。

4. 命题切入点四：时政评论

问题：各位网友纷纷对"限娱令"提出了自己的看法，你如何看待"限娱令"？限娱令是否会影响文化产业发展？字数不超过400字。

"限娱令"是广电总局针对目前各地卫视存在过度娱乐化现象，有些节目格调低俗，影响电视荧屏生态和青少年身心健康而提出的《关于进一步加强电视上星综合频道节目管理的意见》。

"限娱令"实际上是规范娱乐节目，是对过度娱乐化的修正，也是对过于低俗娱乐化的管理。"限娱令"给娱乐节目设计了一个竞争门槛，更好地保护健康积极的娱乐节目，淘汰掉一些低俗和粗制滥造、模仿抄袭的娱乐节目。

限娱令并不会影响文化产业的发展，"限娱令"系"限"非"禁"，"限"也仅限于"过度娱乐化"、"节目形式雷同"等问题，观众公认的优秀娱乐节目，并不会淡出荧屏。文化产品存在"有益、有害、无益也无害"的区别，对有益的产品加以鼓励，对有害的产品坚决取缔，无益也无害者则要控制总量，这是文化管理的必要手段。

我们要处理好文化管制与文化产业发展的关系，既要激发文化产业的活力，给予其宽松条件，又要坚决抵制文化产业的过俗过滥发展。

5. 命题切入点五：意见

问题：假设你是一名政府工作人员，结合"给定材料"，根据M市文化创意产业发展存在的主要问题，拟定一份《关于加快M市文化创意产业发展的若干意见》提纲，字数不超过500字。

关于加快 M 市文化创意产业发展的意见

为深入贯彻党的十七届六中全会精神，全面贯彻落实科学发展观，加快我市文化创意产业发展，提升文化创意产业对经济增长的拉动作用，特提出以下意见：

一、指导原则

（1）坚持政府引导与市场推动相协调。

（2）坚持专业化发展与群众性普及相融合。

二、主要内容

（1）优化文化产业整体布局。优化文化产业区域布局、培育特色文化产业基地、建设特色文化产业园区。

（2）建设文化产业工程。建设文化产业精品工程、国产动漫产业工程、影视基地建设工程、广告创意基地建设工程。

（3）培育文化市场主体。推进经营性文化事业单位转企改制。推动文化企业规模化发展。支持非公有文化企业发展。发展中小型文化企业。

（4）加强文化市场体系建设。建设文化产业专业市场。健全文化产业行业协会。规范文化市场秩序。

（5）加强文化产业人才队伍建设。拓展人才培养渠道。发挥职业教育集团作用。

各区要根据本意见精神，制定加快文化产业发展的具体措施，促进当地文化产业更好更快发展。

××市人民政府办公厅
××××年××月××日

转型与转轨——释放文化产业潜力

——华图教育　陈鲁

文化是民族的血脉，是人民的精神家园。党的十七届六中全会吹响了建设文化强国的进军号角，以此为鲜明标志，我国迎来了文化产业的春天；江西的文化底蕴深厚，文化资源丰富，文化产业具备快发展大发展的基础。在江西经济转型、社会转轨的背景下，国际文化产品贸易保护主义抬头，文化资源枯竭、创意不足，成本不断提高等文化产业问题不容忽视。

江西经济转型、社会转轨的过程中，必须敢于打破体制障碍，提升文化软实力，全面拉动文化国内外有效需求，才能最大程度的释放文化产业潜力，促进文化产业发展。

释放文化产业潜力。要加快转企改制，促进文化产业快速崛起，增强经济发展后劲。

向改革要活力、向改革要发展、向改革要效益。文化体制改革增强文化发展的活力与动力，促进文化产业的快速崛起，加快实现经济转型。长期以来，江西的文化单位在行政主导的体制框架下运行，活力不足，难以适应文化竞争的要求。江西省文化体制改革应紧紧抓住经营性文化单位的体制机制改革这个关键，大胆改革，锐意创新。改革国有经营性文化单位，核销事业编制，活跃江西文化市场，提升文化产品供给。

释放文化产业潜力。要增强文化产品创意，提升文化软实力，构建社会精神文明体系。

欲流之远者，必浚其源泉。文化产业的发展必须提升文化产业内涵，壮大文化企业实力，确保文化产品数量与质量双双提升，不断推出精品力作，切实提高文化软实力，进而构建具有江西地方特色的精神文明体系。其一，江西应结合当地优势条件，营造文化产业发展的环境，创建产业基地，发展特色文化产业，建设特色文化城市；其二、提高文化产品科技含量，依托陶瓷文化、红色文化等特色传统优势，以创意为要素，发展新兴科技产业；其三、加强人才队伍建设。培养专业型人才，以优厚的条件和待遇吸引人才，为拥有创意和才华的人提供广阔的舞台和空间，激活江西文化产业发展的持久动力。

释放文化产业潜力。要打造特色文化品牌，开拓国际市场，推动经济转型、社会转轨。

特色就是生命力、特色增强吸引力。没有特色就难有起色，没有特色就难以出色。当今世界，民族文化、地方文化，越来越受人们的关注。一方面，江西山川水秀，人杰地灵，有景德镇这样的历史文化古城，也有瑞金这样的革命先人起步的地方要把这些宝贵的精神文化财富挖掘好、保护好、利用好、传承好，把文化资源优势转化为文化产业优势。另一方面，要立足国际视野，搭建文化产业发展的国际平台，坚定不移继续实施文化"走出去"战略，推动社会发展与国际接轨。

释放文化产业潜力，是推动江西文化产业全面发展的前提和条件，是推动江西产业升级改造的得力举措，也是江西推动经济有序转型、实现社会平稳转轨的最佳选择，更是构建和谐江西、带领江西人民走上更高质量幸福道路的必然选择！

第四节 生态建设

建设生态文明，随着经济发展和社会进步，越来越受到人们的关注。现在所谓的生态建设，不同于传统意义上的污染控制和生态恢复，而是克服工业文明弊端，探索资源节约型、环境友好型发展道路的过程。由于我国巨大的人口基数和经济规模，要真正实现人与自然和谐相处，除了常规措施外，还需要大规模开发和使用清洁的可再生能源，实现对自然资源的高效、循环利用。同时，物种的保护也经常进入人们的视野，触动人们的神经。就申论考试而言，在联考、国考、北京、浙江等地的考试中，生态问题已是常考主题。

生态建设题型

考查频次	真题聚焦	考试角度	新角度预测
7次	2012上半年联考	人与动物	美丽中国
	2011国考	黄河治理	
	2010国考	海洋生态保护	新型污染
	2010上半年联考	水价上涨、水资源保护	
	2010北京	环境污染	
	2010浙江	气候变暖	物种保护
	2008国考	怒江水电开发	

★★★ 美丽中国

政策必读

大力推进生态文明建设

—— 十八大报告

建设生态文明，是关系人民福祉、关乎民族未来的长远大计。面对资源约束趋紧、环境污染严重、生态系统退化的严峻形势，必须树立尊重自然、顺应自然、保护自然的生态文明理念，把生态文明建设放在突出地位，融入经济建设、政治建设、文化建设、社会建设各方面和全过程，努力建设美丽中国，实现中华民族永续发展。

坚持节约资源和保护环境的基本国策，坚持节约优先、保护优先、自然恢复为主的方针，着力推进绿色发展、循环发展、低碳发展，形成节约资源和保护环境的空间格局、产业结构、生产方式、生活方式，从源头上扭转生态环境恶化趋势，为人民创造良好生产生活环境，为全球生态安全作出贡献。

（一）优化国土空间开发格局。国土是生态文明建设的空间载体，必须珍惜每一寸国土。要按照人口资源环境相均衡、经济社会生态效益相统一的原则，控制开发强度，调整空间结构，促进生产空间集约高效、生活空间宜居适度、生态空间山清水秀，给自然留下更多修复空间，给农业留下更多良田，给子孙后代留下天蓝、地绿、水净的美好家园。加快实施主体功能区战略，推动各地区严格按照主体功能定位发展，构建科学合理的城市化格局、农业发展格局、生态安全格局。提高海洋资源开发能力，发展海洋经济，保护海洋生态环境，坚决维护国家海洋权益，建设海洋强国。

（二）全面促进资源节约。节约资源是保护生态环境的根本之策。要节约集约利用资源，推动资源利用方式根本转变，加强全过程节约管理，大幅降低能源、水、土地消耗强度，提高利用效率和效益。推动能源生产和消费革命，控制能源消费总量，加强节能降耗，支持节能低碳产业和新能源、可再生能源发展，确保国家能源安全。加强水源地保护和用水总量管理，推进水循环利用，建设节水型社会。严守耕地保护红线，严格土地用途管制。加强矿产资源勘查、保护、合理开发。发展循环经济，促进生产、流通、消费过程的减量化、再利用、资源化。

（三）加大自然生态系统和环境保护力度。良好的生态环境是人和社会持续发展的根本基础。要实施重大生态修复工程，增强生态产品生产能力，推进荒漠化、石漠化、水土流失综合治理，扩大森林、湖泊、湿地面积，保护生物多样性。加快水利建设，增强城乡防洪抗旱排涝能力。加强防灾减灾体系建设，提高气象、地质、地震灾害防御能力。坚持预防为主、综合治理，以解决损害群众健康突出环境问题为重点，强化水、大气、土壤等污染防治。坚持共同但有区别的责任原则、公平原则、各自能力原则，同国际社会一道积极应对全球气候变化。

（四）加强生态文明制度建设。保护生态环境必须依靠制度。要把资源消耗、环境损害、生态效益纳入经济社会发展评价体系，建立体现生态文明要求的目标体系、考核办法、奖惩机制。建立国土空间开发保护制度，完善最严格的耕地保护制度、水资源管理制度、环境保护制度。深化资源性产品价格和税费改革，建立反映市场供求和资源稀缺程度、体现生态价值和代际补偿的资源有偿使用制度和生态补偿制度。积极开展节能量、碳排放权、排污权、水权交易试点。加强环境监管，健全生态环境保护责任追究制度和环境损害赔偿制度。加强生态文明宣传教育，增强全民节约意识、环保意识、生态意识，形成合理消费的社会风尚，营造爱护生态环境的良好风气。

热点必知

中国气象局国家气候中心监测数据显示，今年9月1日至今，我国中东部地区雾霾天气多发，共发生12次较大范围的雾霾天气过程，不仅雾霾日数多，而且影响范围广。

国家气候中心分析表明，特定的气象条件是导致近期雾霾天气多发的重要原因。9月以来，影响我国中东部地区的冷空气活动偏少，且强度偏弱，地面风速小，有利于水汽在大气低层积聚，对雾霾的形成较为有利；另外，青藏高原南侧暖湿空气活动偏强，使得来自印度洋的西南暖湿气流输送极其活跃，这股暖湿气流沿西南路径将丰沛的水汽输送到我国中东部地区,并且能到达北京附近,使这些地区湿度明显增加,同时也有利于形成低层逆温,非常易于雾霾天气形成。

专家指出,除了气象条件,工业生产、机动车尾气排放、冬季取暖烧煤等导致的大气中颗粒物(包括粗颗粒物PM10和细颗粒物PM2.5)浓度增加,是雾霾产生的重要因素。目前很多城市的污染物排放水平已处于临界点,对气象条件非常敏感,空气质量在扩散条件较好时能达标,一旦遭遇不利天气条件,空气质量和能见度就会迅速下滑。

考点必背

1. 命题切入点一:**综合分析**

问题:根据"给定材料",分析雾霾的成因及危害。

要求:概述全面,分析合理,条理清楚,不超过200字。

雾霾成因:
(1)自然因素,水平方向静风现象增多,垂直方向出现逆温。
(2)人为因素,工业生产、机动车尾气排放、冬季取暖烧煤等导致的大气中颗粒物浓度增加。
(3)城市设计不利于空气扩散。

危害:
(1)危害身体健康,威胁人类生存。
(2)雾霾污染治理代价大、成本高、收效慢,加重社会负担。

2. 命题切入点二:**概括归纳**

问题:请结合"给定材料",对各省市应对雾霾污染的做法进行归纳,并说说对今后雾霾防治机制的建立和发展有哪些启示。

要求:内容全面,有针对性;条理清楚,表达简明;不超过400字。

做法:
(1)发布雾霾污染预警信息,疾病气象条件预警、重大气象灾害响应,执行重污日应急方案。
(2)提醒公民避免外出、剧烈运动,呼吁绿色出行,启动恶劣天气交通管理工作预案,加强人流疏导。
(3)减少污染排放,严控人为粉尘扩散,严管机动车尾气检测,加大水泥厂、火电厂氮氧化物削减治理。
(4)启动人工降雨机制,增加环保作业。

启示:
(1)转变粗放式生产方式,调整产业结构,不能"先污染后治理"。
(2)及时公开信息,提醒空气污染危害,唤起社会对污染治理的重视和行动,塑造生态文明意识的新觉醒。
(3)加大环保执法监管等方面工作力度,严控严查排污行为。
(4)建立各省区市联防联控机制,使用综合手段,实现多项污染物协同减排,形成多环节、多链条的长效联动机制。
(5)依靠科技手段,防治雾霾污染。

3. 命题切入点三:**对策举措**

问题:能源危机和经济发展之间存在很大的矛盾,你有什么好的措施化解这些矛盾?

要求:措施具体可行,针对性强;字数不超过300字。

(1) 制定科学的产业政策。扶持低能耗、高效益行业快速发展，抑制高耗能、重污染产业过快增长，逐步降低其在国民生产总值中的比重。

(2) 大力扶持服务业的发展。把推动服务业大发展作为产业结构优化升级的战略重点，推进服务业规模化、品牌化、网络化经营，不断提高服务业水平。

(3) 转变发展模式，推进集约型经济增长模式。改变粗放型经济增长模式，推动发展向主要依靠科技进步、劳动者素质提高、管理创新转变。

(4) 积极推动新材料、新技术领域的发展。坚持自主创新，研制新材料、开发新技术，提高能源利用率。

(5) 积极开发新能源。增加生物能、太阳能、风能、地热能等非化石能源占能源消费的比重。

4. 命题切入点四：观点评论

问题： "给定材料5"提到，宁愿毒死也要GDP是一些地方政府的显著思维，也是导致目前土地污染如此严重的重要原因。可以说，这是GDP至上的恶果。结合材料，谈谈你对"这是GDP至上的恶果"的理解。（10分）

要求： 准确、全面、简明；不超过200字。

(1) 这句话的实质是，政府片面发展经济，忽视土地保护，违背科学发展观。

(2) "GDP至上"是指地方政府错误的政绩观，粗放式生产，盲目追求产量。化肥、农药的大规模使用，使农业获得高产；地方政府为了地方财政收益，保护、发展高污染、高能耗的企业。

(3) 因此，要建立科学的政绩观，积极转变发展方式，实现社会经济可持续发展。

十八大首提"美丽中国"寓意

——（资料来源：人民网－人民时评）

如果问十八大报告中哪一个新词汇最能激起社会各界的共鸣、最受普通群众欢迎，"美丽中国"无疑会首当其冲。

其实，在日常生活中，"美丽"和"中国"都是最普通不过的字眼，即使在平时偶尔谈起"美丽中国"，人们也不会有过多的关注。但是，在庄严的人民大会堂、在字字珠玑的十八大报告中，通过总书记之口说出这一词汇，"美丽中国"被赋予了新的内涵，蕴藏着多层寓意，发人深思、令人惊喜。

"美丽中国"首重生态文明的自然之美。从"人定胜天"的万丈豪情到"必须树立尊重自然、顺应自然、保护自然的生态文明理念"，再到可感、可知、可评价的"美丽中国"，说明我们党的执政理念越来越尊重自然，越来越尊重人民感受。改革发展让我们摆脱贫困，我们不要山清水秀却贫穷落后，但是强大富裕环境质量很差同样不是美丽的中国。中华文化最强调天地人的和谐相处，既要金山银山，也要绿水青山——这是百姓对"美丽中国"的最直观解读，十八大报告首次单篇论述"生态文明"，全国党代会报告第一次提出"推进绿色发展、循环发展、低碳发展"等，把生态文明建设摆在总体布局的高度来论述，表明我们党对中国特色社会主义总体布局的认识深化了，也彰显了中华民族对子孙、对世界负责的精神。

"美丽中国"体现科学发展的和谐之美。科学发展观是建设美丽中国的理论指导和保障，实现可持续发展、建设和谐社会的目标，归根结底是人与自然相和谐的发展。提倡"美丽中国"是落实科学发展观的一种方式，可以说，"美丽中国"的提法既给我们指出了科学发展的具体方式，又给我们指明了经济社会发展的美好愿景。十六大以来，"绿色发展"的理念逐渐进入党的执政视野，已经在中国生根发芽——过去10年间，从巴厘岛到哥本哈根、德班，历届气候大会上，中国带头许下并切实履行绿色发展的庄严承诺；从"十一五"首次设立约束性指标，到清理整顿钢铁等高耗能行业，从实施京津风沙源治理等系列生态工程到出台节能减排计划，从单位国内生产总值能耗下降12.9%到生态补偿机制稳步推进，中国正逐渐告别"黑色发展"，走上"前人种树、后人乘凉"的绿色发展之路。我们有理由相信，在"美丽中国"理念的指导下，我们一定能实现"给自然留下更多修复空间，给农业留下更多良田，给子孙后代留下天蓝、地绿、水净的美好家园"的美好愿景。

"美丽中国"展现温暖感人的人文之美。"美丽中国"让党代会报告一改以往工作报告用词严谨、中性、缺乏感情色彩的传统风格，运用如此柔软、悦耳、富有诗意的词汇，使总书记的工作报告充满亲切感，更加贴近基层、贴近普通群众，迅速拉近了党代会与民众切之间的距离，透露出民生温度和民意期许。实际上，以人为本的执政理念是本届党中央执政理国最有富创新和特色的地方。近几年，"民生"成为各级党组织和政府的"高频词"。从总书记关心灾民的吃饭、穿衣、喝水、住宿、医疗问题，总理"帮农民工讨薪"、"逛市场看肉价"，我们切身感受到了党中央对人民群众日常生活的关心和对改善民生问题的密切关注。"美丽中国"，美在山川，美在文化，美在历史，更美在人文——最美的是人。"美丽中国"，没有了最美中国人，如无根之萍、无源之水，徒具美丽外表，不具美丽生命。

★新型污染

政策必读

周宜开：土壤污染防治刻不容缓

全国政协委员、农工党湖北省主委、湖北省政协副主席周宜开在全国政协十一届五次会议第三次全体会议发言时建议，应抓紧制定《土壤污染防治法》，使土壤污染防治工作步入法制化轨道。

问题：
（1）耕地受农药、化肥污染的面积不断扩大。
（2）部分地区土壤重金属污染严重。
（3）工矿场地污染问题突出。
（4）流域性和区域性土壤污染问题突显。

危害与意义：

危害：土壤污染使污染物在农作物中积累，通过食物链进入人体诱发癌症和其他疾病，危害人体健康。由土壤污染引发的农产品安全和人体健康事件时有发生，成为影响农业生产、群众健康和社会稳定的重要因素。

意义：加强土壤污染防治是深入贯彻落实科学发展观的重要举措，是构建国家生态安全体系的重要部分，是维护人民健康的重要保障。

对策措施：

土壤污染原因复杂、控制难度大，我们必须充分认识土壤污染防治的重要性、艰巨性和复杂性，进一步增强紧迫感和责任感，把土壤污染防治摆在更加重要的位置，务求取得实效。

（1）抓紧制定《土壤污染防治法》。
（2）尽快实施土壤污染防治战略。
（3）严格保护耕地土壤环境。

全国地下水污染防治规划（2011~2020年）

问题：
（1）地下水污染源点多面广，污染防治难度大；
（2）地下水污染防治基础薄弱，防治能力亟待加强；
（3）对地下水污染防治的认识有待提高。

保障措施：
（1）明确责任分工、加强组织协调。
（2）完善法规标准、加强执法管理。

（3）创新经济政策、拓展融资渠道。
（4）重视科学研究、增强技术支撑。
（5）加强舆论宣传、鼓励公众参与。
（6）强化监督检查、建立评估机制。

热点必知

据中国地质科学院有关专家介绍，近年来，石油类污染、城市垃圾和生产生活污水的不合理处置以及农业生产农药、化肥的大量使用，造成地下水污染状况日趋加重，导致水资源供需矛盾日渐突出，并直接威胁人体健康。清华大学水环境专家吕贤弼教授说，地下水环境问题主要是指地下水环境质量问题，也即地下水污染问题，除此之外还包括地下水超采引起的地面沉降、地下水位过高引起的土壤盐渍化等问题。

随着全国土壤现状调查及污染防治项目的正式启动，土壤污染成为继水污染、大气污染、噪声污染和固体废物污染后，受到社会关注最多的污染问题之一。土壤污染被称作"看不见的污染"。中国科学院研究所专家陈同斌认为，要解决土壤污染及修复问题，除了资金、设备问题之外，还要加强信息公开工作，"在很多城市，对土壤污染问题相关信息不公开，百姓不知情，甚至有些政府官员，都不知道哪些地方有污染，污染到什么程度"。

考点必背

1. 命题切入点一：概括归纳

问题：结合热点材料，请概括分析导致地下水污染的原因。

要求：内容全面，表述准确，条理清晰；字数不超过200字。

（1）石油类污染、城市垃圾和生产生活污水的不合理处置。
（2）工业生产中产生的重金属污染及排放大量废水导致地表水体和地下水污染。
（3）过度开采地下水导致地上污水向地下的渗透。
（4）农业生产过程中大量使用化肥、农药以及使用污水灌溉。
（5）地质结构遭到严重破坏，使得地下水更容易被污染。

2. 命题切入点二：分析归纳

问题：分析指出治理地下水污染应该坚持哪些原则？

要求：准确全面，论述充分；字数在400字左右。

（1）长期性原则。地下水污染属于深层次的污染，治理难度大，治理的技术有待改进，制定相关政策具有延续性，行动上要坚持不懈，做好持久战的准备。

（2）全局性原则。地下水污染涉及的地区和范围广，要具有全局意识，加强地区之间、国家之间的通力合作，共同治理地下水污染的问题。

（3）投入可持续性原则。地下水污染的治理难度很大，需要不断投入大量的人力、物力、财力，一旦投入减少甚至断裂，很可能前功尽弃。

（4）预防为主、防治结合的原则。目前浅层地下水污染较多，深层地下水总体良好，要针对不同的情况，既防止新的破坏地下水污染的行为产生，又积极治理已经被污染的领域。

（5）综合治理的原则。地下水污染与土壤污染、大气污染、固体废弃物污染等交叉关联性很强，要把这几种污染的治理结合起来，共同应对。

3. 命题切入点三：综合分析

问题：分析为什么土壤污染被称作"看不见的污染"，它和其他的污染有什么不同？

要求：简明扼要，表达准确；不超过200字。

（1）隐蔽性。其他的污染直观可察觉，土壤污染需要专门的仪器检测。

（2）长期性。土壤污染的形成相比其他污染更是人类长期影响的后果。

（3）传递性。其他污染容易传递到土壤污染，水污染、大气污染、固体废弃物污染都会破坏土壤结构。

（4）滞后性。其他污染很快就能有征兆显现，而土壤污染的危害显现的相对较慢，如土壤污染会使田地里粮食、蔬菜等受到重金属污染，当人们长期食用以后会发现。

4．命题切入点四：观点评论

问题："要解决土壤污染修复问题，除了资金、设备问题之外，还要加强信息公开工作"针对这句话，你怎么看？

要求：观点明确，条理清晰；字数不超过400字。

土壤污染的修复是一个系统性、战略性的工程，需要资金、设备，更需要加强信息公开，主要是因为：

（1）土壤污染本身及其造成的危害性具有隐蔽性，不易察觉，需要信息公开，需要让群众知道哪里的土壤受到污染，这也是对人民生命健康负责。

（2）信息公开能够让社会成员了解到土壤污染的地点、程度、危害性，引起全社会的关注和重视，群策群力，共同预防和治理土壤污染。

（3）信息公开后，政府对于土壤污染的治理进度就会被群众所知，对政府的治理工作形成舆论压力，便于政府积极推动土壤污染的防治，形成政府主导、全社会共同参与的土壤污染修复机制。

（4）信息公开后的数据对于土壤污染修复的科学研究起到推动作用。

范文必诵

高污染风险行业没有"小问题"

——（资料来源：人民网-人民时评）

在高污染风险行业，小问题就是大事故的隐患。紫金矿业污水渗漏事故7月3日发生，直到12日才对外公布。面对媒体的追问，其总裁解释说，一开始以为是个小问题、小事故，把事情想简单了。其实，对这一说法还应继续追问，像紫金矿业这样的高污染风险企业，怎么能把"小问题"不当回事呢？

这次紫金矿业的污染事故，是典型的突发环境事件。近几年，全国突发环境事件居高不下。2009年，仅环境保护部接报并直接调度的突发环境事件就有171起，差不多平均两天发生一起。采矿、冶炼、化工、造纸等高污染风险行业，是突发环境事件的多发行业。

表面看，突发环境事件的直接原因，或者是由安全生产和交通事故引发，或者是企业违规生产和排污。但究其根本，还是有关高污染风险行业以及地方政府环境意识淡薄，没有建立有效的监控和应对机制，麻痹大意，未能防微杜渐。

在高污染风险行业，小问题就是大事故的隐患，任何时候都不能心存侥幸。千里之堤，毁于蚁穴，这个道理并不难懂，但为什么有些企业总是坐视小问题变成大问题？

一方面，这些企业往往是当地的利税大户，发生污染事故，有政府兜着。无论是调动人力物力应急处置，还是安抚群众、赔偿损失，全部或大部分由政府"买单"；另一方面，由于地方保护，肇事企业得不到应有的惩罚，也就不会认真吸取教训，更不会增加治污投入，加强日常监管了。

俗话说，小洞不补，大洞吃苦。高污染风险行业不仅在生产中使用有毒有害的原材料，而且有的位于江河沿岸，有的毗邻居民区，每一次突发环境事件都给当地的生产生活造成严重影响。这些影响有些可以量化，有些则无法估量，比如，污染物对当地生态环境的长久危害，污染物对人民群众身心健康的伤害，等等。

水火无情，突发环境事件造成的污染也很无情。高污染风险行业理当增强风险防范意识，完善治污设施建设，提高管理水平。负有保障辖区环境质量的地方政府，也应该盘算一下，如何有效控制企业可能带来的污染风险。

现在许多地方积极推广环境污染责任险，既引导保险公司琢磨怎么防范企业出险、监督企业加强污染防治，又引导企业加强自身监管，做到不出险或少出险。企业事故少了，保险公司能够盈利，形成有利于防范污染风险的利益链条。这一办法值得尝试。

★★物种保护

李克强：加强生物多样性保护和科学合理利用

一、作用与意义

（1）生物多样性是保护环境、实现可持续发展的重要任务和基本内容。

（2）生物多样性具有很高的生态环境价值，能够涵养水源、调节气候、净化空气、维持生态平衡。

（3）生物多样性是人类赖以生存的条件，是经济社会可持续发展的基础，关系到当代及子孙后代的福祉。

（4）通过保护生物多样性，不断改善生态环境和宜居空间，提高人民生活质量。

（5）是我们建设生态文明的需要，也是参与国际竞争、保障长远发展的需要。

二、对策举措

按照科学发展的要求，弘扬生态文明理念，加大生物多样性保护力度，推进绿色发展，建设人与自然和谐相处的美好家园。

第一，要统筹生物多样性保护和经济社会发展。

（1）坚持在发展中保护、在保护中发展，保护是为了更好的发展。

（2）要突出加强重点区域、重点物种的生物多样性保护，推进自然保护区、生物遗传资源库等重大工程建设。

（3）对重要生态功能区、生态环境敏感区和脆弱区等，应划定生态红线，禁止与保护无关的开发活动。

（4）项目建设应充分考虑保护生物多样性的因素，落实生态恢复责任。

第二，必须进一步深化改革开放。

（1）要完善体制机制，特别是建立生态环境补偿机制，并把生物多样性保护纳入其中，给予相应的财税补偿和支持，注重做好生物多样性丰富地区扶贫开发和改善民生工作，使群众和地方不因保护生态环境和生物多样性在经济上受损，而要公平分享保护带来的好处。

（2）要广泛开展国际交流合作，在相互学习借鉴中推广应用先进理念、经验和技术，共同解决好生物多样性保护问题。

第三，要提高全社会参与环保和生物多样性保护的意识，把短期措施与长期机制建设结合起来，鼓励和引导企业、家庭等积极参与保护活动，为保护我们共同家园做出自己的贡献。

热点必知

最近在大西洋西北域进行的研究结果表明，圆齿锤头鲨、白鲨和长尾鲨等鲨鱼的总数量在过去15年中，每一种类都减少了75％以上。目前全球共有17291种已知物种有灭绝危险，其中包括鲜为人知的植物、昆虫、鸟类和哺乳动物。这仅仅是冰山一角，许多物种甚至在发现之前就已经消失。人类活动使物种灭绝正在以比自然淘汰高达1000倍的速度进行，而人类也正面临着生存基础日益缺失的危险。因此，物种保护刻不容缓。

2月1日,证监会公告了一批排队上市企业的名单,"活熊取胆汁"企业归真堂位列其中,处于"落实反馈意见"阶段。反对的声音此起彼伏。亚洲动物基金(AAF)与中国中药协会展开口水战,民间动保组织它基金前日也向证监会递交吁请信,阻止归真堂上市。环球博客载文指出,目前世界上已有很多国家制定了比较完善的动物福利法规,而我国对活熊取胆汁等伤害、虐待野生动物等行为却找不到相关的处罚依据,至于保护家禽方面,更是空白。

考点必背

1. **命题切入点一:概括归纳**

   问题:概述物种保护的意义。

   要求:条理清晰,语言简练;字数不超过150字。

   (1)物种为人类提供食物来源。
   (2)野生物种是培育新品种不可缺少的原材料。
   (3)物种是许多药物的来源。
   (4)物种资源提供大量的工业原料。
   (5)物种具有重要的科研价值。
   (6)环境生态效益。

2. **命题切入点二:原因分析**

   问题:分析物种资源和生物多样性受威胁的原因。

   要求:分析合理,条理清楚,语言简练;字数不超过300字。

   (1)环境变化。环境的改变可使物种种群结构变化和物种资源减少。
   (2)过度收捕。收捕率高于物种的自然生殖能力,导致物种濒临灭绝。
   (3)化学污染。如酸雨沉降,杀虫剂过度使用,重金属化合物以及其他有毒物质的释放,影响陆地、淡水和近海生物。
   (4)气候变化。如二氧化碳的累积、臭氧层的破坏等,可能改变生物群落的分布边界。
   (5)物种引进。引进新的物种,可能导致一个区域或系统内原有物种的灭绝。
   (6)人口增长。人口增长导致生物生存环境破坏,影响到物种的正常生存。

3. **命题切入点三:对策举措**

   问题:针对物种资源的保护,我们可以从哪些方面采取措施?

   要求:条理清楚,措施建议具体可行;字数不超过300字。

   (1)查明现状,制定保护规划。根据其作用及数量多寡,采取不同的保护措施。
   (2)加强法制管理。完善保护野生动植物的法律法规,控制、防止野生动植物资源减少和破坏,特别是防止稀有物种灭绝。
   (3)加强保护生物资源的科学研究。根据生物资源的特性对其进行保护管理和持续利用的研究和实施。
   (4)建立保护区。建立自然保护区,有效保护动植物资源。
   (5)国际合作。积极开展物种保护的国际间合作,对国与国之间迁徙物种,应相互交换有关材料,协同保护。

4. **命题切入点四:观点评论**

   问题:对动物福利问题,存在这样的反对声音"如果动物的福利提高,会导致行业成本增大,进而降低生产效益",对此,你怎么看?

要求：分析全面，条理清楚，语言简洁。

我认为这种观点具有片面性：

（1）人们花费一定的人力、物力、财力和时间去维护动物福利是必要的、正当的。动物福利的提高固然使投入增加，但同时也增加了产品的产量与质量。

（2）提高动物福利也有利于打破国际贸易壁垒。目前，越来越多的发达国家已经开始运用动物福利条款对国际贸易施加影响。动物福利的贸易壁垒作用已经显现，极大地影响我国动物及其产品的贸易。因此，提高动物福利，有利于企业开拓国际市场，打破关于动物福利的贸易壁垒。

（3）保护动物福利，还体现了动物对于人类的精神价值。提倡维护动物福利和善待动物，正是创造一个和谐、文明的社会的需要，在现代社会的公共评价尺度内，一个国家的国民对待动物态度如何，是衡量一个社会文明程度的重要标志，对待动物的态度直接反映出人们对待生命的基本态度。

综上，提高动物福利不仅是必要的，更有着长期的经济和社会效益。

人与动物

在对待动物的态度上，人类的差别是如此知道：既有"虐猫事件"、"活熊取胆汁"的残忍，也有拦截运猫车、救助流浪狗的义举。动物与人之间到底是什么关系？利用与被利用？保护与被保护？差等还是平等？

在我看来，对待动物的态度总结起来三句话：合理利用，保护尊重，适当学习。

合理利用动物是必然选择。对于绝大部分人来说，生存都必须依靠动物。我们饲养猪是为了获得肉食，养牛是为了耕地，养狗是为了看家……把狗当做宠物是少数人的奢侈行为，要求每个人都如佛祖一样有割肉喂鹰的牺牲精神毕竟太高调。我支持动物保护，理解动物保护组织的努力，但是不支持那种与熊同吃同住，为熊剪指甲的行为。孔夫子有云：鸟兽不可与同群，我们要以人为本。以人为本不能成为虐待动物的借口，对动物的利用，一定是合理的，有限度的。活熊取胆汁就是属于不合理的利用，我们一定要用熊胆汁吗？没有别的治疗途径了吗？我们不要求人有多少牺牲精神，但是节制人的欲望总是不过分的吧？

对于动物不能一味地利用，而应该去了解、认识动物，并且尽可能地加强保护，充分尊重。

北宋理学家张载有言：民吾同胞，物吾与也。在六界之内的都是我们的朋友，人是，动物是，植物也是。我们知道保护植物，爱护花草，对于更有灵气的动物我们为什么不能尊重呢？在以前动物都是作为牺牲，是被献祭和宰割的对象，即便如此孟子中也有"以羊易牛"的不忍心的典故。保护动物可能需要一些成本，可能需要牺牲人的利益为代价，但是这种保护换来的是人的善良，生态的平衡，即便是有代价，也是值得的。

动物不仅拿来利用，拿来尊重的，也可以是用来学习的。

我们还要向动物学习。学习动物的节制。根据极端进化论的观点，人是进化最完善的高级动物，但是正是这种高级动物，恰恰是最残忍的动物。即便是最凶狠的豺狼虎豹在吃饱喝足之后，都没有攻击性。反而是我们的人，欲望无限。吃饱了还不够，还要吃肉，吃肉还不行，还要边吃边扔，吃动物肉不过瘾，还要活吃。广东有道菜名称"三叫"，就是把动物生吞活剥。我们要学习动物的忠信。以狗为例，大部分的狗都是通人性，无论是穷还是富，忠于主人，尤其以藏獒为最。对于这样的动物，我们不仅要尊重，还要学习，而一些人恰恰是大吃狗肉。

一方面我要对合理利用动物做法给予理解和支持，不能总是一副君子远庖厨的清高态度；另一方面要加大对动物的保护力度，从观念，制度，行为上建立起完善的动物保护体系。对恶意虐待动物的不仅要在舆论上谴责，还要在法律上给予惩罚。

放眼宇宙，人与动物都很孤独，人与动物作伴是一种缘分。我们要珍惜这段缘分，彼此依靠，彼此尊重，彼此拥抱，建立一种人与动物的和谐关系，将中国传统文化中天人合一思想化作生动的实践！

附录一
申论学习方法论

从事公考培训行业七年有余，编写的各类教材有数十种，这些教材的内容虽然没有太多方向性的错误，但是我还是要用惨不忍睹来形容。不过这些教材的序写得还是相当认真的，选出其中的几篇序，为大家学习申论提供一点方法上的经验。

学习申论的智慧

受社会风气和生活压力等各方面的影响，现在很多人都很浮躁，这种浮躁也体现在申论学习中。浮躁的表现可以分为下面几类：

一部分人认为申论根本不需要学习，申论考试就是考"人品"，撞大运，"裸考"就可以了。这类人要么是高人，要么就是懒汉，最糟糕的态度莫过于此。

还有一部分人好一点，知道要看书。但是市面上的教材很多，他们不知道要哪种好，通常情况下比较喜欢买那种快速突破的，越"快餐"越好。教材对他们来说不过是敲门砖，只要能把门敲开，砖的好坏就可以不计较了。这部分人比"裸考"的人态度要端正一点，考上的可能性也要大一点。不过如果真的考上了，即便不是蝇营狗苟，也会尸位素餐，属于不学无术的那种。

第三种人性子比较急，一本书都不看，直接去上培训班。他们是各种培训班中的常客，说起培训专家来如数家珍。这种人不差钱，认为只要有钱就可以换知识。我经常会遇到一些考生约一对一的课，一个课时千八百甚至三五千也不在乎，这样的考生我通常是不会收的。

第四种人属于比较勤奋，态度也比较端正的人。他们当中很多人写了很多申论文章，做了大量的申论练习，但是写作水平始终提不高。他们会去买各种版本的教材，浏览各种网站，听各种说法，他们宁愿相信各种"专家"和"高人"的说法，也不愿意相信自己的智慧。这种人人云亦云，自己没有主见，喜欢盲目崇拜。

以上的这些学习态度都是有问题的，是不健康的、偏执的。学习申论既要有"多闻阙疑，多见阙殆"的态度，也要有"谨于言而敏于行"的作风，还要有"尽信书不如无书"的反思精神和独立判断能力。申论学习是需要勤奋努力的，更是需要智慧的。

佛学将人接受知识（智慧）的途径分为八种，其中最基本的有六种：眼、耳、鼻、舌、身、意，这六种途径被称为六识。对申论学习来说，能够直接用到的有四种：眼、耳、身、意。我们可以把这四个词分别解释为看的智慧，听的智慧，行的智慧，思的智慧。一本好的申论教案应该将这四种智慧巧妙结合起来。首先是要好看。内容上饱满充实，全面准确，形式上通俗易懂，可读性强，让绝大部分人都看得明白。其次是要好听。这本教材既然叫做教案，就是讲给考生听的，只是将讲的内容转换成了文字。好的转换应该保留讲的风格，保留讲的节奏，讲的趣味。好的教案应该是带有音乐感、节奏感的，是有韵律的。

词不达意，言不尽意，看和听都只是解决了"意"的问题，没有解决"言"和"词"的问题。如何将看到和听到的"意"落实到言、词上，用准确的文字表达出来，最终还是要靠身体力行。"看"和"听"都只是表面功夫，"行"才是关键。"行"在申论学习中可以称为"练"。很多人在看的时候都觉得很简单，听的时候也觉得很明白，自己写就一塌糊涂，这就是所谓的"欠练"。陕北有句俗话是"光说不练假把式，光练不说傻把式，又说又练真把式"，练和说一定要结合起来。陆游在《冬夜读书示子聿》中说道："纸上得来终觉浅，绝知此事要躬行"，可以看出行的重要性可见一斑。

一个优秀的考生应该将看、听、行的智慧通过思的智慧内化为真正的能力，为自己的职业和事业奠定坚实的基础。

抄——申论答题的基本功[1]

申论考试或许没有我们想的那么复杂，根据我授课和考生的经验，考好申论，尤其是答好申论客观题有三个绝招：第一是抄，第二还是抄，第三也是抄。

---

[1] 本篇文章是我编写的吉林省公务员申论教材的序。

附录一 申论学习方法论

第一个抄是直接抄，很多得分点就是材料的原词原文，自己写反而得不到分。很多考生自认为自己很高明，不屑于抄材料，喜欢"原创"，结果会漏掉这部分的得分点。直接抄材料的分值在吉林省考中比例是非常高的，根据命题的难易程度不同，直接抄材料的分值约占整个分值比例的50%~70%之间。换句话说，你什么都不会做，就知道抄材料，题目比较简单的话，可以抄出70分。要解决第一个抄的问题比较简单——只要认准材料就可以了。可以直接抄的申论材料主要有：一是高频关键词、句，既在材料中反复出现的词句通常情况下都是得分点；二是规范的语言表达。对于大部分申论题目来说，语言表达越规范，作为得分点的可能性就越大。所谓的规范的语言表达，简单地说就是写得如官方的公文，语言表达简洁、概括性强、有高度、有深度的词句。

第二个抄是概括性地抄。有些申论的得分点不是直接来自于材料，要对材料中零散、口语化、不规范的信息点进行归纳。如"黑车盛行"要归纳成"非法运营猖獗"，如"大家都不喜欢读书"要归纳成"学习主动、积极性不高，意识不强"……第二个抄比起第一个抄要麻烦一些，需要考生积累大量的规范的语言表达，有将形象具体的内容进行抽象概括的能力。很多考生不会概括和抽象，关键在于规范的语言表达的词汇积累不足。这和英语中的写作类似，写不出来是因为词汇不足。要解决这个问题可以通过大量的阅读政策文件和用规范语言表达写的申论参考答案来完成。

第三个抄是创造性地抄。所谓创造性地抄关键有两点：一是分析，二是拔高。分析是指对材料的基本含义进行延伸，如有一段申论材料是"在市面上找不到感兴趣的书"，这里反映的直接问题是书少，稍微分析一下，书少的背后是图书行业发展不足；再稍微分析一下，找不到书不一定书少，有书是读者找不到，背后的问题是流通渠道不通畅，图书市场化程度不高。我们再对"在市面上找不到感兴趣的书"进行拔高，这句话说明了我国文化建设工作不到位，图书出版行业发展落后。无论是通过推理分析还是适度拔高，我们都可以获得比材料多的信息点，对于申论考试来说，信息点越多，得分的可能性就越大。

以上三个抄在答题顺序排列的时候也要注意，直接抄的前置，概括性和创造性抄的后置。第一个抄比起后面两个抄作为得分点的可能性更大。从题目设置上来说，题目越简单，直接抄材料的内容就越多，题目越难，直接抄的比例就越少。抄材料看起来很简单，但是做起来并不容易。我们要在规定的时间，按照规定问题，在规定的字数范围内把材料抄到位，并不是一件容易的事情。所以大家千万不要小看抄材料，很多简单的事情做起来是很困难的。这让我想起和朋友玩过的一个简单的游戏：大家围坐成一圈报数，报到7或者带7的数字就跳过，如前面6个人说的是1到6，第7个人不能报7要报8，以此类推。朋友提议玩这个游戏我觉得特别弱智，特别无聊，结果是我犯错误最多。

有人会说：抄材料这么简单的事情还用得着写书来说吗？这确实是个问题，如果吉林省的申论写作就是抄材料，根本就不需要搞几个大部头的图书，弄一大堆理论、技巧、方法，把这个考试搞得很复杂的样子。这几套书到底有什么用：第一，简单问题简单化。这个书恰恰就是把原本简单的吉林省考还原成为简单的考试，把被考生、培训行业搞复杂的问题变回简单的问题；第二，简单问题复杂化。如果只知道直接的抄，抄得好得分不过70~80分之间，在吉林省考中只能算中等成绩。如果要考上80分甚至90分，就不得不看到抄材料中的复杂性。抄材料也是有一些技巧捷径和讲究的，从内容选择到顺序层次以及内容细节都需要特别注意。对于申论考试，抄材料除了技巧外，关键是要细心耐心，要提升洞察力，提高自身对材料信息点的敏感度。

这套书一共包括三个系列：教材、真题解析、模拟试卷。教材主要谈理论、方法技巧，为抄材料找到方向，真题解析是为抄材料提供参考标准，模拟试卷则是为大量反复地抄提供练习。如果这些练习不够，建议考生以相关省市的真题作为补充练习材料，虽然命题特点有所不同，但是整体方法是相通的。

实践是检验真理的唯一标准，对于申论这个实践就是抄。重点地、全面地抄，细致地、系统性地抄，直接地、间接地抄，周期性、可持续地抄，反复地抄，边改边抄，边抄边改，简洁明了地抄，抄出水平，抄来高分……这是吉林省考申论的制胜王道！总有考生问我：怎么抄材料？我回答是：抄！又问：怎么抄嘛？又答：抄嘛！再问：到底怎么抄嘛？再答：你到底抄没抄嘛？如果写到这里，您都没有看懂这个对白，这些书不买也罢。

申论练习方法论

很多人都问我,如何才能提高申论写作水平,我的回答就一个字——练。下一个问题就是申论应该怎么练?

——反复、创造性地练习。

申论题目和行测题目不一样,题型较少,重复性大,题量多。以概括题为例,这种题目所有的申论考试几乎每年都要考,很多考生概括题做了几百次,但是还是很多考生不会做?为什么?练习的方式有问题。练习申论写作很多考生的做法是:自己写一遍,然后对参考答案,发现和参考答案一致性程度比较高,就高兴;反之则沮丧,失望,悲观。这种做法是非常幼稚,非常低级,非常不成熟的做法。这样的练习哪怕练习一万次也是很难有实质性的提高的。这样做不仅很难提高申论成绩,还会导致很多好的练习被浪费。

做申论练习不能总是做简单重复的劳动,对申论答案要反复的修改,要将练习和思考结合起来,有创造性地练习。正确做练习的顺序是:练习——修改——对比参考答案——找出问题——再修改——总结答题思路——再练习——修改——完善答题思路。这样练习能够起到事半功倍、举一反三、一通百通的效果。

简单重复的练习就好比生产山寨机,创造性的练习就好比生产iPhone,山寨机生产得再多永远是山寨机,永远不可能变成iPhone。用一万、十万台生产山寨机的力量就能生产出iPhone。有人每天都练习一套申论题目,练习了一百套,每套水平都是50分,他的水平就永远停留在50分上下。有人只练习一套题目,修改100次,可以把一份二三十分的答卷修改成七八十分的答卷。后者就是在生产自己的iPhone。

——分类、分段地练习。

很多考生只喜欢做行测的题目,在我的课堂上经常都会遇到这样的情况,上课听申论,下课做行测。申论的题目很多都是套题,套题复习持续的时间过长,需要考生有大量的空闲时间,对考生的耐力有过高要求,很少有考生能耐心地花两三个小时。练习的时候可以将申论题目拆成一些小题目在把每类题目都练熟的基础上,再练套题,压力会小很多。本书将题目分成了六大模块,供考生做分类专项练习,随时随地都可以做。

一些考生练习的时候只做一些简单的题目,对一些复杂的题目视而不见,这种自欺欺人的做法是不可取的。申论命题最近几年变化很大,既有一些传统的题目,也有很多创新的题型,对一些较难的题目一定要勇于面对,本着先易后难的原则,根据自己的水平,一步一个脚印,循序渐进地练习。

——不要迷信套路、答案。

最近的路往往是最远的路,最远的路往往是最近的路。申论考试是一个经验性的考试,是带有知识性的考试,套路在一些时候可以帮助我们思考,但是解决不了根本问题。申论题目是很具体的,很微观的,一些套路是飘在天上的云彩,华而不实。我们要回到地上来,在实践中总结经验,寻找真理,获得智慧。"纸上得来终觉浅,需知此事要亲躬",这些大家熟知的道理本来也来自于实践。

对于参考答案,既不要轻易地肯定,也不要轻易地否定。要有大胆假设小心求证的精神,对答案进行理性的分析。对于好的答卷我们要虚心学习,同时也要有怀疑和评判的精神。申论本身带有较强的主观性,任何参考答案都是人写出来的,只要答案与问题、材料不符合,都可以质疑。每个考生只要用心,完全可以写出比参考答案更加全面的答案。并且现在很多所谓的参考答案本身就粗制滥造,误人子弟。本书提供的参考答案,一部分是收集到的内部阅卷标准,一部分是我和我的团队写的,后者比前者要多得多。里面肯定有很多问题,欢迎考生在练习过程中指出问题,在提高自身的同时也能够鞭策我们。

如此苦口婆心地强调这点不是空洞的理论,而是我自己的实践经验的总结。给两个修改的例子,让大家对修改的重要性有直观地理解。

例1:根据"给定材料",概括我国民众读书现状不令人满意的原因。

要求:概括准确、语言简练,字数不超过300字。

修改前：
（1）图书价格高，种类少，质量差。市场混乱，抄袭严重。
（2）现代生活多元化，生活负担重，挤占阅读时间。
（3）浅读书流行。快餐化读物和读图流行，图书插图多，内容少，精神性弱；快餐式、浏览式、随意性、跳跃式、碎片化阅读。
（4）政府管理缺位。购书经费投入不足；基础设施不完善，图书馆藏书量少，发展不平衡；
（5）读书功利性强、读书氛围差。生活浮躁，没时间读书，未形成读书习惯；教师和家长读书心态不健康，缺乏长远眼光；急功近利，热衷走捷径，缺乏务实精神。
（6）网络、电子阅读对纸质阅读造成冲击。
（7）教育体制不完善，考生课业负担重，为应付考试而读书。

修改后：
（1）读书态度不端正。①心态浮躁，急功近利；②读书氛围差，缺少读书习惯；③读书方法不科学，不求甚解。
（2）图书质、量问题。①作者职业素养低下，抄袭现象严重；②市场混乱，粗制滥造，内容少、缺少精神性。
（3）硬件不完善，政策不合理。①图书馆少，区域不平衡；②经费投入不足，藏书少；③教育体制不完善。
（4）读书时间、空间少。①书价格高，增加成本；②工作学习负担重，时间少；③生活多元化，网络、电子阅读影响阅读。

这两份答卷都是我写的，第一份答卷点虽然比较全，但是很混乱，没有逻辑性，形式上清晰也不足。我敢肯定无论是阅卷人还是考生，都愿意看第二份答卷。我自己写的申论答案、文章经常都修改，并且从来没有停止和满意过，也正是在不断的修改中，自己的写作水平和能力不断得到提高。

《老子》有言：少则得，多则惑。练习首先是精，其次才是多。如切如磋，如琢如磨，希望大家以"两句三年得，一吟双泪流"的态度和精神认真面对这门考试。

申论写作与时代精神

——气象万千的申论写作

对于我自己编的书，我最喜欢的就是写序，虽然培训教材都是不入流的地摊货，但我还是郑重其事，敝帚自珍。很多朋友、领导都说要给我的书写序，我统统拒绝了——会生孩子就会取名字，序还是自己写好，并且每修订一次，序必须重新写一次。但是这次要偷一次懒，打算续用原序——命题基本按照我原来指出的方向，这个方向至少十年不变，这个序就可以十年不改。下面是2012年写的序，有识之士们看看是不是走在了命题的前面：

马克思认为，真正的哲学是时代的精华，我也可以套用，真正好的申论文章能够反映这个时代精神，引领时代潮流。在2009年策划这本书的时候就想将这本书写成一本能够转换申论写作文风的书。在第一版的序言中我记下了这样一句话"希望这本书能够切切实实的引领申论写作的文风，开拓写作的视野，理清写作的思路，挖掘写作的力度，真正起到抛砖引玉的作用"。本书的第一版在2011年年初上市，2011年9月中宣部、广电总局等五部委发起"走基层、转作风、改文风"的活动，这本书的范文是符合这个活动精神的。我和朋友开玩笑说这本书是"走在了时代前列"。

走在时代前列的东西往往有两种结果：要么被时代唾弃、消灭，要么引领时代风尚。这本书可以说同时遭遇了这两种命运。这本被我称为"个人在从事培训以来最重要的一本书，也是耗费精力最大最多的"的一本书，上市之后争议不断，毁誉参半，说好的说得好上天，批评者恨不得把我打入地狱，买了之后大呼上当。一些人看了之后发帖子来批评我，实在是对我莫大的关爱。如果不认真回应这种关爱，实在对不起广大读者。下面我就这些问题进行说明。

第一种批评是说书中的范文内容不实在。我承认，个别的文章确实写得虚一点，不过这样的虚主要是为了符合题目的要求。所谓"实在"的东西并不是我不会写，在书的第一版中也有大量"实在"的文章，只是我将这些文章放在了后面，并且专门组了一章策论文。其中一篇文章题为《加强管理提高服务切实治理垃圾短信》，我节选一小段一些考生所谓实在的内容：

"加大投入，搞好服务。一要加大财政投入，尽快建立产学研相结合的技术开发体制，加快信息屏蔽技术及电信相关技术的研发，鼓励企业积极研发相关技术，提升行业技术水平，填补技术漏洞；二要做好信息发布与宣传教育工作，要成立专门机构，经常性、不定期地向社会公布防止垃圾短信的技术和方法，通过网络、电视、广播、宣传月、公益讲座等多种渠道、多种方式广泛宣传垃圾短信的典型案例，提高人民群众的警惕性与自我保护的能力。此外，对垃圾短信的来源与参与垃圾短信发送者予以曝光，并移送相关部门依法依规严肃处理；同时要广泛发动群众，设立举报热线与举报网站，通过有奖举报等方式鼓励和引导人民群众参与其中，形成全社会共同监督的局面，对垃圾短信形成持续高压态势。"

这段话的每一个字都是我写的，没有去抄材料，也没有抄网络上的内容。我本人参加过一个地方"十二五"规划纲要编写，这些对策对于我来说信手拈来，是再好写不过的了。但是并不是所有的申论文章都要写大量对策，这一点我在书的第一版就说得很清楚了。

第二种观点认为我的文章虽然读起来不错，不过不符合申论考试本身的要求。本书最大的一个特点之一就是对文章写作的题目进行深入分析，可以说每一篇文章都是在紧跟题目本身的要求在写。一些考生根本就不管题目怎么要求，他们宁愿相信那些网络上、培训班中、一些申论教材中胡说八道，也不愿意相信题目本身要求；宁愿道听途说也不愿意相信常识；宁愿相信"权威"、"专家"也不愿意相信理智。这本书第一版让我感觉到什么叫众口铄金、积毁销骨，也让我看到我们的国民性的改造任务是多么艰巨。我在这里再次重申，我不是权威，也不是专家，作为考试的申论文章要怎么写首先要根据题目本身要求，任何不符合题目要求的申论文章对于申论考试来说都是不好的文章。

第三种观点认为我的文章脱离材料，偏题。上一版的个别文章我确实有发挥得过多的地方，但是申论写作，尤其是申论文章写作，是不可以完全抄材料的，尤其是国考和联考申论中，我有一万个证据来证明这一点，其中最"权威"的理由就是考试大纲。在国家副省级的大纲要求"借助自身的实践经验或生活体验"来作答，地市级的考试大纲要求"运用自身已有的知识经验对具体问题作出正确的分析判断"，而多省市联考申论和国考命题是一致的。关于这个问题可以参考我的文章《申论考试的最新趋势之——去材料化》。

第四种观点认为我写的文章不是拿来学的，是拿来看的，只能观摩观摩，有一种高山仰止的感觉。这样说实在对我是莫大的抬爱，作为一个既算不上学者也算不上专家的末流文人，真的是不敢当。为了解决这个问题，在这次修订版中，专门将文章分为标准范文、个性化范文两个大类。标准化范文为紧贴材料，可复制性强，可操作性大的范文，这种范文很保险，如果以40分计算，这类文章通常可以得到26~30分左右；个性化范文为创新性强，对考生要求比较高，但是风险也比较大，如果写得好，40分的文章可以得到32分以上，如果不好可能只能得10多分。到底选择哪种文章，考生要根据题目要求和自身的能力酌情选择。

最后我们再回到写作文风上来，在申论写作中，不同的题目是要写出不同的风格的。就以申论文章写作为例，有的申论文章要写得简洁明了，这样才能够很好地提高公务员的办事效率，减轻行政负担，提升执政能力；有的要写得生动形象，这样才能够影响、打动、鼓舞人；有的文风要显得通俗易懂，这是为了拉近政府和群众的距离。作为公务员考试的一个科目，申论写作不是一个简单的写作问题，而是做人和做事态度的一次考验。

国家主席习近平同志在《努力克服不良文风 积极倡导优良文风》中对不良的文风进行了批评，对优良文风做了概括。将这两个部分附在这个序言中，一方面为本书的文章做一个辩护，另一方面也为考生申论写作提供权威的指导。

当前，在一些党政机关文件、一些领导干部讲话、一些理论文章中，文风上存在的问题仍然很突出，主要表现为长、空、假。

长，就是有意无意地将文章、讲话添枝加叶，短话长说，看似面面俱到，实则离题万里。群众形容说，这样的讲话有数量无质量，有长度无力度；这样的讲话汇集的书，有价格无价值，有厚度无深度。

空，就是空话、套话多。照抄照搬、移花接木，面孔大同小异，语言上下雷同，没有针对性，既不触及实际问题，也不回答群众关切，如同镜中之花，没味、没用。

假，就是夸大其词，言不由衷，虚与委蛇，文过饰非。不顾客观情况，刻意掩盖存在的问题，夸大其词，歌功颂德。堆砌辞藻，词语生涩，让人听不懂、看不懂。

提倡什么，反对什么，是改进文风的首要问题。针对上面所说的不良文风的三个字，我想另外提出三个字，就是短、实、新。

一是短。就是要力求简短精练、直截了当，要言不烦、意尽言止，观点鲜明、重点突出。能够三言两语说清楚的事绝不拖泥带水，能够用短小篇幅阐明的道理绝不绕弯子。古人说"删繁就简三秋树"，讲的就是这个意思。毛泽东同志为人民英雄纪念碑起草的碑文，只有114个字，却反映了一部中国近代史。1975年，邓小平同志负责起草周恩来总理在四届全国人大一次会议上的报告，只用了五千字。后来谈到这件事的时候，邓小平同志说："毛主席指定我负责起草，要求不得超过五千字，我完成了任务。五千字，不是也很管用吗？"江泽民同志和胡锦涛同志也有许多短小精炼、言简意赅、思想深刻的文章、讲话。鲁迅先生说过，文章写完至少看两遍，竭力将可有可无的字、句、段删去，毫不可惜。现在，不少地方和部门按照中央改进文风会风的要求，提出以"能少则少、能短则短、能精则精、能简则简"为原则，尽可能开短会、讲短话、发短文。这"三短"，就是我们应当大力倡导的风气。

当然，也不是说长文章一概不好。有内容、有见解的长文章，人们也是喜欢读的。文章长短要视具体情况而定，宜短则短，宜长则长。要坚持内容决定形式，有些非长不可、篇幅短说不明白的事情则可以长些。《庄子》上有这样几句话："长者不为有余，短者不为不足。是故凫胫虽短，续之则忧；鹤胫虽长，断之则悲。"意思是说，野鸭子的腿虽然很短，给它接上一截它就要发愁；仙鹤的腿虽然很长，给它截去一段它就要悲伤。这个道理同样适用于写文章。就今天来说，把"野鸭子的腿加长"的文章太多了，提倡短文章、短讲话、短文件是当前改进文风的主要任务。

二是实。就是要讲符合实际的话不讲脱离实际的话，讲管用的话不讲虚话，讲有感而发的话不讲无病呻吟的话，讲反映自己判断的话不讲照本宣科的话，讲明白通俗的话不讲故作高深的话。这就要求我们的文件、讲话和文章，力求反映事物的本来面目，分析问题要客观、全面，既要指出现象，更要弄清本质；阐述对策要具体、实在，要有针对性和可操作性。要实事求是，有一说一、有二说二，是则是、非则非，不夸大成绩，不掩饰问题。要深入浅出，用朴实的语言阐述深刻的理论。要有感而发，情真意切。毛泽东同志笔下的愚公、白求恩、张思德，我们今天记忆犹新，就是因为这些人在他的心灵深处产生过激烈震荡，所以讲出的话饱含深情、富于哲理，能深深植入人民心里，引起共鸣。

三是新。就是力求思想深刻、富有新意，正所谓"领异标新二月花"。如果一个文件、一篇讲话毫无新意，那么制定这样的文件、作这样的讲话还有多少意义呢？可以说，能不能讲出新意，反映一个领导干部的思想水平、理论水平、经验水平以及语言表达能力。这里所说的新意，既包括在探索规律、认识真理上有新发现、前人没有讲过的话，又包括把中央精神和上级要求与本地区本部门本单位实际结合起来，在解决问题上有新理念、新思路、新举措的话；既包括角度新、材料新、语言表达新的话，又包括富有个性、特色鲜明、生动活泼的话。需要指出的是，讲出新意，并不是要去刻意求新，甚至搞文字游戏。更不能背离马克思主义立场观点方法，背离党的路线方针政策去标新立异。

写范文是一件非常费力不讨好的工作，但是我希望能够通过一本好的图书能够让考生，尤其是低收入的考生以低成本通过考试，维护社会的公平与正义。这些都是我写这本书的初衷，也是我一贯的态度。这本书是我个人在从事培训以来最重要的一本书,也是耗费精力最大最多的一本书。希望这本书能够切切实实的引领申论写作的文风,开拓写作的视野,理清写作的思路,挖掘写作的力度,真正起到抛砖引玉的作用。

数千古风流人物还看今朝,数千古风流文章亦还看今朝!希望在以后的申论考试中出现越来越多的好文章,希望通过文章的写作转换我们的气质,培养我们的人格,使大家成为把握国家未来政治前途和命运的优秀政治家!

申论写作学习是一个艰苦的过程,借助A·托尔斯泰曾形容知识分子的改造一句话来说,练习申论写作需要"要在清水里洗三遍,在血水里泡三遍,在碱水里煮三遍"方能成功。再次恳请各位考生抱着一种学习知识,真正提升自己写作水平的态度来面对这个考试。如果仅仅是将申论写作当做一块敲门砖,是不可能学到真正知识,不可能使自己能力得到真正提升,即便是侥幸考上了公务员,也是不合格的公务员。作为时代青年,作为准公务员,我们只有本着对自己未来负责,对未来的工作负责,对社会国家负责的态度来学习包括申论写作在内的各种知识,才有能力担负起家庭、社会国家和历史赋予我们重大责任和光荣使命。愿与诸君共勉!

把握中道——在标准与个性化之间申论文章[2]

申论文章写作命题越来越开放,但是考生写得却依然保守。我曾苦口婆心地让考生在写文章的时候胆子大一点,写得有个性一点,文章的形式多样化一点。甚至殚精竭虑地亲自动手写了近100篇风格各异的申论文章。意想不到的是,我的做法并没有给这些考生指出一条生路,反而给他们带来焦虑、困惑、痛苦,换来的是一些考生和读者对我的批评、憎恨甚至是谩骂。这些批评中有的说我写的文章看不懂,学不会;有的说我脱离了材料,东拼西凑;有的说我的文章看起来不像申论文章,是自己的感受……能够有人批评实在是对我莫大的关爱,更重要的是这些批评是一种独立、自由精神的象征,如果所有准公务员们都有这样的精神,社会甚幸,国家甚幸。

为了对得起这些批评我必须反省。矫枉过正,我以前写的文章太强调个性和自然,忽略了文章的共性和清晰性,这个是我的问题,在此表示歉意。正所谓过犹不及,把握中道才是写好申论的王道。

第一对中道是在模式化和自然化之间。我以前批评模式化是因为模式化太泛滥,批评它并不等于打倒它、消灭它,而是为了调整和继承它。模式化是有很多优点的:它更加清晰,方便阅卷;它便于复制,可以提高写作效率……写得自然大方的文章优点也是很明显的:语言流畅、表达多样化、个性突出。但是过于强调自然就会导致清晰性不足,操作困难等问题。大部分申论文章可以把这两者结合起来,在有模式的基础上写得自然大方。

第二对中道是在客观与主观之间。申论文章写作按照道理来说是主观题,要的就是考生的个人发挥。但是这样的发挥是有基础的,这个基础就是问题和材料。在写作的时候我们经常会遇到一个难题:到底是自己的发挥多一点呢还是借鉴材料多一点?这两个都是有风险的,自己发挥得多容易离题,材料抄得多容易成为雷同卷。这需要我们根据不同的题目去调整,有的文章自己发挥得多,有的借鉴材料多。

第三对中道是在官样化与非官样化之间。申论文章写作要写得官样化好像已经成了不言自明的道理,因为写申论为的是考公务员。但是现在很多的申论材料、申论问题都非常的诗化,文学色彩很重,这怎么办呢?如果出现这样的情况我们就要协调,官样化的内容要写,非官样化的内容也要用。语言表达的规范性和生动性都是文章阅卷的重要参考标准。

中庸之为德,其至矣呼,要把握中道实在是件困难的事情。确实,如果要做到真正的把握中道,不要说十五天,十五年也不一定能够做到。不过幸运的是,对申论文章写作我们只需要把握中道的形式,而不需要把握中道的实质就可以得一个不错的分数。只要我们用心,十五天是可以有一定的突破的。

学无止境,希望这十五天只是开始,而不是结束,祝愿大家在申论写作的学习过程中能力得到提升,知识得到增长,让这一份学习经验伴随我们成长……

---

[2] 这是我的书《十五天突破申论文章写作》的序,这本书现在已经不再版了,如果有兴趣了解具体内容的可以参考我个人的新浪博客。

附录二
张小龙公考微言

特别选出了我微博上一些关于公务员考试和培训部分内容，让大家对这个考试和培训有一点了解，希望能有助于帮助大家端正学习态度，理清学习思路。

申论考试不仅仅是一门考试，它是一个提升写作和思维能力的一次机会；申论写作也不仅仅是写作，它是制定方针政策的基础，它关系到行政效率提高和社会资源的有效整合。申论写作不仅仅是一场文字游戏，而是关乎真理的事，真理就在语言中。申论考试不仅是获得稳定工作的机会，也是认识社会积累经验的机会。

无论是做公务员还是公务员培训，职业道德都是最基本的道德，这些道德最大的体现就是服务。任何一个行业都需要有奉献精神、服务意识，为考生服好务就是为人民服务。努力提升公务员队伍的素质，引导良好的社会风气，培育良好的社会心态是从事这个行业的价值所在。

不要被热点冲昏头脑，要冷静思考问题；不要被套路束缚住手脚，要用思路打开申论写作的广阔视野。末流的考生听热点，二流的考生听技巧，一流的的考生听方法。

申论写作题目看似简单，实则千差万别。所有的申论题目答题都要根据问题、材料、答题字数、国家政策、社会基本价值观具体问题具体分析。任何完全僵硬的、固定的、呆板的模式都会将申论写作带进死胡同。

申论课程不讲热点不应该成为授课老师不思进取，不关心社会，推卸责任的借口。与时俱进，与时代同呼吸，共命运，了解民间疾苦，体谅政府难处，感受时代体温和心跳应该是申论培训者最基本的素质。所谓的不讲热点是指不单纯的堆砌材料，而是对社会时事进行深入的负责的剖析。

在培训行业，没有比押准题目更加糟糕的提法，考试事小，让考生越来越浮躁，败坏社会事大。但是广大的考生普遍存在的阴暗和猥琐的心态加上培训市场宣传的需要，大家一拍即合，狼狈为奸，有点像色狼和野鸡搭配，前者好色，后者好利？命中题目，全面命中，全部命中，直接命中……

我一向鼓励考生退课，今天在武汉上课，讲完一节课，我就追问有没有考生要退班，结果没有反应。我强调留下来的好好听课，结果有两个考生傻得要命，笔记不做，只知道傻不拉唧的望着我，让他们做练习，这两个考生提前离开了，明天我要把他们撵出教室，让他们父母把他们教好再考虑是否可以去考公务员。

我以前编写申论书更加注重的是方法和原创，现在更加重视知识和博采众长。对于写作来说，方法越简单越好，知识越多越好。原创固然重要，如果片面的注重原创，过分强调远程容易导致狭隘和偏执，对一些现成的好东西视而不见，这是对资源的浪费。

越是到考试的时候，我越是不会给考生提供任何指导。总是想靠考前两天的突击得到指点，蒙到热点的人，心态本身就有问题，这样的人无论做什么，都是不可能有太大前途的。这样的做法在现在就业压力这么大的情况下虽然可以理解，甚至是同情，但是绝对不鼓励、迎合。

前两天在长沙上课，讲课之前我说不讲热点，不提供固定套路，一些考生一听就绝望，还有考生说被骗了。大约有几十个考生听说不讲热点，马上就走了。培训行业真的只是培训行业，承担不起引领社会风气的重任，不得不靠"哄"骗考生去获得认同，因为考生想被"哄"骗。在培训行业中，说真话的人没有好下场！

民生一直是申论考试的热点话题，什么教育、医疗、食品安全……这个话题被考了很多次，我一直在批评申论命题水平差，话题就那么几个，考来考去都是那几招，感觉有点黔驴技穷了。今年这次421的命题总算有点进步，不再简单的关注民生，开始关注"畜生"（动物伦理）。

关注动物体现了一种超越性的关怀——不再简单地把目光投向人自身，而是投向自己以外的一些东西。公务员作为一种带有强烈的公共性的职业，本身就应该有天下理想，有博大的胸怀，不仅要对人类苦难有怜悯之情，还要有推人及物的包容精神。

从关注人到关注动物是话题选择的一次突破，可以预见，在未来的公务员申论话题选择中，不仅会关注国内，还会关注国外，不仅会关注社会问题，也会关注军事甚至政治问题。

其实这些问题在清末的科举考试中早有体现，下面是一组清末科举真题，其中两个题目是："日本变法之初，聘用西人而国以日强，埃及用外国人至千余员，遂至失财政裁判之权而国以不振，试详言其得失利弊策"；"美国禁止华工，久成苛例，今届十年期满，亟宜援引公法，驳正原约，以期保护侨民策"。

很多培训和教材把申论话题简单分为政治、经济、文化、生态、社会五大类，这种分法不仅机械，而且非常呆板单一，根本就无法体现申论考试话题的多样性和丰富性。但是恰恰是这样的分类，能够赢得一些"学员"的认同和欢迎，不知道"学员"造就培训的不幸还是培训导致了"学员"的不幸。

优秀的申论命题不仅关乎考试，而且关系到知识传播和人才选拔。在如此多的人考公务员的情况下，有高度和深度的申论材料本身就是让广大考生有一个学习机会。申论命题的超越性关怀打开申论学习的深广视野，这样的命题能够让那些博学多才的考生有发挥自己能力的空间和平台。

希望好的命题继续坚持，为引领良好的公务员考试风气做好指引，为国家的人才选拔把好第一道门。也希望考生通过这样的命题认清公务员考试的形式和性质，不要总是简单的依靠一些套路和辅导材料，而应该扎扎实实地学习知识，真真切切地思考社会问题。

申论作答没有包治百病的灵丹妙药，没有固定不变的模板。总想以不变应万变是一种偷懒的做法。对于申论写作，一定要具体问题具体分析，不同考试有不同命题特点，相应的要采取不同答题策略。有的有个性，有的中规中矩，有的要抄，有的要自己写。到底怎么写，主要是看题目和材料要求。

不要再在我的微博上问如何让申论短期提高，今年考试考什么，写申论标点符号是不是要占字数，如何一下子考到80分这类愚蠢的问题，问这类问题的本身就是没有品德没有脑子的表现。

有考生问我怎么才能在短时期内把申论文章写得深刻，我无言以对。在我的博客里点击率最高的大部分都是申论范文一类的文章，读书笔记之类的文章少人问津——这恰恰是深刻的来源。畏难心里，目光短浅，心态浮躁的人，怎么可能深刻呢？对于思想文化，不能只是快餐，读培训教材，更要吃大餐，阅读经典！

教育公平是最重要，最基础的公平，不怕没有钱，没有权力，没有地位，就怕没有机会。在这个社会，机会到处都是，但是机会不只是别人给的，也是自己给的。学习材料固然重要，自己的努力和自觉更加重要。

国民教育就是我以前说的公共教育，首先要做好公务员的国民教育。我现在从事公务员考试培训是一个很好的国民教育的机会。只要公务员命题导向是正确的，培训就是一个很好的国民教育的机会。这个也是公务员培训行业最大的意义所在。

越是到考试的时候越是要沉着，要有临危毋苟免的精神，有实事求是的态度。要一如既往的了解国家政策，关心社会发展和民生痛痒。不要拜神求佛，要养浩然正气！一次考试算什么！路还很长，如果因为一次考试就把自己变成小人，变得心理扭曲阴暗，考上公务员也会如《小公务员之死》中的公务员一样，活不长！

外行看热闹，内行看门道，题目设置好与否考生根本就看不出来。模拟题可以一天设计一套，甚至更多。就这一点来说，我是没有竞争力的。原创还有风险——考生可以指名道姓的骂你。企业不会喜欢原创，消费者不会买账，除非这样的原创成为品牌，如苹果一样，把400块的手机卖到4000。为了原创，必须成为苹果。

总有考生问申论书买哪本，这个问题潜在含义就是：只要看一本书就可以了。一本申论书+一本行测书=一个公务员的工作。这个性价比也太高了。这个就是现在很多人的态度！为了获得一个可以称为金饭碗的工作，连多一本书都不愿意看，你能指望这样的人的勤政廉政吗？有这样的公考学员何愁政府不倒台！

最近总有人来找我，阐述他们的新授课体系。对体系的创新我不反对，但反对连基本真题都不认真做，天天谈体系的人。申论答题需要的更多是小知识小技巧小方法，而不是大而无当的大套路体系——这些不过是空头大支票，申论作答需要的都是小零钱，亲们，拿着百万英镑的大钞是买不到东西滴，有木有？

如何化解考前的焦虑？不是想考多少，而是想怎么考；不是看热点，热点本身就容易让人躁动，并且热点是看不完的，看不完的东西越看越心慌。关键是要：做题，静心做题，尤其是真题，无论是否做过，多做一个题目多一份安心。

申论成绩普遍偏低，低得莫名其妙，毫无头绪，没有理由，考生对此毫无办法，从侧面反应了申论教学笼统的，大而化之的，纯粹僵化的模式已经不适用了，只有提高教学针对性，准确性，具体和个性化才能起到提升申论写作能力的效果。我在写2013国考题参考答案的时候，写得战战兢兢，如履薄冰，甚至不知道如何下手。字数少，要求多，材料漂浮不定，写了又改，改了又写，一个小题目写一整天，让人很头疼！

申论的阅卷规则的字数都是很少的，一般要求写300字，阅卷规则的字数不过100字，只要写到这些字，就可以得全分数。有些素质低下的申论"培训师"发明了一个名字，叫恶意空格，有了这个发明，他们就可以理直气壮的欺骗考生写一大堆空话套话废话。申论考试本身就是一个非专业的考试，但是专业的名字很多。

4年前我提出有些申论文章要有感情色彩，要表达对社会、对人民的真情，要有悲天悯人的情怀，很多考生骂我是神经病，几乎遭到整个培训行业群起攻之。现在的一些申论命题很明显的要求考生要有感情感受感悟，他们写出来的东西还是冷冰冰的：他们是要做官的，不是要做人！哀莫大于心死，多活无益！

自从有了公务员培训之后，一些骗子发明了很多词：如政府思维，申论思维，政府立场……这些骗子拿着这些词来装扮自己，让自己显得高深莫测，以此吓唬"学员"。思维就思维，没有什么狗屁不通的政府申论思维。所谓的政府立场就应该是客观公正的立场，而不是死不认账，知错不改，颠倒黑白的混账立场！

再次提醒上我课和那些没有上我课的考生，拜托大家，心态平和一点，健康阳光一点，多一分沉着冷静，少一点急功近利，否则，即便是我真的命中题目，你一样的考不好。

还有考生老是问，万一题目发生变化怎么办？题目变了就随题目的变化而变化，这么简单的道理，都还要问，问这种问题的考生不仅笨，而且心态及不正常，就是想拿套路去套，考试对他们来说是工具，只是工具而已，并且他们只要最直接，最简单的工具，让他们考上公务员，是我的罪孽！

套路有用，我要下地狱，因为我扰乱了考试，败坏了社会国家；套路没有用，我也要下地狱，因为我欺骗了考生，没有提供他们想要的产品。套路有一定的用，但是不是全部都有用我更要下地狱，因为我想两边讨好，名利双收，是不折不扣的伪君子。下辈子不要做人，让我做一条狗吧！

同志们，同学们，朋友们，同胞们，以万变应万变才是真正的申论作答之道，请大家清醒一点，答题的时候一定要审清题，依据材料，我在这里给大家磕头了。

很多"培训大师"自己从来不考试，不做题，不写文章，一本讲义用10年，一个套路打天下。但是，恰恰是这样的老师，往往能够受到学员们的认同，因为他们讲的好操作，因为他们有80分模板。我总是把问题弄得很复杂，经常让考生觉得我很可恶，看不到希望。

就好比两个医生：一个医生说，你吃两服药立马就好；另一个医生说，你先去检查，看看是什么病情，让以后要注意饮食、卫生、作息，还要调养起码半年，要三个疗程才有效果。不管什么病，不管最后的结果怎样，前面的医生往往受欢迎，后面的医生往往被唾弃，尤其在这个快节奏的社会。

今天看到课堂上的很多考生在一丝不苟的记笔记，想着他们牺牲国庆假期来听枯燥乏味的申论课，顿时心生怜爱。生活在这个时代的年轻人真的很不容易——体制外空间有限，体制内机会有限。我不知道怎么安慰他们，唯有做好工作，全心全意为他们服务，能减少一点从事这个毁人不倦的行业给我带来的负罪感。

一些考生只知道押题猜题，我在集团的包装下，多次"被"押中题，最多的一次"押中"模拟题在材料上和真题丛叠60%还多，但是我的学员们并没有因为我"押中"题就考得更高，反而因为过于激动和兴奋，答题连笔都拿不稳，最后题目也没有做完——这就是大部分考生的现状。

我说过，我会努力的降低公务员考试成本，包括广东省的，只要你用心，努力，认真，我提供的免费材料绝对够用！绝对不比收费的少！

一些考生看到我发阅卷规则就把我当成英雄，当成救世主，我告诉各位。我批评命题只是希望命题更加科学合理一点，选拔出好人才，如果你本身才疏学浅，你就要好好学习，而不是整天猜度阅卷和命题人的心理！

作为一种决定未来职业走向的大型考试——公务员考试，临考的时候主要考察：第一，积淀；第二，心态。临考无从积淀，只剩下心态可以调整。老子言：重为轻根，静为躁君。如果你不够厚重，起码你可以安静点……

送广大公务员临考考生几句话：不要被热点冲昏头脑，要冷静思考问题；不要被套路束缚住手脚，要跟随问题的脚步；不要主观臆断，要倾听材料的声音；不要生搬硬套，要用灵活的思路打开申论写作的广阔视野。

再送几句话：很多年轻人考公务员并不是出于深思熟虑，而是出于对不可预知的未来莫名其妙的恐惧；并不是根据自身的能力兴趣知识性格特点，而是追随社会的潮流。在一个男女平等的时代，男怕入错行，女也怕入错行。面临混乱的现状，切莫惊慌，先择业，后就业，针对性强，视野开阔，目光长远，才是王道！

汪洋先生讲话："小政府，大社会"这是中国在看得见的未来的改革的方向。社会很大，机会很多，考公是条小路，面向社会，从事适合自己的有创造性的工作是条大路。吊诡的是，很多人愿意挤小路，不愿意走大路。考公要有一种考上了是损失——丧失大量的机会；没考上是运气——你将获得更加广阔的发展空间！

有个考生做掏粪工宣称：哥掏的不是粪而是编制。这是时代的悲哀，是年轻人的悲哀。年轻人应该去从事适合自己条件，符合社会发展趋势的，有创造性的工作，而不是找个"编制"把自己套牢。

希望大家多读一点经典著作，不要只知道看一些培训教材。培训图书在所有的图书中属于比较低端的，如果只知道看培训教材，不要说考试考不好，长期下去会让人没有深度、高度，说得严重一点，会让你越来越白痴。

我很生气的是现在很多人只看培训教材，不读经典著作。如果大家都这样，显然，对我这样的从事培训行业的人是很有好处的。考生的知识越少就越好糊弄，读经典的时间越少，读培训教材的时间就越多。前者可以减轻我的压力，后者可以增加我的收入，何乐而不为？

现在越上课越生气，有些"学员"笔都不动一下，一道题都不做，在意见一栏写到：希望思路清晰一点，简单一点。思路再简单对于这样的人又有什么用呢？这些考公务员的"学员"都是这样的态度，考上公务员又会怎么样呢？你能够指望这样的人服务人民，服务社会吗？通过他们我仿佛看到那些庸政懒官员的丑恶嘴脸！